CRISIS DEMOCRÁTICA Y DERECHO CONSTITUCIONAL GLOBAL

Desafíos Constitucionales Contemporáneos

CHRIS THORNHILL

Crisis democrática y derecho constitucional global

Traducción de
BERNARDO JAVIER VITTA

ASTREA
BUENOS AIRES - BOGOTÁ - PORTO ALEGRE - SANTIAGO - ASUNCIÓN
2024

Thornhill, Chris

Crisis democrática y derecho constitucional global / Chris Thornhill
1ª ed. - Ciudad Autónoma de Buenos Aires: Astrea, 2024.
328 p.; 23 × 16 cm. - (Desafíos Constitucionales Contemporáneos)

Traducción de: Bernardo Javier Vitta.
ISBN 978-987-706-480-3

1. Democracia. 2. Derecho Constitucional. 3. Globalización.
I. Vitta, Bernardo Javier, trad. II. Título.

CDD 321.8

Astrea está indexada como Editorial de Calidad Científica
con Claro Prestigio Internacional (Fondecyt).

Título original: *Democratic Crisis and Global Constitutional Law*
 ISBN 978-1-108-79112-0

Lavalle 1208 - (C1048AAF) Ciudad de Buenos Aires
(54-11) 4382-1880 - 0800-345-ASTREA (278732)
www.astrea.com.ar - editorial@astrea.com.ar

La edición de esta obra se realizó en Editorial Astrea, y fue impresa en Nueva Imagen Gráfica, Berón de Astrada 1926, Ciudad de Buenos Aires, en la primera quincena de mayo de 2024.

Queda hecho el depósito que previene la ley 11.723

IMPRESO EN LA ARGENTINA

Para Atina, Grace y John

PRÓLOGO A LA EDICIÓN EN LENGUA ESPAÑOLA

En primer lugar, mi gran agradecimiento a Bernardo J. Vitta por la traducción, y a Alejandro Depalma y el equipo de la Editorial Astrea por la publicación de este volumen, el primero de la serie Desafíos Constitucionales Contemporáneos, a cargo de Contracorrente en portugués y de Astrea en español. Es para mí un gran honor poder participar en debates sobre derecho constitucional en diferentes países de América Latina, donde los estándares de discusión sobre estas cuestiones suelen ser más altos y más motivados que en Europa.

Aunque se publicó por primera vez hace relativamente poco tiempo, este libro ya ha tenido una vida bastante compleja y su relación con los acontecimientos jurídicos y políticos globales ha sido, en algunos aspectos, sorprendente. En esencia, el argumento central del libro es que existe un vínculo histórico profundo entre la democracia constitucional, y la guerra y las políticas militares y, en la mayoría de los linajes, la organización de los gobiernos sobre un diseño constitucional fue el resultado de acuerdos militares, en los que los Estados asignaron derechos a los ciudadanos para extraer de ellos la violencia militar. Según esta visión, la democracia constitucional se desarrolló como la forma jurídico-política en la que los Estados vinculaban a los ciudadanos a las instituciones gubernamentales y aseguraban una base social para su soberanía en entornos internacionales militarizados, con fines militares. Además, para el surgimiento del derecho constitucional fue fundamental el hecho de que las constituciones otorgaban derechos a sujetos que anteriormente habían estado ubicados en regímenes de trabajo forzoso, de modo que las constituciones evolucionaron como parte de un proceso en el que se abolieron los sistemas de trabajo involuntario. Al desempeñar esta función, las constituciones transformaron a las personas de trabajadores involuntarios en ciudadanos, al mismo tiempo que también los transformaban en soldados. Es decir, la primera formación del ciudadano implicó el traslado a gran escala de personas de regímenes coercitivos en la producción agrícola a un régimen laboral involuntario diferente: el ejército. Debido al énfasis militar de las construcciones constitucionales de ciudadanía, el libro analiza cómo las constituciones tendieron a militarizar las sociedades cuyos gobiernos estaban organizados sobre premisas constitucionales. Las sociedades con gobiernos constitucionales experimentaron conflictos militares de diferentes tipos, tanto internos como externos. De hecho, la militarización de la sociedad resultó ser un resultado distinto y general del gobierno constitucional.

A continuación de este desarrollo, explicamos que el vínculo entre militarismo y democracia siguió prevaleciendo hasta después de 1945, y que el crecimiento de la democracia en ese momento fue el resultado del hecho de que algunos gobiernos lograron desmilitarizar los mecanismos mediante los cuales extraían legitimidad de los ciudadanos. Después de la Segunda Guerra Mundial, algunos gobiernos democráticos adquirieron una forma estable al separar sus funciones primarias de legislación y producción de legitimidad de la guerra. Los gobiernos generalmente lograron esto vinculando sus instituciones internas a un sistema externo de normas internacionales y consolidando sus interacciones internas con los ciudadanos a través de sistemas de bienestar, separados de la guerra. Por esta razón, el libro concluye que algún tipo de estado de bienestar, sólidamente respaldado por un sistema internacional de derechos humanos, es la condición previa casi esencial para la democracia, y pocas democracias se han desarrollado sin este orden metaconstitucional.

De manera controvertida, este análisis implica que la democracia casi nunca adquirió forma como resultado de decisiones o patrones de movilización específicos de las sociedades nacionales. Las sociedades nacionales rara vez han producido democracias fuera de una estructura externa: la democracia típicamente dependía de una estrecha convergencia entre los procesos de construcción de instituciones nacionales y los procesos internacionales de establecimiento de normas. En consecuencia, los conceptos clásicos para explicar la democracia, generalmente basados en ideas de soberanía popular, ciudadanía nacional y poder constituyente, no observan las estructuras contingentes y no volitivas de las que depende la democracia. De hecho, los teóricos que utilizan tales conceptos a menudo contribuyen a la erosión de la democracia misma. Utilizando este marco, el libro propone la teoría de que, en la sociedad contemporánea, los partidos y gobiernos populistas tienden a tomar forma donde estas estructuras institucionales-normativas generales se debilitan y, debido a esto, el populismo típicamente rearticula los potenciales inherentes a la democracia para el militarismo. Los partidos populistas suelen operar en un continuo con organizaciones militares, y los políticos populistas invariablemente generan legitimidad para el gobierno inculcando antagonismos militares entre grupos sociales y capitalizando dicotomías globales para atraer apoyo. En resumen, a los habitantes de la sociedad moderna se les presenta una elección relativamente difícil: pueden vivir en sociedades divididas por conflictos e integradas por cuerpos militares, o pueden vivir en sociedades integradas por estados de bienestar y leyes de derechos humanos individuales.

Este libro fue formulado en diferentes países, pero fue escrito principalmente en el Reino Unido, Brasil y Alemania, y lleva las huellas de estos entornos. Las ideas conceptuales detrás de esto reflejan una insatisfacción teórica con la teoría de sistemas globales, que me preocupaba cuando trabajaba en la Universidad de Bielefeld en 2018. Durante mi estadía en Bielefeld, comencé a esbozar formas en que los militares podrían integrarse en los sistemas-construcciones teóricas de la modernidad global. Sin embargo, al abordar este tema, perdí la fe en la teoría de sistemas como marco para describir la sociedad moderna. Llegué a la conclusión de que los sistemas sociales centrales, especialmente el derecho y la política, son en realidad partes (subsistemas) del sistema militar. Paralelamente, el libro toma en cuenta observaciones del Reino Unido post-Brexit y del Brasil bajo Bolsonaro.

Es importante destacar que la obra se completó a principios de 2020 y sus ideas principales se solidificaron en 2019. Por esta razón, aunque se ocupa de la política del excepcionalismo, el libro no reflexiona sobre las pandemias y las emergencias de salud pública. Además, inevitablemente, no contiene reflexiones sobre las experiencias de militarización que se han producido desde su finalización. No habla del intento de golpe de Estado en Washington en 2021, ni del intento de golpe de Estado en Brasilia en 2023, ni de la guerra de Putin en Ucrania a partir de 2022, ni de la violencia en Medio Oriente desde finales de 2023. Sin embargo, de alguna manera indirecta, establece descripciones de factores sociales que son relevantes para estos eventos y que se expresan en ellos. Su explicación de la democracia como un orden social que se origina en organizaciones militares, que probablemente desemboque en una guerra civil y que, a menudo como consecuencia, causa una guerra interestatal, ha sido fuertemente corroborada por los acontecimientos antes mencionados. Ahora, el vínculo entre democracia, populismo y militarismo está claro para que todos lo vean. Las sociedades que recientemente han experimentado una militarización intensificada –especialmente Brasil, Estados Unidos y Rusia– pueden considerarse comunidades en las que la democracia dio origen a diferentes modos de populismo, en parte debido a profundos conflictos internos. En tales contextos, los gobernantes populistas colocaron a sus gobiernos fuera de las estructuras integradoras construidas en torno a los derechos humanos y los estados de bienestar, un proceso que resultó, con intensidad variable, en la militarización social y, de manera variable, en crisis democráticas. Hoy en día, el futuro de la democracia como sistema institucional capaz de separarse del militarismo y evitar la guerra es, sin duda, un tema de debate abierto y alarmado.

La perspectiva implícita en este libro es que la clave de la democracia se ha desperdiciado mediante el desmantelamiento de los estados de bienestar y el descrédito de los principios normativos internacionales, que han ocurrido en los últimos años. Estos factores causales se han reflejado, por ejemplo, en las políticas nacionales de austeridad posteriores a 2008 y en la erosión del derecho internacional a través de la guerra en Irak en 2003. La necesidad de avanzar hacia un nuevo contrato internacional que favorezca las políticas de bienestar social y los derechos individuales parece cada vez más vital para la supervivencia de la propia democracia.

Paradójicamente, como autor, espero que el mensaje contenido en este libro pierda importancia en los próximos años. Espero que se pueda revertir la trayectoria de militarización democrática que ha surgido en diferentes partes del mundo, y que la obra pierda relevancia debido a esto. Sin embargo, sinceramente, no había previsto la rapidez ni la precisión con la que los acontecimientos sociales reales reflejarían las oscuras advertencias de este trabajo. En el momento de escribir estas palabras, veo poca evidencia de un cambio de dirección global.

CHRIS THORNHILL

Birmingham, Reino Unido, 14 de febrero de 2024.

AGRADECIMIENTOS

La idea de este libro me surgió en el verano de 2018, cuando pasé un semestre muy estimulante como profesor en la cátedra Niklas Luhmann de Teoría Sociológica en la Universidad de Bielefeld. Me gustaría agradecer a todos los colegas de dicha institución por invitarme a trabajar allí, por su cálida acogida y por permitirme comenzar mi investigación en su magnífica biblioteca.

Desde 2018 he ampliado mis estudios para este libro en la Biblioteca Británica (Londres y Boston Spa) y en el Zentrum fur Militärgeschichte und Sozialwissenschaften der Bundeswehr, en Potsdam.

Durante la primavera y el verano de 2019 tuve el privilegio de ser profesor invitado en la Universidad de Flensburg, en la Universidad Federal de Paraná (Curitiba), UNISINOS, en la Universidad Federal de Pernambuco (Recife) y en la Universidad de São Paulo. Agradezco especialmente a los colegas de estas instituciones, por su ayuda en mi investigación y por su participación en debates relacionados con las cuestiones abordadas en este libro. Durante este período, también me he enriquecido a partir de las discusiones con colegas en numerosas conferencias, especialmente en Atenas (2018), Lisboa (2018), Nottingham (2019) y Bruselas (2019).

Asimismo, las conversaciones informales con muchos amigos, familiares y colegas han sido muy importantes para dar forma a mis pensamientos. Por ello, deseo agradecer a las siguientes personas que se han tomado el tiempo para dialogar conmigo: Guilherme Azevedo, Juliano Benvindo, Gilberto Bercovici, Paul Blokker, Alfons Bora, Hauke Brunkhorst, Carina Calabria, Lucas Delgado, Pierre Guibentif, Gorm Harste, Kirsty Keywood, Poul Kjaer, Atina Krajewska, Andreas Krampe, Ben Morris, Darrow Schecter, Rainer Schützeichel, Maria Smirnova, Gunther Teubner, Grace Thornhill, John Thornhill, Amit Upadhyay, Rustamjon Urinboyev y Rafael Valim.

Como siempre, debo un agradecimiento especial a los estudiantes de las diferentes universidades por su compromiso intelectual en los cursos que he impartido. Particularmente, a los alumnos del curso de Sociología en la Universidad de Manchester del año 2019, a los alumnos del curso intensivo sobre Militarismo y Democracia en Recife en agosto del 2019, y a los estudiantes que asistieron a mi seminario de doctorado sobre Sistema de Derecho Global en Bielefest, en el verano de 2018.

Mi más cálida gratitud está reservada a Finola O'Sullivan en Cambridge University Press.

Chris Thornhill

ÍNDICE GENERAL

Prólogo a la edición en lengua española IX
Agradecimientos XIII
Introducción. La hibridación de la democracia 1

Capítulo Primero

SUJETOS DEMOCRÁTICOS Y PROCESOS SOCIALES

§ 1. Introducción 19
§ 2. Integración social y subjetividad política 22
§ 3. Proceso social y ciudadanía moderna 34
a) Ciudadanía política e integración institucional 36
b) Ciudadanía política e integración normativa 38
§ 4. Conclusión 43

Capítulo II

DEMOCRACIA Y MILITARIZACIÓN

§ 5. El fin del feudalismo y la violencia social 47
§ 6. La Constitución civil y la Constitución militar 64
§ 7. Primeras democracias y militarización social 86
a) El soldat-citoyen (ciudadano soldado) 97

b) Legitimidad militar 102
c) El ejército y la expansión democrática 106
d) Ciudadanía militar y trabajo libre 112
§ 8. La guerra y la dialéctica de la ciudadanía política 121
§ 9. Conclusión 139

Capítulo III

DEMOCRACIA Y DERECHO GLOBAL

§ 10. Introducción 145
§ 11. Ciudadanía militarizada luego de 1945 167
§ 12. Ciudadanía desmilitarizada: integración institucional .. 179
§ 13. Ciudadanía desmilitarizada: integración jurídica 212
§ 14. Conclusión: la democracia y la hiperdiferenciación del derecho 226

Capítulo IV

EL POPULISMO COMO ERROR DEMOCRÁTICO

§ 15. Populismo y democracia 233
§ 16. El populismo como crisis de integración 245
§ 17. La paradoja del populismo 254
a) Populismo y crisis de integración 1: ciudadanía débil 255
b) Populismo y crisis de integración 2: soberanía agotada 258
c) Populismo y crisis de integración 3: integración nacional débil 264
§ 18. Síntesis 266

Conclusión 269

Bibliografía 275

Introducción

LA HIBRIDACIÓN DE LA DEMOCRACIA

En líneas generales, este libro es un intento por comprender el debilitamiento de la democracia que se observa actualmente en diferentes sociedades, especialmente en aquellas que están afectadas por el reciente crecimiento de movimientos y partidos populistas. Se trata de un intento, construido sobre amplios fundamentos sociológicos, por comprender las razones por las que la democracia constitucional parece inestable o, incluso, en peligro, en el momento de su máxima expansión al alcanzar el estatus de norma jurídica global. En este sentido, se propone un modelo teórico general para dar cuenta de este proceso generalizado de desestabilización democrática.

Desde la década de los 80, la democracia ha proliferado de manera global asumiendo variadas formas constitucionales. Antes de 1945, pocas democracias perduraron y muchos experimentos democráticos terminaron en una catástrofe. Asimismo, las pocas instituciones políticas que parecieron haber alcanzado forma democrática estable antes de 1945, no se corresponden con los criterios que actualmente se usan para definir a la democracia. Por caso, el Reino Unido fue usualmente visto como un Estado democrático antes de 1945; sin embargo, se contaba con voto calificado hasta 1950, lo cual no sería visto como algo completamente democrático en el presente. En el mismo sentido, Estados Unidos fue considerado un gobierno democrático antes de 1945, pero mantuvieron el *apartheid* hasta la década de los 60.

Luego de 1945, fue lentamente aceptado el principio de que solo los gobiernos plenamente democráticos, basados en la igualdad de voto de los ciudadanos mayores y en la organización regular de elecciones competitivas, deberían ser vistos como legítimos. Inicialmente, este

1. Thornhill.

principio no produjo muchas políticas que puedan ser definidas como enteramente democráticas. Entre fines de los años 40 y mediados de los 60, un pequeño grupo de entidades políticas, principalmente en el norte de Europa, podrían ser calificadas como democracias relativamente sólidas. Hacia mediados de los 60, Estados Unidos de América ingresó a la categoría de gobierno con políticas ampliamente democratizadas, en tanto incorporó legislación que aseguró el derecho al sufragio igualitario para toda la población. Algunos Estados de América Latina atravesaron períodos democráticos de corta duración, entre finales de los 40 y de los 60. Sin embargo, entre los años 60 y 80, gran parte de la región estuvo gobernada por regímenes autoritarios, con diferentes grados de rigidez. Incluso aquellos países que preservaron procedimientos democráticos, no fueron democracias plenas. Por ejemplo, Colombia tuvo un sistema democrático desde 1958; sin embargo, hasta los 70, los cambios de gobierno estaban basados en arreglos previos no democráticos.

Las políticas partidarias de Europa del Este, después de 1945, contaban con ciertos mecanismos representativos, como arreglos para delegación intra partidaria y consulta local[1]. En cualquier caso, los autoritarismos, fuertes o débiles, fueron el modo de gobierno dominante en esta región hasta las reformas iniciadas a fines de los 80. En África, con el despertar de la descolonización, muchas políticas experimentaron la democratización por un breve período. En la década de los 70, sin embargo, los gobiernos en ejercicio fueron generalmente derrocados por intervenciones militares.

Desde los 90, por el contrario, se volvió posible hablar de democracia, o de cierto tipo de democracia, como un patrón de gobierno consolidado globalmente. El surgimiento de la democracia como institución global real, diferente de las meras tentativas normativas, obtuvo su mayor fuerza con las transiciones de régimen en Argentina (1983) y Brasil (1985). Estos cambios repercutieron en otros Estados de América Latina, provocando el derrocamiento de gobiernos dictatoriales o el refuerzo de los instrumentos existentes para la afirmación de las democracias representativas.

La democracia se estableció como fenómeno político generalizado en Europa del Este entre fines de los 80 y los 90, en correspondencia con la reducción de la influencia soviética en esta región, y con la disolución de la Unión Soviética. Al mismo tiempo, en

[1] Kahn, 1988:80.

África, muchas organizaciones políticas intentaron por diferentes vías instaurar la renovada democratización. Hacia finales de los 90, la democracia podría, con sus reservas, ser vista como la forma política global. Si bien algunas excepciones persistieron, como en África del Norte, Medio Oriente, Asia Central y China, la democracia dejó de ser un fenómeno singular o local. En la mayor parte del mundo, la legitimidad de un gobierno fue medida por un criterio relacionado con la democracia.

Hasta aquí, se han dado muchas razones para explicar el crecimiento transnacional de la democracia, pero no hay que observar esto como un suceso indudablemente beneficioso. En particular, el hecho de que en África y América Latina la democratización haya sido usualmente acompañada por la imposición de profundos recortes fiscales, revela que los beneficios de la democracia pueden parecer dudosos para aquellos que son bendecidos por ella[2]. Aun así, hacia 1990, los ciudadanos de la mayoría de estos sistemas políticos, incluso aquellos insatisfechos con sus gobiernos, al menos tuvieron acceso a instrumentos democráticos para expresar dicha insatisfacción.

Sin embargo, en un corto lapso de tiempo, se reveló que la globalización de la democracia que se aceleró a mediados de los 80, no podría dar lugar al establecimiento de políticas democráticas plenas. Esta evidencia no debería causar sorpresa alguna. La mayoría de las democracias formadas luego de 1945, requirieron muchas décadas para estabilizar los procedimientos democráticos. Sistemas políticos como el de India, Italia y Japón se volvieron democráticos con posterioridad a 1945, y persistieron por décadas en un estado de transición prolongado, cuya rotación de gobierno permaneció débilmente institucionalizada. Existen pocas referencias históricas de éxito inmediato, en transiciones democráticas abruptas a gran escala. En muchas sociedades que iniciaron la transición democrática entre los 80 y los 90, sus reformas políticas tuvieron resultados prácticos que se alejaron de las definiciones teóricas de democracia. Así, el giro hacia la democracia o bien se estancó por completo, o bien generó sistemas políticos atípicos, que combinaron características democráticas con otras que no lo eran. Hacia la primera década del siglo XX, era difícil de visualizar el hecho

[2] Brysk - Wise, *Liberalization and Ethnic Conflict in Latin America*, "Studies in Comparative International Development", 1997, 32(2), 82.

de que la expansión global del sistema democrático creara tantas nuevas formas y variantes de la propia democracia[3]. La democratización condujo, en la mayoría de los casos, no a la creación de una democracia simple, sino a las formas híbridas, situadas en posiciones intermedias entre democracia y autoritarismo.

Estas políticas democráticas híbridas asumieron diferentes particularidades que no podrán ser analizadas en su totalidad. Sin embargo, es posible establecer, de manera general, que contienen las siguientes características principales: *1*) a nivel formal, asocian la legitimidad de la función política a los temas clásicos autorizados por la regla constitucional-democrática, evidenciando que la legitimidad es consecuencia del hecho de que los *ciudadanos soberanos* hacen valer su voluntad libremente, por medio de *instituciones soberanas*; *2*) la responsabilidad real de las instituciones políticas para con los ciudadanos es acotada, y los procedimientos que les permiten ejercer la soberanía están débilmente desarrollados o sujetos a restricciones.

En muchos casos, las características de las democracias híbridas están determinadas históricamente, y pueden relacionarse con la estructura de las sociedades en las que aparecen. Por ejemplo, algunos sistemas políticos adquieren hibridez dado que contienen características previas a la transición, que impiden que las instituciones democráticas adquieran un lugar consistente. El caso más paradigmático es la Federación Rusa. Si bien se argumenta ampliamente que el sistema ruso se ha transformado en la actualidad en un gobierno exclusivamente autoritario, replicando elementos de la política de la Unión Soviética en sus planos domésticos e internacionales[4], el sistema de Rusia aún conserva instituciones democráticas que, en parte a causa de presiones internacionales, se encuentran en una tensión creciente.

Al mismo tiempo, ciertos sistemas adquieren características híbridas dado que las organizaciones que median entre la sociedad y el gobierno no están plenamente consolidadas. En consecuencia, estas políticas suelen estar definidas por poderes ejecutivos semi separados, y la coordinación a largo plazo de los

[3] Ver Carothers, *The End of the Transition Paradigm*, "Journal of Democracy", 2002, 13(1); Diamond, *Thinking about Hybrid Regimes*, "Journal of Democracy", 2002, 13(2).

[4] Hale, *Patronal Politics*, 20.

movimientos opositores es difícil. Este es un fenómeno común en América Latina.

De manera alternativa, algunos sistemas adquieren hibridez porque sus instituciones carecen de la fuerza necesaria para insertarse socialmente, al punto de que los efectos de las políticas del gobierno son limitados. En África y América Latina, es común que ciertos actores privados se distancien del Estado, instaurando gobiernos regionales informales, usualmente basados en el mecenazgo o la violencia. Colombia puede ser vista como el caso paradigmático de este tipo de sistemas.

En general, la democracia híbrida presenta múltiples variantes. La enumeración anterior solo es meramente enunciativa, no pretende ser taxativa. Sin embargo, como parte de la tendencia hacia la hibridación democrática, podemos observar un proceso institucional que se ha vuelto globalmente generalizado en los últimos años. Este proceso genera un patrón relativamente uniforme de hibridación democrática, con cierta independencia de las características estructurales de las sociedades en que acontece. Es decir, muchos sistemas políticos, en diferentes puntos del grado de democratización, actualmente son susceptibles de desestabilización por movimientos que pueden definirse como neopulistas o neonacionalistas, generalmente combinando aspectos del populismo y aspectos del nacionalismo. Con relación a este punto, es necesario hacer algunas diferenciaciones. El populismo no es un fenómeno esencialmente nuevo, en tanto se trata de movimientos que tienen una larga historia, especialmente en América Latina y, en menor grado, en Estados Unidos. Más aún, no siempre es posible distinguir a los gobiernos populistas de los gobiernos que no lo son. No obstante, en los últimos años, cierto tipo de populismo, por primera vez en la historia, se ha convertido en una clase de gobierno generalizada. El populismo es, o ha sido recientemente, institucionalizado a nivel gubernamental en una cantidad de sistemas, incluyendo Bolivia, Brasil, Hungría, India, Italia, Polonia, Estados Unidos, Reino Unido y Venezuela. En este sentido, partidos políticos con fuertes componentes populistas influyen en un amplio espectro de decisiones políticas. Si bien los partidos populistas no son necesariamente nacionalistas, en la mayoría de los casos el populismo tiende, con matices, a fusionarse con el nacionalismo, y el recurso al "pueblo" en el que se basa el populismo, normalmente implica un recurso a la "nación". Este populismo es actualmente una expresión común de la hibridación democrática, y aparece en sistemas políticos que se creyeron inmunes al atractivo populista.

En términos generales, el populismo se define por el hecho de desafiar instituciones democráticas establecidas, y debilitar los procedimientos liberales de la democracia representativa. Aunque se trata de un movimiento típico de posiciones de derecha, también puede expresar motivaciones sociales generalmente asociadas con la izquierda. Algunos gobiernos populistas, por ejemplo, en Venezuela y Bolivia, han adoptado políticas claramente propias de los movimientos de izquierda. Como se verá en el Capítulo IV, el populismo contemporáneo tiende a aparecer como un movimiento, como un grupo de movimientos o como un régimen de gobierno que: *a*) presupone que el ejercicio legítimo del poder es la expresión inmediata de la voluntad soberana del pueblo, incitando a la movilización popular para desacreditar a las élites gubernamentales y afirmando oponerse a los arraigados intereses de las élites; *b*) muestra la capacidad de cambiar de posición ideológica muy rápidamente, dependiendo de su interpretación de los intereses populares y de su búsqueda de apoyo electoral; *c*) le atribuye una identidad compartida al pueblo soberano, de modo que los intereses populares a menudo se definen en términos exclusivos; *d*) respalda el mayoritarismo extremo y condena instituciones, imponiendo estándares normativos que obstruyen la expresión de la voluntad soberana del pueblo en los cuerpos legislativos nacionales. Por esta razón, el populismo también tiende a: *e*) ser hostil a las normas internacionales, a organismos internacionales con fuerza jurisdiccional y a los tribunales nacionales que tienden a interactuar estrechamente con normativas internacionales[5].

En cada caso, los movimientos populistas y los gobiernos tensionan los sistemas de organización democrática establecidos. Por ejemplo, los políticos populistas a menudo son capaces de eludir las convenciones estándar de legitimidad, al ampararse en un supuesto mandato directo dado por el pueblo. Por esta razón, los gobiernos populistas tienden a transferir el poder de los órganos representativos a ejecutivos más personalizados. Asimismo, los gobiernos populistas pueden reducir la injerencia de los partidos de la oposición,

[5] Sobre la hostilidad populista hacia las instituciones globales de gobierno, ver Drolet - Williams, *Radical Conservatism and Global Order*, "International Theory", 2018, 10(3), 287.

alegando una base sólida en la voluntad popular, de modo que los consensos entre partidos se vuelven menos importantes como fuente de legitimidad. De manera frecuente, los políticos populistas pueden ejercer influencia en el poder judicial, provocando la politización de las funciones judiciales. En general, el populismo posee un fuerte impulso hacia el personalismo ejecutivo, lo que resulta contradictorio con las bases de la democracia representativa. En este sentido, los estados gobernados por políticos populistas normalmente pertenecen a la familia de la categoría política democrática, y el cuestionamiento populista de las instituciones democráticas establecidas se lleva a cabo, al menos en apariencia, en nombre de la propia democracia. Sin embargo, los gobiernos populistas reflejan una pronunciada, aunque no plena, tendencia autoritaria.

Populismo y constitucionalismo sociológico

Importantes autores han señalado que el populismo moderno aún no ha sido objeto de un análisis amplio, y que carecemos de una perspectiva sociológica para explicar la prevalencia de estos movimientos en la sociedad contemporánea[6]. El objetivo de este libro es proponer un modelo sociológico amplio para analizar el populismo, y determinar las causas sociales que crean las condiciones de legitimación para estos movimientos en la sociedad contemporánea.

En esta línea de análisis, el fenómeno de la hibridación democrática puede proporcionar una clave sociológica para comprender el populismo. Los casos más recientes de movilización populista pueden explicarse parcialmente como variantes de la hibridación generalizada de las instituciones democráticas, y es posible entender el crecimiento de estas fuerzas como parte de un amplio clima de debilitamiento democrático. En algunos casos, de hecho, el auge de los movimientos populistas de la última década podría atribuirse a que, en las transiciones más recientes, la democratización se llevó a cabo sobre bases no imaginadas por los relatos clásicos de la democracia. Aquellas que surgieron a partir de los años 80, se establecieron por medio de procedimientos que debilitaron lo popular, y el aspecto colectivo del desarrollo institucional. Como

[6] Jansen, *Populist Mobilization*, "Sociological Theory", 2011, 29(2), 90.

consecuencia, es posible argumentar que estas democracias estaban intrínsecamente predispuestas a la particular forma de hibridación que se expresa actualmente en el populismo.

En primer término, cabe destacar que, en la mayoría de los sistemas políticos, los procesos recientes de democratización estuvieron estrechamente vinculados a la influencia de las organizaciones internacionales y sus disposiciones normativas. En algunas sociedades, los arquitectos de las nuevas democracias trabajaron en estrecha colaboración con organismos internacionales de derechos humanos, y la democracia fue diseñada deliberadamente para señalar el cumplimiento de las normas internacionales de derechos humanos (ver § 13). En ciertos casos, los políticos debieron apoyar la creación de las nuevas democracias, dado que esto se imponía como condición previa para acceder organizaciones internacionales relevantes desde el punto de vista económico. Como ejemplos, es posible mencionar el caso de España, después de 1975, y de la mayoría de los estados de Europa del Este con posterioridad a 1989. En estos casos, la transición democrática se llevó a cabo como un proceso por el cual los principios constitucionales nacionales se alinearon con los estándares globales de democracia política, basados en los derechos humanos. De modo que, una vez cumplimentada esta adecuación, los sistemas políticos puedan adquirir eventualmente una membresía en la Unión Europea (UE). Sin embargo, fueron pocos los Estados miembros de la UE que se consolidaron como democracias plenas antes de su integración.

Desde otro punto de vista, en aquellas sociedades en las que persisten rasgos fuertemente autoritarios, la conservación de ciertos componentes democráticos se debe, en gran medida, a la vinculación de algunas instituciones locales con emisores de normas internacionales. De manera que las normas definidas globalmente, todavía pueden penetrar en la política. Un ejemplo muy importante de esto es la Federación de Rusia, donde, a pesar de la naturaleza cada vez más autoritaria de la política en su conjunto, el poder judicial todavía vincula las instituciones nacionales y las prácticas políticas con las expectativas normativas internacionales.

En segundo término, en muchos sistemas, el gobierno democrático ha sido dirigido por instituciones que solo están conectadas de manera indirecta con la representación popular. En particular, los patrones de las políticas democráticas están fuertemente marcados por el hecho de que las instituciones judiciales juegan un papel protagónico en la definición de la legislación y, en muchos casos, incluso las leyes constitucionales han sido establecidas por actores del poder judicial. Esta prevalencia judicial es particularmente visible en los sistemas políticos creados después de la década de 1980. Muchos de ellos asumieron forma democrática en esta época y, al mismo tiempo, ingresaron a sistemas internacionales de derechos humanos, y se sometieron a la jurisdicción de sus tribunales. La conexión causal entre estos dos procesos no siempre es inmediata. Sin embargo, la coincidencia temporal entre la democratización en América Latina, Europa del Este y África, y la consolidación de tribunales y comisiones ligados a los derechos humanos de estas regiones, es difícil de impugnar. Este hecho significó que los órganos judiciales nacionales asumieran un papel bisagra en la democratización, fiscalizando los procesos de transición y legitimando los actos legislativos, mediante la introducción del derecho internacional en el nacional.

Esta prevalencia judicial también se evidencia en sistemas políticos con democracias más antiguas. Por ejemplo, India y Reino Unido, cuyas historias democráticas datan de mucho antes de la década de los 80, adquirieron su forma de gobierno actual, en cierto punto, por el aumento de la influencia de los órganos judiciales. En ambos casos, esto se debe al vínculo entre los emisores de normas nacionales e internacionales[7]. En el mismo sentido, el sistema democrático actual de Estados Unidos fue diseñado, en parte, por órganos judiciales que introdujeron las normas globales en el derecho constitucional nacional (ver § 11).

De esta manera, la mayoría de las democracias contemporáneas surgieron como parte de un proceso por el cual las precondiciones globales determinaron las normas constitucionales internas de cada sistema. O, al menos, fueron teñidas por una profunda interacción entre los procesos nacionales e internacionales de construcción de normas. Pocos sistemas se han construido sobre el fundamento clásico de la voluntad democrática, a saber, que los ciudadanos soberanos crean y obtienen fuerza legislativa dentro de las instituciones que han diseñado ellos mismos. Pocas democracias sustentan su legitimidad en las decisiones colectivas del pueblo. En la mayoría de las democracias, los roles básicos de la

[7] Ver Thornhill, *The Sociology of Law and the Global Transformation of Democracy*, 323 a 350 y 478 a 479.

ciudadanía han sido determinados, al menos en parte, por expectativas externas, y expresan procesos globalmente coincidentes de construcción constitucional.

El hecho de que muchas democracias contemporáneas tengan orígenes tan atípicos, crea el terreno propicio para la formación de regímenes híbridos. En los más autoritarios, como los de Rusia y partes de Asia Central, sus instituciones democráticas no han sido guiadas por un compromiso popular. En tales escenarios, la recurrencia del autoritarismo es posible por el hecho de que los roles clásicos de ciudadanía no están fuertemente arraigados en la sociedad[8]. Este trasfondo proporciona un contexto en el que el populismo puede tomar forma y afianzarse fácilmente. El movimiento populista suele estar impulsado por el clamor de que las instituciones políticas carecen de bases profundas en la sociedad, y de que los patrones necesarios de subjetividad política –o de soberanía ciudadana– para dar legitimidad a la democracia no son sólidos. Así, el discurso esencial del populismo se centra en que los mecanismos representativos favorecen a las élites y debilitan el compromiso popular. Una característica de este fenómeno político contemporáneo es la fuerte hostilidad hacia las normas internacionales y hacia las instituciones de sociedades que alinean sus procedimientos con los principios internacionales. En este sentido, el populismo expresa la acusación de que los sistemas políticos que critica son, ellos mismos, de naturaleza híbrida. Es decir, se trata de un modo de democracia híbrida que se percibe a sí mismo como ataque frente a los sistemas que presentan hibrideces. De este modo, gana legitimidad al afirmar que los Estados en los que surge no están completamente democratizados. En su crítica a la democracia contemporánea, el populismo se consolida por la insistencia en que los conceptos clásicos de ciudadanía nacional y soberanía popular, deben situarse en el centro del sistema. Bajo esta luz, el populismo refleja una forma de pensar la legitimidad gubernamental, que rechaza profundamente las premisas sobre las que se ha construido gran parte de la democracia contemporánea.

Por estas razones, el análisis del populismo puede enmarcarse dentro de una discusión político-sociológica más amplia sobre

[8] Profundizar en Brubaker, *Nationhood and the National Question in the Soviet Union and post-Soviet Russia: An Institutionalist Account*, "Theory and Society", 1994, 23.

la hibridación democrática y sus implicaciones. En esta línea de análisis, se puede observar que la democracia misma se convirtió en una forma global como forma híbrida, de modo que la mayoría de la democracia es ahora democracia híbrida. El populismo puede verse, pues, como un híbrido entre muchos otros, que ocupa su lugar en un entorno cuya legitimación es causada y definida por la hibridación democrática. Sin embargo, a un nivel más profundo, el hecho de que el populismo se proponga como remedio a los defectos de la democracia, plantea interrogantes que no pueden responderse a través de simples estudios comparativos de la hibridación democrática. Aquello que resulta distintivo sobre el populismo, en contraste con otros patrones de democracia híbrida, es que busca establecer un modelo de democracia enfáticamente legitimado, basado en la apropiación de las fuentes clásicas de la democrática. Como resultado, el populismo propone cuestionamientos sobre las precondiciones básicas de la democracia y trae a la luz algunas antinomias que de otro modo no se harían visibles. Así, este movimiento revela una profunda paradoja en el núcleo de la democracia, cuya comprensión requiere un amplio análisis sociológico-global. Esta paradoja se observa por el hecho de que los populismos se ven influenciados por políticas que están determinadas por procesos constitucionales globales, y adquieren legitimidad denunciando tales políticas como híbridas. Sin embargo, al reaccionar contra los patrones supuestamente agotados de la democracia, causados por los procesos constitucionales globales de construcción de normas, los movimientos populistas debilitan aún más al sistema[9]. En otras palabras, el populismo se presenta como una forma constitucional que reacciona críticamente contra la promulgación de normas constitucionales a nivel global, con el objetivo de establecer la democracia. A pesar de ello, su reacción a tales normas globales conduce a la erosión de la democracia en el nivel nacional. Así, la demanda populista de *más democracia* o de *menos democracia global*, generalmente crea *menos democracia nacional*.

En este sentido, el auge del populismo refleja un problema sociológico que se extiende más allá de las discusiones sobre la de-

[9] Ver Huber - Schimpf, *Friend or Foe? Testing the Influence of Populism on Democratic Quality in Latin America*, "Political Studies", 2016, 64(4), 873 y 874. Ver el análisis en el § 17 de esta obra.

mocracia híbrida. En primer lugar, el populismo plantea una pregunta sobre la relación entre el constitucionalismo nacional y global. Esto implica que esta relación ha sido mal entendida o, al menos, que se necesita una mayor claridad en ella por el bien de la democracia. Desde la década de los 80, el constitucionalismo democrático ha evolucionado ampliamente en dos ejes separados, uno nacional y otro global. Esta división genera expectativas normativas en conflicto en la sociedad, que no se alinean fácilmente. La fricción normativa entre estos territorios se suele expresar en el populismo, y es fundamental para el futuro de la democracia. Los términos para articular dicha tensión requieren de una extensa aclaración sociológica. En segundo lugar, el populismo elabora un interrogante profundo sobre la esencia del concepto normativo de democracia. Estos movimientos ubican a los conceptos democráticos clásicos como la base esencial de la democracia, e insisten en obtener apoyo de la soberanía popular. Al hacerlo, sin embargo, exacerban la debilidad democrática. Como consecuencia, el populismo implica que los conceptos clásicos de democracia son, en algunos contextos, separados de las premisas sociopolíticas reales de la democracia. En la mayoría de los escenarios, los conceptos clásicos de democracia no describen los procesos por los que se ha creado la democracia. Así, cuando estos términos se utilizan como modo de legitimar el accionar populista, conducen al debilitamiento de la democracia. Como consecuencia, vemos una realidad política en la que la democracia se desestabiliza a sí misma, a través del refuerzo de sus afirmaciones normativas y de sus conceptos. En este punto, se requiere un análisis crítico y una profunda investigación de estas cuestiones, para determinar por qué la afirmación de conceptos democráticos suele socavar la propia democracia. En síntesis, el problema del populismo muestra dos antinomias en la auto comprensión común de la democracia: plantea una pregunta sobre el conflicto entre los patrones nacionales y globales de la constitución democrática; presenta un interrogante sobre la tensión entre la comprensión clásica de la democracia y las condiciones y precondiciones sociológicas reales de su funcionamiento.

Este libro se propone estudiar el movimiento populista y dilucidar las razones de su expansión. En este sentido, examina las antinomias de la democracia, e inicia una investigación sobre el propio sistema democrático. Al abordar el problema del populismo, despliega un método sociológico global para analizar la democracia, sus fundamentos y debilidades constitucionales. Así, se vale de este enfoque para aislar los procesos objetivos por medio de los que, en general, la democracia se ha formado, sus conceptos fundacionales se han realizado y, con variantes, han podido echar raíces en diferentes sociedades. En particular, sostiene que el populismo suele ganar poder dado que las miradas sobre la democracia muestran deficiencias sociológicas, de modo que esta se juzga desde una perspectiva falsa. Argumenta que, vista a través de un lente histórico global, la democracia debe interpretarse, no como la consecuencia de elecciones o acciones políticas subjetivas, sino como el resultado variable de profundos procesos de integración, cuyo equilibrio es fundamental para la organización general de la sociedad moderna. En este punto, la democracia es el producto de dos procesos de integración, uno contiene un enfoque institucional y el otro uno normativo, que nos remontan a los orígenes de la sociedad moderna y que dan forma a todas las sociedades nacionales. La democracia emerge por un proceso en el que la sociedad, como un todo, se transforma en un sistema de integración normativa. Su vigencia depende de que el sistema político pueda apoyar este movimiento, al consolidar un sistema general *de integración institucional* y un sistema general *de integración normativa.* Es decir, la democracia se vuelve real en una sociedad, a medida que el sistema integra a los ciudadanos en las funciones públicas, y establece normas jurídicas reconocidas y aplicadas a todos los miembros de la sociedad. Este sistema no puede existir sin ambos procesos de integración, y no puede tener lugar si estos acontecimientos no dan forma a la sociedad. Para sostener estos procesos de integración, una política democrática debe: *a*) construir instituciones capaces de mantener una conexión interactiva inmediata con ciudadanos individuales, consolidando los roles de ciudadanía para perpetuar tal interacción; *b*) establecer un orden normativo en el que los ciudadanos se conecten entre sí y con el gobierno, por leyes cuyo origen reconozcan como legítimo; *c*) construir legitimidad normativa para las leyes, capaz de sustentar la aplicación de la ley en toda la sociedad; *d*) asegurar, en la medida de lo posible, que el proceso de integración institucional y el proceso de integración normativa en la que se basa la democracia, no entren en conflicto ni se desestabilicen entre sí. Al promover una explicación integradora de la formación de la democracia, este libro sostiene que sus precondiciones son ampliamente mal interpretadas. Asimismo, plantea que, vista como parte de la integración de la sociedad como un todo, la democracia generalmente resulta de la articulación entre las políticas nacionales y los procesos globales de construcción de normas.x La incomprensión de estos hechos provoca con frecuencia inestabilidad democrática, y esa inestabilidad a menudo se refleja en el populismo. Sobre esta base, este libro intenta explicar el populismo, presentando un análisis sociológico global de la articulación entre las normas fundamentales del derecho constitucional nacional y las normas fundamentales del derecho constitucional global. En este punto, se afirma que una interpretación errónea de la relación entre estos campos genera las condiciones para la evolución del populismo. Tras este análisis, subyace la idea de que el vocabulario básico en el que se define y promueve la democracia, exacerba los problemas de integración en la sociedad y acelera las crisis democráticas. Una amplia reconstrucción sociológica del surgimiento de la democracia y la formulación de conceptos democráticos, es necesaria tanto para aclarar la naturaleza real de la democracia, como para evitar su tendencia hacia el populismo

Marco de la investigación

Al fusionar la sociología global y el análisis sociológico de la democracia, el populismo y el constitucionalismo, este libro se refiere a tres campos separados de investigación.

En primer lugar, este libro asume una posición en el campo creciente de investigación que aborda criterios atípicos de constitucionalismo, y dialoga de manera crítica con esos postulados. En la actualidad, hay una extensa literatura que analiza el *constitucionalismo autoritario* como un fenómeno destacado, que surge ante el fracaso parcial de los recientes experimentos de elaboraciones constitucionales[10]. El texto aquí presentado se propone contribuir en este campo de investigación, examinando los fundamentos sociales de la crisis constitucional en los sistemas democráticos. Dentro de este punto, también existe una serie de investigaciones

[10] Law - Versteeg, *Sham Constitutions*, "California Law Review", 2013, 101(4); Tushnet, *Authoritarian Constitutionalism*, "Cornell Law Review", 2015, 100; Ginsburg - Huq, *How to Save a Constitutional Democracy*.

específicas que se centran en la dimensión constitucional del populismo. En el presente, se argumenta con frecuencia que el populismo se ha convertido en una forma constitucional distinta, expresando problemas de una naturaleza constitucional específica, y demandando explicaciones en categorías constitucionales[11]. Este libro desarrolla y amplía esta línea de análisis, y muestra cómo el populismo evoluciona como expresión de las antinomias inherentes a la democracia constitucional. Sin embargo, difiere de otras perspectivas que interpretan al populismo como una categoría de constitucionalismo. Lo hace en tanto se argumenta que la razón por la cual la democracia contemporánea se muestra frágil es atribuible, en gran medida, a una lectura literal del constitucionalismo democrático mismo: se afirma que la crisis democrática es causada por las categorías constitucionales sobre las que se articulan los fundamentos de la democracia. Esencial para el problema del populismo, que refleja y causa la crisis democrática, es el conflicto interno de la democracia. Este problema se expresa en la contradicción, cada vez más intensa, entre la construcción constitucional de los sujetos de quienes se espera que sustenten la legitimidad de la democracia, y los procedimientos reales que efectivamente la establecen y la estabilizan. Esto revela una profunda paradoja en el núcleo de la democracia constitucional.

En segundo término, este libro toma posición en el campo que concierne a la *sociología global* o *sociología jurídica global*. Al promover un acercamiento sociológico global a los problemas constitucionales, este texto concibe un enfoque diferente. Es decir, intenta explicar la crisis democrática al identificar normativas comunes y coyunturas institucionales que, tras un largo período de tiempo, han sostenido los sistemas democráticos en diferentes partes del mundo. En este sentido, comparte un espacio en común con las líneas teóricas de la sociología que utilizan modelos de la política, de la cultura y de la sociedad mundial, como matrices explicativas. Al igual que estos enfoques, el libro aísla y explica las tendencias generalizadas o isomorfas en la sociedad global

[11] Landau, *Populist Constitutions*, "University of Chicago Law Review", 2018, 85 (2016); Blokker, *Varieties of Populist Constitutionalism: The Transnational Dimension*, "German Law Journal", 2019, 20; Bugaric, *Could Populism be Good for Constitutional Democracy?*, "Annual Review of Law and Social Science", 2019, 15.

que sustentan la consolidación democrática[12]. Se sostiene, de hecho, que los procesos que mantienen la estabilidad democrática son relativamente consistentes en todo el mundo, y que la mayoría de los Estados han adquirido forma democrática sobre premisas uniformes. Sin embargo, este libro se diferencia de otras perspectivas, en virtud de su enfoque histórico. Al centrar su estudio en procesos globales que forman y afectan la democracia, pone énfasis en identificar y explicar el original, el más "puro", o la expresión más paradigmática de dichos procesos. Asimismo, intenta reconstruir el impacto de los procesos globales, mediante la evaluación de los contextos en los que fueron expresados y elaborados conceptualmente por primera vez. Como consecuencia, al examinar la democracia y el constitucionalismo democrático desde un enfoque sociológico global, este libro se centra inicialmente en el corazón de las primeras democracias y de los primeros constitucionalismos. Así, se enfoca mayormente en Francia y en algunos Estados germanos, en tanto los conceptos de ciudadanía que han definido la sociedad moderna adquirieron allí sus primeras definiciones. Esta es la perspectiva adoptada, dado que en dichos escenarios las fuerzas que moldearon el sistema democrático se volvieron evidentes, y las complejas implicancias sociales de los conceptos democráticos pueden ser analizada claramente. Esto no implica el privilegio de determinadas ubicaciones geográfica por sobre otras. Por el contrario, refleja el intento de rastrear los procesos políticos hasta sus orígenes, y analiza las primeras manifestaciones de los procesos globales, en tanto poseedoras de un valor explicativo que puede generalizarse. En este sentido, el libro sostiene, como originalmente lo hacían los análisis sistémico-teóricos de la sociedad global, que los procesos políticos-legales-globales están conectados con experiencias de diferenciación social, y que los procesos globales pueden ser capturados con mayor precisión a través de la investigación en los patrones de diferenciación que dieron forma a su aparición. Como consecuencia, este enfoque sobre la formación social global

[12] Por diferentes versiones de tales teorías, ver Meyer, "The World Polity and the Authority of the Nation-State", en Bergesen (ed.), *Studies of the Modern World-System*; Meyer - Boli - Ramirez, *World Society and the Nation-State*, "American Journal of Sociology", 1997, 103(1); Stichweh, *Die Weltgesellschaft*. El análisis de este último autor (*Die Weltgesellschaft*, 43) sobre la transformación de las políticas nacionales por medio del crecimiento de las normas transnacionales en la sociedad mundial, se superpone con el mío.

se nutre de investigaciones recientes en historia sociológica. En particular, se compromete con estudios que examinan la posición del sistema militar, en los procesos de diferenciación que acompañan al primer ascenso de la democracia[13]. El énfasis sociológico global del libro se explica por su intento de reconstruir los acontecimientos que dieron forma a la democracia en muchas sociedades. Asimismo, aborda las variantes coyunturales de estos procesos globales. Sin embargo, parte del supuesto de que los patrones de diferenciación que adquirieron relevancia para la democracia, se comprenden mejor mediante el análisis de sus orígenes.

En tercer lugar, este libro contribuye a un campo de investigación que puede ser categorizado de manera amplia como *sociología de los conceptos*. En esta línea de análisis, intenta reconstruir la crisis contemporánea de la democracia, mostrando el modo en que los principios normativos que dan forma a la teoría democrática y constitucional, son reflejos de fuerzas y presiones sociales. Así, amplía los postulados desarrollados en el marco de la historia conceptual, y utiliza aspectos de la sociología sistémica que ilustran el modo en que los conceptos jurídicos son formados por, y al mismo tiempo forman, procesos de evolución social. La sociología de los conceptos no está plenamente establecida como un subcampo de la sociología. Sin embargo, ciertos aspectos de este campo de estudios ya estaban presentes en el pensamiento de Hegel, quien observó los conceptos como reflejos estructurales de los procesos históricos. Más recientemente, una serie de teóricos se han esforzado por explicar cómo los conceptos políticos estructuran, dirigen y refuerzan las líneas de la evolución histórica. Estas perspectivas son evidentes en diferentes aspectos de la historiografía de Bielefeld, ejemplificada por Reinhart Koselleck[14] y Niklas Luhmann[15]. En el presente libro se adscribe a la posición que entrelaza de manera estructural los conceptos teóricos con los procesos sociales. Sin embargo, difiere de tales enfoques en tanto insiste en que la construcción sociológica de los conceptos es fundamental para un debate político adecuado, y sostiene que interpretaciones

[13] Hoeres, "Das Militär der Gesellschaft: Zu Verhältnis von Militär und Politik im deutschen Kaiserreich", en Becker (ed.), *Geschichte und Systemtheorie*, 344; Kuchler, *Krieg und gesellschaftliche Differenzierung*, "Zeitschrift für Soziologie", 2013, 42(6); Harste, *Kritik af Krigens Fornuft*.

[14] Koselleck, *Vergangene Zukunft*, 113.

[15] Luhmann, *Gesellschaftsstruktur und Semantik*, vol. I, 49.

demasiado literales o sociológicamente irreflexivas de la política y de conceptos constitucionales, tienen consecuencias adversas para la democracia como realidad material. Sobre esta premisa, en este texto se afirma que la realidad objetiva de la democracia no puede comprenderse a través de modelos conceptuales que la explican por su evolución histórica. Las crisis en democracia suelen ser consecuencia de la falta de reflexión sociológica en la interpretación de conceptos normativos.

Sobre esta triple base, este libro ofrece una descripción sociológica de las razones por las que las democracias modernas muestran una propensión a hundirse en el populismo. Se sostiene que las razones de esto deben buscarse en los orígenes de la democracia moderna, en patrones de diferenciación social que subyacen a la democracia, y en los problemas normativos creados por la auto comprensión conceptual de la democracia.

Capítulo Primero

SUJETOS DEMOCRÁTICOS Y PROCESOS SOCIALES

§ 1. *Introducción*

El modelo de organización política conocido como "democracia", ha crecido en torno al supuesto de que el ejercicio del poder político es legítimo, cuando un sistema institucionaliza procedimientos para la representación igualitaria de sus miembros. Sobre esta base, el principal indicador de la legitimidad democrática es que el sistema político exprese el principio de *soberanía popular.* Los sistemas políticos son considerados legítimos, en la medida en que vuelven efectiva la *voluntad soberana del pueblo.* Esta construcción de la legitimidad del sistema político fue expandida por primera vez en las revoluciones constitucionales que tuvieron lugar en Europa y América a fines del siglo xviii. A partir de entonces, las decisiones de la soberanía popular fueron postuladas como el fundamento de legitimidad esencial de todo gobierno, formando la primera fuente de conexión entre normas políticas y jurídicas en un sistema determinado.

La idea legitimadora de la soberanía popular fue, desde sus orígenes, asociada al concepto de *ciudadanía,* un término utilizado para describir al conjunto de derechos y obligaciones por los que los miembros de una sociedad construyen y reconocen la legitimidad de los órganos de gobierno que ejercen autoridad sobre ellos. El concepto de ciudadanía contiene varios significados, y adquirió diferentes implicaciones en las distintas etapas de su formación. Inicialmente, un concepto incipiente de ciudadano se formó para prever la condición social por la cual las personas obtenían derechos y obligaciones en el gobierno, como consecuencia de su pertenencia a determinadas comunidades territoriales. Esta idea temprana de ciudadanía implicaba que las personas eran forzadas a reconocer la legitimidad de los gobiernos, si estos les proveían de ciertas protecciones legales subjetivas (derechos), que se derivaban de su afiliación territorial. Por lo general, estos derechos incluían protección para ocupar la propiedad –incluyendo derechos de residencia en la tierra– y, lo más importante, la protección de un proceso justo y legal. Estos principios legales de ciudadanía ya estaban consolidados parcialmente en Europa en el siglo XVIII, antes de la *époque* revolucionaria. Sin embargo, a fines del mencionado siglo, un concepto más profundo de ciudadanía fue establecido. En este punto, ella fue definida como una condición por la cual, dentro de determinado contexto territorial, los individuos podían considerar legítimos a sus gobiernos si participaban, en general por medio de representación electoral, en la creación de las normas que definían al sistema como conjunto, y de los derechos que regulaban su vida cotidiana. La concepción del sistema democrático moderno resultó, fundamentalmente, de la fusión del concepto de soberanía popular con el concepto de ciudadano, entendido como un agente político fuertemente comprometido. Immanuel Kant explicaba esto en términos paradigmáticos. Afirmaba que el ciudadano (*Staatsbürger*) es definido por el ejercicio de la soberanía popular, y la legitimidad del estado deriva directamente de la voluntad popular de los ciudadanos[1]. Sobre esta base, la política moderna se concentró en un modelo dominante de subjetividad política – el ciudadano soberano, o el ciudadano nacional como agente de la soberanía popular.

La fusión de estos sujetos conceptuales, el pueblo soberano y el ciudadano, sigue siendo fundamental para las categorías en que se evalúa la legitimidad de los Estados modernos. En los años recientes, muchos análisis teóricos cuestionaron la correlación esencial entre soberanía popular, ciudadanía nacional y democracia legítima. Académicos como Jürgen Habermas y Hauke Brunkhorst insistieron en la posibilidad de una democracia postsoberana o de una ciudadanía postnacional, en las que los actos de participación popular, históricamente asociados con la población nacional, fueran transferidos a prácticas y organizaciones supranacionales. No obstante, la proyección de los tópicos primarios de la democracia se ha mantenido largamente inmutable, desde el siglo XVIII.

[1] Kant, "Metaphysik der Sitten", en Kant, *Werkausgabe*, vol. VIII, 432.

El supuesto de que el sistema político se legitima por la producción de normas originadas en actos de individuos soberanos, emancipados en su rol de ciudadanos, se mantiene en el centro de la democracia. Pocas teorías desafían esta estructura sobre la democracia. Esta perspectiva de los sujetos democráticos cruza el espectro de relatos actualmente influyentes sobre la democracia representativa. Asimismo, es fuente tanto de las teorías que defienden los patrones liberales de la democracia, como de aquellas, usualmente con tintes populistas, que otorgan más fuerza a los agenciamientos colectivos, como base de un sistema legítimo. Tal como ha sido mencionado, muchas formas autoritarias de gobierno que están surgiendo en la sociedad contemporánea, generan un atractivo normativo dado que radicalizan los constructos de la subjetividad política en torno a los que la democracia se explicó por si misma.

Este capítulo se propone analizar la crisis democrática contemporánea, indagando en los sujetos conceptuales –ciudadanos y pueblos soberanos– por medio de los que el sistema democrático funda su legitimidad. Desde este punto de partida, se explica el modo en que la definición de dichos conceptos estuvo vinculada con múltiples causas sociales. En sus orígenes, estuvieron determinados por diferentes presiones sociales, y fueron funcionales a ciertos objetivos específicos. En particular, este capítulo explica la forma en que fueron utilizados como principios que determinaron las bases de la sociedad moderna, asociados a procesos de integración social, construcción institucional e inclusión jurídica.

Sobre estos supuestos, en este capítulo se afirma que los conceptos estructurales de la democracia son constructos sociales contingentes. En primer lugar, se considera que los sujetos adjudicados a la democracia no deberían ser simplemente vistos como descripciones de individuos o productores de normas reales, sino como articulaciones de procesos sociales arraigados. En muchos casos, estos sujetos actuaron para consolidar líneas preexistentes de construcción social, y la dimensión normativa atribuida a ellos no fue independiente de una constelación social más amplia de la que fueron tan solo una parte. Asimismo, en segundo término, este capítulo sostiene que los sujetos básicos de la democracia adquirieron la autoridad para definir las condiciones de gobierno legítimo, en parte, porque los teóricos no habían identificado y expresado adecuadamente el proceso social consolidado por ellos. Como consecuencia, las normas que surgieron de dichos sujetos fueron interpretadas en un modo simplificado, abstraídas de sus orígenes sociales, sin plena conciencia de sus implicancias. En algún punto, estos sujetos fueron construidos por procesos que no proporcionaron un fundamento sólido para el gobierno democrático. Esto implica que los sujetos democráticos son cargados de expectativas normativas que no se alinean con su posición social originaria. En tercer lugar, este capítulo establece el marco teórico necesario para desarrollar una mirada crítica sobre los conflictos de la democracia contemporánea. Así, revela que la falta de sensibilidad sociológica, reflejada en la construcción de las fuentes subjetivas y en la producción normativa de la democracia, se ubica en el centro de la crisis de muchos sistemas actuales. En otras palabras, se sostiene que los términos básicos de la democracia han sido formulados de manera simplificada, y se han salteado los procesos históricos que formaron los sujetos de la sociedad contemporánea. Esta simplificación crea un espacio de legitimación que puede ser ocupado por movimientos hostiles con la democracia. En cuarto término, el capítulo propone los fundamentos para una crítica profunda del populismo. En este punto, intenta orientar el debate sobre la democracia y el populismo, hacia un análisis sociológico más preciso. Así, crea los lentes para observar el modo en que las crisis de la democracia, hoy expresada por el populismo, son inducidas por confusas aproximaciones sociológicas a la democracia.

§ 2. *Integración social y subjetividad política*

Tal como se ha dicho, la creencia que define a la ciudadanía moderna –a saber, que los ciudadanos poseen ciertos derechos que les permiten participar en la formación de la voluntad soberana, y que el ejercicio de tales derechos legitima el sistema político– fue elaborada en el período revolucionario de fines del siglo XVIII. Sin embargo, esta creencia no surgió sin una causa. Ciertas reglas de la ciudadanía, mayormente expresadas en la formalización de normas jurídicas, penetraron en las sociedades europeas, y en aquellas que se encontraban bajo su influencia, mucho antes de esto. En varios aspectos, la forma básica de la sociedad ya había sido definida por los principios jurídicos de la ciudadanía. Asimismo, el surgimiento de la figura moderna del ciudadano político resultó de procesos sociales que habían sido profundamente moldeados por las nociones de ciudadanía. En particular, el constructo moderno de ciudadano evolucionó en un entorno social marcado por patrones de integración con normas de ciudadanía preexistentes menos políticas[2]. Dicho constructo tomó forma en un punto crucial del desarrollo de la sociedad moderna, y asumió una posición central en el largo camino en el que la sociedad fue cada vez más definida por procesos de integración institucional y normativa. Es decir, este constructo emergió como parte de un proceso en el que las instituciones penetraron más profundamente en la sociedad, y el orden jurídico expandió su alcance y consistencia social. Como veremos más adelante, es posible observar varios modos en los que las primeras formas de la ciudadanía promovieron la creciente integración en las dimensiones institucionales y normativas de la sociedad. Estos procesos crearon el espacio para el constructo político moderno de ciudadano, que devino directamente de las primeras formas de ciudadanía. Por lo tanto, comprender al ciudadano moderno como una figura que tan solo enunciaba nuevas reglas de participación que legitiman un sistema político, es simplificar el rol de los conceptos teóricos.

En primer lugar, en el siglo XVIII, las construcciones jurídicas iniciales del concepto de ciudadano ampliaron la forma de integración de la sociedad, dado que aportaron características seculares en los sistemas gubernamentales europeos. Por un lado, en la Europa moderna, la mayoría de los Estados poseían un expreso prejuicio religioso. El surgimiento de las estructuras de gobierno modernas comenzó con la Reforma y se consolidó con la paz religiosa de Augsburg (1555). En este período, una característica de las instituciones estatales fue la imposición de obligaciones confesionales a sus poblaciones, de modo que la ciudadanía de un Estado en particular, implicaba la aceptación de una determinada religión. Algunos Estados prohibieron la diversidad de culto hasta finales del siglo XVIII. El caso más paradigmático fue el Edicto de Fontainbleau en Francia (1685), que derogó disposiciones de tolerancia religiosa. A pesar de ello, la mayoría de los Estados europeos fueron formados, conceptual y funcionalmente, por el hecho de que su legitimidad no era definida por motivos religiosos. Se desarrollaron como instituciones administrativas autónomas para regular asuntos judiciales, fiscales y militares

[2] In particular, the modern construct of the citizen evolved in a social environment that was profoundly marked by patterns of integration expressed in pre-existing, less emphatically political norms of citizenship.

que no estaban justificados por ideales, ni modelos de legitimación religiosos[3]. Incluso aquellos Estados que imponían uniformidad religiosa, desarrollaron sistemas administrativos que separaban estrictamente las funciones gubernamentales de las religiosas.

Durante un largo período de tiempo, estos procesos de secularización gubernamental se reflejaron en los intentos de los gobiernos por legitimarse en principios derivados del *derecho natural*. Este último se desarrolló como concepto para legitimar las acciones de gobierno de los Estados bajo premisas formales. De modo que la autoridad para legislar era sustentada por normas de una racionalidad natural. Para ciertas teorías, el derecho natural todavía aludía a construcciones metafísicas del gobierno, e implicaban que fuera autorizado por su proximidad con la voluntad divina[4]. En algunos casos, el derecho natural fue cercano al primer positivismo, fundando la legitimidad gubernamental por medio de la interpretación racional del comportamiento humano[5]. En determinados Estados, la teoría del derecho natural incorporó gradualmente principios constitucionales clásicos, al establecer que todo el ordenamiento normativo debía seguir principios jurídicos superiores o *derechos fundamentales*. Es decir, derechos que fueran reconocidos como válidos por todos los ciudadanos y que no pudieran ser contravenidos arbitrariamente. La doctrina de los derechos fundamentales fue ampliamente respaldada en el Sacro Imperio Romano, hacia el año 1700; fue aceptada en Francia en la misma época, y promovida intensamente hacia 1750; surgió en Inglaterra durante la Guerra Civil, y fue una referencia constitucional hacia 1760; se estableció en Prusia luego de 1750, y jugó un rol vital en el trasfondo de las revoluciones de América. En algún punto, esta doctrina protegió los intereses de los actores privilegiados del Estado, en la medida en que fue usada para establecer la consulta obligato-

[3] Ver la afirmación de Carl Schmitt de que los primeros Estados modernos sufrieron un triple proceso de secularización. Esto implicó el establecimiento de organismos centrales legislativos, administrativos y judiciales; la supresión de las guerras civiles religiosas, y la organización de la sociedad como unidad territorial (*Der Nomos der Erde im Völkerrecht des Jus Publicum Europaeum*, 98 y 99).

[4] Locke, *Two Treatises of Government*; Domat, *Les lois civiles dans leur ordre naturel*, vol. I, 2; Wolff, *Grundsätze des Natur- und Völckerrechts*, 113; Leibniz, "De Justicia", en Mollat (ed.), *Rechtsphilosophisches aus Leibnizens ungedruckten Schriften*, 39 y 40.

[5] Thomasius, *Entwurf der Grundlehren*, 107.

ria con los estamentos nobles, como precondición de una legislación legítima. Sin embargo, con variantes, las doctrinas del derecho natural convergieron en la afirmación de que las normas legítimas eran originadas en principios superiores, separados de los derechos subjetivos. A partir de que los gobiernos fundaron su legitimidad en el derecho natural, se esperó igualdad de trato de y de normas para todo el pueblo. Por ejemplo, John Locke sostenía que la cualidad esencial de un sistema gobernado por el derecho natural, era que los jueces aplican "leyes vigentes y conocidas" por igual[6]. Con anterioridad a 1720, el canciller de Francia, D'Aguesseau, declaró que las leyes que se deben obedecer tienen dos características: son aplicadas de manera común a toda la población y son impuestas por una voluntad superior que expresa una "revelación natural"[7].

La teoría del derecho natural implicó un orden legal para el Estado en diferentes aspectos. Por medio de él, se sumó al principio de la autoridad de la ley el de la racionalidad de las normas. Asimismo, al poder punitivo del derecho sobre la sociedad, se le agregaron las premisas de uniformidad y consistencia. En ambos casos, los principios del derecho natural fueron vitales para la integración de la sociedad moderna, y establecieron las bases de un orden legal que pudiera incluir a toda la sociedad. Las doctrinas iusnaturalistas visibilizaron la conexión entre derecho natural e integración jurídica, en tanto sostuvieron como principio que las personas frente a la ley deberían ser tratadas como *sujetos de derechos* con expectativas legítimas sobre quienes les aplicaban las normas[8]. Hacia fines del siglo XVIII, se había esparcido la idea de que todas las personas poseían ciertos derechos comunes. Eso derivó directamente de la creencia de que determinadas leyes naturales existían con anterioridad al orden estatal, y de que todos

[6] Locke, *Two Treatises of Government*, 369.

[7] "Essai d'une Institution au droit public", en D'Aguesseau, *Oeuvres complètes*, vol. XV, 187.

[8] Sobre esta teoría en el Sacro Imperio Romano, ver Limnaeus, *Jus publicus imperii romano-germanici*, vol. I, 7 y 12; en Francia, ver las primeras expresiomes (1519) en de Seyssel, *La monarchie de France*, 113, y posteriormente en la teoría de Holbach, *Éthocratie ou le gouvernement fondé sur la morale*, 17; en Inglaterra, ver Blackstone, *Commentaries on the Laws of England*, vol. I, 124; en America, esta doctrina sustentaba el pensamiento y la práctica revolucionaria de fines del siglo XVIII; el gran jurista holandés Ulrich Huber definía a las constituiones como normas fundamentales (leges fundamentales) que definían la estructura de un estado (*De Jure Civitatis*, vol. I, 125).

los individuos habían solicitado protección de sus atribuciones y libertades. En este sentido, el derecho natural promovió un primer concepto de ciudadanía. Así, la legitimidad del derecho implicó la aplicación de las normas a todos por igual, demostrando su inherente racionalidad y legitimidad por medio de la protección igualitaria de las libertades naturales. Este aspecto del derecho natural contribuyó a la formación de sociedades como sistemas de integración jurídica. En la medida en que el derecho era aplicado a individuos entendidos como sujetos de derechos, podía ser usado en diferentes ámbitos sociales y poseía una justificación intrínseca general. A grandes rasgos, la secularización, la integración jurídica y las primeras normas de ciudadanía, estaban estrechamente unidas en los orígenes de la sociedad moderna de Europa.

En segundo término, durante el siglo XVIII, las primeras construcciones de la ciudadanía habían expandido la integración social, dado que redujeron la dependencia de los gobiernos europeos con las organizaciones privadas o familiares. En particular, se disminuyó la injerencia discrecional de las familias aristocráticas, con poder sobre ciertas personas y regiones, en asuntos de Estado. En el siglo XVIII, los gobiernos promovieron prácticas de negociación con las familias tradicionales, y subordinaron a estas élites al poder territorial de los Estados (ver § 5). En algunos casos, se utilizaron medios coercitivos para eliminar el poder de las familias nobles. En otras ocasiones, esto ocurría de manera más consensuada, al ofrecerse a los miembros de la aristocracia privilegios de naturaleza social o económica (v.gr., estatus público, remuneraciones, prebendas) que compensen su pérdida de influencia política (ver § 5). Parte fundamental de este proceso fue la regulación de las funciones estatales por normas oficiales, y la limitación a los sujetos individuales en el uso de la fuerza del Estado por leyes de naturaleza pública. Los cargos políticos estaban separados, en principio, del patrimonio o de los beneficios, que fueron históricamente distribuidos entre los miembros de la aristocracia. En este punto, los gobiernos empezaron a imponer una estructura diferente a sus sociedades, en la que todos los sujetos fueron integrados de manera uniforme, en el mismo orden administrativo.

En parte, la separación del gobierno de sus tradicionales fuentes de poder privado, se realizó por un proceso jurídico que limitó su autoridad con restricciones universalmente aceptadas. Dentro de dicho proceso, se sancionaron normas para establecer las competencias de las funciones estatales y para determinar qué individuos podían ejercer el poder público. Así, los primeros principios jurídicos de derecho administrativo comenzaron a tomar forma en el siglo XVIII (ver § 6). Asimismo, se adoptaron normas para definir el modo en que la autoridad pública debería aplicarse sobre la sociedad. En esta época, se formalizó cada vez más el principio de que los funcionarios públicos debían usar su poder por medio de procedimientos racionales, sin privilegiar a nadie en particular (ver § 6). En este contexto, la idea de que los ciudadanos son individuos con derechos jurídicos generales emergió como sustento de legitimidad. En el mismo sentido, la centralización del gobierno en cargos e instituciones formales fue reforzada por la creencia (aún no plenamente articulada) de que el poder político debía ser usado en una forma jurídica que se aplique por igual a cada miembro de la sociedad. En cada caso, la construcción de un Estado como orden institucional integrado con facultades para hacer uso de su autoridad de forma generalizada en toda la sociedad, se basó en el concepto de ciudadano como sujeto de derechos.

En tercer lugar, en el siglo XVIII, la construcción del concepto de ciudadano fortaleció la integración de las sociedades europeas, dado que promovió un proceso de intensa *territorialización*. En esta época, las funciones de gobierno se identificaron con una única administración, y los poderes estatales se extendieron de igual forma por toda la región que se sujetaba a su jurisdicción. Como consecuencia, las sociedades comenzaron a integrarse territorialmente, y las divisiones internas políticas y religiosas dejaron de tener importancia. Asimismo, las familias y las organizaciones perdieron la autoridad que concentraban sobre regiones particulares. En este punto, los gobiernos prerrevolucionarios de Europa promovieron conceptos de pertenencia social que prefiguraron las ideas posteriores de ciudadanía. La construcción de la sociedad como un territorio uniforme fue hecha bajo el principio de que todos sus miembros estaban igualmente sujetos al orden jurídico, y que obtenían ciertos derechos que emanaban directamente de un gobierno nacional. Estas nuevas legitimaciones influyeron en la forma geográfica de las sociedades, al transformarlas (al menos formalmente) en un único dominio jurídico nacional.

En cuarto lugar, las primeras construcciones jurídicas del concepto de ciudadanía profundizaron el proceso de sistematización legal por el que se definieron las bases de las relaciones intersubjetivas en la sociedad europea. Tal como se mencionó, en pleno siglo XVIII se admitió el principio de que las leyes adquirían su legitimidad por normas subyacentes, que establecían que todas las personas debían ser gobernadas por las mismas reglas. En este sentido, a fines del siglo, la sociedad se acercó al final de un proceso de transformación estructural, vinculado con la disolución del feudalismo. Así, las sociedades de esta época transitaron la última etapa de un proceso que convirtió al orden jurídico en el medio de defensa de los derechos y obligaciones sociopolíticas, y de estructuración de las relaciones intersubjetivas. De modo que la sociedad se consolidó como un sistema de integración, en el que las obligaciones jurídicas reemplazaron a otros deberes más informales, usualmente basados en la posesión de tierras o en razones personales, típicos del orden feudal. Como consecuencia, emergieron procesos de codificación de normas de forma y de fondo, de modo que la aplicación de justicia se basó en criterios más uniformes, y el origen público de las expectativas jurídicas se acentuó. La formalización simultánea del derecho y de la justicia intentó poner fin al conjunto de deberes consuetudinarios, establecer límites al poder judicial de los nobles, y consolidar el sistema jurídico como un ordenamiento normativo compartido. En este sentido, los nuevos códigos se fueron basando en el principio de que el asunto esencial del derecho es el sujeto individual, separado de sus intermediarios y de sus afiliaciones corporativas, así como que la fuerza del derecho depende de la construcción jurídica de los individuos como titulares de derechos y obligaciones. Como se verá más adelante, la idea de ciudadano como poseedor de derechos públicos no fue plenamente consolidada antes del período revolucionario. Sin embargo, las innovaciones jurídicas intentaron que el mismo derecho se aplique a ciudadanos con reclamos similares. El principio jurídico de la ciudadanía dio un fuerte impulso al ordenamiento de la sociedad bajo un mismo sistema normativo.

Se pueden encontrar ejemplos de estos desarrollos en diferentes sistemas jurídicos del siglo XVIII de Europa. En ese sentido, en Prusia se realizaron reformas al procedimiento judicial a mediados del siglo. Así, el Derecho de la Tierra, de 1794, fue un intento de organizar la sociedad bajo principios jurídicos sustentados por los derechos de la ciudadanía. No resulta exacta la posición de algunos sociólogos, que afirman que la evolución del sistema prusiano se basó en un derecho arbitrario[9]. Por un lado, el derecho de Pru-

[9] Downing, *The Military Revolution and Political Change*, 77 y 92.

sia definía a los individuos como "ciudadanos libres del Estado", con derecho a igual protección jurídica. Sin embargo, también establecía que dichas libertades solo podían ejercerse de manera limitada dentro de las propiedades privadas de la nobleza[10]. Consecuentemente, permitía que la servidumbre siga vigente, e incluso mantenía la existencia de cortes aristocráticas[11]. En consecuencia, se estableció un doble régimen de ciudadanía, por el que las personas que se encontraban bajo la competencia estatal fueron liberadas, pero aquellas que estaban sujetas a la jurisdicción aristocrática no[12]. Mas allá de esto, las autoridades del derecho prusiano intentaron establecer un orden jurídico del que se deriven todas las competencias, y que las mismas normas sean válidas y obligatorias para todo el pueblo. El Derecho de la Tierra estableció claramente que, ante casos de conflictos, el derecho estatal debía prevalecer por sobre obligaciones de naturaleza feudal[13]. Esta perspectiva estaba ligada al supuesto de que el orden jurídico se basa en los derechos subjetivos de todos los ciudadanos, y que estos deben ser respetados por todas las constituciones estatales[14]. En Austria, las regulaciones jurídicas implementadas a fines del siglo XVIII intentaron reducir los efectos de la servidumbre y prever protección legal para todos los ciudadanos. El Código Civil introducido por José II en 1786/1787, acentuó la posición de los individuos como sujetos de derecho y como poseedores de ciertos derechos comunes. Asimismo, estableció (Sección I, § 1) que el deber primario de la autoridad era establecer con claridad el derecho de los sujetos, y asegurar que sus acciones promuevan el bienestar público. Al mismo tiempo, en Inglaterra, Blackstone diseñó un cuerpo normativo que ubicaba al sujeto en el centro del orden jurídico, y definía las obligaciones legales como derechos y obligaciones subjetivas generales[15]. En Francia, una relativa uniformidad jurídica fue impulsada por Luis XIV, quien introdujo una serie de códigos normativos, en par-

[10] Esto fue establecido por el Derecho de la Tierra de Prusia (1794), II, 7, § 147.

[11] Sobre la existencia de cortes informales luego del período revolucionario, ver Wienfort, *Patrimonialgerichte in Preussen*, 80 a 117.

[12] Para mayor información, ver Breuer, *Sozialgeschichte des Naturrechts*, 207.

[13] El Derecho de la Tierra de Prusia (1794) II, 7, § 136.

[14] Svarez, *Gesammelte Schriften*, vol. IV/I, 72.

[15] Blackstone, *Commentaries on the Laws of England*, vol. I, 125.

ticular el Código de 1667. De manera más general, desde fines del siglo XVII, en Francia la monarquía realizó repetidos intentos para limitar los privilegios jurisdiccionales de la nobleza, y para establecer un orden jurídico que pudiera integrar las cortes nobles dentro del sistema judicial nacional (ver § 6).

En estos ejemplos, las sociedades europeas del siglo XVIII, presenciaron procesos en los que el derecho se desarrolló como un sistema de integración global. Esto fue impulsado, de manera incompleta, por el posicionamiento del sujeto individual como referente del orden jurídico. En la mayoría de las sociedades, la idea de que el derecho ganó autoridad al aplicarse de manera inmediata sobre sujetos individuales, jugó un papel fundamental en los procesos de centralización e integración jurídica. Por medio de estos procesos, la sociedad asumió la forma de un orden jurídico común, centrado sobre instituciones estatales, y capaz de transformar las normas tradicionales.

En dichas innovaciones, la organización del derecho moderno fue realizada por una alianza implícita, nunca evidenciada, entre grupos ubicados dentro del Estado –es decir, regentes, gobernantes y sus administradores– y miembros no nobles de la sociedad. La construcción de las personas como sujetos de derecho individuales, fue un intento de desviar las obligaciones jurídicas de la aristocracia terrateniente hacia el Estado, y de asegurar que la relación directa entre los sujetos y el Estado formara el centro de las obligaciones jurídicas. La mayoría de las reformas jurídicas se orientaron a la protección de los derechos de propiedad de los campesinos, a controlar los acuerdos impositivos con sus señores, y a usar el derecho como medio para acotar la autoridad local de los nobles. En Francia, por ejemplo, las reformas del siglo XVIII intentaron vincular de manera directa al campesinado con la monarquía[16]. Un importante relato explica el modo en que esto consolidó a las comunidades campesinas como personas jurídicas con acceso al derecho, de modo que su voluntad de litigar contra sus señores aumentó[17]. En Austria, el Código Civil de 1786/1787, que estableció que todas las personas tenían iguales derechos, se fundó en una legislación anterior de 1781, que abolía la servidumbre y reforzaba la posición jurídica del campesinado en tierras de los Habsburgos.

[16] Mauclair, *La justice au village*, 47.

[17] Root, *Peasants and King in Burgundy*, 203.

En la región sur de la actual Polonia, las reformas legales no abolieron la servidumbre de manera uniforme, pero introdujeron amplias protecciones jurídicas para los campesinos[18]. En la zona de la actual República Checa, la primera legislación se sancionó en 1775, para proteger la propiedad de los campesinos y para controlar su pago de los deberes laborales[19]. En Prusia, durante los años 1748 y 1749 se incorporaron políticas para defender la propiedad del campesinado de las expropiaciones de la nobleza[20]. En cada caso, los procesos de sistematización normativa y procesal trajeron importantes reformas al status jurídico de los campesinos. Estos intentos persiguieron acentuar la inmediatez de la relación entre la administración central y los sujetos de derecho individuales. De este modo, ciertos miembros de la sociedad, especialmente los campesinos, se liberaron del poder absoluto de la aristocracia. En general, las primeras construcciones del concepto de ciudadano se volvieron el foco de un proceso de integración jurídico más amplio. Así, la construcción de todos los individuos, incluyendo los siervos, como portadores de una subjetividad jurídica, posibilitó la integración de toda la sociedad. En este sentido, la categoría jurídica de ciudadano fue el principal eje del poder de integración estatal.

En quinto término, como consecuencia de las razones expuestas, los primeros constructos de la categoría de ciudadano intensificaron la integración social, en tanto fortalecieron la autoridad de las instituciones estatales. Los gobiernos que se formaron durante el siglo XVIII adquirieron un mayor peso en la sociedad y lograron desarticular a las organizaciones cuya autoridad se basaba en un poder privado o familiar. Un aspecto fundamental de este proceso fue que los gobiernos incrementaron su relación directa con los individuos, por medio de líneas directas de comunicación. Tal como se ha dicho, el desarrollo de los códigos normativos nacionales permitió que los sujetos individuales fueran tratados directamente por agentes del Estado. Esto implicó que los miembros de la sociedad empezaran a organizar la dimensión jurídica de sus vidas, no en torno a deberes hacia familias o corporaciones econó-

[18] Ver Kieniewicz, *The Emancipation of the Polish Peasants*, 38.

[19] Grünberg, *Die Bauernbefreiung und die Auflösung des gutsherrlich-bäuerlichen Verhältnisses in Böhmen, Mähren und Schlesien*, 244 y 223; Wright, *Serf, Seigneur and Sovereign*, 55.

[20] Knapp, *Die Bauernbefreiung und der Ursprung der Landarbeiter in den ältern Theilen Preußens*, 314; Kaak, *Die Gutsherrschaft*, 411.

micas, sino a funcionarios dentro de la administración estatal. En la medida en que las personas fueron posicionadas en esta relación jurídica individualizada, los Estados nacionales comenzaron a funcionar como los organismos soberanos en la sociedad. Así, empezaron a establecer las obligaciones sociales sin el advenimiento o la consideración de los poderes atribuidos a otros órganos o grupos de pertenencia. Estos acontecimientos significaron tan solo el comienzo de la integración individualizada a partir del siglo XVIII. En muchas sociedades, organizaciones intermedias entre el Estado y los agentes sociales privados se mantuvieron influyentes al menos por un siglo más. No obstante, en 1750 las instituciones estatales de gran parte de Europa habían empezado a ocupar una posición en la que asumieron una autoridad sin precedentes, que aplicaron directamente a sujetos individuales. De hecho, las instituciones del Estado se formaron por medio de un proceso por el cual los gobiernos aislaron a los sujetos de las corporaciones intermediarias. Particularmente, en asuntos jurídicos, militares y fiscales, entablaron una relación simple entre los ciudadanos y las instituciones estatales. En este sentido, como observó Durkheim, el ascenso de la soberanía estatal y la creciente individualización de los ciudadanos protegidos jurídicamente, fueron dos caras del mismo proceso[21]. El constructo moderno de soberanía estatal dependía necesariamente de la capacidad de los actores dentro de los Estados para trascender las organizaciones tradicionales y familiares, y vincular su autoridad a sujetos jurídicos singulares (ciudadanos). Así, los gobiernos reforzaron constantemente la individualización jurídica y el reconocimiento de los ciudadanos como sujetos de derecho, como precondición de su poder soberano.

Esta descripción de los procesos legales y políticos de integración de la sociedad moderna, solo pretende ser una breve síntesis de la construcción institucional y normativa que atravesó a los primeros sistemas y sociedades de Europa. Dichos procesos no fueron articulados de manera uniforme en las diferentes regiones y, antes del período revolucionario, apenas surgieron como patrones incipientes de formación institucional y social. No obstante, a fines del siglo XVIII, el principio jurídico de ciudadanía por el que se estableció que cada individuo tenía derecho a reclamar subjetividad jurídica y reconocimiento, se reflejó en Europa y otras regiones.

[21] Durkheim, *Le Socialisme*, 93.

Esto se convirtió en un factor determinante para la estructura social, que apuntaló una serie de procesos de integración secular que ahora identificamos como fundamentales para la sociedad moderna. Las expectativas asociadas a este principio de ciudadanía sustentaron la centralización de la sociedad, lo que lentamente dio lugar al surgimiento de instituciones políticas habilitadas (en teoría) para ejercer el poder público. Es decir, para incorporar a todos los agentes sociales, y para asegurar el nexo directo entre las instituciones estatales y los individuos en las diferentes regiones de la sociedad. Dichas expectativas establecieron los patrones de integración jurídica que vincularon a los miembros de la sociedad como una nación, y que los separaron de sus obligaciones privadas. En ambos casos, la construcción jurídica de la ciudadanía emergió como un término central en un largo proceso de reorganización social. Estos procesos reflejaron la transformación de las condiciones medievales como conjunto de relaciones basadas en expectativas jurídicas de naturaleza privada, en un sistema de interacción basado en normas de fuentes públicas y capaz de integrar toda la sociedad. La ciudadanía, que emergió como una simple categoría jurídica de las personas, se convirtió en el nucleo jurídico de estos cambios. Así, la estructura básica de la sociedad moderna fue creada por medio de la categorización de los agentes sociales como sujetos de derechos (ciudadanos).

A medida que se formaron como naciones, las sociedades modernas emergentes iniciaron procesos de integración en dos dimensiones: una general normativa/subjetiva, por la que se consolidaron normas para regular la interacción social y legitimar las obligaciones jurídicas; y otra general institucional/funcional, por la que los individuos, liberados de sus horizontes de vida locales, fueron incorporados en instituciones formales. En una primera instancia, la figura del ciudadano como un sujeto de derechos individual apuntaló ambos procesos, y creó un vínculo profundo entre las dos dimensiones de la integración social. Esta figura surgió como una norma de legitimación gubernamental, que promovió la producción jurídica y consolidó las instituciones de gobierno que aplicaban el derecho. En particular, la construcción jurídica de la categoría de ciudadano aportó una imagen de legitimidad al derecho, en la que los legisladores encontraron apoyo para los procesos de integración institucional. De este modo, utilizaron esta figura como premisa para la creación de los Estados como entidades soberanas, capaces de extender su alcance integrador a toda la sociedad. En este sen-

3. Thornhill.

tido, los elementos normativos e institucionales de los procesos de integración social se vieron alineados. El reconocimiento de las personas como sujetos de derecho individualizados, implícito en la primera categoría de ciudadanía, emergió como una figura clave, o norma funcional, en la integración de la sociedad como un todo. Así, dicha categoría orientó los procesos normativos e institucionales en el momento más importante de la construcción de los Estados europeos del siglo XVIII.

§ 3. *Proceso social y ciudadanía moderna*

Durante las revoluciones de fines del siglo XVIII, como se mencionó, los primeros principios jurídicos de la ciudadanía fueron elaborados en un concepto amplio. Las garantías subjetivas de la personalidad jurídica incluyeron extensos derechos de participación política. Así, a partir del período revolucionario, para que las instituciones públicas sean legítimas se les requirió que crearan leyes a las que los individuos, en tanto ciudadanos, puedan acceder racionalmente. O a las que ellos podrían acceder si fueran capaces de ejercer su razón práctica. En consecuencia, las leyes eran legítimas si podían presentarse como normas creadas por los mismos sujetos sobre los que se aplicarían, reflejando lo esencial de la categoría de ciudadano. Sin embargo, ningún sistema político adquirió legitimidad democrática en esta época. Luego de las décadas revolucionarias, los experimentos democráticos fueron rápidamente coartados en la mayoría de las sociedades, y transcurrieron casi cien años hasta que los sistemas políticos democráticos fueron un fenómeno común. En la mayoría de las sociedades europeas de principios de siglo XIX, los derechos de participación política activa de la ciudadanía fueron muy limitados (§ 8, nota 217). En esta época, no obstante, la ciudadanía política comenzaba a adquirir fuerza como norma de legitimación, y la mayoría de los sistemas políticos comenzaron a construir su legitimidad como expresión de la implicación constitucional de los ciudadanos soberanos. Esto se pudo observar con claridad en las revoluciones constitucionales de Francia y América. Sin embargo, incluso en los sistemas con representatividad política limitada, se comenzó a sustentar la legitimidad en un orden jurídico público. Tal fue el caso de los Estados germanos, los que se sometieron a reformas estructurales y constitucionales luego de la Revolución francesa, bajo la influencia napoleónica. A partir de este momento, los sistemas políticos no pudieron limitar la ciudadanía a un simple conjunto de derechos jurídicos. *La garantía de la ciudadanía, implicó necesariamente que los receptores de dichos derechos fueran transformados en actores políticos, con la posibilidad de participar en la creación del derecho.* En este sentido, luego de 1848, los procedimientos de representación electoral fueron gradualmente reestablecidos en la mayoría de Europa.

El surgimiento de la nueva forma de ciudadanía política es comúnmente visto como un quiebre definitivo en la construcción de la sociedad moderna. A partir de esto, las instituciones políticas fueron concebidas como cortes categóricos con las comprensiones previas de las obligaciones sociales[22]. Tal como se ha dicho, este constructo conceptual dio lugar a una perspectiva normativa que, aún hoy, es usada para medir la legitimidad de un gobierno. Sin embargo, en muchos casos la formación del ciudadano político no fue un acontecimiento de carácter revolucionario. Cabe destacar que las normas que se articularon a partir de este concepto, no pueden separarse del proceso de integración descripto más arriba. Para ser precisos, el constructo moderno de ciudadanía fue la evolución de los iniciales conceptos de ciudadano. Y proyectó una imagen de gobierno que atrajo a procesos de integración existentes, vinculados con la ciudadanía, y les aportó un mayor grado de articulación. Así, las primeras revoluciones democráticas tuvieron lugar en una coyuntura definida por el principio de ciudadanía, y su primer efecto fue expandir el sistema de integración creado por este constructo. De manera fundamental, las primeras democracias ciudadanas impulsaron las normas de legitimación de aquellos gobiernos que reforzaron la institucionalización de la sociedad. Al hacer eso, crearon el contexto social en el que los derechos asociados con la democracia ciudadana podían ser ejercidos. De este modo, como veremos más adelante, las modernas construcciones de la subjetividad democrática expresaron una *normativa funcional* para la sociedad. Al igual que los primeros patrones de la ciudadanía, esta idea manifestó una norma que promovió activamente las estructuras institucionales requeridas para su realización.

[22] Dahrendorf, *Gesellschaft und Demokratie in Deutschland*, 79; Shklar, *American Citizenship*, 1.

a) *Ciudadanía política e integración institucional.* Los gobiernos creados luego de 1780, que se legitimaron por la construcción de la soberanía política ciudadana, usualmente intensificaron los procesos de centralización institucional e integración legal que existieron en los sistemas prerrevolucionarios. De esta manera, la obtención de legitimidad de la ciudadanía política tuvo un rol fundamental en la promoción de la expansión institucional del gobierno.

El fuerte vínculo entre la ciudadanía política activa y la integración institucional, puede ser visto como el aumento de la interacción entre los gobiernos posrevolucionarios y sus ciudadanos individuales. En la mayoría de los sistemas legitimados por una ciudadanía activa, el vínculo entre los gobiernos y cada miembro de la sociedad se profundizó, y se debilitaron las divisiones institucionales dentro de la sociedad. Esto se evidenció en los órganos representativos que acompañaron los primeros sistemas políticos revolucionarios. Aquellos que se legitimaron por el concepto de soberanía ciudadana, establecieron instituciones como el consenso electoral, para fortalecerlo. Como consecuencia, los sistemas políticos legitimados por los ciudadanos activos desarrollaron instituciones representativas, como el parlamento y otros órganos de delegación popular. Por medio ellas, se materializaron las relaciones entre el Estado y los ciudadanos, quienes se convirtieron en sujetos representados en el sistema político. El vínculo entre la ciudadanía política y la integración también se evidenció en que estos sistemas empezaron a establecer organismos cuya función fue conectar a las instituciones representativas con los ciudadanos, en diferentes puntos de la sociedad. Así, dentro de los primeros sistemas democráticos crecieron los partidos políticos. Por medio de ellos, fue posible transmitir prerrogativas desde diferentes niveles sociales al Estado, y dar fuerza al carácter nacional de la sociedad entendida como un todo. Los partidos políticos tuvieron un rol fundamental en la construcción de los ciudadanos como agentes nacionales. Asimismo, lograron conectarlos con las instituciones políticas estatales en diferentes zonas geográficas[23]. En el mismo sentido, es posible observar el nexo entre la ciudadanía política y la integración, en la intensificación de la densidad del Estado y en el crecimiento de las capacidades administrativas del gobierno du-

[23] Ver Caramani, *The Nationalization of Politics.*

rante el período revolucionario. Por ejemplo, la Francia revolucionaria transitó una rápida centralización institucional, y la creación de una amplia clase de funcionarios asalariados estatales[24]. En la misma época, Prusia y otros Estados germanos, presenciaron la expansión del servicio civil, que impuso un orden administrativo uniforme a la sociedad[25]. En la mayoría de los casos, este crecimiento de las funciones civiles se debió al vínculo más inmediato de los órganos estatales con los ciudadanos.

En la era revolucionaria, la conexión entre la ciudadanía activa y la integración tuvo mucha importancia a causa del contexto de profunda transformación social dentro del que ocurrió. En muchos casos, tanto dentro como fuera de Europa, el ascenso de la ciudadanía política coincidió, ya sea de manera inmediata o en un largo período de tiempo, con la abolición de la propiedad privada sobre las personas. Es decir, según la ubicación geográfica, la abolición de la servidumbre o de la esclavitud. La expectativa de inmediatez en la relación persona-Estado, propia del constructo moderno de ciudadanía, acabó con la organización administrativa local/personal de las economías basadas en la servidumbre o la esclavitud, las que fueron reemplazadas por sistemas de regulación más integrados[26]. En este punto, la figura moderna de ciudadano aceleró los procesos de integración que se iniciaron en los primeros conceptos de ciudadanía, y transformó profundamente la estructura institucional de la sociedad. Como veremos más adelante, la legitimidad de las instituciones políticas dependió mucho de su capacidad para integrar las numerosas poblaciones liberadas de la servidumbre, o de otros patrones de trabajo forzado. Desde fines del siglo XVIII, los Estados asumieron de manera progresiva las funciones judiciales, educativas y militares que tenían los señores feudales y los poseedores de siervos o esclavos. Esto llevó a una rápida expansión de las funciones de gobierno.

[24] Bosher, *French finances 1770-1795*, 231, 276; Brown, *War, Revolution, and the Bureaucratic State*, 282 y 283.

[25] Cancik, *Verwaltung und Öffentlichkeit in Preußen*, 226.

[26] Mi análisis no implica, bajo ningún punto de vista, la equiparación de la esclavitud con la servidumbre, en tanto la primera fue una forma mucho más extrema que la segunda. Sin embargo, en el siglo XVII, algunas sociedades europeas habían desarrollado patrones de servidumbre que limitaban los derechos personales y de propiedad de los siervos, que compartían características con la esclavitud.

En este sentido, el surgimiento del sujeto básico –el ciudadano político soberano– que formó las primeras democracias, ocurrió como un elemento dentro del proceso de integración preexistente, y fue en algún punto independiente de la democracia en sí. En muchos casos, este proceso poseía implicaciones emancipadoras para los miembros de la sociedad, lo que se reflejó en la reducción de poder privado, y en la derogación de los privilegios vinculados al régimen de trabajo basado sobre la tierra (servidumbre o esclavitud). Sin embargo, este proceso fue orientado por fuerzas más profundas de la sociedad. Estas reflejaron e intensificaron los procesos de integración institucional y de construcción de capacidad política, apoyados en los patrones de individualización jurídica que ya eran fundamentales para la forma de la sociedad. En este sentido, la ciudadanía política se desarrolló, no solo como principio de legitimación, sino como una norma funcional que acompañó y consolidó la expansión institucional de la sociedad en su conjunto. Así, el concepto de ciudadano político se asoció al principio de legitimidad del Estado, de modo que se consolidó la relación directa entre los individuos y las instituciones públicas, y el Estado se convirtió en la unidad administrativa dominante en la sociedad. La forma básica de la soberanía moderna estatal emanaba directamente del constructo de ciudadano soberano.

b) *Ciudadanía política e integración normativa.* El proceso social más profundo vinculado con el ascenso de la ciudadanía política, se refleja en el sistema jurídico de la sociedad moderna. De hecho, su construcción es difícil de comprender sin el ascenso de la ciudadanía política.

Como se ha mencionado antes, las características esenciales de la sociedad moderna fueron determinadas por procesos de centralización, expansión institucional e integración social. De manera fundamental, cada uno de estos procesos fue acompañado por la erosión gradual del poder privado y, en particular, por la abolición del orden social que permitía la dominación física de unas personas sobre otras. Estos procesos estaban vinculados a la derogación jurídica de los privilegios personales originados en patrones de propiedad privada vinculados con la tierra. En consecuencia, las normas de legitimación que daban autoridad al sistema jurídico, pasaron de ser costumbres apoyadas por la posición local o el rango personal, a ser premisas generales que dieron fuerza formal al derecho. Así, las leyes pudieron adquirir legitimidad sin recurrir a dones personales, privilegios o actos de coerción. En este aspecto, los procesos de integración institucional y normativa de la sociedad moderna, estuvieron plenamente conectados.

El proceso de integración normativa también se expresó en el surgimiento de la figura del ciudadano político. Esta figura se estableció como norma de reconocimiento para el derecho, y estableció un orden positivo en torno al cual la transformación de la sociedad en un sistema jurídico de integración común, se intensificó. Este principio ubicó una definición general de legitimación dentro del propio sistema jurídico, desligando al derecho de sus fuentes externas de poder y autoridad. Como consecuencia de esto, el derecho se liberó de influencias de criterios o personas particulares. Así, las leyes que emanaban directamente del Estado podían tener mayor distinción, legitimidad, y fuerza de integración que otras normas.

Este aumento en la fuerza de integración del derecho fue claro en los contextos revolucionarios en los que la ciudadanía democrática fue elaborada como una norma jurídica constitutiva. En la Francia revolucionaria, esto se manifestó en la doctrina de la soberanía de la legislatura, por la que la autoridad de sancionar normas se concentró en las asambleas legislativas, electas por los ciudadanos libres de la comunidad. Por medio de esta doctrina, todos los contrapesos a la autoridad pública que se mantuvieron durante el antiguo régimen, fueron erradicados. En Estados Unidos, el crecimiento de la fuerza de integración del derecho se observó, de manera más simple, en la soberanía constitucional. Tal como se establece en *Federalist 33,* esta doctrina implica que la nueva constitución federal sirvió como autoridad original para todo el derecho, en todas las partes de la sociedad[27]. En ambos contextos, el surgimiento de instituciones estatales legitimadas directamente por los ciudadanos, significó que el derecho se organizó sobre una base normativa simple, y que los fundamentos de la autoridad jurídica podían hacerse claramente visibles en la sociedad. En consecuencia, el sistema jurídico pudo generar las normas para sustentar su posición como un amplio orden integrador, que podía penetrar en los diferentes niveles de intercambio social. De este modo, los procesos de codificación del derecho que se iniciaron en el siglo XVIII, adquirieron fuerza renovada luego de 1789. Asimismo, el

[27] Madison - Hamilton - Jay, *The Federalist Papers*, 226.

principio por el que la autoridad del orden jurídico se derivaba de la ciudadanía, llevó a la codificación del derecho en las diferentes esferas sociales. La codificación del derecho penal se extendió en la Francia revolucionaria y en Estados posrevolucionarios. Las iniciativas de codificación del derecho civil francés comenzaron en 1791, y tomaron su forma definitiva en 1804. Estos patrones fueron emulados en gran parte de Europa. Luego de 1789, la mayoría de los sistemas políticos comenzaron, progresivamente, a codificar el derecho público de manera constitucional. En las constituciones creadas en esta época, el ciudadano era definido como el principal autor del derecho, de modo que todos los procesos legislativos debieron reflejar el interés general de la ciudadanía. En este sentido, la fuerza de integración del derecho vinculada con la legitimación de la autoridad por los ciudadanos, se extendió ampliamente.

La conexión entre la ciudadanía activa y la integración normativa, también puede observarse en su tendencia a desarrollar sistemas de derecho administrativo, por medio de los que se organizaron intercambios con sus ciudadanos. Tal como se mencionó, el crecimiento de los sistemas políticos basados en la democracia ciudadana impulsaron una rápida expansión de la administración estatal. Al mismo tiempo, este crecimiento fue frecuentemente acompañado por la consolidación de principios de responsabilidad jurídica más estrictos para los funcionarios públicos. Esto implicó que la comunicación entre ellos y el resto de los miembros de la sociedad, se haga dentro de un límite de restricciones jurídicas. En muchos casos, según se ha dicho, la expansión del derecho administrativo precedió al surgimiento efectivo del derecho constitucional. Hacia mediados del siglo XVIII, algunos compendios rudimentarios de derecho administrativo fueron desarrollados en muchas sociedades europeas, particularmente en el ámbito fiscal, y los procedimientos para regular la extracción monetaria se encontraban ampliamente extendidos (ver § 6). Sin embargo, el período revolucionario trajo consigo una ampliación significativa del derecho administrativo. Esto puede observarse en el período revolucionario francés, en el que se elaboró un cuerpo autónomo de normas administrativas. En 1790, se introdujo un derecho para facilitar la presentación de apelaciones administrativas. Luego del 1800, fueron establecidos órganos especializados, *conseils de préfecture*, para atender quejas administrativas. Hacia 1806, se agregó un órgano específico para litigios administrativos al *Conseil d'État*, el Tribunal Supremo Administrativo. Asimismo, los mecanismos para asegurar que los intercambios administrativos estén sujetos a control judicial, fueron creados en Prusia dentro del período revolucionario[28]. Estos incluyeron, en 1797, reglamentaciones para impulsar la separación entre el poder judicial y la administración estatal en algunas regiones de Prusia y, en 1808, legislaciones aún más restrictivas[29]. En estos derechos, la expansión administrativa del Estado impuso una penetrante regulación jurídica sobre las personas que interactuaban con él, y las relaciones entre el Estado y la sociedad fueron incorporadas dentro de un orden jurídico definido.

Dentro de este contexto, la figura moderna de ciudadano democrático se estableció, a fines del siglo XVIII, como el punto cúlmine de un largo proceso socioconceptual. Por medio de esta categoría, el camino de la construcción jurídica de la sociedad moderna se acercó a su fin. Esto es, la separación de las obligaciones jurídicas de los derechos personales y privilegios basados en la tierra, y el traspaso de estas obligaciones a una estructura legal generalizada. El concepto de ciudadano democrático se construyó como una forma de subjetividad que aceleró la producción jurídica, intensificó la fuerza de integración del derecho, y aseguró, para la mayoría de las personas, que su proximidad al Estado nacional era la principal fuente del orden jurídico social. Este concepto colocó al derecho sobre bases independientes, de modo que el sistema jurídico en su conjunto se volvió relativamente diferenciado, y las normas pudieron ser transmitidas en la sociedad con un alto grado de autonomía. Así, la sociedad logró estabilizarse como un conjunto de afiliaciones integradas, que no estaban vinculadas a un solo espacio físico, o a personas con posiciones distinguidas dentro del territorio geográfico. La forma esencial de la sociedad moderna se definió a medida que las personas comenzaron a responder por sus obligaciones mutuas como deberes jurídicos subjetivos compartidos. Esto se reforzó, en tanto los sujetos asumieron dichas obliga-

[28] Poppitz, *Die Anfänge der Verwaltungsgerichtsbarkeit*, "Archiv des öffentlichen Rechts", 1943, 72(2/3), 185; Schrimpf, *Die Auseinandersetzung um die Neuordnung des individuellen Rechtsschutzes gegenüber der staatlichen Verwaltung nach 1807*, "Der Staat", 1979, 18(1), 66.

[29] El punto cúlmine de este proceso fue la *Verordnung wegen verbesserter Einrichtung der Provinzial-, Polizei- und Finanz-Behörden* (26 de diciembre de 1808).

ciones como las consecuencias jurídicas de sus propias decisiones colectivas. Cada aspecto de estos procesos presupone la figura del ciudadano, primero, como un sujeto de derecho, y luego como un agente democrático. El concepto de ciudadano político, creó un medio de integración normativa en torno al Estado, por el que los individuos pasaron a ser regidos por las mismas normas y todos fueron incluidos dentro del mismo orden jurídico.

Cabe destacar que es necesaria una perspectiva sociológica para cualquier investigación sobre los conceptos políticos y constructos normativos que se formaron en la Europa moderna, y que luego dieron forma a la comprensión de la democracia. En la época revolucionaria, la figura del ciudadano atravesó una profunda transformación conceptual. Asimismo, apareció bajo una forma que aceleró los diferentes procesos de integración, con los que se asociaron inicialmente los principios de ciudadanía. El concepto de ciudadano sentó las bases del sistema político moderno, y dio lugar a un proceso de integración normativa e institucional del sistema político. Sin embargo, esta transformación no creó un sujeto radicalmente nuevo, ni dio inicio a un conjunto de procesos sociales inéditos. Si bien el concepto de ciudadano político se desvió, en un plano normativo, de sus originales principios de personalidad jurídica, consolidó sus resultados en un plano funcional. En el fondo, la democracia moderna, asociada con la construcción conceptual de los sujetos democráticos, se desarrolló como un sistema político en el que los procesos de integración precedentes pudieron sustentarse y reforzarse. Las primeras democracias se formaron en realidades sociopolíticas definidas por una creciente centralización institucional e integración jurídica. Así, la figura del ciudadano político solo pudo adquirir fuerza en una realidad política nacional de este tipo. Una vez que la primera democracia ciudadana se estabilizó, pudieron estructurarse y consolidarse los procesos de integración normativa e institucional. La figura del ciudadano político aportó un constructo legitimador en torno al que dichos procesos y estructuras pudieron afianzarse en la sociedad, y reforzó las bases sobre las que dicho concepto comenzó a existir. La noción de ciudadanía política que surgió en 1789, emergió como una necesidad conceptual a partir de los patrones existentes de individualización normativa. De este modo, impulsó los procesos de centralización institucional nacional y de integración jurídica, promovidos por los constructos político-jurídicos existentes. Como resultado, la figura del ciudadano político expresó un profundo vínculo entre las dimensiones normativa e institucional de la integración social. Esto proyectó un conjunto de normas que cimentaron la estructura institucional necesaria para dicha integración, y para la realización de la ciudadanía democrática.

§ 4. *Conclusión*

Nuestra comprensión de la democracia moderna está asociada a una serie de conceptos o de *sujetos conceptuales.* En general, la democracia es vista como un sistema de organización político en el que un sujeto distintivo, usualmente entendido como ciudadano soberano, asume una posición central como actor que define la estructura de gobierno. Sin embargo, esta comprensión de la democracia gira en torno a un entendimiento reduccionista del proceso social, en tanto se rehúsa a observar el modo en que los sujetos conceptuales, a quienes se le imputan las normas de formación democrática, son afectados por fuerzas sociales subyacentes. En primer lugar, puede afirmarse que los sujetos de la democracia no son simples agentes reales y materiales que nacieron en los orígenes de la democracia moderna. Por el contrario, se desarrollaron como articulaciones de procesos sociales que preexistieron a la ciudadanía política y la democracia. En segundo término, puede observarse que estos sujetos fueron extraídos de sus trayectorias funcionales, y pasaron a cumplir un papel fundamental para la sociedad moderna.

Entre las funciones cumplidas por estos sujetos, la más importante fue la promoción de procesos de integración normativa e institucional capaces de estabilizar las relaciones sociales, en un orden definido por la disolución del feudalismo. Como se ha visto, la base conceptual para sustentar a estos procesos ya se había establecido, de manera más incipiente, antes del ascenso de la ciudadanía democrática. Originalmente, dichos procesos se reflejaron en el concepto de ciudadano entendido dentro del derecho. Es decir, ciudadano como sujeto jurídico. Sin embargo, actualmente se relaciona a la integración normativa e institucional con la ciudadanía política. Así, la ciudadanía democrática moderna fue en sus inicios una *norma funcional* para impulsar estos procesos, y luego se desarrolló como ciudadanía democrática al consolidarlos.

A partir de este punto de vista, resulta posible abordar la democracia desde una doble perspectiva. Por un lado, se la puede observar poniendo énfasis en la formación de subjetividades jurídicas, y afirmar que la democracia existe para expresar los intereses colectivos de los sujetos constitucionales (pueblos soberanos, ciudadanos nacionales) que son enunciados como su fundamento. Esta es la mirada hegemónica de la democracia constitucional. Por otra parte, puede observarse la democracia desde una perspectiva que acentúe su posición dentro de un conjunto de procesos funcionales, identificando contingencias históricas y conceptuales en los sujetos que fueron creados para estabilizarla. Sobre esta base, el ciudadano siempre actúa en dos dimensiones de integración, la normativa/subjetiva y la funcional/institucional. Se requieren ambas para proyectar las normas de un sistema democrático, y para consolidar las condiciones funcionales/institucionales en las que sus gobiernos pueden ser conducidos. Las dimensiones normativa e institucional del ciudadano son inseparables, y sus aspectos jurídicos son la precondición y el resultado de los procesos funcionales que sustentan las instituciones democráticas.

En esta línea de análisis, la democracia puede entenderse como un orden político en el que las libertades y los intereses de los sujetos democráticos son efectivizadas. En este sistema, las personas pueden existir en comunidades extensas, sus intereses pueden ser incluidos en procesos colectivos de construcción del derecho, y las pertenencias sociales pueden estructurarse en torno a modos relativamente impersonales de reconocimiento. De este modo, la coerción física inmediata o la privación de privilegios, pasan a ocupar un rol reducido para establecer las obligaciones sociales. En efecto, la democracia puede ser vista, en sus orígenes, como un orden político en el que las normas de la subjetividad humana se aproximaron a los desarrollos funcionales de la sociedad, y consolidaron una realidad en la que los procesos de integración pudieron estabilizarse. Sin embargo, los sujetos democráticos tienen cierta independencia funcional de la democracia. La evolución de la realidad social fue impulsada por fuerzas subyacentes a partir de las que los ciudadanos democráticos hicieron luego su aparición. Asimismo, sobre estas fuerzas, la figura de ciudadano soberano sustentó las condiciones de integración, que inicialmente aparecieron sin clara voluntad popular o base normativa. En líneas generales, la democracia se puede analizar como un sistema de gobierno que contiene dos dimensiones. En una de ellas, existe como un sistema de integración institucional, que sirve para la incorporación material de la sociedad en la esfera de la autoridad de gobierno. En la otra, existe como un sistema de integración normativa, que define las premisas de legitimación para convertir las obligaciones humanas en relaciones jurídicas compartidas. Estas dimensiones están ligadas dialécticamente entre sí. La dimensión normativa de la democracia consolida la institucional, pero también –histórica y estructuralmente– se basa en ella. En sus inicios, la figura del sujeto democrático adquirió forma en una realidad integradora creada por incipientes constructos de ciudadanía, y conectó las dimensiones normativas e institucionales de la sociedad. Dicho sujeto no puede existir por fuera de realidades integradoras (instituciones centralizadas, sociedades integradas, sistemas jurídicos positivos), en las que primero se desarrolló. Los primeros sistemas democráticos a la vez surgieron de, presupusieron y reforzaron los patrones de integración que se habían desarrollado en los períodos predemocráticos de la historia.

Esta perspectiva sociológica dual demanda precaución a la hora de definir al ciudadano político como la categoría que sustenta normativamente un sistema, y que produce un conjunto de expectativas jurídicas y políticas vinculantes. El hecho de que los sujetos políticos, como el pueblo soberano y los ciudadanos, puedan ser extraídos de los procesos sociales que ellos mismos producen, y proyectados como parámetros inmutables de legitimidad, es al menos cuestionable. En la teoría democrática, los sujetos centrales de este sistema (ciudadanos nacionales y pueblos soberanos), son vistos como los autores de las normas que definen la legitimidad de un gobierno. Sin embargo, esta relación puede ser invertida. En muchos aspectos, los sujetos de la democracia nacieron como reflejo de la forma integradora de la sociedad. Así, articularon patrones de construcción normativa, vinculados a la evolución funcional de la sociedad, que ya se encontraban bastante avanzados. Es discutible si los sujetos pueden aislarse de los procesos, o si estos estuvieron alguna vez completamente ligados a sujetos reales. Dentro de una perspectiva dual, siempre existe la posibilidad de que el aspecto normativo o subjetivo de la integración democrática, entre en conflicto con el funcional o institucional. Es decir, la democracia como una construcción subjetiva-normativa puede establecer principios para la legitimación del derecho, que contradigan los prerrequisitos de la democracia como realidad funcional. Los constructos de la subjetividad atribuidos a la democracia pueden, en ciertos casos, atentar contra las libertades y precarizar el orden institucional requerido para el ejercicio pleno de la subjetividad democrática. Si bien los teóricos de la democracia han definido a los sujetos jurídicos como la precondición absoluta de la legitimidad del sistema, esto no consolida necesariamente su funcionalidad real. En este sentido, no existe la certeza de que dichos sujetos, identificados como el núcleo de la democracia, sean los adecuados para preservar el sistema de integración jurídica, basado en patrones estables de legitimación y producción de derecho. Así, no hay razones para suponer que ellos contengan una descripción correcta e inmutable de la democracia. Atribuir de manera exclusiva el sistema democrático a los sujetos que se cristalizaron en torno a este orden, implica simplificar el surgimiento de las políticas democráticas.

El capítulo II indaga en los modos en que los sujetos jurídicos, previstos por la democracia, entran en conflicto y subvierten los procesos funcionales que subyacen al sistema. Así, utiliza su metodología sociológica-conceptual para investigar el desafío que plantean los principios de la subjetividad democrática para el propio sistema. Asimismo, aplica este método para mostrar que, en su actual articulación histórica, el concepto moderno de ciudadano político soberano no aportó un fundamento sólido para la integración jurídica de la sociedad. Debido a las primeras condiciones de su construcción, este concepto no ofreció un foco de integración jurídica para la sociedad y debilitó el orden funcional básico requerido para su funcionamiento. En muchos aspectos, la figura del ciudadano político soberano erosionó la realidad de integración colectiva, la formación jurídica compartida, la institucionalización e, incluso, la nacionalidad. De esta manera, atentó contra aquello que definía como su propia esencia.

Capítulo II

DEMOCRACIA Y MILITARIZACIÓN

§ 5. *El fin del feudalismo y la violencia social*

Tal como se mencionó en este libro, la sociedad moderna fue construida, en gran parte, por un proceso que duró varios siglos, por el que las fuentes básicas de la validez jurídica fueron separadas de la autoridad personal asociada a la posesión de tierras. A través de dicho proceso, la sociedad en su conjunto se movilizó hacia la integración jurídica. El derecho fue desligado de sus lazos feudales, los instrumentos para crear y aplicar la ley fueron arrebatados del poder de la aristocracia terrateniente, y las personas en la sociedad fueron progresivamente conectadas entre sí, por medio de obligaciones cada vez más uniformes. En un principio, esta transformación fue conducida por los Estados emergentes, y la integración jurídica general presupuso el ascenso de instituciones estatales nacionales con poder soberano, y profunda inserción territorial en determinada geografía. Esto no ocurrió en un único acontecimiento histórico, y varió mucho de región a región. Asimismo, estuvo lejos de completarse al momento de los levantamientos revolucionarios de las últimas décadas del siglo XVIII. Durante esta época, en muchas regiones la aristocracia retuvo cierto control, aunque limitado, de los órganos judiciales y fiscales. En varios territorios, la servidumbre se mantuvo por largo tiempo luego de 1789. La esclavitud, por supuesto, persistió mucho más, y los ordenamientos jurídicos que expresaban variaciones extremas de estatus, como consecuencia de la servidumbre colonial y del gobierno indirecto, sobrevivieron hasta después de la Segunda Guerra Mundial. No obstante, por un largo período de tiempo, este proceso de transformación jurídica formó la estructura de la mayoría de las sociedades. El advenimiento del ciudadano, y finalmente del ciudadano democrático, fue un acontecimiento clave en este cambio que ubicó al derecho bajo premisas integradoras autónomas, y que ligó a las instituciones políticas directamente a personas individuales. Originalmente, este proceso de integración jurídica no fue un fenómeno aislado, y fue acompañado por transformaciones en otras partes de la sociedad. Estrechamente ligado a los cambios del derecho, se dio el desarrollo simultáneo de la *dimensión militar* de la sociedad, que reflejó la transformación de su forma jurídica.

Las sociedades feudales de la Europa medieval estuvieron caracterizadas no solo por la regulación jurídica de las variaciones de estatus ligadas a la tenencia de tierras, sino también por la profunda conexión entre la tierra y la fuerza militar. En tanto modo de organización social, el feudalismo evolucionó como un complejo mecanismo constitucional para facilitar la recaudación militar, y su función original fue apoyar el reclutamiento de soldados para los señores feudales. En las sociedades feudales, las personas con alto nivel social en general recibían tierras o cargos bajo la forma de feudos o regalías de las máximas autoridades de gobierno territorial o de regentes. La posesión de feudos conllevaba autoridad jurídica dentro de las tierras concedidas, y otorgaba derechos a sus propietarios para ejercer la jurisdicción sobre los habitantes de sus dominios. Al mismo tiempo, la recepción de tierras obligaba a los señores feudales y a sus subordinados, a proveer al donante del feudo servicio militar y reclutas, si era necesario para la guerra o para la consolidación territorial y defensa. Los feudos que apoyaban la sociedad feudal, se concibieron como contratos para facilitar el compromiso de tropas y para reforzar la autoridad militar de las personas con más poder[1]. La provisión de fuerzas militares funcionó como un impuesto de sangre, que ligó constitucionalmente a la nobleza con el gobierno.

[1] Ver Weber, *Wirtschaft und Gesellschaft*, 136; Huber, *Deutsche Wehrordnung und Verfassung bis zum Ende des Absolutismus*, "Zeitschrift für die gesamte Staatswissenschaft", 1937, 97(1), 44 y 45; Lyon, *From Fief to Indenture*, 232 y 233. Por un análisis del feudalismo como un contrato de oferta de tierras a cambio de servicio militar, ver Hofbauer, *Vom Krieger zum Ritter*, 84. Un temprano relato de este fenómeno establece que las obligaciones de vasallaje resultaron originalmente de la concesión de tierras a cambio de servicios de caballería (Brunner, *Der Reiterdienst und die Anfänge des Lehnwesens*, "Zeitschrift für Rechtsgeschichte", 1887, 8, 28).

Las obligaciones feudales, si bien eran esencialmente jerárquicas, establecieron un amplio equilibrio constitucional entre los líderes sociales. Así, los regentes eran obligados a reconocer derechos a los señores que les habían prestado servicios militares e, incluso, a incluirlos en los procedimientos de toma de decisiones políticas. De hecho, el cumplimiento de funciones militares generalmente otorgaba el derecho a los vasallos importantes de participar en deliberaciones sobre asuntos de alta relevancia pública. La mayoría de los sistemas feudales desarrollaron órganos de consulta en los que los vasallos de alto rango llamados a luchar o a proveer soldados, tenían derecho a voz en temas de Estado[2]. Eventualmente, estos órganos evolucionaron en incipientes parlamentos o asambleas representativas, cuyas principales decisiones implicaban asuntos militares, particularmente la captación de fuerzas armadas, y de recursos monetarios para la guerra. A menudo se observa que las técnicas feudales de reclutamiento militar ampliaron la representación política en tiempos de guerra. En este sentido, los ejércitos siempre promovieron construcciones precarias de ciudadanía, y sistemas políticos marcados por deberes militares compartidos, tendían a extender derechos políticos a un círculo más amplio de notables[3] . Tal como ha explicado un historiador, en la Europa medieval, la fuente de representación constitucional "fue en primera instancia, el ejército", y las personas que aportaron recursos militares fueron las primeras en establecer un orden constitucional para la nación o el pueblo[4]. En este aspecto, la primera relación social en el orden feudal que definió las obligaciones intersubjetivas y los derechos políticos de las personas, fue la relación militar. Este vínculo estuvo basado originalmente en los feudos, que normalmente estuvieron asociados a concesiones de tierras[5].

[2] Kaeuper, *War, Justice, and Public Order*, 151. Ver análisis de este proceso en Inglaterra, en Baldwin, *The King's Council in England during the Middle Ages*, 308; en Francia, en Aubert, *Le Parlement de Paris*, 259; en España, en O'Callaghan, *The Cortes of Castile Leon 1188-1350*, 19.

[3] La obra clásica para entender la asociación entre la participación militar y la representación popular, es el trabajo de Max Weber, *Wirtschaft und Gesellschaft*, 734 y 735. Asimismo, Downing, *The Military Revolution and Political Change*, 25.

[4] Bisson, *The Military Origins of Medieval Representation*, "The American Historical Review", 1966, 71(4), 1200.

[5] Blum, *The Rise of Serfdom in Eastern Europe*, "The American Historical Review", 1957, 62(4), 808.

Al discutir estos asuntos, se requiere cierta prudencia. En la mayoría de las regiones marcadas por estructuras feudales, las leyes feudales convivieron junto a normas jurídicas más impersonales, creadas por asociaciones corporativas o establecidas como leyes para todos los residentes de un territorio. En algunos casos, el derecho feudal evolucionó como un orden normativo que se superpuso con obligaciones jurídicas anteriores. Así, el orden jurídico feudal siempre fue parte de un sistema jurídico heterogéneo, en el que convivió con principios normativos que reconocían menos derechos y restricciones personales[6]. Por caso, algunos códigos de la Edad Media dividían el derecho en disposiciones separadas, diferenciando entre el derecho feudal y sus correlativas obligaciones personales, y un cuerpo de derecho civil y penal más general. Esto implicó que los residentes de un territorio fueron sometidos a dos órdenes jurídicos, con orígenes diferentes[7]. Algunos aspectos no feudales del derecho medieval sobrevivieron en la era moderna, incluyendo el ámbito militar. Sin embargo, fue el derecho feudal el que dio forma de manera más determinante a la sociedad medieval europea. La organizó en torno a un conjunto de obligaciones jurídicas jerárquicas, e interpretó los derechos de las personas como reclamos mediados por responsabilidades feudales y militares.

Por numerosas razones, el feudalismo impidió la formación de políticas nacionales y su consolidación como un orden integrado. Los principios militares del feudalismo fueron la obstrucción más fuerte al establecimiento de las instituciones y normas jurídicas que ampliaran la fuerza integradora en la sociedad. Por ejemplo, el sistema feudal militar se basó en arreglos por los que los territorios se privatizaban a cambio de armas, y los poderosos proveedores de fuerza militar fueron capaces de posicionarse fuera de la autoridad plena de las instituciones políticas nacionales. Dichos arreglos significaron que la movilización militar sea moldeada por las prerrogativas locales, y que los poseedores de feudos contaran con recursos militares independientes, que podían fácilmente usar contra los demás. Dentro de la sociedad feudal, esto impulsó una profunda propensión a la violencia localizada. Asimismo, signifi-

[6] Droege, *Landrecht und Lehnrecht im hohen Mittelalter*, 55, 77 y 78; Keitel, *Herrschaft über Land und Leute*, 244.

[7] Este es el caso del Sachsenspiegel, que contenía un libro para el Derecho de la Tierra y otro para el Derecho Feudal.

có que los ejércitos solo pudieron crecer de manera poco confiable, y que el sistema militar dependió de unas complejas negociaciones y del mecenazgo entre los regentes y los vasallos poderosos. Asimismo, el reclutamiento feudal solo podía sustentarse si la tierra era abundante, de modo que los regentes que no pudieran ofrecer dones de tierra, no podrían asegurar apoyo militar en la sociedad.

En este sentido, cabe destacar que los modelos feudales del reclutamiento militar dependieron de la institución de la servidumbre. El reclutamiento de soldados en las sociedades feudales no necesitó necesariamente de la participación militar directa de campesinos en combate. En algunas de las primeras sociedades feudales, todos los hombres en forma, incluyendo los siervos, fueron sujetos al reclutamiento, de modo que el servicio militar se ligó a la residencia en un territorio en particular. Con posterioridad, sin embargo, el vasallaje se convirtió en la base del servicio militar y, en algunas sociedades feudales, se prohibió que los siervos portaran armas, con excepción de aquellos casos en los que fuera necesario para la defensa local o nacional[8]. No obstante, en muchos escenarios medievales los ejércitos se formaron por medio de citaciones, reuniones de milicia y actos de conscripción que alcanzaron los sectores más pobres de la población. Asimismo, el sistema militar feudal presuponía que, en tiempos de guerra, las necesidades de subsistencia de la sociedad estuvieran cubiertas por los campesinos que trabajaban en la producción agrícola y que pagaban sus impuestos. De manera que las movilizaciones militares no fueron posibles sin la servidumbre[9]. Esto implicaba que aquellos que tenían la autoridad para organizar tropas, dirigían la maquinaria administrativa local que cimentó el poder personal de la nobleza sobre los siervos. De hecho, la intensificación de las obligaciones recíprocas entre vasallos de alto rango y regentes en tiempos de guerra, fortaleció la institución de la servidumbre en los dominios que eran propiedad de los vasallos. Así, cualquier expansión de la influencia constitucional causada por la guerra, no incluyó necesariamente al campesinado. En el centro constitucional de la

[8] Cfr. *Das Waffenrecht der Bauern im Mittelalter*, "Zeitschrift für Rechtsgeschichte", 1914, 35, 162; Bisson, *The Crisis of the Twelfth Century*, 64; Hofbauer, *Vom Krieger zum Ritter*, 47.

[9] Ver Lampe, *Der Milizgedanke und seine Durchführung in Brandenburg Preussen*, 4; Hellie, *Enserfment and Military Change in Muscovy*, 146.

sociedad feudal, se ubicaba una negación radical de la igualdad de estatus jurídico en las relaciones entre los señores, los guerreros y los siervos. El orden militar de la sociedad feudal dependió de la consolidación de ciertas variables jurídicas. En ellas, los principales proveedores de la fuerza militar obtenían una autoridad legal y jurisdiccional elevada, y derechos personales de control sobre sus inferiores. Esto significó que la sociedad en su conjunto, adquiera una forma profundamente centrífuga.

Cabe destacar que, mucho después de que los miembros de la nobleza renunciaran a sus roles militares, los residuos del feudalismo permanecieron visibles en algunas partes de Europa. En este sentido, los señores que adquirieron tierras como feudos, las transformaron en Estados privados. En ellos, los miembros de la nobleza ejercieron sus derechos y poderes emanados de los feudos, para cimentar su jurisdicción sobre el campesinado que trabajaba sus tierras, y para cobrarles impuestos. Como consecuencia, el orden militar inicial del feudalismo dio lugar a un segundo patrón de organización, que se expandió en parte de Europa desde el siglo XV en adelante. Esto difirió del orden feudal original, y coexistió con procesos de centralización institucional que redujeron el rol político de la aristocracia. Sin embargo, cuando este sistema fue consolidado, la nobleza local logró obtener privilegios sociales de los Estados territoriales emergentes, arrogarse funciones judiciales dentro de sus dominios y establecer economías aristocráticas basadas en la servidumbre. De modo que funcionaron como unidades administrativas semiautónomas, dentro de diferentes regiones. Hacia 1650, gran parte de Europa central y oriental estaba organizada en un sistema neofeudal de producción agraria, en el que se intensificaron las condiciones de sujeción a los campesinos, con similitudes con la esclavitud. Este sistema estaba consolidado con menos fuerza, aunque no ausente, en Europa occidental. La aristocracia estableció profundas restricciones sobre los derechos vitales de los campesinos, especialmente el derecho a la propiedad de las tierras, a cambiar de empleo y a obtener reparación legal[10]. El

[10] Estos procesos fueron particularmente intensos en Europa central y nororiental, incluyendo las actuales regiones de Alemania, Polonia, República Checa y Eslovaquia. Para más información, ver Grünberg, *Die Bauernbefreiung und die Auflösung des gutsherrlichbäuerlichen Verhältnisses in Böhmen, Mähren und Schlesien*, 91; Bornhak, *Geschichte des Preußischen Verwaltungsrechts, I*, 116; Knapp, *Die Bauernbefreiung und der Ursprung der*

período entre 1650 y 1750 fue testigo de una rigurosa intensificación de la servidumbre en toda Europa, mucho después de la desaparición de la función militar del vasallaje.

Los métodos feudales de movilización militar sufrieron una profunda transformación en la medida en que las sociedades europeas empezaron a asumir una forma nacional más clara, durante la última etapa de la Edad Media. En este período, se produjo un proceso gradual de convergencia social, en torno a las instituciones estatales, que fue reflejado e impulsado por acontecimientos dentro del sistema militar. Durante la época medieval, el reclutamiento por medio de los feudos asociados a la posesión de tierras dio lugar, primero, a la recaudación monetaria feudal y, luego, al contrato militar. En ambas etapas, los contratos militares asociados a la tierra fueron reemplazados por contratos de naturaleza pecuniaria, de modo que los ejércitos de la Edad Media tardía se formaron en gran parte con mercenarios, de una clase o de otra[11]. En relación con este punto, deben evitarse las sugerencias de cesura ordenada. El reclutamiento de mercenarios ya había comenzado en una etapa temprana de la sociedad feudal, y los ejércitos siempre incluyeron soldados contratados. Asimismo, hacia el siglo XVI algunos Estados, especialmente en Inglaterra, todavía reclutaban algunos soldados recurriendo a los feudos. Sin embargo, la tendencia a la formación de ejércitos contratados se intensificó en los sistemas feudales posteriores. En esta época, el valor básico de los soldados fue cada vez más calculado en términos monetarios, y los ejércitos fueron solventados por subvenciones fiscales. En estos contextos, por ejemplo, las obligaciones militares fueron consideradas

---

Landarbeiter in den ältern Theilen Preußens, vol. II, 50; Wright, *Serf, Seigneur and Sovereign*, 10 a 15; Kieniewicz, *The Emancipation of the Polish Peasants*, 3; Kaak, *Die Gutsherrschaft*, 3 a 6, 45; Schmidt, *Leibeigenschaft im Ostseeraum*, 22 a 29; Lemarchand, *Paysans et seigneurs en Europe*, 101. Por análisis similares sobre la actual región de Austria, ver Feigl, *Die niederösterreichische Grundherrschaft vom ausgehenden Mittelalter bis zu den theresianisch-josephinischen Reformen*, 320. Por Francia, este proceso puede verse en Saint Jacob, *Les paysans de la Bourgogne du Nord au dernier siècle de l'Ancien Régime*, 62; Soboul, *Survivances "féodales" dans la société rurale française au XIXe siècle*, "Annales. Histoire, Sciences Sociales", 1968, 5, 983; Hayhoe, Enlightened Feudalism, 17, 48 y 49. Por un análisis general, ver Blum, *The End of the Old Order in Rural Europe*, 71, 197 a 199.

[11] Ver Sczaniecki, *Essai sur les fiefs-rentes*, 27. Sobre la elisión del feudo en el contrato, ver Lyon, *The Feudal Antecedent of the Indenture System*, "Speculum", 1954, 29(3), 511.

como un tipo de impuesto, y algunos pagos por las guerras fueron hechos con sangre, y otros con dinero[12]. Hacia fines de la Edad Media, el compromiso directo de la aristocracia con la organización militar fue limitado[13].

Las consecuencias de estos cambios para las instituciones políticas fueron ambiguas y, en parte, menospreciadas. Estos procesos implicaron que los regentes de finales de la Edad Media pudieran comprometer importantes ejércitos, utilizando fondos recaudados por medio de los primeros regímenes tributarios. Al hacerlo, mejoraron el poder general de la soberanía de las instituciones centrales[14]. En algunos casos, como consecuencia de estos procesos, los Estados empezaron a comprometerse de manera más inmediata con sus súbditos, y los últimos sistemas feudales atravesaron la expansión de la movilización popular, aunque haya sido por defensa nacional. Sin embargo, este proceso también significó que los señores más poderosos pudieron emplear a grandes séquitos armados que reforzaron su independencia, llevaron al conflicto civil, y aumentaron la violencia social. Esto implicó que los miembros de la nobleza adquieran posiciones poderosas como militares, y como capitanes de ejércitos de mercenarios. Así, se creó una nueva posición de liderazgo militar para la aristocracia.

En toda Europa, a medida que los regentes hacían la guerra con grandes ejércitos pagos, empezaron a depender de las instituciones representativas en las que la nobleza y otros estamentos obtuvieron el poder para controlar las finanzas militares.

Finalmente, el orden feudal militar fue reemplazado por el sistema de contratación, cuyo alistamiento y administración se llevó a cabo por reclutadores profesionales o empresarios militares, en general de origen aristocrático. Este sistema de reclutamiento dependía de una relación contractual directa entre regentes y empresarios militares, lo que permitió a los primeros contratar grandes números de mercenarios, e incluso ejércitos privados enteros, para

[12] Harriss, 1976: 1950; Henneman, 1983: 2.

[13] Desde una perspectiva, la proporción de la aristocracia francesa involucrada en el servicio militar se redujo en algunas regiones por debajo del 20 por ciento hacia el siglo XVI (Le Roux, *Le créspucule de la chevalerie*, 77). Por consideraciones similares sobre Inglaterra, ver Gunn, *The English People at War in the Age of Henry VIII*, 54.

[14] Lyon, *From Fief to Indenture*, 11.

librar sus guerras[15]. Esto significó que el reclutamiento de ejércitos pierda cierta importancia como palanca constitucional de la aristocracia, para adquirir derechos políticos y dar forma al ejercicio del poder Real. Sin embargo, allí donde se desarrollaron estos sistemas, los regentes solían luchar por institucionalizar los mecanismos fiscales adecuados para solventar sus ejércitos. En la mayoría de los casos, fueron forzados a desplegar técnicas para apoyar a sus ejércitos que debilitaron su capacidad de ejercer el control sobre la organización militar, y que socavaron su soberanía.

Cada etapa de la disolución del feudalismo atravesó un cambio en la base contractual del ejército. Estas modificaciones se reflejaron en las bases contractuales del Estado, en la medida en que estos se aseguraron su capacidad militar al cambiar los términos de su articulación con los líderes. Como consecuencia, cada etapa de la disolución del feudalismo conllevó un cambio en la posición constitucional de la nobleza. Por medio de la monetización de los contratos militares, la nobleza perdió parte de su fuerza constitucional, a medida que fue cada vez menos requerida como proveedora directa de la fuerza militar. Sin embargo, como se verá más adelante, la nobleza aún mantuvo influencia constitucional dado que, a medida que se abandonó la leva feudal, fue intensamente requerida como proveedora de impuestos. Así, el eje constitucional del poder de la nobleza se trasladó al dominio fiscal. No obstante, en cada instancia de este proceso, el legado constitucional del feudalismo que vinculó el suministro militar a la autoridad jurídica, impulsó el crecimiento de un sólido orden integrador en la sociedad. Las consecuencias del desplazamiento de la nobleza de su posición militar-constitucional original, y la necesidad resultante de crear una base alternativa para el ejército, permanecieron como uno de los aspectos más sensibles de la construcción política posfeudal.

En algunos casos, la transición de los ejércitos feudales a los ejércitos contratados ocasionó una profunda crisis en el proceso de formación del Estado nacional. La monetización del reclutamiento

[15] Ver Redlich, *The German Military Enterpriser and his Work Force*, vol. I, 53; Lynn, *Giant of the Grand Siècle*, 6.

En Inglaterra es discutido que los contratos privados reemplazaran a las fuentes tradiciones de la fuerza militar, en el curso de la Guerra de los Cien Años (Powicke, *Military Obligation in Medieval England*, 166; Hewitt, *The Organization of War under Edward III*, 33). Esto se debió al creciente tamaño de los ejércitos de ese tiempo.

militar ya había sido establecida en el siglo XV. Hacia fines de la Edad Media, la dependencia de los regentes en el reclutamiento privado de ejércitos, condicionó decisivamente las implicaciones sociales de la guerra. En esta época, la explotación de las tierras conquistadas cobró gran importancia como recompensa para los líderes militares y sus soldados. Asimismo, los períodos de guerra más largos provocaron violencia endémica y crisis social extrema, dado que los ejércitos escaparon del control público. Sin embargo, dicha monetización alcanzó su apogeo provisorio en la guerra religiosa y dinástica, conocida como la Guerra de los Treinta Años, que ocurrió en Europa en el siglo XVII. Durante esta guerra, Francia creó un modelo distinto, que luego fue emulado, por el que el ejército se controló oficialmente. Aun así, estos enfrentamientos fueron librados generalmente por ejércitos mercenarios, liderados por empresarios independientes. En muchas regiones, a causa de la escala del combate, esos ejércitos solo podían financiarse con las arcas reales. En general, en esta época solo era posible mantener a los ejércitos por medio del aumento de las levas y de las contribuciones recaudadas por los comandantes militares en las tierras donde estaban sus tropas. Así, la recaudación de las contribuciones se volvió central para la base contractual de muchos ejércitos, dado que generó los ingresos necesarios para pagar a las tropas, en contextos en que la mayoría de los gobiernos carecían de instituciones sólidas para apoyar el financiamiento militar, y los soldados a menudo estaban impagos. Sobre esta base contractual, los ejércitos mercenarios se desarrollaron como organizaciones con estructuras jurídicas autónomas. Las diferentes unidades militares contratadas por empresarios, actuaron como corporaciones privadas posicionadas fuera de los sistemas feudales y nacionales[16]. Dichos ejércitos, compuestos por soldados de diferentes países, se reclutaban por acuerdos sellados con juramentos de los miembros de las unidades individuales. De modo que el derecho que obligaba a la unidad y a la fuerza jurisdiccional a imponer esas normas, se establecía sobre bases colectivas[17]. Asimismo, en tanto no se financia-

16 Respecto de las discusiones sobre las características jurídicas de los ejércitos de fines de la Edad Media, ver Möller, *Das Regiment der Landesknechte*, 5; Burschel, *Söldner im Nordwestdeutschland des 16. und 17. Jahrhunderts*, 129.

17 Ver un análisis sobre este punto en Redlich, *The German Military Enterpriser and his Work Force*, 61; Möller, *Das Regiment der Landesknechte*, 40; Baumann, *Landsknechte*, 79; Huntebrinker, *"Fromme Knechte" und "Gar-*

ron por arreglos fiscales estables, los ejércitos y sus comandantes fueron capaces de ejercer un poder extraordinario en los territorios en los que se encontraban, infligiendo agudas penurias en estas regiones.

El crecimiento de los ejércitos mercenarios entre el final de la Edad Media y principios de la Edad Moderna, fue un punto intermedio clave en el camino hacia la consolidación del aparato moderno militar y del Estado moderno en su conjunto. Tal como se mencionó, estos ejércitos llevaron a la separación de las fuentes militares de las personas privilegiadas constitucionalmente por el feudalismo. Esto generó un contexto social en el que desapareció la dependencia constitucional del Estado con la nobleza. Sin embargo, en esta transformación, los regentes perdieron el control de los medios de violencia en la sociedad, y los ejércitos mercenarios causaron mucha más inestabilidad que los ejércitos feudales.

Luego de las guerras religiosas, la autoridad ejercida por los Estados sobre sus ejércitos fue sustancialmente reforzada. Aunque los ejércitos todavía se componían de mercenarios incorporados en el extranjero, los Estados incrementaron su poder sobre el reclutamiento y el suministro militar. Con posterioridad a 1648, comenzó la expansión de los ejércitos permanentes, lo que delineó al Estado y la sociedad moderna. De este modo, su forma básica fue moldeada de manera determinante por estos ejércitos permanentes.

La posición de dichos ejércitos en la Europa moderna, debe ser evaluada de manera matizada. Estas milicias no siempre podían separarse claramente de los patrones previos o posteriores de las organizaciones militares. Por ejemplo, próximo a la creación de los ejércitos permanentes, estaba el principio típico de los sistemas militares posteriores, por el que los soldados fueron posicionados en una relación inmediata con el Estado. De esta manera, ellos perdieron la independencia contractual que poseían en los ejércitos feudales y en las primeras armadas de mercenarios. El surgimiento de los ejércitos permanentes reflejó un proceso en el que las demandas de los Estados territoriales sobre los sujetos individuales se intensificaron, y las interacciones entre los sujetos y el gobierno expresaron un conjunto inmediato de obligaciones personales. De hecho, el reclutamiento de los ejércitos permanentes se debió en

---

teteufel", 35; Krüssmann, *Ernst von Mansfeld (1580-1626)*, 661; Parrott, *The Business of War*, 104.

parte a la movilización involuntaria del personal militar, por medio de crudas formas de conscripción. Asimismo, la consolidación de estos primeros ejércitos estuvo acompañada por el creciente uso de las milicias. En Francia, desde 1726, el servicio militar obligatorio fue un aspecto importante y constante del reclutamiento militar[18]. Algunos historiadores describen el siglo XVIII en Francia como el "siglo de las milicias"[19]. El reclutamiento militar aumentó significativamente hacia fines del siglo XVIII en Inglaterra, siguiendo la Ley de Milicias de 1757[20]. La conscripción militar obligatoria fue establecida en Prusia por la imposición del sistema cantonal, finalizado en 1733, que determinó mecanismos para el surgimiento de los ejércitos que tuvieron ciertas características del reclutamiento militar obligatorio general[21]. Esto ha llevado a ciertos historiadores a argumentar que el crecimiento del ejército permanente prusiano conllevó a la profunda militarización de su sociedad en conjunto[22] . Las variantes del sistema cantonal fueron introducidas desde 1771 en otras regiones de habla germana, incluyendo algunos territorios de los Habsburgo. En este sentido, los ejércitos permanentes buscaron los posteriores procesos de reclutamiento, y también replicaron procedimientos usados para la defensa territorial y movilización militar de las sociedades feudales. El análisis de los caracteres distintivos de los ejércitos permanentes, necesita ser procesados con cautela.

No obstante, los ejércitos que se expandieron en Europa durante las décadas posteriores a 1648, reflejaron un modelo diferente de orden social e institucional, que tenían implicaciones profun-

[18] Ver Blanton, "Conscription in France during the Era of Napoleon", en Stoker - Schneid - Blanton (eds.), *Conscription in the Napoleonic Era*, 6.

Los orígenes de las milicias en Francia son considerablemente anteriores, en tanto existió como una institución regular en 1688 [Girard, *Racolage et milice (1701-1715)*, 163].

[19] Gebelon, 1882: 73.

[20] Western, *The English Militia in the Eighteenth Century*, 205; Brewer, *The Sinews of Power*, 32 y 33.

[21] Ver Bornhak, *Geschichte des Preußischen Verwaltungsrechts, II*, 6; Sikora, *Disziplin und Desertion*, 146.

[22] Esta es la teoría propuesta por Büsch, *Militärsystem und Sozialleben im Alten Preußen 1713-1807*, 73. Ver posiciones contrarias en Hanisch, "Preußisches Kantonsystem und ländliche Gesellschaft. Das Beispiel der mittleren Kammerdepartments", en Kroener - Pröve (eds.), *Krieg und Frieden*, 147; Nowosadtko, *Stehendes Heer im Ständestaat*, 20.

das para la estructura integradora del Estado y la sociedad toda. Por sobre todo, el surgimiento de los ejércitos permanentes significó un control sobre la anarquía militar, y los Estados aumentaron considerablemente su autoridad (soberanía) sobre las personas y organizaciones capaces de movilizar fuerzas militares. La construcción básica del Estado moderno, como orden soberano administrativo capaz de ejercer poderes generales de integración en la sociedad, fue el resultado parcial de estos procesos.

En primer lugar, la importancia de los ejércitos permanentes para el surgimiento de los Estados modernos, es vista en la transformación de los roles militares que estos ejércitos habilitaron. Por un lado, el ascenso de las milicias permanentes alteró la posición del mercenario. Cerca de 1648, las tropas mercenarias más libres que habían reemplazado originalmente a los ejércitos feudales, fueron crecientemente incorporadas a regimientos oficiales de los territorios estatales emergentes. Los mercenarios extranjeros continuaron jugando un rol fundamental en la mayoría de los ejércitos, pero fueron usualmente empleados sobre una base más permanente, e integradas en el ejército regular. Fundamentalmente, los contratos que subordinaban a los soldados a sus comandantes, adquirieron un mayor control público, y ligaron inmediatamente a los soldados individuales con el Estado[23]. Por otra parte, el surgimiento de los ejércitos permanentes transformó la posición de los líderes militares[24]. Luego de 1648, los comandantes militares estuvieron cada vez más sujetos a obligaciones para con los señores, los regentes y los gobernantes que servían, lo que implicaba que las funciones cumplidas por los empresarios militares fueron absorbidas por la administración estatal[25]. Aun así, los empresarios militares no dejaron de existir. Actualmente, muchos historiadores recono-

[23] Fichte, *Die Begründung des Militärdienstverhältnisses (1648-1806)*, 55, 231.

[24] Redlich, *The German Military Enterpriser and his Work Force*, vol. II, 46. Esta perspectiva es desafiada en Parrott, *The Business of War*. Sin embargo, Parrott también sostiene que, luego de 1648, "la distribución financiera del Estado", cobró una importancia central en la política militar (*The Business of War*, 317). Mi relato histórico, refleja la descripción de Lynn de la transición en el 1600, desde el *ejército contratado hasta el de comisión estatal* (*Giant of the Grand Siècle*, 6 a 9).

[25] Ver Schmoller, *Preußische Verfassungs-, Verwaltungs- und Finanzgeschichte*, 113; Burschel, *Söldner im Nordwestdeutschland des 16. und 17. Jahrhunderts*, 206.

cen que algunos Estados continuaron dependiendo financieramente de aportes privados de fuerzas militares, y los subsidios militares internacionales siguieron siendo fundamentales para la guerra[26]. Asimismo, en algunos países como Francia, a principios del siglo XVII, el uso de empresarios independientes fue menos expandido y los contratistas militares fueron usualmente integrados en la administración pública[27]. Sin embargo, con posterioridad a 1648, la independencia de las élites militares y de los reclutadores se redujo.

A causa de estos procesos, los cargos militares que se ocupaban a principios de la Edad Moderna reflejaron cada vez más los cargos de otras esferas del servicio estatal. Las responsabilidades relacionadas con la guerra, se cumplieron principalmente como deberes contractuales impuestos por los regentes, sujetos a un control administrativo formal. Particularmente, esto implicó que los militares desarrollaron un creciente orden profesional estructurado, en el que los diferentes grupos sociales accedieron a las carreras militares en puntos específicos en una jerarquía profesional interna[28]. Los cargos militares fueron parcialmente separados de beneficios y distinciones de naturaleza personal[29].

Estos procesos tuvieron claras implicancias para el rol constitucional de la nobleza. La organización formal del ejército significó que la aristocracia, en su espacio de influencia tradicional, se fue subordinando cada vez más a los Estados territoriales. En muchos de ellos, las posiciones en los órganos oficiales eran reservadas (o ampliamente monopolizadas) a miembros de la aristocracia. En Prusia, por ejemplo, estos puestos eran llevados casi exclusivamente por los nobles, quienes obtenían evidentes beneficios

[26] Thiele, "The Prince as Military Entrepreneur? Why Smaller Saxon Territories sent 'Holländische Regimenter' (Dutch Regiments) to the Dutch Republic", en Fynn-Paul (ed.), *War, Entrepreneurs, and the State in Europe and the Mediterranean 1310-1800*, 175.

[27] Parrott, *Richelieu's Army*, 279, 301.

[28] Ver Schmidt, "Militärverwaltung in Deutschland und Frankreich im 17. und 18. Jahrhundert", en Kroener - Pröve (eds.), *Krieg und Frieden*, 36.

[29] Ver Lorenz, *Das Rad der Gewalt*, 7; Guinier, *De l'autorité paternelle au despotisme légal*, "Revue d'Histoire Moderne & Contemporaine", 2014, 61-2, 157.

En este punto, caben algunas calificaciones. En Francia, por ejemplo, las posiciones importantes de los comandos militares podían comprarse de forma venal. De modo que los poderes del mando del regimiento fueron, en algunos casos, negociados como un bien privado.

sociales por medio de estos cargos. Un análisis clásico de Prusia establece que la pertenencia a los órganos oficiales implicaba prácticamente un nuevo período de obligación feudal[30]. Otro estudio paralelo sobre Francia determina que, antes de 1789, el ejército era poco más que un "sistema de beneficios" para la nobleza[31]. Allí, hasta fines del siglo XVIII, los reclutamientos para los ejércitos aún fueron coordinados por los capitanes nobles[32]. En algunos países, el fácil acceso de la aristocracia a los altos cargos militares significó que se resguardaran de la pérdida de estatus causada por la centralización política, y que mantuvieran una posición protegida de clase dentro del siglo XX[33]. No obstante, el hecho de que los hijos de la aristocracia fueran integrados en roles formales dentro del ejército, implicó que adquirieran habilidades militares que los volvieron útiles para el gobierno, y que poco probablemente exijieran una autoridad independiente. Así, la aristocracia fue parcialmente internalizada en el emergente servicio civil[34].

En cada caso, el ascenso de los ejércitos permanentes llevó a la construcción de un sistema militar en el que las personas con autoridad perdieron cierta independencia legal y constitucional, y los agentes militares fueron subordinados a líneas de mando verticales más estrechas. Como parte de este proceso, los aspectos monetarios y penales del derecho militar fueron formalizados, y los acuerdos independientes que antes regulaban a las unidades de mercenarios, se sometieron a un control central más grande[35]. Mucho antes de 1648, se había intentado establecer un cuerpo sistemático de principios para regular el derecho militar. En el año 1570, en el Sacro Imperio Romano, se publicaron artículos para sustentar un orden militar, de modo que para esta época ya existía una idea clara de "derecho general militar"[36]. Hacia fines del siglo XVII, el dere-

[30] Frauenholz, *Das Heerwesen in der Zeit des Absolutismus*, 7.

[31] Feld, *The Structure of Violence*, 149.

[32] Blaufarb, *The French Army 1750-1820*, 25 y 26.

[33] Ver Kunisch, *Der kleine Krieg*, 54.

[34] Messerschmidt, *Preußens Militär in seinem gesellschaftlichen Umfeld*, "Geschichte und Gesellschaft", 1980, Sonderheft 6, 45 y 46.

[35] Frauenholz, *Das Heerwesen in der Zeit des Absolutismus*, 8; Messerschmidt, *Preußens Militär in seinem gesellschaftlichen Umfeld*, "Geschichte und Gesellschaft", 1980, Sonderheft 6, 73; Burschel, *Söldner im Nordwestdeutschland des 16. und 17. Jahrhunderts*, 144 y 145.

[36] Laurentius, *Abhandlung von den Kriegsgerichten zu unsern Zeiten*, 97.

cho militar fue ordenado en artículos jurídicos formales, y los soldados fueron sujetos a patrones cada vez más uniformes de mandos y obligaciones jurídicas. En el Sacro Imperio Romano, los nuevos artículos militares fueron publicados entre 1660 y 1680[37].

En segundo término, la importancia de los ejércitos permanentes para el surgimiento de los Estados modernos puede observarse en los mecanismos desarrollados para financiar las unidades militares, y en las implicancias de sus regímenes financieros para la sociedad.

En general, los Estados con ejércitos permanentes redujeron su dependencia de las contribuciones directas como fuente de ingresos militares, lo que impactó profundamente en la sociedad en su conjunto. La recaudación directa de las contribuciones para solventar a los ejércitos, continuó luego de 1648. Estas contribuciones formaron una fuente de financiación militar en todo el *ancien régime* de Europa, e incluso los ejércitos más organizados dependían de la requisa armada en el siglo XVIII[38]. En algunos contextos, estos patrones de recaudación provocaron altos niveles de violencia entre los soldados y la población civil[39]. Sin embargo, como se verá más adelante, la organización política luego de 1648 estuvo profundamente marcada por el esfuerzo de controlar la violencia requerida para crear y mantener grandes ejércitos. Los ejércitos se financiaron, cada vez más, por modos formales de tributación. De modo que perdieron su poder para recaudar gravámenes independientes, por medio de las requisas y los saqueos de los territorios en guerra[40]. Por caso, el derecho militar creado en esta época establecía que todos los bienes obtenidos por las tropas, pertenecían al regente. De hecho, los regentes aseguraron su mando sobre las requisas, como el núcleo de los procesos de expansión administrativa y soberanía institucional, que definió de manera general a los primeros Estados[41] . Hacia el siglo XVIII, las

[37] En 1672, el *Articuls-Brief vor die Reichs-Völcker* estableció un modelo importante para las regulaciones militares y la administración de justicia militar.

[38] Lynn, *Giant of the Grand Siècle*, 216.

[39] Ver Lynn, *Giant of the Grand Siècle*, 185 a 197; Lorenz, *Das Rad der Gewalt*, 81 y 82.

[40] Lynn, *Giant of the Grand Siècle*, 197.

[41] Antes del siglo XVII, los códigos militares habían reconocido a la toma de botín como parte del negocio militar, sujeto a sus normas generales. En 1570, el emperador Maximiliano II introdujo artículos militares que tendieron parcialmente

contribuciones fueron obtenidas, en general, por medio de mecanismos fiscales relativamente ordenados. En algunas regiones, la distinción entre contribuciones militares e impuestos regulares fue eliminada[42]. Importantes tratados contemporáneos sobre el tema definieron a las contribuciones como una forma de obligación pública, "pagada por el Estado", para "la seguridad" y para "evitar la violencia del enemigo", que "todos los sujetos... deben aceptar"[43].

En ambos casos, el Estado moderno empezó a adquirir su forma característica administrativa en un contexto, profundamente ligado a la disolución prolongada del feudalismo, en el que la organización y el financiamiento de la guerra emergió como el problema constitucional definitorio en la sociedad. El Estado comenzó a surgir como una organización dominante en la sociedad, a medida que los gobernantes construyeron un orden regulatorio para disminuir la violencia extrema. Esto se observa claramente, a principios del sigo XVII, por los ejércitos mercenarios y los débiles regímenes fiscales[44].

a suprimir los saqueos descontrolados. Sin embargo, estos artículos aceptaron el derecho de los soldados a llevarse el botín. Los primeros códigos militares de los Países Bajos (1590) establecieron que todo botín tenía que ser registrado formalmente (Pappus, *Corpus juris militaris*, 664 y 665). Más tarde, el código militar de Brandenburg, *Churfürstliches Brandenburgisches Kriegs-Recht oder Articuls-Brieff* (primera versión promulgada en 1656), definió categorías de saqueo que pertenecían al príncipe (Pappus, *Corpus juris militaris*, 428 y 429). Las leyes militares imperiales también establecieron la búsqueda de botín bajo una reglamentación formal (ver Maldoner, *Synopsis militaris oder kurtzer Begriff über die Kayserliche Kriegs-Articul*, 174 y 175). Otros tratados definieron el botín como una forma de impuesto militar (Beust, *Observationes militares*, vol. IV, 426). Incluso las discusiones escépticas sobre estas normas aceptaron que tomar el botín para beneficio personal se había vuelto menos frecuente alrededor de 1750 (Rink, *Partisanen und Landvolk 1730 bis 1830*, "Militärgeschichtliche Zeitschrift", 2000, 59, 44). El control de botín también se expresó como un principio del derecho de gentes. Esto se ejemplifica en Wolff, *Jus Gentium methodo scientifica petractatum*, 310.

[42] Redlich, *De Praeda Militari*, 66 a 69; Dickson, *Finance and Government under Maria Theresia, 1740-1780, I*, 297 a 298; Hochedlinger, *Austria's Wars of Emergence*, 105.

[43] Beust, *Observationes militares*, vol. IV, 231 a 233.

[44] Lynn describe esas "agonías de la guerra" como los "dolores de parto del Estado moderno" (*Giant of the Grand Siècle*, 184). Para afirmaciones similares, véase Burschel, *Söldner im Nordwestdeutschland des 16. und 17. Jahrhunderts*, 318. Incluso relatos que rechazan el marco de la "construcción del Estado", como explicación de la regulación de las funciones militares a principios de la Edad Moderna, describen patrones crecientes de control institucional en esta época (Rowlands, *The Dynastic State and the Army under Louis XIV*, 361).

La creación de un sistema contractual para el reclutamiento de ejércitos, sustentado por un régimen político de control fiscal, fue fundamental para estos procesos. Los ejércitos permanentes y los mecanismos fiscales formaron un aparato en el que la guerra fue incorporada, en parte, bajo el dominio público, y su conducción fue separada de personas posicionadas fuera del Estado. Algunos estudiosos interpretan este fenómeno explicando el modo en que los Estados empezaron a adquirir su forma moderna por medio de procesos de expansión administrativa, en los que trasladaron los costos sociales de las primeras guerras modernas (es decir, violencia descontrolada y profunda militarización social) a costos fiscales[45]. En otras palabras, los ejércitos permanentes y los primeros regímenes fiscales se formaron juntos dentro del Estado, como el precio de la paz social. La consolidación de los regímenes fiscales centrales permitió a los regentes obtener control soberano sobre sus ejércitos y la sociedad, y reducir la expansión de la violencia. Sobre esta base, de manera incipiente, los *impuestos reemplazaron a la sangre como la base de la autoridad social*, y la habilidad del Estado para manejar los tributos, como mecanismos para integrar soldados, se convirtió en el fundamento de su soberanía.

§ 6. *La Constitución civil y la Constitución militar*

Para manejar el impacto social de la violencia militar, los Estados que se desarrollaron luego de 1648 sometieron sus instituciones a una profunda revisión constitucional, que afectó a todos los niveles de la sociedad. En el centro de los Estados europeos que se formaron en esta época, se encuentra el hecho de que los ejércitos permanentes cambiaron la articulación fundamental entre las esferas civiles y militares, entre la guerra y la sociedad.

El crecimiento de dichos ejércitos no implicó que las interacciones entre las instituciones militares y civiles perdieran importancia. Relevantes sociólogos e historiadores militares han argumentado que el crecimiento de la profesionalización del ejército luego de 1648 llevó, hasta cierto punto, a una mayor inclusión de lo

[45] Asch, *Kriegsfinanzierung, Staatsbildung und ständische Ordnung im 17. und 18 Jahrhundert*, "Historische Zeitschrift", 1999, 268, 655.

militar en la vida civil general[46]. Como se ha mencionado, la reorganización de la milicia fue clave en la formación de los Estados nacionales, y la forma básica del Estado administrativo moderno fue, en parte, el resultado del proceso por el que se disciplinó a los ejércitos, y se los colocó bajo la autoridad civil. Los primeros Estados modernos, fueron parcialmente definidos por la internalización de las funciones militares, y de su cualidad como proveedor de regulación administrativa como consecuencia de su conexión con el ejército. En este sentido, los historiadores de principios de la Edad Moderna francesa observan que, a partir de mediados del siglo XVIII, el término "administración" empezó a ser usado como una descripción amplia de las funciones gubernamentales, y que el crecimiento en el volumen de cargos administrativos en esta época, fue estimulado por las exigencias militares[47]. En algunos casos, los primeros ejércitos modernos se desarrollaron como verdaderos aparatos administrativos paralelos. Estos surgieron junto con las estructuras administrativas basadas en Estados aristocráticos, de las que luego se separaron ampliando la autoridad de las instituciones directamente ligadas al mando militar. Se suele recordar que, durante el crecimiento de los ejércitos permanentes, lo militar apareció como un sistema de control invasivo que marginó a las instituciones tradicionales de regulación de la vida civil[48].

Un gráfico ejemplo de esto es Prusia. Allí, todos los asuntos concernientes a la administración militar fueron, desde 1655, centrados en un Comisariado General Militar, en el que el personal militar asumía responsabilidades por la recaudación fiscal, anteriormente llevada a cabo por los Estados[49]. Las funciones supremas

[46] Corvisier, *L'armée française de la fin du XVII siècle au ministère de Choiseul*, 98, 848, 990; Redlich, *The German Military Enterpriser and his Work Force*, 160.

[47] Mousnier, *La fonction publique en France du début du siezième siècle à la fin du dix-huitième siècle*, "Revue Historique", 1979, 261(2), 321, 326; Bigot, *L'autorité judiciaire et le contentieux de l'administration*, vi.

[48] Un relato clásico establece que, bajo los primeros gobiernos modernos, el sistema militar formado implicaba "un elemento ajeno a vida administrativa de las regiones feudales, comunas y pueblos" (Gneist, *Der Rechtsstaat und die Verwaltungsgerichte in Deutschland*, 120). Un relato similar sostiene que los ejércitos aparecieron como un "órgano extraño en el Estado" (Hintze, *Staat und Verfassung*, 70).

[49] Jany, *Geschichte der königlich Preußischen Armee bis zum Jahre 1802, I*, 153, 308 y 309; Schmidt, *Beiträge zur Geschichte des preußischen Rechtstaates*, 85.

militares y fiscales se fusionaron en la creación del directorio general para asuntos financieros y militares en 1722-1723[50]. En consecuencia, la administración militar se convirtió en la base de las responsabilidades estatales de manera más amplia, e incorporó otras esferas de interacción pública en cargos militares[51]. Así, es posible observar el siglo anterior a 1789, caracterizado por la militarización de algunos sistemas europeos, en tanto las funciones militares fueron separadas de los actores privados y agregadas a los cargos públicos. Esta teoría fue propuesta por Otto Hintze, quien sostuvo que el militarismo fue la estructura característica de este período[52]. Otros pensadores afirmaron que el período posterior a 1648 experimentó una "intensificación de la guerra", en la que el sentido de la violencia penetró con más profundidad en la sociedad[53]. Esta perspectiva se apoya en el hecho de que el crecimiento de los ejércitos permanentes provocó el aumento de participación de la población en ellos.

Mas allá de estas consideraciones, la mayor centralización en la regulación de la administración militar que prevaleció luego de 1648, implicó que las bases del ejército fueran diferenciadas tanto de las instituciones como de la vida civil. Hacia el siglo XVIII, la sociedad de Europa fue marcada por nuevas líneas de diferenciación entre las esferas civil y militar. La estructura básica integradora de las modernas sociedades europeas, esbozadas anteriormente, fueron determinadas en primera instancia por estos procesos.

La separación entre los dominios civiles y militares puede observarse en el nivel de interacción general de la sociedad. La administración del ejército en el siglo XVIII creó un sistema de interconexión civil y militar, en el que la población en su conjunto

[50] Isaacsohn, *Geschichte des Preußischen Beamtenthums vom Anfang des 15. Jahrhunderts bis auf die Gegenwart, III*, 118 y 119.

[51] Ver Marwitz, *Staatsräson und Landesdefension*, 149 y 150. Ver el relato de los procesos paralelos de otros Estados germanos, que también explican cómo "los orígenes de la burocracia moderna, se basaron en instituciones con fines militares", en Böhme, *Die Wehrverfassung in Hessen-Kassel im 18. Jahrhundert bis zum Siebenjährigen Kriege*, 19.

[52] Hintze, *Staat und Verfassung*, 58.

[53] Burkhardt, *Die Friedlosigkeit der Frühen Neuzeit: Grundlegung einer Theorie der Bellizität*, "Zeitschrift für Historische Forschung", 1995, 24(4), 571. Respecto de Prusia, ver Büsch, *Militärsystem und Sozialleben im Alten Preußen 1713-1807*. Ver planteos similares, dependientes de Büsch, en Downing, *The Military Revolution and Political Change*, 77 y 78, 95.

fue menos integrada en la guerra y las actividades militares. En términos generales, los enfrentamientos interestatales posteriores a 1648, no disminuyeron y mantuvieron su potencial de arrasar regiones enteras. Sin embargo, las guerras se fueron gradualmente demarcando, y la frecuencia con la que degeneraban en conflictos domésticos descontrolados se redujo[54]. La estrategia de librar guerras técnicamente ordenadas, menos propensas a extenderse a la sociedad civil, se expandió, al menos al principio, en el siglo XVIII[55]. De manera paradigmática, Clausewitz sostuvo luego que este período fue testigo de la separación artificial de la experiencia militar de otros intercambios sociales[56].

La división de los dominios militares y civiles también se evidencia en el nivel político o legitimador de la sociedad. El ascenso de ejércitos permanentes significó que, en muchos sistemas políticos, las funciones públicas relativas a la legislación civil fueran separadas de aquellas relacionadas con la organización militar. Algunos historiadores sostienen que esta época se caracterizó por la "división del trabajo" entre funcionarios civiles y militares[57]. A lo largo del siglo XVIII, los sistemas civiles y militares fueron, en muchas organizaciones políticas, ubicados bajo el control de una administración central de gobierno. En estos procesos, las institucio-

[54] Lynn, *Giant of the Grand Siècle*, 13; Hewitson, *Absolute War*, 128.

[55] Demeter, *Das deutsche Heer und seine Offiziere*, 151; Schmitt, *Der Nomos der Erde im Völkerrecht des Jus Publicum Europaeum*, 295; Kunisch, *Der kleine Krieg*, 80; Hewitson, *Princes' Wars, Wars of the People, or Total War?*, "War in History", 2013, 20(4), 464.

[56] Clausewitz, *Vom Kriege*, 570.

[57] Rink, "Preußisch-deutsche Konzeptionen zum 'Volkskrieg' im Zeitalter Napoleons", en Lutz - Rink - von Salisch (eds.), *Reform-Reorganisation-Transformation*, 68.

Ver también la posición que sostiene que, antes de 1789, la milicia se desarrolló como un sistema social diferente, o como un subsistema de la sociedad, en el que se diferenció la interacción entre las personas dentro y fuera de ellos [Pröve, *Zum Verhältnis von Militär und Gesellschaft im Spiegel gewaltsamer Rekrutierungen (1648-1789)*, "Zeitschrift für Historische Forschung", 1995, 22(2), 220; y "Systematische Herrschaftskonkurrenz durch Instanzenzüge und Patronatsbeziehungen", en Nowosadtko - Klippel - Lohstäter (eds.), *Militär und Recht vom 16. bis 19. Jahrhundert*, 253]. Perspectivas similares fueron expresadas en Rink, *Vom 'Partheygänger' zum Partisanen*, 42, 71; Paret, *The Cognitive Challenge of War*, 7; Nowosadtko, *Stehendes Heer im Ständestaat*, 138. Discusiones sobre las particularidades constitucionales de los primeros Estados modernos en este punto, pueden verse en Papke, *Von der Miliz zum stehenden Heer*, 207.

nes jurídicas y militares fueron removidas del poder de las familias nobles, cuyo poderío se ligó tradicionalmente a la capacidad militar. Por un lado, de manera evidente, este proceso implicó que las funciones militares y jurídicas se vincularan estrechamente dentro del sistema político, en tanto lo militar fue sujeto a una jurisdicción formal y legal cada vez más invasiva. Sin embargo, este también fue un proceso en el que dichas funciones fueron ubicadas en diferentes divisiones administrativas dentro del Estado, sustentadas por diferentes principios regulatorios. De hecho, el derecho adquirió distintas funciones como la partición formal del sistema militar frente a otras partes de la sociedad, y el cierre de roles jurídicos para los militares, lo que aumentó la autonomía básica y el alcance integrador del sistema jurídico en su conjunto. El debilitamiento de la influencia de la nobleza sobre las funciones militares y legales, creó una constitución basada, fundamentalmente, en la división normativa entre guerra y derecho, en la que la legitimidad de los procesos legislativos se removió de las personas con posiciones constitucionales sustentadas en la autoridad militar. Muchas de las características de los Estados modernos europeos fueron consecuencia directa de que, a causa del crecimiento de los ejércitos permanentes, los sistemas jurídicos y el militar fueron relativamente diferenciados. Hacia el siglo XVIII, el orden jurídico en el que los Estados articulaban su legitimidad, se fue determinando por esta diferenciación. Así, las instituciones que producían derecho para la sociedad, fueron cada vez más desligadas de los actores que obtenían su autoridad de sus funciones militares.

Esta separación se reflejó, en primer lugar, en que en la mayoría de los Estados europeos posteriores a 1648, la aristocracia fue ubicada en un rol político subordinado, y en que las contribuciones de la nobleza a los compromisos militares se asociaron con menor fuerza a una influencia constitucional.

En las sociedades feudales, como se ha mencionado, la posición sociopolítica de la aristocracia fue definida como una clase con obligaciones militares, que proveía personal militar, ganancias, y experiencia para las monarquías. Tal como hemos observado, el cumplimiento de sus deberes militares implicó que los miembros de las antiguas clases militares tuvieran estatus constitucional protegido, por medio del cual ejercían su autoridad jurídica sobre los habitantes de sus tierras, e influenciaban en las políticas de gobierno. Durante la primera construcción de las instituciones modernas de tipo estatal, la influencia constitucional de la nobleza usualmente creció de manera alterada. De hecho, la transición de los regímenes gubernamentales basados en los ejércitos mercenarios, en general, afianzó la posición constitucional de las familias nobles, al menos temporalmente. Esto ocurrió dado que el pago a los mercenarios presuponía que la nobleza estaba dispuesta a conceder regalos monetarios regulares a los gobernantes. Sobre esta base, los gobiernos de los sistemas posfeudales evolucionaron lentamente hacia una primera forma de Estado Fiscal, en el que la administración pública se reformó para maximizar su capacidad de obtención de ingresos[58]. En las primeras etapas de su surgimiento, el sistema posfeudal fue organizado en torno a una difusa constitución, basada en complejas negociaciones, en la que los instrumentos para construir ejércitos y para asegurar consensos para las legislaciones, estuvieron profundamente interconectados. En tanto los regentes fueron forzados a crear ejércitos de mercenarios por medio de los impuestos, ellos dependieron de la nobleza y de otros estamentos para el sustento fiscal, y establecieron un orden constitucional para facilitar la recaudación. En este contexto, los regentes generalmente diseñaban sistemas de delegación, en los que los miembros de la nobleza y, a veces, de otros grupos sociales, eran habilitados para debatir, aprobar o rechazar las políticas impositivas. Algunos historiadores describen el poder de aprobar las recaudaciones fiscales como el "derecho fundamental" de las primeras aristocracias modernas de Europa. Este derecho se ejercía generalmente por medio de asambleas de estamentos nobles[59]. Dicho poder tenía sus orígenes remotos en los primeros acuerdos constitucionales que habían rondado el impuesto feudal, y se mantuvo en el primer período moderno. En aspectos centrales, fue fundamental para el orden constitucional de los Estados europeos hasta fines del siglo XVII, y más allá. Por sobre todo, este poder limitó la capacidad de los mandos ejecutivos para legislar contra los intereses de los actores con autoridad originada en privilegios feudales. En la mayoría de las sociedades, los gobernantes de los primeros Estados demo-

[58] Definimos al Estado Fiscal como un modelo de estatismo, en el que los costos de la guerra presuponen la formación de instituciones gubernamentales capaces de recaudar mayores ingresos, de modo que los impuestos y la guerra se volvieron las causas principales de las tareas institucionales (ver Bonney - Ormrod, "Introduction: Crises, Revolutions and Self-Sustained Growth", en Ormrod - Bonney - Bonney (eds.), *Crises, Revolutions and Self-Sustained Growth*, 2).

[59] Schotte, *Fürstentum und Stände in der Mark Brandenburg unter der Regierung Joachims I*, 37.

cráticos mantuvieron un acercamiento conciliador con la aristocracia. Así, fueron cuidadosos en preservar la influencia y autonomía de la aristocracia en ciertas esferas, de modo que sus demandas impositivas pudieran ser satisfechas (ver § 5). En algunos casos, la autoridad de los estamentos nobles se expandió a tal punto que llevó a los regímenes dinásticos a la crisis. El ejemplo más importante es la Revuelta Bohemia de 1618. Sin embargo, las leyes constitucionales introducidas en 1627 para restringir los poderes de la nobleza bohemia rebelde, no abrogaron el derecho esencial de los estamentos nobles para aprobar los impuestos.

La posición constitucional protegida de la nobleza fue, por lo general, debilitada en el siglo XVII, a partir de las guerras religiosas. Tal como se ha dicho, durante los enfrentamientos religiosos, la financiación militar frecuentemente escapaba al control constitucional, y algunos ejércitos se convirtieron en corporaciones independientes, actuando prácticamente como Estados móviles. Esta posición fue luego debilitada, de diferentes formas, por el crecimiento de los ejércitos permanentes. En este tiempo, los Estados consolidaron sistemas fiscales capaces de solventar estos ejércitos, lo que redujo la autoridad constitucional de la nobleza. Los ejércitos permanentes fueron inicialmente reclutados por medio del aumento de cargas impositivas sobre las propiedades aristocráticas, que tenían que ser aprobadas por complejas transacciones entre los regentes y los miembros de la nobleza. De manera progresiva, sin embargo, los regentes comenzaron a financiar sus ejércitos estableciendo instrumentos de recaudación fiscal, que les permitieron prescindir de la aprobación expresa de la nobleza para el reclutamiento de fuerzas militares. En la mayoría de las sociedades, los regentes desarrollaron técnicas para establecer impuestos con efectos prolongados, de modo que no se requería la autorización recurrente de los estamentos nobles. Dichos impuestos formaron la base de los ejércitos permanentes. Esto comenzó, como prototipo, en Francia. En 1439, Carlos VII estableció su autoridad para recaudar una serie de impuestos nacionales sin consentimiento específico, lo que implicó un crecimiento proporcional de la autonomía del ejecutivo monárquico[60]. Posteriormente, en Francia, las leyes impositivas fueron promulgadas por las cortes reales, los parlamentos, lo que significó (con interrupciones) que la nobleza mantuvo cierto

[60] Marchadier, *Les états généraux sous Charles VII*, 131; Wolfe, *The Fiscal System of Renaissance France*, 33, 51; Lynn, *Giant of the Grand Siècle*, 22.

control sobre las finanzas públicas. Sin embargo, la autoridad constitucional de los estamentos nobles fue restringida por el debilitamiento de su poder para legislar sobre suministros monetarios. Estos procesos culminaron luego de la década de 1660, cuando la recaudación impositiva se sometió a un control real más firme. Eventualmente, patrones similares de recaudación fueron copiados a lo largo de Europa, generalmente luego de 1648. Desde 1653, un nuevo orden fiscal fue establecido para los estamentos en Brandenburgo. Este sistema limitó ampliamente sus poderes políticos, a tal punto que la monarquía fue capaz de gobernar sin convocar asambleas representativas completas. Esto resultó fundamental para la consolidación posterior del Estado prusiano. En Prusia oriental, los impuestos eran fijados sin la aprobación de los estamentos nobles desde 1673. A lo largo del Sacro Imperio Romano, en un edicto de 1654 se declaró que todos los estamentos tenían la obligación de proveer fondos para propósitos militares. Asimismo, el debilitamiento constitucional del poder aristocrático fue reflejado en la creciente introducción de levas permanentes en forma de *impuestos indirectos.* Esto generó ingresos para los gobernantes ejecutivos, sin la necesidad de obtener el acuerdo de la nobleza[61]. Este fenómeno es frecuentemente analizado como un sello distintivo de los primeros Estados modernos, y debería ser estudiado en profundidad. Los impuestos indirectos no fueron el único instrumento para asegurar la independencia de los sistemas fiscales para sustentar los ejércitos permanentes. Muchos Estados desarrollaron complejas medidas financieras para estabilizar su autonomía monetaria, incluyendo préstamos, venta de cargos, nuevos impuestos directos, subsidios en tiempos de guerra, deudas permanentes de servicio[62].

[61] Ver un análisis de estos procesos en diferentes contextos y escenarios, en Bornhak, *Geschichte des Preußischen Verwaltungsrechts, I*, 251, 408 y 409; Schmidt, *Beiträge zur Geschichte des preußischen Rechtstaates*, 88; Brewer, *The Sinews of Power*, 99 y 100; Beckett - Turner, *Taxation and Economic Growth in Eighteenth-Century England*, "The Economic History Review", 1990, 43(3), 378; Winnige, "Von der Kontribution zur Akzise", en Kroener - Pröve (eds.), *Krieg und Frieden*, 61; Lynn, *Giant of the Grand Siècle*, 22; Sahm, *Theorie und Ideengeschichte der Steuergerechtigkeit*, 5 a 7. En ciertos contextos, los impuestos indirectos se introdujeron específicamente para solventar las fuerzas militares [Inama-Sternegg, *Der Accisenstreit deutscher Finanztheoretiker im 17. und 18. Jahrhundert*, "Zeitschrift für die gesamte Staatswissenschaft", 1865, 21(4), 518].

[62] Root, *Peasants and King in Burgundy*, 25; Brewer, *The Sinews of Power*, 126; Asch, *Kriegsfinanzierung, Staatsbildung und ständische Ordnung im 17. und 18 Jahrhundert*, "Historische Zeitschrift", 1999, 268.

Asimismo, los impuestos indirectos fueron usados para financiar guerras mucho antes del siglo XVII. No obstante, esto se convirtió en un modo común de recaudación fiscal después de 1648, y significó que los regentes pudieran imponer algunas formas impositivas sin el apoyo de sus compatriotas nobles.

Como consecuencia, en gran parte de Europa, la expansión de los ejércitos permanentes significó que los estamentos aristocráticos perdieran una porción de su poder constitucional[63]. En la mayoría de los sistemas políticos, el debilitamiento de los estamentos nobles llevó, no a una degradación política descompensada, sino a un desplazamiento funcional y a una modificación de la ubicación de la nobleza. Los regentes generalmente preservaron relaciones colaborativas con los estamentos nobles, y formas intrincadas de dependencia y clientelismo los conectaron en el posterior *antiguo régimen*. Un análisis de este proceso explica que el sistema estándar de gobierno en Europa hacia el 1700, se basó en el "intercambio recíproco de bienes y servicios entre la monarquía y la aristocracia"[64]. La suposición de que los primeros gobiernos modernos de Europa crearon un sistema de beneficio unilateral "absolutista" en el que un gobernante simplemente erradicaba todos los contrapesos al poder real, es uno de los mitos más grandes de la historiografía moderna. Como se ha mencionado, el período asociado con el "absolutismo" fue, en muchos escenarios, una época la que la nobleza experimentó un resurgimiento de su poder. Esta época intensificó la fuerza del derecho feudal dentro de los dominios privados nobles, lo que puede observarse en el control más estrecho sobre los ciervos, y en la imposición de regímenes de trabajos forzados. Fue recién cerca de 1750 que, en diferentes partes de Europa, los poderes de la aristocracia sobre sus estamentos fueron objeto de un ataque concertado por los gobernantes nacionales. En muchos aspectos, los órdenes gubernamentales creados luego de 1650 se basaron en un arreglo de beneficio constitucional mutuo, en el que los privilegios políticos quitados a la nobleza

[63] Ver, Isaacsohn, *Geschichte des Preußischen Beamtenthums vom Anfang des 15. Jahrhunderts bis auf die Gegenwart, II*, 75, 158; Hanse, *Zur Problematik einer Sozialgeschichte des deutschen Militärs im 17. und 18. Jahrhundert*, "Zeitschrift für Historische Forschung", 1979, 6, 456; Willems, *Der preußisch-deutsche Militarismus*, 26; Nowosadtko, *Stehendes Heer im Ständestaat*, 20.

[64] Lemarchand, *Paysans et seigneurs en Europe*, 176.

por el crecimiento de los ejércitos permanentes, transmutó, como compensación, en privilegios fiscales, jurisdiccionales y profesionales. Sin embargo, como tendencia general, muchos sistemas políticos desarrollaron, durante el siglo XVII, órdenes constitucionales en los que los estamentos con roles militares tradicionales perdieron el poder directo de formar legislación.

Como es evidente, hubo importantes variantes nacionales en estos procesos. En Inglaterra, y en la República Holandesa, se crearon sistemas fiscales que no restringieron la representación de los estamentos en los órganos parlamentarios. Inglaterra presenció el crecimiento de los ejércitos permanentes a fines del siglo XVII y durante el XVIII, pero el rol del parlamento en la aprobación de los impuestos no fue debilitado de manera uniforme, lo que complicó las relaciones entre este órgano y el monarca. El sistema parlamentario de Inglaterra se sustentaba por factores bastante inusuales. En particular, se benefició por los niveles relativamente bajos de integración militar, por el inicio de los intercambios económicos, y por un sistema bancario capaz de proveer préstamos para el gobierno[65]. El último factor dependía fundamentalmente del trabajo forzado, en tanto el sistema bancario de Inglaterra se desarrolló, en parte, por el comercio de esclavos[66]. En toda Europa, por lo tanto, cada sistema constitucional se basaba, directa o indirectamente, en el trabajo forzado. En su forma típica, sin embargo, los primeros Estados modernos de Europa se fundaron en un modelo constitucional, único en la historia moderna, en el que las obligaciones jurídicas y militares no estaban permanentemente unidas. Este modelo aseguró que las personas con poderes asociados con la provisión de fuerzas militares, perdieran cierta importancia constitucional en los procesos legislativos. El poder para determinar la legitimidad de la legislación fue parcialmente removido de los actores con posiciones constitucionales sustentadas por la guerra.

En segundo lugar, esta separación entre los sistemas jurídicos y los militares se reflejó en que, en los primeros Estados modernos, ambos órdenes se sometieron a procesos separados de formalización, y fueron organizados en torno a principios jurídicos más uniformes y consistentes. La organización sistemática del derecho civil, a principios del período moderno, fue descripta anteriormente (ver § 2).

[65] Brewer, *The Sinews of Power*, 43 a 45, 182; Carruthers, *City of Capital*, 77.

[66] Inikori, *Africans and the Industrial Revolution in England*, 361.

Sin embargo, el ascenso de los ejércitos permanentes también llevó al creciente orden del derecho militar, que tendió a debilitar la autoridad independiente de los líderes militares. Por ejemplo, en Francia en el siglo XVII, los *intendants d'armée* se nombraron para supervisar y controlar los ejércitos en diferentes regiones. Ellos asumieron determinadas funciones judiciales, relativas a las actividades militares, y uno de sus deberes era prevenir las faltas de normativas militares en la sociedad[67]. En efecto, los primeros intendentes militares fueron generalmente de origen burgués, y eran reclutados por la monarquía para limitar los poderes ejercidos por los miembros de la aristocracia en el ejército[68]. Por medio del nombramiento de tales intendentes, las funciones militares fueron parcialmente asimiladas por un primer sistema de vigilancia administrativa. Hacia el siglo XVIII, de manera más general, el derecho militar fue visto como parte del derecho público, como *jus publicum militare*, diferente del tradicional *jus militare* que históricamente había formado parte del derecho consuetudinario de las naciones[69]. A principios del siglo, las leyes militares francesas se publicaron cada vez más en compilaciones sistemáticas descriptas como códigos militares. En el siglo XVIII, el derecho militar de Prusia fue definido dentro de las categorías generales del derecho público, como un cuerpo de leyes "que establecían los derechos y obligaciones de los señores territoriales entre sí, y entre ellos y sus súbditos"[70]. Fue fundamental para este proceso la insistencia en que los artículos militares, originalmente pactados entre los miembros de las unidades particulares, fueran establecidos sobre premisas públicas obligatorias, de modo que pudieran ser aplicadas por los regentes[71].

[67] Dareste, *Études sur les origines du contentieux administratif en France, I*, "Revue Historique de Droit Français et Étranger", 1855, 1, 45; Baxter, *Servants of the Sword*, 201.

Las funciones de los *intendants d'armée* incluían controlar las provisiones, negociar contratos, recibir quejas sobre el comportamiento de las tropas, estar a cargo de la observación judicial, supervisar la inspección del crimen (Rowlands, *The Dynastic State and the Army under Louis XIV*, 94 y 95).

[68] Milot, *Evolution du corps des intendants militaires (des origines à 1882)*, "Revue du Nord", 1968, 50, 392.

[69] Keen, *The Laws of War in the Late Middle Ages*, 15.

[70] Müller, *Koniglich-Preußisches Krieges-Recht*, 13.

[71] Los compiladores del derecho militar en los Estados germanos, enfatizaron que los artículos militares fueran tratados como estatutos (Müller, *Koniglich-Preußisches Krieges-Recht*, 17). Dichos artículos tenían fuerza obligatoria,

En algunos tratados contemporáneos, se estipuló que los artículos militares fueran separados de los juramentos corporativos y alineados a las leyes formales militares, de modo que la actividad militar estuviera directamente asimilada por el orden jurisdiccional del Estado[72]. Dichos tratados militares también definían las condiciones bajo las que los soldados podían ser reclutados, y estaban destinados a asegurar que el contrato de reclutamiento estableciera una obligación oficial, entre el soldado reclutado y el regente, que estaba sujeta al control jurídico[73].

En tercer lugar, la separación entre el sistema jurídico y el militar se reflejó en la mayoría de los órdenes europeos, en que los instrumentos para el financiamiento militar estaban sujetos a un sistema más centralizado de regulación. En Prusia, como se mencionó, la supervisión de los poderes militares fiscales y administrativos fue parcialmente fusionada en el siglo xviii[74]. Esto implicó que el aparato de generación de recursos militares estuviera sujeto a un cuidadoso control oficial. En el antiguo régimen de Francia, se designaron intendentes financieros para controlar la recaudación de impuestos para propósitos militares, de modo que la administración de los recursos militares se ubicó bajo un sistema de control administrativo uniforme. En general, en Francia se nombraron una serie de intendentes con roles militares específicos, que formaron una categoría. Los intendentes fueron funcionarios públicos, cuyo deber era asegurar que los dominios centrales de la administración pública, especialmente la administración fiscal y militar, se llevaran a cabo de acuerdo con las directivas reales. Un propósito principal de dichos intendentes era organizar un sistema administrativo que debilitara el poder de los parlamentos judiciales, que tradicionalmente representaban los intereses de la aristocracia y que tendían a expresar la oposición a la tributación obligatoria. De hecho, los parlamentos lideraron las primeras revueltas aristo-

independientemente de si los soldados hubieran jurado reconocerlos (Gnügen, *Gründliche Anleitung zum Kriegs- Recht*, 5). Esto implicó que las actividades militares estuvieran sujetas constitucionalmente al Estado, y que las compañías no poseyeran ninguna autonomía de base constitucional.

72 Laurentius, *Abhandlung von den Kriegsgerichten zu unsern Zeiten*, 93 y 94.

73 Ver Müller, *Koniglich-Preußisches Krieges-Recht*, 86, 104.

74 Schmoller, *Preußische Verfassungs-, Verwaltungs- und Finanzgeschichte*, 90.

cráticas contra los planes centralizadores de la monarquía francesa, que culminaron en la Fronda iniciada en 1648, y una de sus principales demandas fue la supresión de los intendentes[75]. Por lo tanto, el uso de los intendentes tendía a limitar el poder constitucional para la aristocracia en cuestiones relevantes para la financiación militar, y para crear un régimen fiscal para sustentar el ejército como un dominio autónomo[76]. Este esfuerzo no fue exitoso finalmente, y los parlamentos franceses eventualmente resurgieron como oponentes del gobierno central y, de hecho, como poderosos estimulantes de la revolución. No obstante, los intendentes jugaron un rol importante en la creación de un orden de regulación, en el que los procedimientos para expresar hostilidad constitucional para los impuestos militares fueron debilitados. En general, el sistema administrativo de los primeros Estados modernos resultó de presiones causadas por el financiamiento militar. Así, en su estructura básica, el Estado administrativo comenzó a existir a causa de la guerra. Sin embargo, la expansión de la administración estatal significó que las funciones públicas vitales fueran removidas de los actores con autoridad constitucional obtenida originalmente de la guerra.

En este sentido, resulta necesario destacar que, al intentar separar la administración impositiva de los órganos cercanos a la nobleza, los primeros Estados modernos comenzaron a diseñar procedimientos internos alternativos, por los que sus funciones podían ser evaluadas y legitimadas. En algunos casos, el esfuerzo de diferenciar las funciones públicas del control constitucional de la nobleza, fue acompañado por el crecimiento de un cuerpo rudimentario de derecho administrativo.

En Francia, algunos procedimientos para apelar contra las decisiones de agentes públicos, especialmente en asuntos fiscales, existieron mucho antes de la revolución. Hacia fines del siglo XVIII,

[75] Dareste, *Études sur les origines du contentieux administratif en France, I*, "Revue Historique de Droit Français et Étranger", 1855, 1, 28.

[76] Ver Frauenholz, *Das Heerwesen in der Zeit des Absolutismus*, 8; Burschel, *Söldner im Nordwestdeutschland des 16. und 17. Jahrhunderts*, 318; Pröve, *Zum Verhältnis von Militär und Gesellschaft im Spiegel gewaltsamer Rekrutierungen (1648-1789)*, "Zeitschrift für Historische Forschung", 1995, 22(2), 192. Un historiado explica el modo en que la formación de cortes militares separadas fue paralela a la reducción del poder de la aristocracia sobre el financiamiento y el reclutamiento militar (Winter, *Untertanengeist durch Militärpflicht?*, 202).

los intendentes fueron cada vez más sujetos a normas de responsabilidad individual, sus actos y decisiones podían ser apeladas ante los órganos adscriptos al *Conseil du Roi*, el máximo tribunal administrativo del reino, y sus fallos fueron anulados con mayor frecuencia[77]. Hacia fines de la década de 1770, un primer sistema de revisión administrativa fue creado para regular a los agentes públicos, y un comité separado con funciones jurisdiccionales en apelaciones fiscales, el *Comité Contentieux des Finances*, fue adscripto al *Conseil du Roi*[78]. En esta época, el cargo de intendente financiero fue temporalmente abolido. El establecimiento de estos procedimientos obedeció a un breve intento, a principios de 1770, de suspender los antiguos parlamentos que, como se ha dicho, históricamente habían asumido la responsabilidad de controlar las leyes impositivas, intentando representar intereses de la nobleza. En Prusia, en el siglo XVIII, la capacidad de las cortes de supervisar las apelaciones relativas a las funciones administrativas permaneció débil. En 1749, se aprobó un edicto para delimitar la competencia entre los órganos judiciales y administrativos. Esto fijó límites muy estrictos en el tipo de reclamos que podían iniciarse contra los agentes del Estado, y aseguró que los asuntos relacionados con la tributación y con lo militar no fueran sujetos a apelaciones judiciales[79].

Sin embargo, en este período se establecieron instituciones judiciales designadas, *Kammerjustizdeputationen*, con algunos poderes (limitados) de control en asuntos públicos. En esta época también se crearon una serie de cortes administrativas especializa-

[77] Dareste, *Études sur les origines du contentieux administratif en France, II*, "Revue Historique de Droit Français et Étranger", 1855, 1, 244; Mestre, *Le traitement du contentieux administratif au XVIIIe siècle*, "La Revue Administratif", 1999, 52(3), 94; Pigeon, *L'intendant de Rouen juge du contentieux au XVIII siècle*, 232.

[78] Ver discusiones en Logette, *Le comité contentieux des finances près le conseil du roi (1777 1791)*; Antoine, *Le coeur de l'État*, 519. Sobre las funciones del *Conseil du Roi*, en el ejercicio de la jurisdicción administrativa, ver Dareste, *Études sur les origines du contentieux administratif en France, II*, "Revue Historique de Droit Français et Étranger", 1855, 1 254. Ver las discusiones sobre el derecho administrativo previo a la revolución, en Mestre, *Un droit administratif à la fin de l'ancien régime*, 141; Bigot, *L'autorité judiciaire et le contentieux de l'administration*, 489 y 490; Pigeon, *L'intendant de Rouen juge du contentieux au XVIII siècle*, 232.

[79] Loening, *Gerichte und Verwaltungsbehörden in Brnadenburg- Preußen*, 77.

das que regulaban, por ejemplo, la venta de tabaco y los tributos de importación[80].

Para ser claros, los órdenes normativos que comenzaron a surgir en el siglo XVIII en Europa, no deben ser analizados como marcos jurídicos estrictos para la regulación de la autoridad pública. Sin embargo, algunos mecanismos del control administrativo surgieron en esta época, en tanto la administración pública se expandió y los funcionarios oficiales fueron cada vez más sujetos a procedimientos de apelación formal. En su foco constitucional más importante, el primer derecho administrativo se desarrolló como un sistema de control interno dentro del Estado, especialmente relacionado con los agentes con deberes fiscales. Una de las funciones de este sistema, naturalmente, fue crear un orden jurídico que posibilitó a los regentes una recaudación de impuestos más efectiva, y que debilitó el impacto de la mala administración en los ingresos de suministros. Asimismo, los primeros procedimientos de control administrativo tuvieron un rol de legitimación crucial para el sistema en su conjunto. Dichos mecanismos sirvieron para señalar que los órganos de gobierno eran supervisados por normas internas y por funcionarios públicos, lo que proyectó una imagen de gobierno como un conjunto de funciones reguladas de manera consistente. Como consecuencia de ello, el Estado fue habilitado públicamente a cortar su dependencia de actores externos para legitimarse, y el control de los actos públicos se desplazó de las asambleas externas a los procedimientos de revisión interna, lo que debilitó aún más los contrapesos de la autoridad gubernamental. Los orígenes del derecho administrativo pueden remontarse al contexto en el que los ejecutivos monárquicos intentaron excluir a la nobleza de las posiciones externas de influencia constitucional. Resulta revelador que, tanto en Francia como en Prusia, el crecimiento del derecho administrativo comenzó cerca de 1750, en un período en el que el acercamiento conciliador del gobierno hacia los privilegios nobles estaba disminuyendo, y se promovió como parte de un esfuerzo por aumentar la recaudación estatal. En Francia, como se ha mencionado, la expansión del control administrativo coincidió con la suspensión de los parlamentos, y con los intentos de consolidar un sistema fiscal uniforme. En Prusia, la introducción de las cortes administrativas fue concomitante con el impulso (limitado) de aumentar los ingresos fiscales y con las políticas para mejorar

[80] Bornhak, *Geschichte des Preußischen Verwaltungsrechts, II*, 262 y 263.

la posición jurídica y económica de los siervos. Una importante legislación para proteger a los campesinos de la expansión de las posesiones feudales, se implementó en Prusia en 1749 y 1764[81]. En cada caso, el primer derecho administrativo fue aplicado como un orden constitucional distinto, que funcionó para afirmar la legitimidad del gobierno sobre nuevas premisas, en un tiempo en que la nobleza estaba siendo removida de sus roles constitucionales tradicionales. Este derecho reflejó con claridad la separación entre el sistema jurídico y el militar. Permitió al orden jurídico legitimar al gobierno, sin la dependencia de las poderosas corporaciones tradicionales con posiciones constitucionales ligadas a la guerra.

En cuarto lugar, tal como se ha dicho, esta separación entre el sistema jurídico y el militar se reflejó en que, durante el siglo XVIII, los gobiernos desarrollaron un discurso conceptual jurídico para explicar su legitimidad, lo que disminuyó la importancia de los acuerdos constitucionales con actores externos. En este período, se promovió la presunción de que los actos públicos de legislación adquirían legitimidad si eran coherentes con los principios formales del derecho natural. Esto implicaba que la legitimidad del derecho resultaba de normas superiores, externas al Estado. Así, el orden jurídico demostraba su legitimidad al aplicarse de forma universal, sin importar la personalidad o la posición de su destinatario. Hacia fines del siglo XVII, este énfasis en la universalidad comenzó, gradualmente, a establecer el principio secundario de que el derecho debía reconocer a las personas como sujetos individuales en la sociedad, y que aquellos que estaban contemplados por la ley, debían verse como poseedores de ciertos derechos subjetivos.

Como se ha mencionado, los principios de derecho natural fueron expresados en las teorías de Estado del siglo XVII, que definían al ejercicio del poder gubernamental como aquel que se fundaba en el acuerdo por el que se reconocía a las personas sujetas a su control, como poseedoras de iguales derechos naturales (ver § 2). Estos principios también conformaron la organización administrativa de la mayoría de los Estados del siglo XVII. Gran parte de la Teoría del Derecho Natural entendía que el Estado era legitimado por el desempeño de una serie de funciones naturalmente ordenadas, y que cada función pública tenía un rol determinado, dentro

[81] Knapp, *Die Bauernbefreiung und der Ursprung der Landarbeiter in den ältern Theilen Preußens*, vol. II, 130.

de un orden natural administrativo. Esto proporcionó la premisa para una concepción de la ocupación de los cargos públicos, como el ejercicio de una función específica asignada racionalmente, sujeta a normas con responsabilidades formales[82]. Esta concepción de los cargos públicos se volvió fundamental para el crecimiento de los Estados administrativos, en tanto se usó para exigir "respeto y obediencia" para los funcionarios públicos, entre los ciudadanos nacionales[83]. Los principios del derecho natural también se expresaron en los procesos de reformas jurídicas y de codificación en el siglo XVIII. El derecho natural, generalmente, jugó un rol central en el ordenamiento sistemático del derecho en esta época. Asimismo, el énfasis en su validez universal constituyó la base de los códigos normativos nacionales y de la responsabilidad del derecho civil. Hacia fines del siglo XVIII, como se ha mencionado, el derecho natural había comenzado, de manera incipiente, a inculcar un énfasis individualista en los procesos de codificación legal. Por ejemplo, uno de los códigos civiles más importantes creados en el siglo XVIII, el Derecho de la Tierra de Prusia (implementado en 1794), reflejó algunos principios individualistas de jurisprudencia administrativa. En su forma final, este código atribuyó un estatus jurídico variable para los diferentes grupos sociales. Sin embargo, esta norma fue el producto de un largo proceso de revisión. Una versión preliminar, el *Allgemeines Gesetzbuch für die Preußischen Staaten* (1791), estipulaba claramente (Introducción, § 79) que "las leyes y ordenanzas del Estado no deben restringir las libertades y los derechos naturales de los ciudadanos, más de lo que es requerido por el propósito común". Esto expresaba el principio de que el reconocimiento de los derechos de las personas individuales, era determinante para un derecho legítimo.

Como se ha visto anteriormente, la construcción del sujeto individual de derecho como el centro del orden jurídico, surgió como un punto fundamental para la consolidación del Estado moderno, y jugó un rol primordial en la transformación de la sociedad en un sistema de integración jurídica. La codificación del derecho como

[82] Sobre una conexión más profunda entre el primer derecho administrativo y el derecho natural, ver Voltelini, *Die naturrechtlichen Lehren und die Reformen des 18. Jahrhunderts*, "Historische Zeitschrift", 1910, 105(1), 67; Hellmuth, *Naturrechtsphilosophie und bürokratischer Werthorizont*, 17, 279.

[83] Domat, *Les lois civiles dans leur ordre naturel*, vol. II, 160.

un cuerpo normativo, aplicado por igual y de manera consistente a los sujetos individuales, implicó claramente que el derecho posea una autoridad fija, y que pueda ser impuesto a todos los actores en la misma sociedad. Sin embargo, lo más importante fue que la codificación hecha sobre premisas definidas por el derecho natural, tuvo como consecuencia que el derecho pueda ser legitimado en términos formales y universales, separado de arreglos específicos con grupos particulares en la sociedad. En este sentido, la construcción del derecho natural de los sujetos jurídicos tuvo una importancia decisiva en el desarrollo de la sociedad moderna, que sustentó la legitimación del derecho en el orden constitucional, y que no requirió que tomara su autoridad de actores externos. Tal como se ha dicho, la promoción del concepto individualista de la personalidad jurídica coincidió con la introducción de políticas por los gobiernos nacionales, para asegurar que los campesinos en los estamentos de la nobleza adquieran personalidad jurídica completa, de modo que ellos fueron capaces de litigar contra sus amos[84]. En cada caso, la consolidación del sujeto individual como el centro del derecho, articuló un principio por el que los mecanismos tradicionales en los que la nobleza había influenciado al derecho, fueron rápidamente erosionados. Por medio de este principio, los gobiernos oficiales pudieron forjar articulaciones normativas inmediatas con personas singulares en la sociedad. En otras palabras, los primeros conceptos de las personas como sujetos de derecho se formaron como una figura en la que el sistema jurídico se desligó de los individuos con posiciones constitucionales vinculadas con lo militar. Esto describió, de manera paradigmática, la separación de las esferas civiles y militares.

En resumen, la estructura básica de la primera sociedad moderna fue definida por dos procesos de integración conectados. En primer lugar, la sociedad se transformó por el surgimiento del sistema jurídico como un sistema autónomo de integración, en el que las personas en la sociedad fueron incorporadas en el mismo

[84] Sobre la expansión de los derechos que brindaron acciones legales a los campesinos a fines del siglo XVIII en Polonia, ver Von Mises, *Die Entwicklung des gutsherrlich-bäuerlichen Verhältnisses in Galizien (1772-1848)*, 71; Kieniewicz, *The Emancipation of the Polish Peasants*, 38; respecto de procesos similares en Austria, ver Link, *The Emancipation of the Austrian Peasant 1740-1798*, 47; por Prusia, ver Hagen, *Ordinary Prussians*, 651; por Francia, ver Root, *Peasants and King in Burgundy*, 193.

orden jurídico. En segundo lugar, la sociedad fue transformada, de manera relacionada con lo anterior, por la reconstrucción del ejército como un sistema separado de interacción, en el que el antiguo vínculo constitucional entre la fuerza militar y las tenencias feudales, fue finalmente quebrado. Ambos procesos redujeron las conexiones constitucionales entre la autoridad jurídica y el poder militar, que fue estructural de la sociedad feudal. La creciente autonomía del derecho y el aumento del control administrativo de la armada, fueron las principales características de las primeras sociedades modernas, y ambos fenómenos fueron conectados al aumento de la centralización y de la abstracción social de las instituciones de gobierno. En ambos procesos, la legitimidad de los gobiernos como sistemas de integración normativa e institucional, fue articulada en categorías que no fueron originalmente ligadas a la guerra. En consecuencia, los gobiernos fueron capaces de ejercer funciones integradoras con una fuerte base normativa independiente. Dichos procesos fueron inseparables del debilitamiento de la servidumbre, y presupusieron la formación de los patrones de interacción entre los agentes sociales y las instituciones políticas. En ellos, las personas se comunicaban con el sistema de manera individualizada, como ciudadanos, reduciendo el poder de las instituciones intermediarias.

De manera evidente, dichas diferenciaciones entre las funciones militares y jurídicas son descriptas en forma típica e ideal. El ascenso de los sistemas jurídicos modernos en Francia y en Prusia, fue solo una variante de procesos más generales. Sociedades menos militarizadas, como Inglaterra, también presenciaron las primeras formaciones del sistema jurídico individualizado a fines del siglo XVIII[85]. En Inglaterra, estos procesos fueron propiciados por el hecho de que los residuos de la servidumbre fueron más débiles que en otras partes de Europa, y por que los niveles de gasto militar eran menores. La promoción de la inclusión jurídica fue alcanzada dentro del sistema constitucional existente. A lo largo de Europa, los sistemas militares y jurídicos permanecieron largamente interrelacionados con otras formas institucionales. Asimismo, ninguno de estos procesos de diferenciación alcanzó su culmina-

[85] Las primeras protecciones para las personas individuales, fueron establecidas en el derecho de Inglaterra en esta época. Ver "Entick v. Carrington", 1765, EWHC KB J98.

ción en los primeros contextos modernos. Los sistemas políticos previos a 1789 no presenciaron la erradicación de los poderes judiciales de la nobleza[86]. En Francia, por ejemplo, la administración de justicia en las cortes inferiores continuó siendo un derecho señorial en el antiguo régimen, y las cortes reales se ocuparon por la venta de cargos a la nobleza hasta 1789. En Prusia, el proceso de codificación jurídica en el siglo XVIII preservó muchos privilegios aristocráticos. En ambos escenarios, sería ilusorio imaginar que los patrones uniformes de la subjetividad jurídica surgieran en esta época. En Prusia, además, los cargos militares de alto rango fueron –como se ha dicho– prácticamente cerrados a los no-nobles. Hacia 1790, los puestos militares en Francia eran, a pesar de los repetidos intentos de prohibir dicha venalidad, adquiridos por la transacción[87]. En consecuencia, no puede afirmarse que el ejército haya formado un dominio social diferente. Más allá de esto, sin embargo, la mayoría de las sociedades europeas en el siglo XVIII presenciaron las primeras construcciones del derecho como un sistema basado en principios generales de validez, y la organización de la armada como un sistema con impacto de legitimación restringido en otras funciones gubernamentales.

En última instancia, esto significó que en muchos escenarios el Estado moderno fue dividido internamente en dos sistemas funcionales: el militar y el jurídico. Cada uno comenzó a adquirir su propio orden regulatorio distintivo. El sistema jurídico, en términos amplios, obtuvo una constitución judicial en la que el gobierno organizó las instituciones para la legislación y su aplicación. En el siglo XVIII, solo se hizo una distinción limitada entre las funciones legislativas y judiciales, y la responsabilidad del soberano en la "administración de justicia" no fue separable del "derecho a hacer leyes y regulaciones necesarias para la voluntad

[86] Ver el análisis de Blum, *The End of the Old Order in Rural Europe*, 387; Carey, *Judicial Reform in France before the Revolution of 1789*, 108 y 109; Hayhoe, *Enlightened Feudalism*, 135; Wienfort, *Patrimonialgerichte in Preussen*, 80 a 117.

[87] La posesión de cargos venales en el ejército fue prohibida en el *Code Muchau*, de 1629. Fue nuevamente prohibida en 1776. Finalmente, se prohibió en el artículo 9 del *Décret sur la constitution militaire* (28 de febrero de 1790). Un relato describe el modo en que la consolidación del ejército francés dependió originalmente de la aceptación de la venalidad, como un incentivo para los reclutamientos de los oficiales (Rowlands, *The Dynastic State and the Army under Louis XIV*, 167).

pública"[88]. Por su parte, el sistema militar obtuvo una *constitución militar*, en la que dichas funciones fueron reguladas internamente y separadas de instituciones con otras obligaciones. Históricamente ambos sistemas se conectaban por la aristocracia, que intensificaba su influencia en la creación y aplicación del derecho en tiempos en que el sistema recibía presiones externas, y lograba monopolizar las instituciones que aplicaban las normas en la sociedad. Hacia el fin del antiguo régimen europeo, sin embargo, el impacto de las guerras externas en los procesos de creación del derecho fue debilitado. Las dimensiones civil y militar del Estado fueron demarcadas con más claridad, y ambas asumían distintas formas constitucionales[89]. Tal como se ha dicho, esta separación fue causada, en parte, luego de que en 1648 las guerras entre los Estados se volvieron menos usuales. Sin embargo, dicha división también ocurrió por la pérdida del poder constitucional de la aristocracia y la influencia legislativa ligada a los procesos de reclutamiento militar. Como consecuencia, el aparato militar fue conectado principalmente al sistema jurídico por medio de las instituciones ejecutivas del Estado, usualmente controladas por regentes o familias dinásticas, sus consejeros y sus administradores. Esto implicó que el Estado moderno desarrolló principios de legitimidad que reflejaron e intensificaron la separación del derecho y la guerra, y que fueron capaces de conducir procesos de integración normativa divididos de los enfrentamientos bélicos. Esto puede observarse en la dependencia de los Estados del siglo XVIII de los principios de derecho natural, que les permitieron legitimar categorías separadas de la guerra. Esto se evidencia en que las personas en la sociedad fueron integradas en el Estado como individuos

[88] Domat, *Les lois civiles dans leur ordre naturel*, vol. II, 10.

Para analizar el vínculo "corolario" entre las funciones judicial y legislativa en este momento, véase Antoine, *Le Conseil du Roi sous le règne de Louis XV*, 17.

[89] Un importante análisis explica el modo en que los primeros Estados modernos se desarrollaron por medio de la separación entre el Estado civil y el militar (Leonhard, *Bellizismus und Nation*, 77). Ver análisis similares, en Rink, *Vom 'Partheygänger' zum Partisanen*, 42). Un relato alternativo describe la forma en que el ejército moderno fue construido sobre el principio de separación de la sociedad civil y la militar (Guinier, *De l'autorité paternelle au despotisme légal*, 171). Otra interpretación describe la "diferenciación de la sociedad en sus esferas civil y militar, como la característica central de la primera vida moderna" [Rink, "Preußisch-deutsche Konzeptionen zum 'Volkskrieg' im Zeitalter Napoleons", en Lutz - Rink - von Salisch (eds.), *Reform-Reorganisation-Transformation*, 68].

poseedores de derechos, o al menos como poseedores de derechos subjetivos básicos. En cada caso, la legitimidad del Estado se transfirió de la nobleza como actor constitucional colectivo, al sujeto de derechos individual. Esta transformación replicó la transformación de los contratos militares que ocurrieron al mismo tiempo, en tanto la construcción del ciudadano como sujeto bajo derecho público, reflejó el constructo del soldado como una persona obligada por el Estado por contrato público. Los soldados y los ciudadanos se formaron en esta época como individuos inmediatamente vinculados al Estado por normas jurídicas públicas. Estos procesos de individualización giraron en torno a la separación constitucional de la guerra y el derecho.

Como se ha examinado, la profunda trayectoria que moldeó la sociedad moderna es su construcción como sistema de integración jurídica, en la que la producción uniforme de normas jurídicas y la expansión de las instituciones estatales dentro de la sociedad, ocurrieron como elementos comunes de los procesos de integración básica. En gran parte de Europa, estos procesos se aceleraron en el siglo XVIII. El período de construcción estatal en los siglos XVII y XVIII es habitualmente vilipendiado como un período de gobierno "absolutista" o autoritario. Como se ha dicho, esta perspectiva es justificada por el hecho de que los mecanismos tradicionales de representación fueron debilitados en muchos Estados[90]. Sin embargo, este período puede ser visto como el redireccionamiento y la expansión del enfoque básico de la construcción de la ciudadanía. En esta época, muchos Estados redujeron el reconocimiento constitucional de los ciudadanos como agentes corporativos activos, representados, con propósitos fiscales, en asambleas y parlamentos. Esto disminuyó los poderes históricamente protegidos de los miembros de la nobleza que, como proveedores, de recursos militares, habían sido los principales beneficiarios de dichos órganos representativos. En paralelo, sin embargo, en tanto la dependencia fiscal de la nobleza decreció, los Estados comenzaron a establecer sistemas jurídicos que se aplicaron inmediatamente a todas las personas, y a consolidar los principios de ciudadanía que beneficiaron a personas posicionadas fuera de la aristocracia y que promocionaron patrones más generales de integración jurídica.

Tal como se ha visto anteriormente, dichos procesos de integración jurídica dependieron originalmente del constructo de ciu-

[90] Ver Downing, *The Military Revolution and Political Change*, 10 y 11.

dadano como sujeto individual de derechos, con personalidad reconocida jurídicamente. Por un lado, el constructo del sujeto de derechos promovió una forma integradora para el derecho y el gobierno, dado que estableció una fuente de legitimidad para el orden jurídico. Por otra parte, el constructo de sujeto jurídico profundizó la fuerza integradora del derecho y del gobierno, dado que separó la autoridad de la ley de la antigua clase militar, ubicándose fuera del sistema jurídico. Por medio del constructo de persona jurídica individual, el derecho, en su origen legitimado, fue separado de los actores colectivos y desmilitarizados. Este constructo expandió la fuerza integradora del derecho, dado que creó las premisas normativas sobre las que el Estado pudo legislar en una forma constitucional independiente, en las que no intervenían personas con influencia derivada del poder militar. En el fondo, el foco de integración de la sociedad moderna, es decir, el ciudadano individual como sujeto jurídico uniforme, se cristalizó como una expresión de las profundas fuerzas estructurales de la sociedad. Fue creado como parte de un impulso más amplio por diferenciar las funciones militares y jurídicas, para erradicar la violencia militar de la sociedad, y para someterla a políticas jurídicas de control. El constructo legitimador que primero sustentó el surgimiento de los Estados modernos y la expansión del derecho moderno, fue configurado por la diferenciación del sistema jurídico y el militar. Esto fomentó la transformación de la sociedad en su conjunto, en su primera forma de integración. Esta forma inicial de la sociedad moderna fue establecida por la construcción del ciudadano como atribución normativa, una norma funcional, que desligó el derecho de la guerra.

§ 7. *Primeras democracias y militarización social*

La transformación del Estado, del derecho y la sociedad, en la primera Europa moderna, se produjo en función de un concepto de ciudadanía de dos niveles, en el que las personas en la sociedad fueron reconocidas como habitantes de un territorio uniforme, y como sujetos individuales poseedores de ciertos derechos procesales y de reconocimiento jurídico. Sin embargo, algo importante para estos procesos es que estos patrones jurídicos débiles de ciudadanía no produjeron finalmente un principio de legitimidad para el derecho, que fuera capaz de transformar al derecho en un medio universal de integración social. Como veremos más adelante, la forma de las primeras sociedades modernas contuvo la paradoja estructural que volvió imposible una integración jurídica y política exhaustiva. El sistema jurídico de las primeras sociedades europeas se fundó cada vez más en principios normativos orientados hacia la integración individual, que sirvieron para ubicar al derecho en la dimensión pública y para ligar su autoridad directamente a la soberanía estatal. Sin embargo, el constructo jurídico de ciudadano que sustentó el sistema jurídico no fue lo suficientemente robusto, finalmente, para abstraer al derecho de los centros históricos de la autoridad privada.

La etapa vital de la transformación de la sociedad en un sistema general de integración jurídica, ocurrió cuando una capa adicional de sentido fue ligada al concepto de ciudadano. Esto se formó en tanto un vocabulario distinto de ciudadanía comenzó a surgir, según el cual el ciudadano apareció como el titular de *derechos políticos*. Es decir, derechos ejercidos por medio de la participación en la toma de decisiones gubernamentales, que habilitó a los ciudadanos no solo a adquirir reconocimiento subjetivo formal en el derecho, sino también a influir directamente en la producción jurídica. Como se ha dicho, los sistemas revolucionarios fundados en América y en Francia entre 1776 y 1795, se diferenciaron de los primeros gobiernos en que ellos cimentaron el principio de que el derecho se legitimó por ciclos institucionalizados de comunicación electoral entre el pueblo y el gobierno. De manera fundamental, este aspecto político de ciudadanía constituyó la fuente del constitucionalismo moderno y de las ideas modernas, de legitimidad política con mayor amplitud. La expectativa de que el derecho remonte su origen a los actos de los ciudadanos, y de que la voluntad colectiva de los ciudadanos se defina como el origen de la legitimación del derecho, es el principio que separa el orden constitucional moderno, de los patrones de regulación de codificación jurídica que ocurrieron en las décadas previas a 1789. En efecto, el constitucionalismo moderno, en su conjunto, puede ser entendido como el discurso para la construcción de la legitimidad del Estado que resulta de la fusión de dos líneas de reflexión legitimadora, articulada en dos conceptos de ciudadanía. Una línea expresa que el principio de la legitimidad del gobierno se caracteriza por un orden judicial y administrativo codificado que reconoce a los ciudadanos como poseedores de derechos subjetivos formales. Otra línea expresa que el gobierno legítimo manifiesta la voluntad de los ciudadanos políticos activos. La fusión entre la codificación jurídica y la autolegislación popular, se posiciona en el centro del pensamiento constitucional moderno. Estos dos constructos diferentes de ciudadanía, fueron movilizados en la época revolucionaria, especialmente en América y en Francia.

En la mayoría de los contextos sociales –como se ha dicho–, la figura moderna del ciudadano que posee derechos políticos compartidos, se formó como un constructo que fue profundamente atravesado por procesos sociales subyacentes, lo que reflejó e intensificó la trayectoria que había empezado a definir a la sociedad moderna. Esta figura apareció, de manera más específica, como una construcción que sustentó las funciones integradoras de la sociedad moderna, lo que habilitó a la sociedad a consolidar las estructuras normativas e institucionales más allá de los límites locales del orden social premoderno. Tal como se ha dicho, la formación de la ciudadanía en su primer diseño democrático, llevó a una aceleración del proceso de centralización e integración ligado a la figura jurídica de ciudadano que se había formado en la primera sociedad moderna.

A pesar de ello, la proyección del ciudadano como un autor activo de la legislación, no puede alinearse a la perfección con los patrones preexistentes de formación e integración social. Por el contrario, el aspecto político de la ciudadanía expresado en el período revolucionario contradijo y, en algunos casos, desestabilizó las trayectorias de integración que habían comenzado a adquirir estabilidad en las primeras sociedades modernas. La figura normativa del ciudadano político activo tuvo una serie de resultados sociales conflictivos o dialécticos. Por un largo período de tiempo, la estructuración proyectiva del derecho en torno a la ciudadanía política, que ocurrió entre 1776 y 1795, generó conflictos normativos que desestabilizaron profundamente el surgimiento de la forma integradora de la sociedad. De manera simultánea, esta figura promovió e impidió la formación de la sociedad moderna como sistema de integración, lo que estableció las bases que, aunque obstinadamente erosionadas, afianzaron la integración gramática requerida para capturar a los electores de la sociedad nacional. El contenido dialectico del concepto moderno de ciudadano está fuertemente conectado a las implicaciones de la ciudadanía activa para el segundo sistema de integración, cuya formación había moldeado el desarrollo de las primeras sociedades modernas, el sistema de la actividad militar.

Como se ha examinado, hacia fines del siglo XVIII, la construcción progresiva del derecho como un sistema de integración, dependió de la separación parcial de la autoridad del derecho de los actores con roles constitucionales anclados en funciones militares. Esta separación del derecho y la guerra dependió, necesariamente, de la construcción de un sistema fiscal efectivo, en el que los regentes extrajeron los ingresos suficientes de la sociedad, para asegurar que las necesidades militares pudieran satisfacerse sin consultas políticas recurrentes con las organizaciones corporativas que representaban a la aristocracia. Como se ha mencionado, la consolidación del derecho sobre premisas individuales fue inseparable de la consolidación de un sistema fiscal público. Ambos procesos crearon los requisitos previos para un sistema de autoridad estatal no determinado por la nobleza. Consecuentemente, el sistema nacional fiscal usualmente se desarrolló, en paralelo al aparato jurídico y a la administración militar, como un tercer dominio constitucional en el surgimiento de las sociedades y de los sistemas políticos de Europa. La separación relativa de las organizaciones civiles y militares, dentro de los primeros Estados modernos, dependía centralmente de la capacidad del Estado para organizar la extracción fiscal en un orden constitucional viable, en función de levantar y mantener costosos ejércitos permanentes independientes.

Igual que en otras esferas sociales, estos procesos de ordenamiento fiscal fueron incipientes en el siglo XVIII. Como se ha mencionado, la afirmación de la soberanía fiscal por los Estados nacionales fue usualmente acompañada por el refuerzo de los poderes neofeudales dentro de los estamentos nobles. Por ejemplo, en Brandenburgo (Prusia), los acuerdos fiscales requeridos para financiar los ejércitos permanentes, se sellaron por primera vez en 1653. En efecto, sin embargo, estos arreglos formaron un pacto entre la dinastía Hohenzollern y los estamentos de Brandenburgo, que fue muy beneficioso para la nobleza. En este acuerdo, por un lado, los estamentos concedieron mayor soberanía fiscal al príncipe y, por otra parte, el príncipe aumentó los poderes de la aristocracia en sus dominios y garantizó exenciones fiscales para la nobleza[91].

91 Sobre estos privilegios reservados para la aristocracia de Prusia, ver Isaacsohn, *Geschichte des Preußischen Beamtenthums vom Anfang des 15. Jahrhunderts bis auf die Gegenwart, III*, 76 y 77; Schmoller, *Preußische Verfassungs-, Verwaltungs- und Finanzgeschichte*, 56; Schwennicke, *"Ohne Steuer kein Staat"*, 319.

Exenciones fiscales similares para la nobleza, fueron reflejadas a lo largo de Europa en los siglos XVII y XVIII[92]. En Francia, la preservación de la influencia judicial de la aristocracia, implicó que posean un fuerte instrumento para defender sus privilegios fiscales. Como resultado, la fuerza de recaudación de los gobiernos nacionales fue siempre limitada, dado que la nobleza estaba exenta de múltiples impuestos. En Inglaterra, el refuerzo del parlamento después de 1689, implicó que la aristocracia fue, en esencia, cooptada en una nueva constitución fiscal, luego de la crisis causada por la aplicación de la recaudación monetaria en la década de 1630.

Más allá de dichas variantes y calificaciones, el período entre 1648 y 1789 contuvo esfuerzos, en la mayoría de los sistemas europeos, por ubicar al sistema fiscal sobre fundamentos constitucionales independientes. Como se ha sostenido, esto se motivó en que el fuerte sistema fiscal permitió al Estado debilitar sus lazos con la nobleza, para aumentar la autonomía legislativa del gobierno y para minimizar el impacto de los cálculos militares en la constitución legislativa del Estado. La recaudación fiscal fue promovida, en esencia, como un modo de concentración del poder militar en el Estado, y de proporcionar un seguro general contra los costos sociales de la guerra. Al establecer dicho aseguramiento, las instituciones estatales fueron capaces de aumentar su legitimidad y de extender su fuerza de soberanía política.

Hacia fines del siglo XVIII, sin embargo, las constituciones fiscales de la mayoría de Europa estuvieron sujetas a tensiones. Esto se originó, en primer lugar, por la precondición esencial del Estado moderno, que surgió de los costos ocasionados por el crecimiento de los ejércitos permanentes. Sin embargo, esta tensión tuvo lugar, de manera más específica, en tanto en la mayoría de los sistemas políticos los regentes solo fueron capaces de arrogarse poderes de soberanía fiscal con la condición de que mantuvieran muchos privilegios económicos y excepciones a la nobleza, permitiendo a los miembros de la aristocracia controlar la economía agrícola en sus estamentos. La preservación de la servidumbre, que fue garantizada por medio de este compromiso, implicó que los grupos más grandes de la sociedad asumieran de manera desproporcionada altas cargas impositivas. Esto obstruyó los aumentos de la producción agrícola, y limitó la capacidad de generación de ingre-

[92] En Francia, ver Kwass, *Privilege and the Politics of Taxation in Eighteenth-Century France*, 23 a 29.

sos de la labor productiva. En cada caso, los Estados posteriores a 1648 fueron construidos en torno a premisas fiscales y constitucionales diseñadas para solidificar la soberanía básica del Estado, lo que limitó la medida en que podía obtener ingresos de, o legislar en contra de, los intereses de las familias nobles. A lo largo del siglo XVII, los costos de los ejércitos permanentes pesaron mucho sobre los recursos fiscales de los Estados europeos. En dichas situaciones, los Estados no fueron capaces de generar ingresos suficientes para cubrir sus costos, y los tratos que habían hecho con la nobleza para mantener los ejércitos armados exacerbaron su debilidad financiera. Finalmente, las precondiciones básicas en las que los regentes establecieron su soberanía, redujeron la fuerza integradora de las instituciones estatales. De hecho, hacia fines del siglo XVIII, muchos Estados comenzaron a alterar los términos constitucionales de sus negociaciones con los proveedores tradicionales de impuestos, la nobleza. De este modo, algunos regentes comenzaron a resignar su soberanía a los órganos corporativos de los que la habían tomado, o intentado hacerlo, originalmente. En muchos sistemas políticos de fines del siglo XVIII, la nobleza retomó su posición de actor central constitucional, por momentos con resultados sumamente desestabilizadores[93]. Esto se manifestó de manera más evidente en la Francia prerrevolucionaria. El encuentro de los Estamentos Generales que instigaron la revolución de 1789, fue promovido por la Asamblea de Notables organizada para abordar la lamentable situación fiscal de la monarquía. Esta Asamblea trabajó en alianza parcial con los parlamentos, antiguos bastiones de los intereses nobles, y los parlamentos usaron esta oportunidad para reforzar su oposición a los tributos reales[94]. En la mayoría de las sociedades del siglo XVIII, sin embargo, los arreglos constitucionales requeridos para estabilizar el Estado soberano contra la aristocracia, llevó a una crisis fiscal estatal. El sistema fiscal creado en el siglo XVIII contuvo una profunda debilidad estructural, causada por la persistencia de los privilegios de la aristocracia.

[93] En Francia, el siglo XVIII presenció un rápido crecimiento en el número de nobles (Blum, *The End of the Old Order in Rural Europe*, 15 y 16). Sobre el resurgimiento general de los estamentos nobles en el siglo XVIII, ver Gehrke, "Zwischen altständischer Ordnung und monarchischem Konstitutionalismus", en Gehrke (ed.), *Aufbrüche in die Moderne*, 2.

[94] Kwass, *Privilege and the Politics of Taxation in Eighteenth-Century France*, 274.

El problema subyacente en esta constelación, fue que el surgimiento de los Estados territoriales organizó sus interacciones con la sociedad por el reconocimiento de las personas como sujetos jurídicos, con protecciones básicas compartidas en el derecho. Este concepto formó la palanca esencial para el refuerzo del gobierno central. Sin embargo, los primeros Estados territoriales fueron incapaces de imponer esta construcción con profundidad en la sociedad, y sus fallas en establecer un orden jurídico uniforme fue particularmente evidente en el dominio fiscal. Algunos observadores contemporáneos de los Estados del antiguo régimen, identifican estos problemas de manera muy perspicaz. Ciertos teóricos de los gobiernos y de la economía política en el siglo XVIII, afirmaban que la débil constitución fiscal de sus Estados solo podría remediarse si los gobiernos impusieran un sistema de integración jurídica universal a sus poblaciones, y si esto era aplicado, específicamente, para limitar los privilegios fiscales. En efecto, el conocimiento de esta solución potencial para la crisis fiscal, estuvo implícito en múltiples sistemas de gobierno. Los planes diseñados por los primeros gobiernos modernos para estabilizar sus constituciones fiscales, usualmente contenían un intento de restricción de las variaciones de estatus que perjudicaban a los ingresos reales, y fueron destinados a imponer deberes jurídicos uniformes a lo largo de la sociedad. En Francia, por ejemplo, hacia fines del siglo XVIII existieron numerosos planes de reforma agraria y comercial. En el mismo período, se realizaron una serie de esfuerzos para mejorar la posición jurídica de los campesinos[95]. Asimismo, se promovieron políticas de largo alcance, especialmente en 1763, para establecer bases tributarias universales[96]. La demanda de impuestos uniformes fue relevante entre las denuncias registrados contra la monarquía antes de 1789[97]. Al mismo tiempo, en Prusia y parte de los dominios de los Habsburgo, se produjeron reformas agrarias que incluyeron medidas para establecer una personalidad jurídica plena a los siervos, y que fueron directamente impulsadas

[95] Root, *Peasants and King in Burgundy*, 193.

[96] Kwass, *Privilege and the Politics of Taxation in Eighteenth-Century France*, 181; Decroix, *Question fiscale et réforme financière en France (1749-1789)*, 183, 228.

[97] Ver Norberg, "The French Fiscal Crisis of 1788 and the Financial Origins of the French Revolution of 1789", en Hoffmann - Norberg (eds.), *Fiscal Crises, Liberty and Representative Government*, 294.

por imperativos fiscales[98]. En cada caso, el constructo básico de persona como sujeto de derechos se formó por la necesidad de imprimir un régimen impositivo uniforme en la sociedad, y funcionó nuevamente como un recurso fundamental para la soberanía estatal. Si bien estos problemas fueron comúnmente identificados, las soluciones simples no fueron implementadas. En la mayoría de las sociedades del siglo XVIII, los miembros de la nobleza utilizaron la debilidad monárquica para reafirmar sus privilegios tradicionales, ya sea reforzando el control sobre sus dominios o buscando nuevas protecciones para sus prerrogativas dentro del Estado. En los casos más importantes, los miembros de la nobleza se beneficiaron de los procesos de individualización jurídica y económica promovida por los regentes. Así, utilizaron dichos procesos como una oportunidad para debilitar sus obligaciones hacia el campesinado y, al mismo tiempo, para reforzar sus derechos señoriales sobre la tierra[99]. La construcción de los regímenes impositivos basados en obligaciones jurídicas individuales resultó muy elusiva.

En síntesis, a finales del siglo XVIII los tres pilares sobre los que se formaron los Estados posteriores a 1648, es decir, la constitución militar, jurídica y fiscal, se entrelazaron azarosamente. Las presiones sobre el sistema militar produjeron presiones crónicas desestabilizadoras dentro de otras dimensiones constitucionales del sistema político. En casos agudos, como Polonia y Francia, la incapacidad de los gobernantes para construir modelos generalizados de ciudadanía, vinculados a obligaciones fiscales generales, llevó al colapso del Estado tanto por la ocupación de Polonia como por la revolución de Francia. La profunda crisis constitucional que afectó a numerosos Estados europeos, fue causada por el surgimiento de los sistemas de integración, legitimados por la constitución del derecho bajo premisas públicas, en tanto que fue autorizado por sujetos de derecho. Estos sujetos sustentaron la formación de instituciones centralizadas, con regímenes fiscales centrales. Asimismo, promovieron la consolidación de un sistema jurídico capaz de

[98] Ver Link, *The Emancipation of the Austrian Peasant 1740-1798*, 26; Kaak, Die Gutsherrschaft, 76 y 77, 411; Reinhard, "Kriegsstaat - Steuerstaat - Machtstaat", en Asch - Duchhardt (eds.), *Der Absolutismus - ein Mythos?*, 307.

[99] Ver análisis clásicos de estos procesos en Francia, en Saint Jacob, *Les paysans de la Bourgogne du Nord au dernier siècle de l'Ancien Régime*, 414; Van den Heuvel, *Grundprobleme der französischen Bauernschaft 1730-1794*, 79.

abstraerse de las personas particulares. Sin embargo, muchos sistemas políticos del siglo xviii carecieron de la capacidad institucional para aplicar el reconocimiento de la subjetividad jurídica individual, y para consolidar las condiciones generales de integración en la sociedad. Allí donde intentaron imponer dichas condiciones de integración, surgió una resistencia desestabilizante. Esto se volvió evidente en el dominio fiscal.

Fue en esta profunda crisis integradora y constitucional, que la figura legitimadora del ciudadano político moderno emergió, y tomó su forma paradigmática en las revoluciones francesa y americana. En cada escenario, el constructo moderno de ciudadano adquirió forma dentro de los sistemas políticos que habían quebrado por los costos de los ejércitos permanentes, o en los que el financiamiento de los ejércitos permanentes provocó una profunda hostilidad[100] . Esta coyuntura creó la apertura social por la que la construcción del ciudadano político moderno, ligada al pueblo soberano, se convirtió en una fuente vital de normas jurídicas. Este constructo se estableció como una nueva categoría de personalidad jurídica, que proporcionó la justificación normativa suficiente para quebrar la resistencia a la igualdad fiscal. Así, esta construcción estableció una norma integradora de la personalidad jurídica, que logró separar al derecho de la influencia de la nobleza. Uno reconocido historiador de la Revolución francesa explica que el poder político se transfirió a "la nación soberana" en Versalles, en 1789, como parte de un plan para resolver la crisis financiera[101]. En su primera articulación, el concepto de ciudadano como actor soberano impactó en las estructuras gubernamentales, al ubicar el sistema fiscal sobre una nueva base y al erradicar los contrapesos a la autoridad efectiva del Estado. En esta época, la idea de que cada persona en la sociedad debía ser entendida de manera igualitaria, vinculada activamente con el gobierno, surgió como una solución jurídica para la débil fuerza

[100] Ver análisis generales en Neugebauer, *Staat-Krieg-Korporation. Zur Genese politischer Strukturen im 17. und 18. Jahrhundert*, "Historisches Jahrbuch", 2003, 123, 230. En este nexo en Prusia, ver Vogel, "Staatsfinanzen und Gesellschaftsreform in Preußen", en Berding (ed.), *Privatkapital, Staatsfinanzen und Reformpolitik in Deutschland der napoleonischen Zeit*, 40; Schissler, *Preußische Finanzpolitik nach 1807*, 382. En Francia, ver Kwass, *Privilege and the Politics of Taxation in Eighteenth-Century France*, 1.

[101] Sonenscher, *The Nation's Debt and the Birth of the Modern Republic*, "History of Political Thought", 1997, 18(1), 70.

integradora del Estado, reflejada en los problemas fiscales ocasionados por el financiamiento militar.

La medida en que la figura del ciudadano moderno tensionó la estructura integradora de la sociedad, puede observarse con claridad en los términos en los que los derechos políticos de la ciudadanía fueron demandados y ejercidos por primera vez.

En primer lugar, el ciudadano político moderno adquirió voz en protestas sobre el régimen tributario, como una figura que demandaba mayor consideración y representación en el dominio fiscal. En la mayoría de los escenarios, los primeros ciudadanos políticos se formaron por el rechazo a las iniquidades provocadas por el régimen impositivo existente, y por el reclamo del derecho a participar activamente en procedimientos representativos para decidir sobre las políticas fiscales. En consecuencia, la ciudadanía fue primero expresada como una demanda de influenciar colectivamente sobre la constitución fiscal de la sociedad. Esto resultó fundante para el desarrollo de la ciudadanía en todos los escenarios revolucionarios del siglo XVIII. Así, cada levantamiento revolucionario de esta época creó regímenes fiscales en los que el gasto público fue controlado de manera más estricta por órganos electos, y representantes populares[102]. En cada caso, la construcción de ciudadanía afianzó la seguridad fiscal del gobierno[103] . En segundo lugar, el ciudadano moderno ganó voz como una figura que negó los privilegios jurídicos, en particular aquellos relacionados con los tributos, y que demandó igualdad frente al derecho para todos. Desde un punto de vista, este aspecto de la ciudadanía revolucionaria intensificó los planes de consolidar la uniformidad jurídica en la sociedad. Sin embargo, este aspecto de la ciudadanía adquirió una fuerza particular en la crisis fiscal de fines de siglo XVIII. Las demandas revolucionarias de igualdad ante la ley, se reflejaban usualmente en las reformas del sistema jurídico que reducían las distinciones legales de estatus. En la mayoría de los Estados forjados por la ciudadanía revolucionaria, se impusieron reformas jurídicas que promovie-

[102] Bosher, *French finances 1770-1795*, 219.

[103] Sobre el aumento de los impuestos en la Francia revolucionaria, ver Lefebvre, *Les paysans du nord pendant la révolution française*, 581, y Norberg, "The French Fiscal Crisis of 1788 and the Financial Origins of the French Revolution of 1789", en Hoffmann - Norberg (eds.), *Fiscal Crises, Liberty and Representative Government*, 264. Sobre la consecuente creación de un sistema estable de financiamiento público, ver Bosher, *French finances 1770-1795*, 317 y 318.

ron una gran uniformidad jurídica en asuntos fiscales, de modo que los tributos fueron interpretados como obligaciones generales que, en principio, pesaban de manera igualitaria sobre todos. De esta manera, todos –o la mayoría de las personas– se definían como sujetos fiscales que se integraban en una relación jurídica y económica inmediata con el Estado[104]. En cada caso, el surgimiento de la ciudadanía política fue inseparable de la debilidad fiscal de los primeros Estados modernos, y su principal salida fue crear un orden político y jurídico que respondiera y mitigara la crisis fiscal. En síntesis, el ciudadano político moderno creó la base de una nueva constitución fiscal.

Un hecho que llama la atención en este análisis es que, en su importancia para la constitución fiscal de la sociedad, el constructo de ciudadano político tuvo implicaciones que se extendieron más allá de las políticas tributarias. En efecto, a causa de sus orígenes en la crisis fiscal, el constructo de ciudadano moderno fue profundamente determinado por las presiones militares. Así como creó las bases de una nueva constitución fiscal, también generó las bases para una nueva constitución militar. Tal como se ha dicho, previamente a la época revolucionaria, las constituciones fiscales de la mayoría de los Estados habían servido como una división entre las esferas civiles y militares. Los cambios en las constituciones fiscales, en consecuencia, tuvieron un impacto profundo en el sistema militar. Así, los primeros defensores de la ciudadanía política tenían una hostilidad particular con los ejércitos permanentes, que identificaban como amenazas para la libertad y como la causa de las altas tasas fiscales[105]. En la mayoría de los Estados en los que se expandieron los derechos de la ciudadanía política durante la era revolucionaria, se desmanteló el sistema militar existente, y se redujo el poder de los ejércitos permanentes. En cada caso, el as-

[104] Sobre la importancia simbólica de la uniformidad impositiva en la Francia revolucionaria, ver Kwass, *Privilege and the Politics of Taxation in Eighteenth-Century France*, 255-231. En Prusia, ciertas exenciones fiscales para la nobleza fueron sostenidas luego de 1815, aunque la definición de los tributos como un deber de los ciudadanos se estableció en esta época (ver Mamroth, *Geschichte der Preußischen Staats-Besteuerung 1808-1816*, 776 y 777).

[105] Robespierre asociaba el poder militar, con el "despotismo militar" y la "cruel tiranía" (*Le Défenseur de la Constitution*, 34). En América, Madison declaró ante la Convención Constitucional en 1787 que "la fuerza militar permanente, con un Ejecutivo desbordado, no serían compañeros seguros de la libertad" (Farrand, *The Records of the Federal Convention of 1787*, vol. I, 464 y 465).

censo de la ciudadanía moderna transformó la constitución militar vigente. El constructo legitimador de ciudadano reconfiguró los términos básicos en los que los Estados organizaron sus relaciones fiscales y militares con la sociedad.

La transformación de la constitución militar que acompañó el ascenso de la ciudadanía política, tuvo el impacto más duradero en las sociedades modernas. Los principios modernos de ciudadanía fueron, en algún punto, una continuidad de los órdenes militares que habían evolucionado en partes de Europa antes de 1789. En algunas zonas, el aparato militar ya había penetrado en la vida cotidiana de la sociedad del siglo XVIII, y las organizaciones militares precedieron a la ciudadanía nacional (ver, más adelante, apdo. b). Sin embargo, el ascenso de la ciudadanía moderna hacia 1789 modificó profundamente la posición de la fuerza militar en la sociedad. En los aspectos más importantes, la ciudadanía moderna creó sistemas políticos marcados por profundas discontinuidades con los primeros patrones de organización constitucional y formación sociopolítica. Fundamentalmente, el ascenso de la ciudadanía política llevó a la redirección de la estructura integradora de la sociedad. La diferenciación básica de las esferas militares y civiles fue debilitada por el surgimiento del ciudadano político soberano como una figura de legitimación, y los procesos normativos e institucionales que subyacían a las sociedades modernas fueron religados al sistema militar. Como veremos más adelante, el profundo vínculo entre el derecho y la guerra se convirtió en constitucional para las sociedades modernas desde este momento en adelante. En el antiguo régimen, los Estados habían intentado integrar sus ciudadanos por medio de procesos de integración normativa e institucional que fueron separados de los dominios militares. Esto se manifestó en el constructo básico de ciudadano como sujeto de derechos. Luego del período revolucionario, ambos procesos de integración se basaron en la reconexión estructural entre derecho y guerra, y la figura constitucional del ciudadano soberano ubicada en el centro de los Estados posrevolucionarios provocó un profundo nexo entre el sistema jurídico y el militar.

a) *El soldat-citoyen (ciudadano soldado).* Hacia fines del siglo XVIII, la ciudadanía adquirió una destacada dimensión militar y los Estados legitimados por principios de ciudadanía política fueron construidos, intrínsecamente, sobre bases militares.

Tal como se mencionó anteriormente, el ascenso de la ciudadanía política aconteció en contextos en los que los mecanismos tradicionales de obtención de financiamiento militar estaban colapsando. Esto implicó que los Estados basados en la ciudadanía se vieron forzados rápidamente a designar nuevas técnicas para movilizar tropas. En consecuencia, las prácticas de ciudadanía adquirieron una relevancia militar inmediata, dado que los ciudadanos fueron integrados en los nuevos procedimientos para reclutar y financiar los ejércitos. Este problema surgió con mayor evidencia en Francia, luego de 1789. Los diversos órdenes gubernamentales formados en la Revolución francesa, se caracterizaron por la destrucción de las bases fiscales del antiguo régimen. Así, el período revolucionario presenció la creación de nuevos instrumentos y arreglos fiscales, que dependieron del voto popular, para el reclutamiento y el financiamiento de las unidades militares. La necesidad de establecer dichos mecanismos fue especialmente fuerte en 1792, dado que el sistema revolucionario había entrado en guerra con monarquías europeas aparentemente más poderosas. El enfrentamiento bélico no fue el objetivo de todos los líderes de la Francia revolucionaria. De hecho, Robespierre no tenía intenciones de declarar la guerra a otros Estados. Por el contrario, anticipó con horror que la guerra podía causar el refuerzo del "poder ejecutivo", lo que permitiría a los líderes militares "derrocar la constitución"[106] . Sin embargo, el régimen revolucionario de Francia rápidamente se involucró en la guerra en varios frentes, y asumió un fuerte rasgo militarizado. En este contexto, sus líderes se vieron forzados a movilizar ejércitos sin un sistema fiscal completamente consolidado. Para lograr esto, las armadas nacionales de la Revolución francesa fueron transformadas, paso a paso, de ejércitos mercenarios en fuerzas creadas por el reclutamiento masivo y, finalmente, por el servicio militar obligatorio. El contrato básico que ligaba a los soldados con el Estado se modificó profundamente en este período. La capacidad para cumplir con la movilización obligatoria de tropas se convirtió en una característica fundamental del gobierno revolucionario, que reemplazó los arreglos fiscales existentes para liderar los asuntos de guerra[107].

[106] Robespierre, *Discours sur la guerre*, 72. Algunos autores sostuvieron que Robespierre fue capturado por la dictadura militar Michon, *Robespierre et la Guerre*, "Annales Révolutionnaires", 1920, 12(4), 301.

[107] Sobre los orígenes fiscales de la conscripción militar, ver Köllner, *Militär und Finanzen*, 37.

El patrón más apto para la organización constitucional del ejército, se discutió en los primeros meses de la Revolución francesa. Inicialmente, los revolucionarios adoptaron el principio de compromiso voluntario, y el ejército profesional se mantuvo[108]. De hecho, la hostilidad al reclutamiento obligatorio en el ejército fue una de las quejas más fuertes expresadas por los opositores a la monarquía borbónica hasta 1789. Asimismo, la aversión al servicio militar fue un factor importante en el trasfondo de la Revolución[109]. Sin embargo, en los años posteriores a 1789, la necesidad de reunir grandes ejércitos se volvió una preocupación política vital, y finalmente el reclutamiento se realizó por decisiones obligatorias[110]. Esto fue anticipado en diciembre de 1789, cuando Dubois de Crancé, a cargo la reforma militar, habló en la Asamblea Nacional a favor del "verdadero tipo" de conscripción militar, afirmando que "cada ciudadano debía estar preparado en todo momento para marchar en defensa de su país"[111]. El enrolamiento en la Guardia Nacional, la milicia creada para defender la República, comenzó en 1791. Esto implicó que el compromiso militar y la ciudadanía política se conectaran normativamente[112]. El reclutamiento militar obligatorio fue luego prescripto por la Constitución jacobea de 1793. En el mismo año, se promulgó en la primera *levée en masse*, lo que significó una profunda asociación entre la ciudadanía nacional y los deberes militares[113]. La figura del soldado y del ciudadano tuvieron una fuerte conexión normativa en esta época, unidos en el concepto de *soldat-citoyen*. La conscripción formal universal se introdujo en Francia en 1798, lo que transformó el cumplimiento de las obliga-

[108] Wohlfeil, *Vom Stehenden Heer des Absolutismus zur Allgemeinen Wehrpflicht*, 39.

[109] Grebelon, 1882:259; Corvisier, *L'armée française de la fin du XVII siècle au ministère de Choiseul*, 118; Crépin, *Armée, conscription et garde nationale dans l'opinion publique et le discours politique en France septentrionale (1789-1870)*, "Association Revue du Nord", 2003, 350(2), 314.

[110] Esto refleja la tercera fase de los modos de reclutamiento militar de Lynn, del alto feudalismo a la primera democracia: el cambio al *reclutamiento popular del ejército* (*Giant of the Grand Siècle*, 9).

[111] Este discurso, del 12 de diciembre de 1789, está impreso en los *Archives Parlementaires de 1787 à 1860*, series 1, vol X, 521.

[112] Crépin, *La conscription en débat*, 20.

[113] El art. 109 de la Constitución jacobea de 1793, afirmaba que: "*Tous les Français sont soldats; ils sont tous exercés au maniement des armes*" (en francés en el texto original).

ciones militares durante la revolución en un marco jurídico más seguro, y ubicó a la *levée en masse* bajo el control soberano[114].

Por medio de estos procesos, los principios de ciudadanía política que sustentaron los sistemas revolucionarios en Francia se ligaron estrechamente a obligaciones militares. En esta época, los derechos de ciudadanía activa, que atribuían capacidad para participar en decisiones políticos y, por medio de esto, a influenciar en los actos legislativos, fueron derechos originalmente asignados a personas que habían realizado el servicio militar[115]. La conscripción fue inicialmente inseparable de la ciudadanía activa, y fue por medio de su aceptación que el ciudadano adquirió primero la libertad para ejercer sus derechos políticos[116]. Como en el feudalismo, la relación militar se convirtió en la relación social fundamental, apuntalando y otorgando fuerza a los derechos y obligaciones más importantes. El derecho a moldear el orden jurídico de la sociedad, fue nuevamente interpretado como un derecho emergente del derecho a levantar armas. En estos procesos, el equilibrio subyacente entre la sociedad y los costos fiscales de la guerra, que sustentó el surgimiento de los Estados modernos, fue revisado. La creación de ejércitos con soldados conscriptos en la Revolución francesa, significó que se conectaran la sangre y los impuestos. Asimismo, el reclutamiento sirvió como un tributo militar pagado en especie[117]. Cabe destacar que, en la Francia posterior a 1789, el servicio militar era usualmente concebido en términos fiscales, y estaba expresamente destinado a compensar los déficits de los ingresos ligados con la crisis fiscal. Con posterioridad, el servicio militar fue descripto como un "impuesto en que cada familiar paga en especie para defender al país", con el carácter de cargo personal y local de interés público[118]. En ambos casos, se propuso un concepto de ciudadanía que rechazaba específicamente los términos constitucionales en que, en las

114 Ver Crépin, *Vers l'armée nationale*, 33.

115 Hacia 1790, un cierto período de servicio militar ininterrumpido se recompensaba con derechos plenos de participación política o ciudadanía activa. Ver art. 7 del *Décret sur la constitution militaire* (28 de febrero de 1790).

116 Ver Hippler, *Soldats et citoyens*, 43, 147.

117 El servicio militar fue usualmente visto como un tributo [Vocke, *Indirekte Steuern*, "FinanzArchiv", 1903, 20(2), 1; Lefebvre, *Les paysans du nord pendant la révolution française*, 582].

118 Laferrière, *Cours de droit public et administratif*, 351 y 352.

primeras sociedades modernas, las esferas civiles y militares se habían separado.

Relaciones similares entre ciudadanía y movilización militar se visibilizaron, con variantes, en otros sistemas políticos del período revolucionario. Así, las primeras repúblicas norteamericanas nacieron en guerra contra Inglaterra, y el reclutamiento y la organización de los ejércitos fueron las primeras funciones de las figuras principales de la naciente república. En esta época, la sociedad americana no estaba militarizada al mismo nivel que algunas sociedades europeas. Los marcos legislativos para el reclutamiento obligatorio fueron probados hacia 1790, pero la conscripción nacional no se introdujo hasta la Guerra Civil de 1860. Incluso en este período, la conscripción no generó grandes números de tropas, especialmente en los ejércitos de la Unión[119]. El vínculo profundo entre la guerra y la ciudadanía, se evidenció en Estados Unidos en una etapa posterior (ver § 11). Sin embargo, durante los años revolucionarios, en América ocurrió la conscripción obligatoria para las milicias estatales y para los cupos requeridos por el ejército continental. Así, la participación militar implicó una calificación importante para la ciudadanía[120]. Algunos autores sostienen que "la milicia armada fue la fundación cívica de la nación americana"[121]. En otras regiones de la Europa revolucionaria, se expandieron las técnicas francesas de movilización militar masiva. La popularización del servicio militar obligatorio en Francia fue emulada en otros países, especialmente aquellos que fueron derrotados por ejércitos creados por la *levée en masse*, y por la subsecuente conscripción. Prusia, por ejemplo, no atravesó ni siquiera una democratización parcial a raíz de la Revolución de 1789. Sin embargo, la conscripción se introdujo en este país, en variadas formas, en las leyes de reclutamiento obligatorio aprobadas en 1813-1814.

[119] De manera aproximada, en la Guerra Civil tan solo entre el 5 y el 7 % de la Unión Armada se formó con reclutas conscriptos (Frank, *With Ballot and Bayonet*, 7).

[120] Al respecto, puede verse Kettner, *The Development of American Citizenship in the Revolutionary Era*, "The American Journal of Legal History", 1974, 18(3); Janowitz, *Observations on the Sociology of Citizenship*, "Social Forces", 1980, 59(1), 14; Cress, Citizens in Arms, 51; Duffy, *The Military Experience in the Age of Reason*, 51; Kestnbaum, *Citizenship and Compulsory Military Service*, "Armed Forces & Society", 2000, 27(1), 21.

[121] Izecksohn, *Slavery and War in the Americas*, 96.

En Prusia, la conscripción fue específicamente designada para promover las ideas de ciudadanía y de unidad nacional, integrando al pueblo como soldados del Estado, para apuntalar la construcción de la organización estatal[122].

b) *Legitimidad militar.* Por estos motivos, a finales del siglo xviii se produjo una transformación en el tejido legitimador del Estado. Desde el período revolucionario en adelante, el Estado moderno comenzó a formarse como un tipo de sistema que dependió, esencialmente, de la voluntad de los ciudadanos para luchar. Así, se asoció la legitimidad del Estado a la capacidad para movilizar a sus ciudadanos como soldados. Los Estados prerrevolucionarios concibieron a los ciudadanos y a los militares como sujetos individuales. Los Estados revolucionarios exigieron el servicio militar como parte del deber colectivo, que fue compensado por la asignación de derechos colectivos de participación política. El cumplimiento del servicio militar se definió, no como una obligación desprendida de un contrato individual, sino como un hecho que expresaba un profundo vínculo constitucional entre el gobierno y los ciudadanos. El servicio militar fue visto como el pago colectivo de una deuda militar (en sangre) al gobierno, por medio del que los soldados adquirieron derechos formativos de ciudadanía.

En cierto punto, la construcción del ciudadano democrático con un formato militar tuvo continuidad en las primeras concepciones de ciudadanía. Así, las leyes de conscripción introducidas en la Europa revolucionaria fueron influenciadas por las políticas de reclutamiento utilizadas para los primeros ejércitos permanentes. En esencia, la conscripción intentó crear un aparato militar de gran escala que no esté sujeto a los múltiples deseos, ni a los sentimientos políticos de las familias influyentes y de los poderosos potenciales contribuyentes. En este sentido, la conscripción intensificó los

[122] Ver discusiones en Huber, *Volksheer und Verfassung: Ein Beitrag zu der Kernfrage der Scharnhorst-Boyenschen Reform*, "Zeitschrift für die gesamte Staatswissenschaft", 1937, 97(2); Händel, *Der Gedanke der allgemeinen Wehrpflicht in der Wehrverfassung des Königreiches Preußen bis 1819*, 74; Frevert, *Die Kasernierte Nation*, 36 a 39. En los años 1813 y 1814 se vivió el establecimiento del Landsturm y del Landwehr en Prusia, en donde la ciudadanía y el compromiso militar obligatorio estaban estrechamente conectados. Según determinados análisis, la transformación del sujeto (*untertan*) en ciudadano (*Staatsbürger*) fue la "base de la reforma" realizada en Prusia luego de 1806 (Stübig, *Armee und Nation*, 193).

procesos militares de construcción del Estado iniciados luego de 1648, y aceleró la imposición de un sistema centralizado de control militar y fiscal en diferentes partes de la sociedad. La idea del *ciudadano-soldado* existió antes del período revolucionario, y su cercanía con la ciudadanía, la legitimidad política y los deberes militares, fueron temas pensados por filósofos de la ilustración como Vattel, Rousseau, Justi y Mably[123]. El surgimiento de la conscripción masiva luego de 1789, replicó algunos diseños previos para la reforma militar. Hacia finales del siglo XVI, los reformistas influyentes interpretaron el servicio militar obligatorio, basado en un profundo compromiso mutuo entre el pueblo y los regentes, como la premisa de un buen gobierno[124]. El vínculo entre la ciudadanía y los deberes militares, ya había sido expresado en revoluciones anteriores como la de Inglaterra de 1640[125]. La Ordenanza Militar de 1642, que permitió al parlamento inglés conformar tropas sin el consentimiento real, fue la antesala de las posteriores disposiciones para la movilización revolucionaria.

No obstante, la conexión entre la ciudadanía y la obligación militar en la era revolucionaria ubicó a la política sobre bases de legitimación diferentes de las primeras concepciones de ciudadanía. El crecimiento del reclutamiento militar presupuso un patrón más inmediato e intenso de interacción entre el ejército y la sociedad, que los primeros Estados con ejércitos permanentes. Luego de 1789, la conscripción militar masiva se basó en la voluntad de los sujetos de la sociedad para servir al sistema en guerra, por motivaciones y obligaciones personales. Por ejemplo, la lealtad, el sentimiento de pertenencia colectiva, los derechos y compromisos compartidos con otros ciudadanos forjados en la guerra. Como

[123] Ver Vattel, *Le droit des gens ou principes de la loi naturelle*, vol. I, 4; Justi, *Gesammelte politische und Finanz- Schriften über wichtige Gegenstände der Staatskunst, der Kriegswissenschaften und des Kameral- und Finanzwesens*, vol. I, 51; Rousseau, *Considérations sur le gouvernement de Pologne*; Mably, *Collection complète des Oeuvres de l'abbé de Mably*, vol. VIII, 199.

[124] El orden militar (Landesdefensionsordnung) de la casa de Nassau-Siegen (1590) reflejaba la desconfianza sobre los soldados pagos y preveía el reclutamiento militar dos veces al año. Este documento fue impreso en Frauenholz, *Das Heerwesen in der Zeit des dreißigjährigen Krieges*, 47 a 76. Ver comentarios en Hahlweg, *Die Heeresreorm der Oranier und die Antike, Berlin, Juncker und Dünnhaupt*, 191; Ehlert, *Ursprünge des modernen Militärwesens*, "Militärgeschichtliche Mitteilungen", 1985, 38, 33).

[125] Cressy, 2006, 68 y 69.

consecuencia, la conscripción implicó que todas las personas en la sociedad se vincularan inmediatamente con el Estado, le transfieran ciertas libertades básicas, y que la legitimidad estatal resida en las obligaciones aceptadas por todos los miembros de la sociedad como un colectivo nacional. En este sentido, los contratos individuales que regulaban el reclutamiento militar antes de 1789, se trasladaron a un contrato colectivo entre la sociedad y el Estado, que obligaba a todas las personas. Asimismo, las expectativas de autosacrificio en combate, intensificaron la dependencia entre el Estado y el ciudadano. Al prescribir el autosacrificio, la ciudadanía impuso mayores deberes al Estado. Esto aumentó la responsabilidad estatal en la representación y el bienestar de aquellos que entregaban sus vidas. El constructo revolucionario de ciudadano confirió legitimidad al Estado, y convirtió al ciudadano en un actor colectivo dentro de él. Esto resultó de la dependencia del Estado de los miembros de la sociedad, en tanto estos eran potenciales soldados. Todo ello implicó que el ciudadano y el Estado se conviertan en una unidad. Así, la unión militar entre los ciudadanos y el Estado constituyó la esencia de las primeras democracias.

En este orden de ideas, la intensificación del vínculo entre ciudadano y Estado, implicó que la primera ciudadanía democrática se conciba en categorías totales. Por un lado, la posesión de derechos de ciudadanía nacional implicó que el ciudadano forme parte de una entidad colectiva, el Estado, que era propietario de la existencia biológica de los individuos. Así, los derechos obtenidos por las personas como ciudadanos surgieron, en esencia, en reconocimiento a un deber mortal de sacrificio[126]. Cabe destacar que la obligación de morir por la República, inculcada en los espíritus de los soldados de la Francia revolucionaria, se definió no como un deber, sino como un derecho en sí mismo. Durante la Revolución, el servicio militar históricamente sujeto a leyes de privilegio, se abrió a todos los ciudadanos. De esta manera, a todos los hombres se les confirió la libertad, es decir, el derecho, de morir en defensa de la nación[127]. La propia libertad, en forma esencial, se

[126] Algunos historiadores observaron que la muerte en combate era el "acto de ciudadanía" paradigmático en el período revolucionario (Jeismann, *Das Vaterland der Feinde*, 152).

[127] Danton sostenía que la revolución puso fin al monopolio del "derecho exclusivo de salvar a la patria" por grupos sociales privilegiados (Buchez, *Histoire parlementaire de la Révolution Française*, vol. XVI, 250).

articuló como una condición de entrega completa al gobierno. Por otra parte, los reclamos y obligaciones expresados en la ciudadanía, fueron moldeados por la expansión de las guerras durante el período revolucionario. En esta época, la guerra asumió un carácter más extremo, diferente de aquellas lideradas por las élites durante el período revolucionario[128]. La guerra comenzó a aparecer como un completo fenómeno. Clausewitz observó esto con claridad, destacando que las guerras revolucionarias libradas con "todo el peso" de la "fuerza nacional", fueron cualitativamente diferentes de aquellas hechas por los ejércitos permanentes[129]. En dichos enfrentamientos, los Estados beligerantes fueron forzados a penetrar más profundamente en sus sociedades para conseguir recursos militares. Así, la completa movilización de la sociedad implicó que las hostilidades interestatales adquieran una particular intensidad. Esto se manifestó en los múltiples conflictos que definieron la Francia revolucionaria y en las posteriores guerras napoleónicas que anticiparon las guerras mundiales del siglo XX[130]. Esta transformación de la guerra se reflejó en los vínculos que conectaron al ciudadano y el Estado, y las obligaciones de la ciudadanía facilitaron la completa movilización de la sociedad requerida para la guerra mundial. En este sentido, la extracción de legitimidad de los ciudadanos involucró la plena incorporación del ciudadano en el Estado, de modo que la autoridad estatal dependió de la unidad visceral con el ciudadano.

Por estas razones, el vínculo entre guerra y ciudadanía implicó que los sistemas políticos modernos adquirieron una forma que tanto institucional como jurídicamente, fue más amplia que en los Estados prerrevolucionarios. Los primeros sistemas democráticos formados luego de 1789, hicieron demandas a ciudadanos que tenían mucha mayor autoridad que aquellos previamente articulados por funcionarios estatales[131], y el precio de la ciudadanía activa política fue la obligación con el orden político en el que esta se ejercía. El período de transformación revolucionaria en Francia de 1789 a 1815, es concebido como el origen de la democracia mo-

[128] Forrest, 1989: 4; Holsti, 1996: 4.

[129] 2008[1832]: 229.

[130] Bertaud, 1979: 230; Leonhard, 2004: 88.

[131] Early democratic polities formed after 1789 placed demands on citizens that possessed much greater authority than those previously articulated by state officials

derna europea. Si bien esto es correcto, las primeras democracias reflejaron una serie de experimentaciones en la construcción institucional que, con matices, tuvieron grandes similitudes con regímenes militares. En cada etapa de la Revolución francesa, la forma constitucional del Estado se orientó por la necesidad de intensificar la movilización militar. El primer gran experimento democrático en Europa llevó a la construcción de un modelo institucional en el que los gobiernos democrático y militar no eran fácilmente separables, y en el que la legitimidad gubernamental se llevó a cabo de una manera muy invasiva[132].

c) *El ejército y la expansión democrática*. En cada uno de estos procesos, los derechos políticos surgidos en el período revolucionario que asociaron a los ciudadanos con los sistemas políticos nacionales, fueron construidos en torno a las prácticas militares. Los roles constitucionales que permitieron a los ciudadanos moldear el derecho, estuvieron fuertemente ligados a las funciones militares. Al igual que en las sociedades feudales, los derechos que sustentaron la producción de legislación fueron usualmente reforzados en guerra, o en los preparativos de ella, dado que el Estado garantizaba derechos para legitimarse frente a personas que podía necesitar para emplear como soldados. Por tanto, desde el principio, las primeras democracias fueron ligadas a la conscripción, y la ciudadanía democrática se consolidó como parte de una negociación en la que las personas que realizaban el servicio militar, podían reclamar una recompensa política. Por ejemplo, algunos posteriores teóricos militares en Francia, destacaron la conexión entre la conscripción y la profundización de la democracia en la era revolucionaria[133]. Asimismo, ciertos analistas afirmaron que la Revolución francesa "transformó a los sujetos en ciudadanos, y a los ciudadanos en soldados", expresando un "desarrollo dual" que resultó del "sufragio universal y del servicio militar universal"[134]. En la Europa posterior a la Revolución, de manera similar, el vínculo entre la ciudadanía democrática y la conscripción fue usualmente discutido con alarma por figuras li-

[132] Algunos historiadores afirman que 'La Révolution française n'a été qu'une longue dictature' (Mathiez 1937: 97). Por posturas que sostienen que el régimen de Napoleón no llegó a ser una dictadura, ver Pietri 1955: 8); Kirsch (1999: 212).

[133] Ver Jaurès, 1932: 148.

[134] Monteilhet, *Les institutions militaires de la France (1814-1924)*, xxi–xxii.

gadas al antiguo régimen[135]. Importantes conservadores, como Chateaubriand, describieron la conscripción como una "forma de reclutamiento que orientó a la democracia por el principio de igualdad en el que se funda"[136]. Algunos historiadores explican que el servicio militar general fue rodeado por el "hedor del jacobismo" para los conservadores, después de 1815[137]. En las largas secuelas de 1789, la correlación entre los derechos democráticos y la movilización militar insufló una dinámica de integración permanente en el Estado, y la expansión de los derechos democráticos fue ligada invariablemente a las presiones militares. Durante el siglo XIX, los factores militares estaban en el centro de los patrones de la construcción institucional y de la integración jurídica en las diferentes sociedades nacionales[138].

En este punto, hay dos advertencias para tener en cuenta.

En las décadas posteriores a 1815, las relaciones entre los Estados europeos fueron pacíficas, dado que la mayoría de los sistemas de esta región dirigieron sus inclinaciones expansionistas hacia otros continentes. El período de 1815 a 1860 fue un período de paz sin precedentes en Europa. En paralelo, los años que siguieron a la época napoleónica, presenciaron un marcado retorno a un Estado basado en el sistema de representación política. Luego de 1815, los movimientos reformistas pro democráticos perdieron influencia hasta 1848, y probablemente hasta 1860. De manera excepcional, las secuelas de las guerras napoleónicas implicaron la introducción de una construcción más definida de los derechos políticos en Gran Bretaña, en la Ley de Reforma de 1832. Sin embargo, los Estados europeos centrales, incluyendo Gran Bretaña, conservaron pocos derechos electorales luego de 1815 (ver § 8).

No obstante, a lo largo del siglo XIX, la promoción de la ciudadanía nacional y la expandida conexión de las instituciones políticas de los sistemas europeos, fueron usualmente vinculadas, al menos en parte, con la hostilidad interestatal, tanto en forma de guerra como de su amenaza. Posteriormente, un renovado impulso por la ciudadanía democrática comenzó en el período comprendido entre

[135] Frevert, *Die Kasernierte Nation*, 19.

[136] Chas, *Biographie spéciale des pairs et des députés du royaume*, 105.

[137] Walter, *Preußische Heeresreformen 1807-1870*, 327.

[138] Sobre la afirmación de que el reclutamiento nacional fue la precondición para el advenimiento de profundas divisiones en las sociedades nacionales, ver Krebs, *Fighting for Rights*, 7.

1850 y 1870. Esto estuvo estrechamente ligado con la posición de diferentes Estados en conflicto internacional, y con luchas de poder. Así es que la ampliación de derechos en esta época estuvo fuertemente impulsada por presiones militares. En consecuencia, hacia el fin del primer tercio del siglo XIX, el vínculo entre la guerra y la emancipación democrática que comenzó en 1789, adquirió una fuerza inconfundible. En las últimas décadas del siglo XIX, a lo largo de las sociedades europeas, ocurrió una profundización de la conscripción y el derecho a votar. En general, la ciudadanía y la conscripción se expandieron juntas, como dos partes de un proceso en el que el Estado se volvió más dependiente de sus electores, y en el que las personas individuales fueron llevadas a una relación más directa con el Estado[139].

Este conjunto de procesos estuvo parcialmente vinculado con el imperialismo. El aumento del derecho al voto, que ocurrió en muchos sistemas políticos de Europa luego de 1860, fue ampliamente defendido por los imperialistas que concebían a la integración política nacional como trampolín para una expansión externa eficaz. Las principales reformas democráticas en las sociedades europeas, coincidieron con los períodos de expansión imperial[140]. Asimismo, estos procesos estuvieron conectados con la creciente volatilidad de las relaciones entre los Estados de Europa. En muchos sistemas, la introducción de la representación política de masas y la participación electoral, coincidió con el estado de guerra en Europa. En Alemania, por ejemplo, el sufragio masculino

[139] Sobre las perspectivas sociológicas que sostienen que el sufragio universal y la conscripción militar fueron elementos de la "propedéutica de la ciudadanía" que subyació al surgimiento de la sociedad moderna, ver Gresle, *Le Citoyen-Soldat garant du pacte républicain*, "L'Année Sociologique", 1996, 46, 107. Algunos análisis describen la conscripción como "aprendizaje para la nación y la ciudadanía" (Crépin, *La conscription en débat*, 13). Sobre la conexión empírica entre el derecho al voto y la conscripción, ver Ingesson - Lindberg - Lindvall - Teorell, *The Military Origins of Democracy*, "Democratization", 2018, 25(4), 646. Ver una perspectiva sintética de los modos en que la conscripción "extendió significativamente el alcance del Estado", en Levi, *The Institution of Conscription*, "Social Science History", 1996, 20(1), 133. Ver un desarrollo sociológico más amplio, también, en Tilly, "Where Do Rights Come From?", en Skocpol (ed.), *Democracy, Revolution, and History*, 57.

[140] Esto puede verse en las reformas electorales de Bismarck, en el período entre 1867 y 1871. Asimismo, puede verse en las reformas introducidas por lo demócratas Tory en Gran Bretaña en 1867 y, sobre todo, en Italia, en la ampliación democrática de Giolitti en 1912, luego de la invasión de Libia en 1911.

pleno se introdujo durante la primera parte de las guerras de unificación, en 1867. Esto coincidió con la introducción de la conscripción en la Federación de Alemania del Norte. En la monarquía de los Habsburgo, la conscripción universal y la constitución representativa fueron introducidas al mismo tiempo, luego de la derrota militar frente a Prusia en 1866. La unificación de Italia en 1860, fue conducida por tropas irregulares. Esto ocurrió en un sistema de gobierno con una constitución representativa, que extendió las leyes de conscripción introducidas en el período comprendido entre 1870 y 1875[141].

Estas conexiones pueden observase con mayor claridad en la Tercera República de Francia. Este sistema fue, por lejos, la democracia más avanzada del siglo XIX, y se basó desde el comienzo en el sufragio masculino pleno, y en elecciones competitivas. Esto se originó en 1870 y 1871, luego de la derrota del Segundo Imperio Bonapartista frente a tropas de Prusia y de Alemania en la guerra Franco-Prusiana.

Un resultado directo de esta guerra fue la unificación del Estado de Alemania en 1871. De hecho, los soldados de los diferentes Estados germanos lucharon juntos contra Francia antes de que Alemania se unifique, de modo que la nación germana tuvo un ejército antes que un Estado. La Alemania unificada se formó como Estado-Nación en condiciones definidas por la conscripción militar. En reflexiones contemporáneas, algunos pensadores como Friedrich Engels y Theodor Fontane afirmaron que la superioridad germana en la guerra Franco-Prusiana se debió a una conscripción más eficaz. La sociedad de Prusia estuvo más militarizada que la de Francia[142]. Engels, de hecho, sostenía que la aplicación de la conscripción nacional plena era el único modo de derrotar al ejército de Prusia[143].

Al mismo tiempo, la guerra Franco-Prusiana llevó a la fundación de la Tercera República de Francia que, como era de esperar, fue profundamente afectada por la base militar del nuevo Estado alemán. Luego de la derrota militar del Segundo Imperio, la nueva república se proclamó en Francia en septiembre de 1870, mientras

[141] Ver Rovinello, "The Draft and Draftees in Italy, 1861-1914", en Zürcher (ed.), *Fighting for a Living*, 488.

[142] Fontane, *Der Krieg gegen Frankreich 1870-1871, 1*, 120.

[143] Engels, "Wie die Preußen zu schlagen sind", en Marx - Engels, *Werk,* 107.

aún estaba en guerra. Así, Francia continuó en guerra con Prusia, no como imperio sino como una república. En este punto, los soldados franceses fueron movilizados y reclutados bajo nuevos términos, con compromisos y obligaciones modificadas, y el nuevo gobierno republicano penetró con más profundidad en la sociedad para organizar la defensa militar. Los soldados fueron reclutados por la *levée en masse* a fines de 1870. Asimismo, las filas del ejército francés estaban formadas por partisanos y guerrillas (*francs-tireurs*). Las tropas alineadas contra Prusia a fines de 1870 solo se vinculaban de manera incierta con los actos formales de soberanía, iluminando la precaria legitimidad de la propia república. En efecto, estas tropas informales simbolizaban, de manera exacta, el cambio de soberanía de la república, de modo que esta construyó primero su fundamento popular con soldados movilizados como partisanos. En numerosos casos, los partisanos franceses no fueron reconocidos como sujetos para el derecho de guerra del ejército prusiano, y muchos fueron ejecutados sumariamente al ser capturados[144]. Algunos historiadores caracterizaron los últimos meses de la guerra Franco-Prusiana, luego de la declaración de la nueva república, como un período de "guerra total", impulsado por el intensificado nacionalismo de los ejércitos conscriptos y las unidades partisanas[145]. Esta condición se complejizó, dado que algunas facciones en París iniciaron un experimento republicano radical a principios de 1871, la Comuna de París, que llevó a una breve guerra civil. La Comuna resultó de las divisiones en el ejército y fue fundada por sectores disidentes de la Guardia Nacional[146]. Esto fue brutalmente suprimido por el ejército regular, representante de las facciones más conservadoras de la primera república. Luego de esto, la Tercera República fue consolidada progresivamente sobre la base del sufragio masculino.

La fundación de la Tercera República contuvo una serie de elementos constitucionales que demostraron ser característicos de los modernos sistemas democráticos. Esto resultó de la resistencia armada a la ocupación militar de Prusia, parcialmente liderada por

[144] Kühlich, *Die deutschen Soldaten im Krieg von 1870/71*, 316; Wawro, *The Franco-Prussian War*, 279, 289.

[145] Sobre el análisis de la guerra Franco-Prusiana como el prototipo de la guerra moderna, ver Howard, *The Franco-Prussian War*, 233; Taithe, *Citizenship and Wars*, 23, 73; Walter, *Preußische Heeresreformen 1807-1870*, 176.

[146] Al respecto ver Tombs, *The War against Paris 1871*, 4 y 5.

partisanos. De manera simultánea, se originó en la represión armada de los civiles insurrectos de la Comuna de París, y en las subsiguientes medidas represivas contra los disidentes. En este sentido, el origen paradigmático de la democracia moderna se reflejó en la atribución de la soberanía a los ciudadanos que actuaban como soldados. De este modo, luego de 1870 y 1871, la política doméstica de Francia desplegó una intensa militarización. Por un lado, el gobierno de la Tercera República estuvo inicialmente marcado por un control precario de su propia sociedad. Este gobierno debió su estabilidad, en parte, a la ubicación de las fuerzas militares bajo su jurisdicción. Así, luego de la represión de la Comuna, el gobierno republicano se consolidó como el centro de la soberanía política. Asimismo, debió su estabilidad a la integración progresiva de la sociedad por medio de elecciones democráticas. Por otro lado, hasta 1918, la república fue afectada por su nacimiento en la victoria prusiana y, bajo la sombra de un nuevo *Kaiserreich*, estuvo marcada por una dinámica de militarización frenética y de reglamentación soberana. En este orden de ideas, el ejército de la Tercera República estuvo sujeto al control civil, y el Ministerio de Guerra respondía al parlamento[147]. Sin embargo, las políticas de reforma militar asumieron una función importante en la sociedad francesa, y el ejército se convirtió en un nexo fundamental entre el gobierno y la sociedad. Las leyes introducidas en 1872 y 1873, en Francia, reformaron al ejército estableciendo la conscripción obligatoria por cinco años, aunque con aplicaciones variables y fuertes presunciones en favor de la protección de los hombres jóvenes más ricos del servicio[148]. A medida que el sistema republicano fue consolidado, las leyes de conscripción adquirieron un alcance más igualitario. Hacia 1889, el principio de servicio militar uniforme se consolidó, aunque con excepciones[149]. Luego de 1870, los principales abogados públicos de Francia, por ejemplo, sostuvieron que la legitimidad gubernamental estaba construida sobre un sistema

[147] Ralston, *The Army of the Republic*. 65, 161.

[148] De acuerdo con algunos cálculos, más del 50 % de los hombres no estuvieron sujetos a la conscripción (Mitchell, *Victors and Vanquished*, 30). Algunos estudiosos explican el modo en que estas leyes no lograron satisfacer los ideales republicanos (Crépin, *Histoire de la conscription*, 288 y 289).

[149] Ver Challener, *The French Theory of the Nation in Arms 1866-1939*, 47 y 48. Sobre las restricciones y variantes que persistieron en la aplicación de estas leyes, ver Geva, *Conscription, Family, and the Modern State*, 63.

de derechos iguales y recíprocos entre el gobierno y los ciudadanos individuales. Estos derechos incluyeron, como atribuciones públicas de los ciudadanos, el derecho al voto y a *ser un soldado*[150]. Hacia 1905, todos los ciudadanos masculinos de Francia estaban igualmente sujetos por la ley a sus deberes militares, incluyendo el servicio de reserva[151]. El debate sobre la extensión de la conscripción, que culminó en la nueva legislación de 1913, demostró las fallas en las vías de articulación entre los partidos y facciones de izquierda y derecha[152]. En este sentido, la Tercera República es un importante ejemplo de la correlación entre ciudadanía, militarización y profundización de la democratización. En la república, el poder político directo del ejército estuvo cuidadosamente circunscripto. Sin embargo, tanto internamente como externamente, la legitimidad y la fuerza integradora del sistema residió de manera simultánea en el sufragio (masculino) universal, y en la conscripción (masculina) universal[153].

d) *Ciudadanía militar y trabajo libre.* En muchas sociedades, la conexión entre las funciones militares y las primeras políticas democráticas fue reforzada por el crecimiento de la ciudadanía que coincidió con la abolición de la servidumbre y de otros tipos de trabajos forzados. Tal como se ha dicho, la supresión de la servidumbre estuvo conectada con las transformaciones en el campo militar. En general, los Estados abolieron la servidumbre para asegurarse la provisión de ingresos que no estuvieran limitados por los privilegios nobles. Sin embargo, cabe destacar que los Estados también lo hicieron para obtener acceso a grupos de potenciales soldados y, en muchos sistemas, los ejércitos fueron el mecanismo de integración en el que los siervos liberados adquirieron por primera vez su personalidad como ciudadanos.

150 Hauriou, *Précis de droit administratif, contenant le droit public et le droit administratif*, 76.

151 Algunos autores afirman que, hacia 1905, los hombres franceses eran conscriptos por 2 años de servicio activo y potencialmente obligados a 26 años de servicio como ejército de reserva (Becker, *Les "Trois Ans" et les débuts de la première guerre mondiale*, "Guerres mondiales et conflits contemporains", 1987, 145, 8). La conscripción fue posteriormente extendida a 3 años en 1913. Sobre este punto, ver Klausen, *War and Welfare*, 233; Tarrow, War, *States, and Contention*, 241.

152 Michon, *La preparation à la guerre*, 175.

153 Ver Monteilhet, *Les institutions militaires de la France (1814-1924)*, 118; Crépin, *Défendre la France*, 351.

El rol del ejército en la integración de los antiguos siervos se consolidó antes del período revolucionario. En muchas regiones de Europa, los ejércitos permanentes habían ofrecido una salida para las diferentes variantes de la servidumbre que existieron en el siglo XVIII. En diferentes contextos, el reclutamiento militar fue la liberación de la jurisdicción aristocrática[154] y, en algunos casos, los soldados no podían retornarse a sus señores luego del cumplimiento del servicio militar[155]. Algunos análisis explican el modo en que, en algunos contextos, el servicio militar podía proveer oportunidades inusuales de movilidad social para personas en posiciones marginales, al ofrecer un escape de las jerarquías de estatus personalizadas[156]. En algunas regiones, los ejércitos permanentes ejercieron funciones de protección y cuidado para los soldados y sus dependientes, lo que hizo sostenible la liberación de la servidumbre[157].

Sin embargo, luego de 1789, una función militar clave del ejército en muchas sociedades, fue la integración de las personas recientemente liberadas de la servidumbre y otros modos de trabajo forzado. Un proceso que aparece en muchos sistemas de Europa, es que la liberación de los campesinos de la servidumbre era rápidamente seguida por la introducción de la conscripción militar para los anteriores siervos. De esta manera, abandonaban la servidumbre para convertirse en soldados. En Francia, entre los años 1789 y 1793, se abolieron los derechos señoriales que permitían a los dueños de la tierra ejercer el control personal sobre los campesinos. Dichos derechos no implicaban poderes similares a los ejercidos por los terratenientes en los regímenes neo feudales de Europa Central. Sin embargo, los vestigios de las leyes feudales en la Francia anterior a 1789, aún imponían profundas restricciones a los campesinos a los que obligaba[158]. En Francia –como

[154] Frauenholz, *Das Heerwesen in der Zeit des Absolutismus*, 21; Benecke, *Militär, Reform und Gesellschaft im Zarenreich*, 29.

[155] Sobre este proceso en Rusia, ver Jones, *Red Army and Society*, 34.

[156] Sikora, *Söldner: historische Annäherung an einen Kriegertypus*, "Geschichte und Gesellschaft", 2003, 29(2), 213.

[157] Ver Pröve, *Stehendes Heer und städtische Gesellschaft im 18. Jahrhundert*, 27 y 28.

[158] En debates sobre la abolición del derecho feudal en la revolución, se afirmaba que las leyes feudales constituían un conjunto de obligaciones, que se basaban directa o indirectamente en feudos, a *complexum feudale*. Esto incluía

se ha dicho–, la conscripción militar comenzó en 1793 y se formalizó en 1798[159]. En diferentes partes de Prusia, la abolición de la servidumbre se anticipó en una serie de edictos, particularmente en 1763 y 1777, que se conectaron con el sistema cantonal de conscripción militar. En los años posteriores a 1806, se implementó una compleja estrategia de reforma agraria, que intentó erradicar la servidumbre (definida como "esclavitud personal") y crear una "nueva constitución" para el ejército[160]. La abolición de la servidumbre se completó, de manera teórica, en Prusia en 1807, durante los debates sobre la implementación de la conscripción militar. Las primeras leyes de conscripción se implementaron seis años después. En Bavaria, la servidumbre se abolió en 1808. La introducción de la conscripción fue un proceso progresivo, que comenzó en 1804 y 1805 y se consolidó en 1812. En los territorios bajo el gobierno Habsburgo, este proceso fue menos lineal. La supresión de la servidumbre comenzó, de manera inconclusa, en algunas regiones bajo el dominio de los Habsburgo, entre 1781 y 1785, y se reforzó, aún sin concluir, en el Código Civil de 1812. Algunas formas de conscripción cantonal se introdujeron en ciertas áreas en 1770, y en 1808 se impuso un intento reforzado de conscripción. En los territorios polacos agregados a los dominios de los Habsburgo en 1770, la conscripción militar se introdujo al mismo tiempo que la abolición (parcial) de la servidumbre. Este conjunto de procesos adquirió su expresión paradigmática en Rusia, donde las presiones

---

impuestos especiales, poderes para imponer trabajo forzado y derechos de jurisdicción privada (publicado en *Archives Parlementaires de 1787 à 1860*, series 1, vol. VIII, 574).

159 Sobre la persistencia de las obligaciones feudales en la Francia previa a 1789, ver Soboul, *Survivances "féodales" dans la société rurale française au XIXe siècle*, "Annales. Histoire, Sciences Sociales", 1968, 5, 983; Lefebvre, *Les paysans du nord pendant la révolution française*, 185; Hayhoe, *Enlightened Feudalism*, 48. Varios historiadores afirman que, luego de 1789, los derechos señoriales en Francia conservaron elementos centrales de feudalismo, incluyendo el control noble de las cortes, la producción agraria, algunos tributos, gobierno local y aspectos de esclavitud personal (Lefebvre, *Les paysans du nord pendant la révolution française*, 109, 117; Lemarchand, *La féodalité et la Révolution française*, "Annales Historiques de la Révolution Française", 1980, 52, 537, 543, 547).

160 Estos términos fueron utilizados en el famoso *Denkschrift* de Altenstein, que planificó reformas para el Estado prusiano para emular los resultados de la Revolución francesa [Altenstein, "Denkschrift (1807)", en Winter (ed.), *Die Reorganisation des Preussischen Staates unter Stein und Hardenberg*, 403, 431].

fiscales vinculadas al desastre militar de la Guerra de Crimea llevaron a las Grandes Reformas que incluyeron la abolición formal de la servidumbre en 1861[161]. La supresión de la servidumbre fue acompañada por la extensión del servicio militar obligatorio formalizado en la legislación de 1874, y la primera ampliación de la ciudadanía en Rusia estuvo estrechamente relacionada con la construcción del soldado-ciudadano[162].

Estos acontecimientos no fueron exclusivos de Europa. En Latinoamérica, el vínculo entre los procesos de integración estuvo más acentuado. En general, la guerra fue menos determinante para la formación de los Estados y para la integración política de Latinoamérica que en Europa. Los enfrentamientos interestatales en América Latina eran menos frecuentes, pero de mayor alcance, e implicaban menores costos para el gobierno que en Europa. Incluso las guerras de la independencia se libraron usualmente por soldados extranjeros[163]. Sin embargo, a medida que los ejércitos latinoamericanos se constituyeron de manera independiente a principios del siglo XIX, los conflictos militares intensificaron los patrones de integración social y formación de ciudadanía. Esto ocurrió en escenarios definidos por la esclavitud y por los legados de la servidumbre africana, y el reclutamiento militar impactó sobre las personas forzadas por regímenes de trabajo involuntario.

Durante la época de la independencia, el servicio militar fue un pasaje para la liberación de la esclavitud en muchas partes de América Latina. Chile fue el único sistema en Latinoamérica que otorgó libertad plena a los esclavos en el proceso de liberación (1823). Al mismo tiempo, muchos gobiernos introdujeron legislación para abolir la esclavitud que no se aplicó o se derogó rápidamente. Sin embargo, muchos Estados promovieron el reclutamiento de los esclavos en ejércitos anticoloniales que, en algunos casos, llevó a su liberación[164]. En la región que se convirtió en la actual Colombia, por ejemplo, se adoptó una aproximación gradual a la abolición de la esclavitud durante el período revolucionario, y

[161] Ver Beyrau, *Von der Niederlage zur Agrarreform*, 207 a 209.

[162] Sanborn, *Drafting the Russian Nation*, 4; Lohr, *The Ideal Citizen and the Real Subject in Late Imperial Russia*, "Kritika", 2006, 7(2), 177. Puede verse un análisis sobre la relación entre el ejército y la servidumbre en Rusia, en el excelente análisis de Wirtschafter, *From Serf to Russian Soldier*.

[163] Soifer, *State Building in Latin America*, 95.

[164] Ver Blanchard, *Under the Flags of Freedom*, 46 y 47.

los esclavos jugaron un rol limitado en el movimiento proindependentista[165]. Sin embargo, los esclavos que se levantaron en armas contra España fueron liberados, del mismo modo que se les ofreció la libertad por su participación en la guerra civil de 1839/1842[166]. La legislación que abolió la esclavitud en Uruguay en 1842, establecía de manera expresa que los antiguos esclavos debían ingresar al servicio militar[167]. En ambos casos, el reclutamiento militar formó un importante, aunque incompleto, marco para la integración de personas que habían estado bajo servidumbre[168].

En Brasil, la esclavitud se mantuvo hasta fines del siglo XIX. La persistencia de esta figura puede atribuirse en parte a la independización de Brasil del gobierno de la dinastía portuguesa. Esto implicó que la militarización nacional en la guerra de la independencia no ocurra, de modo que el reclutamiento se mantuvo concentrado en torno a las élites. El desarrollo de una amplia base nacional ciudadana se desaceleró de manera manifiesta por este hecho[169]. La esclavitud brasileña se centró fundamentalmente en torno a las plantaciones de azúcar y de café. Esto sentó las bases socioeconómicas que sustentaron las jerarquías administrativas, y transfirió a la sociedad brasileña los patrones de estratificación oligárquica que definieron al feudalismo en Europa[170]. En general, luego de que Brasil se convierta en un Imperio independiente, la oligarquía familiar y los modos de patronazgo asociados con la membresía familiar, fueron vitales para el sistema político y para la estructura de la sociedad brasileña[171]. De este modo, ambos pa-

[165] Helg, *Liberty, and Equality in Caribbean Colombia 1770-1835*, 152 y 153.

[166] Lohse, *Reconciling Freedom with the Rights of Property*, "Journal of Negro History", 2001, 86(3), 208. En Colombia, la liberación parcial se aplicó en 1821 pero no se completó hasta 1851/1852. Por un análisis del rol del reclutamiento militar en los primeros años de este proceso, ver Castaño, *Modernidad ius-politica y esclavitud en Colombia*, "Revista de la Facultad de Derecho y Ciencias Políticas", 2011, 41(114), 230.

[167] Sales de Bohigas, *Esclavos y Reclutas en Sudamerica, 1816-1826*, "Revista de Historia de América", 1970, 70, 281.

[168] Al respecto, puede verse Voelz, *Slave and Soldier*, 456 a 464.

[169] Ver Carvalho, *Cidadania: Tipos e Precursos*, "Revista Estudos Históricos", 1996, 18, 349.

[170] Ver Schwartz, *Sugar Plantations in the Formation of Brazilian Society*, 245 a 251.

[171] Bieber, *Patronage and Political Violence*, 67.

trones de organización social se sustentaron por la esclavitud. En la segunda parte del siglo XIX, la oposición a la esclavitud se incrementó. Las personas que apoyaban al movimiento abolicionista fueron usualmente hostiles a la subyacente estructura oligárquica del Imperio, y la campaña por la abolición articuló un largo y latente conflicto que existió entre grupos que se comprometieron con la preservación de las jerarquías locales y grupos que apoyaron la centralización del Estado imperial[172]. Con posterioridad, la abolición de la esclavitud en 1888 debilitó el apoyo de las élites terratenientes al Imperio. Esto llevó rápidamente al colapso del Imperio, y a la creación de la República (1889), basada en otras definiciones de ciudadanía[173].

La abolición de la esclavitud en Brasil estuvo fuertemente determinada por las políticas militares. Esto resultó de la profunda rivalidad entre los beneficiarios del antiguo régimen oligárquico, que se comprometieron con la defensa de los intereses locales, y las facciones del ejército que buscaban reforzar las instituciones militares y expandir la capacidad nacional de las instituciones gubernamentales[174]. En este sentido, la presión por tener una movilización militar más efectiva fue un factor importante en los procesos de abolición. Tradicionalmente, la milicia nacional (la Guardia Nacional) había estado ligada en el sistema familiar y clientelista que caracterizó al Imperio de Brasil, y que usualmente asumió importantes funciones en preservar y perpetuar la esclavitud[175]. Sin embargo, hacia 1860, la necesidad de reclutar más fuerzas militares en la Guerra del Paraguay (1864-1870) impulsó la modernización del ejército. Esto implicó que muchas figuras principales del ejército apoyaran la abolición, dado que la entendían como una medida central para promover el surgimiento de una república nacional centralizada con una fuerza militar adecuada[176]. En Paraguay,

[172] Ver el análisis de estas contradicciones en Salles, *Guerra do Paraguai*, 132, 148; Carvalho, *A Construção da Ordem. Teatro de Sombras*, 232 a 234.

[173] Ver Castilho, *Slave Emancipation and Transformations in Brazilian Political Citizenship*, 182.

[174] Alonso, *Flores, votos e balas*, 318; Carvalho, *Forças armadas e política no Brasil*, 138.

[175] Kraay, *State, and Armed Forces in Independence-Era Brazil*, 84 y 85; Fertig, *Clientelismo político em tempos belicosos*, 21, 152; Carvalho, *Forças armadas e política no Brasil*, 40.

[176] Toplin, *Upheaval, Violence, and the Abolition of Slavery in Brazil*, "The Hispanic American Historical Review", 1969, 49(4), 650. Respecto de las oposiciones militares al Imperio, incluyendo los reclamos sobre el gasto militar

donde la guerra llevó a una devastación y a una movilización social sin precedentes, los esclavos fueron liberados para luchar[177]. En Brasil, el ejército sufrió escasez de combatientes durante la guerra, y algunas unidades militares se formaron por el reclutamiento de esclavos liberados, lo que –en cierto punto– facilitó su integración social[178]. Luego de la guerra, se introdujo en Brasil una legislación basada en la lotería, que no se aplicó, para limitar la conscripción (1874). Tal como se ha dicho, la esclavitud fue finalmente abolida en 1888. Por consiguiente, la guerra no llevó a la finalización de la esclavitud en Brasil, aunque aceleró su prohibición[179]. Desde 1860 en adelante, el ejército permaneció en el centro de este proceso de nacionalización política vinculado con el abolicionismo, y los líderes militares concibieron al ejército como el motor de la unificación nacional y de la modernización de la sociedad de Brasil[180]. Cabe destacar que el conflicto entre el ejército y el sistema oligárquico del Imperio se rearticuló, en una nueva forma, por los grupos que apoyaron a Getúlio Vargas en 1930. En esta época, los esfuerzos para establecer una ciudadanía nacional plena y para consolidar el proceso de construcción nacional, estuvieron estrechamente ligados a las prerrogativas militares, e incluso a los ideales del soldado-ciudadano[181].

De manera similar, en Estados Unidos el servicio militar jugó un rol central en la abolición de la esclavitud. El trabajo forzado en Estados Unidos solo culminó por el conflicto militar, en la Guerra Civil de la década de 1860, y por una serie de enmiendas constitucionales que resultaron de este enfrentamiento. La Guerra Civil provocó el desgaste de los enclaves locales de poder en los Estados del sur, que tradicionalmente se habían opuesto a la for-

---

y la disminución de los salarios, y el crecimiento de la profesionalización militar, ver Dudley, *Institutional Sources of Officer Discontent in the Brazilian Army, 1870-1889*, "The Hispanic American Historical Review", 1975, 55(1), 54, 63 y 64.

177 Reber, *A Case of Total War*, "Journal of Iberian and Latin American Research", 1999, 5(1), 31.

178 Ver otros análisis, en Martin, *Slavery and Abolition in Brazil*, "The Hispanic American Historical Review", 1933, 13(2), 174; Graden, *From Slavery to Freedom in Brazil*, 81; Corrêa do Lago, *Da escravidão ao trabalho libre*, 307; Izecksohn, *Slavery and War in the Americas*, 91, 140.

179 Izecksohn, *Slavery and War in the Americas*, 127.

180 Torres, *O positivismo no Brasil*, 86.

181 Borges, *Tenentismo e revolução brasileira*, 158; Fausto, *A revolução de 1930*, 89.

mación de un sistema nacional en los Estados Unidos, asociado a la igualdad de derechos de la ciudadanía nacional. Asimismo, durante la Guerra Civil, tanto los Estados del norte como los del sur, enrolaron a miembros de la población afroamericana en el ejército, generando expectativas de una mayor integración sociopolítica[182]. Algunos historiadores definieron a la Guerra Civil como el contexto en que, por "primera vez en la historia de América", los ciudadanos afroamericanos fueron "tratados como iguales antes la ley" con el resto de la población[183]. El derecho militar actuó como un campo de prueba para el derecho nacional constitucional, de modo que las normas uniformes de ciudadanía adquirieron su primera consistencia en este ámbito.

En este sentido, resulta fundamental para comprender el desarrollo de los sistemas políticos nacionales en las diferentes regiones del mundo, que la construcción de la figura del ciudadano moderno estuvo vinculada con las fuerzas militares. En la mayoría de las primeras sociedades nacionales, los derechos de ciudadanía se extendieron a los nuevos grupos sociales, a medida que los Estados buscaron en sus poblaciones soldados y potenciales agentes militares para la guerra. Como se ha discutido, pocas veces esto generó las condiciones para un derecho al voto pleno. Sin embargo, la garantía de los derechos de ciudadanía por medio de la conscripción militar estableció las bases para la futura expansión de los derechos electorales. Así, como veremos más adelante, es posible afirmar que la ciudadanía democrática plena fue el resultado de la guerra. Esto implica que los sujetos políticos centrales de la sociedad moderna se construyeron sobre premisas militares, en respuesta a demandas de este tipo. Los sujetos fundamentales de las primeras instituciones democráticas, el pueblo soberano y el ciudadano nacional, surgieron del campo militar y traspasaron las presiones militares al sistema político[184]. La forma básica de la

[182] Berry, *Military Necessity and Civil Rights Policy*, 92. En la Unión, el reclutamiento oficial de ciudadanos afroamericanos comenzó en 1863, y hacia 1865 conformaban 10 % de los reclutas del ejército (Izecksohn, *Slavery and War in the Americas*, 109, 115).

[183] Foner, *Rights and the Constitution in Black Life during the Civil War and Reconstruction*, "The Journal of American History", 1987, 74(3), 864.

[184] Sobre la estrecha relación entre democratización y movilización de masas en los sistemas revolucionarios, ver Skocpol, *Social Revolutions and Mass Military Mobilization*, "World Politics", 1988, 40(2), 151. Sobre la centralidad de la guerra en la fomración de los primeros sujetos democráticos ver Ritter, *Staats-*

ciudadanía moderna surgió a medida que el pueblo se integró en un corpus normativo que les permitió ser reconocidos en, y conferir legitimidad a, el derecho. Este fue el precio que el Estado estuvo dispuesto a pagar por la entrega a la violencia militar.

La mayoría de las investigaciones sociológicas sobre la ciudadanía e integración social en los sistemas democráticos, contienen la afirmación optimista de que los ciudadanos promovieron la integración de las sociedades democráticas, al establecer amplios conjuntos de derechos que llevaron a los individuos a la cooperación social[185]. A modo ilustrativo, Durkheim sostuvo que la implementación de los derechos de ciudadanía encontró su mayor obstáculo en la guerra[186]. En algunos análisis sociológicos, incluso se sugiere que la ciudadanía democrática promovió patrones de integración, dado que los ciudadanos se aseguraron de que el derecho contemple, y se legitime por, principios de consenso racional[187]. Sin embargo, al remontarnos a su origen sociológico, la forma del ciudadano que permanece en el centro de los sistemas democráticos modernos es cualquier cosa menos un foco de legislación racional y reflexivo. El sujeto democrático apareció por primera vez como una figura que influyó en la legislación, como parte de un acuerdo por el que los Estados compraron fuerza militar. Así, esta relación inseparable entre la ciudadanía y la guerra definió a las primeras democracias revolucionarias y a los primeros procesos de construcción nacional. De este modo, desde sus orígenes, los sistemas políticos nacionales comenzaron a obtener legitimación para sus funciones legislativas, al reconocer a las personas como ciudadanos en una forma creada por la guerra. La figura de ciudadano activo

---

kunst und Kriegshandwerk, 70; Finer, *The Man on Horseback*, 227; Gueniffey, *La politique de la terreur*, 63; Kruse, *Mobilisierung und kriegsgesellschaftliches Dilemma*, "Zeitschrift für Soziologie", 2009, 38(3), 10; Planert - Frie, "Revolution, Krieg, Nation", en Frie - Planert (eds.), *Revolution, Krieg und die Geburt von Staat und Nation*, 1. Algunos historiadores entendieron la esencia de la ciudadanía moderna como "nacida de la guerra" [Leonhard, "Die Nationalisierung des Krieges und der Bellizismus der Nation", en Jansen (ed.), *Der Bürger als Soldat*, 85]. Sobre la profunda conexión entre el pueblo, el Estado y la guerra en el período revolucionario, ver Pröve, *Stadtgemeindlicher Republikanismus und die 'Macht des Volkes'*, 139.

185 Durkheim, *Leçons de sociologie*, 93; Marshall, *Citizenship and Social Class*; Parsons, *Full Citizenship for the Negro American?*, "Daedalus", 1965, 94(4).

186 Durkheim, *Leçons de sociologie*, 92.

187 Habermas, *Legitimationsprobleme im Spätkapitalismus*, 153.

moderno surgió como un constructo que revinculó el sistema jurídico con el militar, y conectó estrechamente procesos de integración normativa e institucional, y de movilización militar. El ciudadano moderno emergió, de manera específica, como una figura que creó las normas que sustentaron la integración jurídica, al trasladar impulsos militares al derecho. En este sentido, desde una perspectiva sociológica, resulta más adecuado examinar la forma subjetiva de la sociedad moderna, la sociedad de los ciudadanos nacionales, como una *comunidad integrada por la violencia*. En esta comunidad, los procesos básicos de integración y organización fueron originalmente definidos y promovidos por necesidades militares, y pocas veces tuvo resultados emancipadores para las personas afectadas[188]. Cabe destacar que algunos historiadores sostienen que el "homicida social" permanece en el centro de la integración de la sociedad nacional[189].

§ 8. *La guerra y la dialéctica de la ciudadanía política*

La ciudadanía democrática inicial, que se asoció con el servicio militar, aceleró el proceso de integración institucional que subyació a la sociedad moderna. De hecho, en muchas sociedades, el vínculo entre ciudadanía y reclutamiento militar fue central para los patrones básicos de inclusión geográfica y territorial, y la conscripción fue útil para dar forma objetiva a las sociedades como *naciones*[190]. Luego de 1789, la conscripción se realizó en varios sis-

[188] La comunidad de la violencia (*Gewaltgemeinschaft*) es definida como una unión social cuya identidad se forma por medio de "el ejercicio común de la violencia" [Speitkamp, "Gewaltgemeinschaften in der Geschichte", en Speitkamp (ed.), *Gewaltgemeinchaften in der Geschichte*, 27], y "para cuyo desarrollo y continuidad, la violencia física posee una función integradora" (Xenakis, *Gewalt und Gemeinschaft*, 12).

[189] Sanborn, *Drafting the Russian Nation*, 166.

[190] Algunos análisis establecen que la conscripción fue el factor de "primer orden en la formación de la identidad nacional" en Francia (Boulanger, *La France devant la conscription*, 251). Asimismo, en la Revolución francesa, el reclutamiento fue parcialmente separado de los departamentos regionales, de modo que los soldados fueron liberados de sus lealtades locales (Birnbaum, *States and Collective Action*, 61). En paralelo, un análisis de Estados Unidos establece que desde fines del siglo XVIII "la participación en el ejército nacional fue un aspecto fundamental de la definición jurídica de ciudadanía" (Janowitz, *The Last Half Century*, 178).

temas como una forma casi única de un proceso nacional, en el que la vida de los ciudadanos fue inmediatamente afectada por las instituciones estatales[191]. Asimismo, en muchas sociedades el ejército jugó un rol fundamental en la integración de grupos sociales periféricos dentro del marco del Estado Nación. En este sentido, se suele afirmar que la sociedad francesa se volvió políticamente centralizada por el reclutamiento militar[192]. En Prusia, el reclutamiento militar previo y posterior a 1789 ayudó a unificar a miembros de territorios dispares dentro de la estructura nacional del sistema político. Un tiempo antes, Gran Bretaña había tenido altos niveles de reclutamiento militar en Escocia. Esto jugó un papel importante en el endurecimiento de la base territorial del sistema británico, al ofrecer nuevas posibilidades profesionales para los Highlanders y alejarlos de sus lazos familiares que podían fomentar la rebelión[193]. Patrones similares se observaron a lo largo de América Latina, durante el siglo XIX.

Mas allá de estas consecuencias de la conscripción, la primera figura del ciudadano político activo poseía un conjunto de implicaciones problemáticas para la sociedad y para el Estado moderno. Esta figura proyectó, en la época revolucionaria, un constructo de importancia global que formó los procesos de legitimación e integración a lo largo del mundo. La Revolución francesa fue un

[191] Esto comenzó en los años posteriores a la Revolución francesa (ver Schmitt, *Armee und staatliche Integration*, 39, 87). El impacto nacional de la conscripción no debería exagerarse. El reclutamiento generalmente permaneció sujeto a las variantes locales, hasta la Primera Guerra Mundial. En Alemania y en Gran Bretaña, la movilización para la guerra en 1914 se concentró en unidades militares locales o regionales. Algunos análisis sostienen que la movilización masiva en Alemania en 1914, intensificó la distinción de las unidades territoriales dentro del Estado, dado que el reclutamiento se ejercía por agencias con enfoque regional (Daniel, *Arbeiterfrauen in der Kriegsgesellschaft*, 53). En Gran Bretaña, los regimientos fueron separados de las localidades en la última parte de la guerra, pero las lealtades locales permanecieron en los batallones individuales (Watson, *Enduring the Great War*, 65). Pueden verse perspectivas que explican que, en Francia, la conscripción no fue universalizada geográficamente en 1914, en Boulanger, *La France devant la conscription*, 143, 159, 161. Sin embargo, este análisis remarca que en Francia el reclutamiento fue "el factor por excelencia que promovió la movilidad nacional y la asimilación" (251).

[192] Ver Weber, *Peasants into Frenchmen*, 292 a 302.

[193] Cookson, *The British Armed Nation 1793-1815*, 35; Conway, *War, State, and Society in Mid-Eighteenth-Century Britain and Ireland*, 207; Wold, *Scotland and the French Revolutionary War*, 72.

acontecimiento jurídico global, cuyas implicancias determinaron profundamente los procesos de integración a lo largo de amplio espectro de entornos nacionales. Al ligar la legitimación de los procesos de integración con las funciones militares, la figura del ciudadano moderno provocó inestabilidad en muchas sociedades modernas. A causa de sus orígenes militares, el ciudadano moderno surgió como una fuente dialéctica insegura de normatividad jurídica que, al mismo tiempo, reforzó y desafió a los poderes estatales de integración y legitimación. En este sentido, la figura del ciudadano articuló normas de legitimación que no aportaron una base sólida para la integración jurídica y que fragilizaron las estructuras integradoras de la sociedad. A lo largo del mundo, los diferentes sistemas políticos internalizaron antinomias generadas por experiencias de la ciudadanía revolucionaria en los orígenes de la sociedad moderna. En efecto, los patrones de inestabilidad jurídica que se articularon por primera vez en los sistemas revolucionarios, resonaron en la mayoría de las expresiones de ciudadanía.

El primer aspecto dialéctico en la figura moderna de ciudadano, resultó del hecho de que la ciudadanía, en tanto ligada a la movilización militar, creó condiciones conflictivas en las sociedades en las que los ciudadanos fueran integrados y movilizados. El hecho de que los Estados garantizaran derechos políticos a los ciudadanos para sustentar acciones militares, implicó que dependan y otorguen privilegios a grupos sociales comprometidos con la guerra. De este modo, los derechos de acceso estuvieron determinados en parte por el entusiasmo por el enfrentamiento bélico. Así, de manera inevitable, los Estados acentuaron y militarizaron las divisiones dentro de sus propias sociedades, y en general reprodujeron algunos aspectos de los conflictos internacionales en el ámbito doméstico. En consecuencia, desde el período revolucionario en adelante, las políticas nacionales estuvieron a menudo cerca de la guerra civil. Esto comenzó en Francia, en la década de 1790. El gobierno de la Francia revolucionaria movilizó a los ciudadanos, de manera simultánea, en conflictos externos e internos, y estos últimos estaban frecuentemente conectados a los primeros y eran exacerbados por ellos[194]. En consecuencia, la adquisición de los derechos de ciudadanía dependió de la voluntad de los ciudadanos para

[194] Ver Soboul, *Les Soldats de l'an II*, 67; Kruse, *Die Erfindung des modernen Militarismus*, 130; Leonhard, *Bellizismus und Nation*, 223.

levantarse en armas contra los adversarios internos y externos, lo que provocó profundas divisiones dentro de la sociedad nacional. Robespierre hizo esta conexión de manera clara, en tanto afirmó que para consolidar la república, era vital dominar a los "enemigos internos" antes de accionar contra los "enemigos extranjeros"[195].

Desde 1789 en adelante, la movilización de los ciudadanos para la guerra fue usualmente una experiencia de fragmentación social, y provocó el riesgo de agudizar la inestabilidad doméstica. La movilización en masa se encontró inevitablemente con resistencia interna, aumentando la posibilidad de insurrección y de enfrentamiento civil si la guerra fracasaba. En Francia, como es sabido, el levantamiento de Vendée contra la revolución fue causado por la imposición de la conscripción en el campo[196]. Esto creó una división simbólica en la nación francesa, y profundizó las hostilidades entre la población rural y los sectores urbanos más progresistas[197]. En cada caso, la movilización militar en masa provocó profundos antagonismos entre la población, y la militarización de la ciudadanía impulsó estos enfrentamientos internos entre grupos de ciudadanos. Desde 1789, la figura del ciudadano emergió, no como un centro estable de producción de normas, sino como una forma en conflicto, definida por el antagonismo con otras naciones y con otros ciudadanos.

El segundo aspecto dialéctico en la figura del ciudadano moderno surge del hecho de que, luego de 1789, la capacidad de los gobernantes de afirmar su supremacía militar, se volvió una clave para su reconocimiento social interno. En la medida en que los Estados integraron sus poblaciones por medio de la guerra, estas fueron entendidas como el medio para construir legitimidad para el gobierno. Así, la legitimidad se volvió inseparable de la violencia, y los gobiernos se legitimaron por su habilidad para movilizar a una población contra otra[198]. En consecuencia, en la mayoría de los casos, los gobiernos que emprendieron guerras sin éxito entraron en crisis por la población que habían movilizado. En general, los Es-

[195] Robespierre, *Oeuvres complètes*, vol. VIII, 47.

[196] Tilly, *The Vendée*, 308; Broers, *Napoleon's Other War*, 25.

[197] Tombs, *The War against Paris, 1871*, 106; Lehning, *Peasant and French*, 25 y 26; Gaboriaux, *La République en quête de citoyens*, 181.

[198] Walter, *Preußische Heeresreformen 1807-1870*, 175; Martin, Violence et Révolution, 16; Sellin, *Gewalt und Legitimität*, 105.

tados beligerantes que fracasaron, colapsaron como resultado de la revolución o de la reforma radical durante o después de la guerra. Así, la derrota militar llevó a la asunción del poder de los grupos opositores. En este punto, la ciudadanía no constituyó una fuente de legitimidad confiable para los Estados. Aquellos que movilizaron a los ciudadanos como soldados siempre estuvieron, potencialmente, envueltos en una guerra de dos frentes.

El tercer aspecto dialéctico en la figura del ciudadano moderno, se evidenció en el hecho de que, luego de 1789, el ciudadano siempre amenazó la forma institucional básica del Estado. Luego de 1789 –como se ha discutido–, la introducción del servicio militar nacional significó que los Estados asociaran su legitimidad con personas movilizadas para la guerra. Sin embargo, la motivación de dichas personas para el enfrentamiento bélico no fue únicamente la lealtad hacia un monarca o un gobierno. Más bien, las personas eran motivadas a pelear en tanto luchaban por la sociedad nacional, por su estatus de ciudadanos en esta sociedad, y por su libertad de formar el derecho de esta sociedad. Dichas personas, una vez armadas, siempre plantearon una amenaza implícita para los Estados que los movilizaron dado que, en principio, su lealtad estaba únicamente comprometida de manera casual con el servicio a un gobierno particular[199]. Desde el período revolucionario en adelante, los soldados fueron reclutados por la apelación a obligaciones y sentimientos nacionales, que no podían ser fácilmente monopolizados por las instituciones soberanas. Como consecuencia, los agentes estatales se comprometieron con cautela con los soldados sobre los que ejercieron su fuerza de movilización, y de quienes extrajeron su legitimidad. Esto se reflejó en la Constitución de Francia de 1795 que, en su art. 365, sujetaba expresamente la fuerza militar al Estado. De manera fundamental, la Constitución de 1791 definía específicamente al ejército como una fuerza cuyo deber era, no de deliberación, sino de obediencia. Esta relación incierta entre el Estado y los soldados, se intensificó por el hecho de que los ejércitos crearon las bases de la ciudadanía, al liberar a las personas de sus servidumbres, y al dar armas a muchas personas a quienes se les habían denegado sus derechos personales. En algunos casos, los ejércitos de los primeros sistemas nacionales reclutaron esclavos que, una vez armados, provocaron una amenaza concreta a los

[199] Walter, *Preußische Heeresreformen 1807-1870*, 107 y 108.

sistemas de orden y propiedad[200]. A lo largo del mundo, los Estados concibieron a sus ciudadanos tanto como reclutas urgentemente necesarios, como potenciales revolucionarios.

Este tercer principio dialéctico se intensificó como consecuencia de que, en algunos sistemas de Europa. La institucionalización de la conscripción militar y la abolición de la servidumbre, conectadas con la irrupción de las guerras contra la ocupación de Napoleón, presenciaron la movilización masiva de los ciudadanos como milicias o como *partisanos*. El partisano surgió como una figura que simbolizaba la precariedad de la legitimidad otorgada por los ciudadanos modernos. Sin dudas, el fenómeno del partisano, en este contexto, no debería ser sobredramatizado. La idea común de que las naciones de Europa emergieron espontáneamente por las guerras de liberación nacional durante la era de Napoleón es, al menos en parte, la consecuencia de las posteriores proyecciones nacionalistas[201]. No obstante, en la época napoleónica, los soldados de muchos Estados ocupados fueron espontáneamente movilizados, y las unidades militares fueron informalmente construidas en torno a asuntos nacionales, que no se sujetaron a las leyes convencionales de soberanía. En estas circunstancias, el soldado y el ciudadano se fusionaron de manera voluntaria, y muchos ciudadanos eligieron libremente demostrar las virtudes de la ciudadanía al levantarse en armas. Esto puede verse en las guerras de España contra Napoleón, en donde la población nacional se armó a sí misma en resistencia contra la ocupación. Esto se replicó en otros países, incluyendo Austria y algunos Estados germanos. En Prusia, las reformas militares designadas para movilizar e incorporar grupos partisanos en el ejército regular, se propusieron en 1808, aunque nunca se implementaron[202]. El partisano ya había asumido

[200] Ver Quarles, *The Negro in the American Revolution*, 13.

[201] Ver Planert, *Der Mythos vom Befreiungskrieg*, 23.

[202] Ver análisis sobre los modos en que los partisanos transformaron la guerra luego de 1789, en Wohlfeil, *Vom Stehenden Heer des Absolutismus zur Allgemeinen Wehrpflicht*, 18 a 21; Rink, *Partisanen und Landvolk 1730 bis 1830*; Schmidt, *Der Guerrillero*, "Geschichte und Gesellschaft", 2003, 29(2), 186; Barth, *"Partisan" und "Partisanenkrieg" in Theorie und Geschichte*, "Militärgeschichtliche Zeitschrift", 2005, 64. Ver discusiones en torno a la resistencia a la ocupación napoleónica en España como el modelo para los posteriores levantamientos populares, en Wohlfeil, *Spanien und die deutsche Erhebung 1808-1814*; Rink, *Vom 'Partheygänger' zum Partisanen*, 282. Los relatos tradicionales del rol de los partisanos en España, fueron cuestionados por Esdaile, *Fighting Napoleon*, 159.

su importancia constitucional como agente de ciudadanía nacional, en la América revolucionaria[203].

En estos contextos, la figura del ciudadano moderno extendió un conjunto de motivaciones ambiguas. Es de una importancia clave en la figura del partisano, el hecho de que contradijo el principio básico del derecho militar de siglo XVIII, y –de manera más amplia– el principio del primer derecho público: que el poder de movilizar tropas es un atributo exclusivo de poder soberano[204]. Allí donde los partisanos se movilizaron, las personas no se sujetaron al mando estatal, se armaron y asumieron el derecho a ejercer la violencia militar en nombre de la política nacional. Asimismo, dichas personas reclamaron derechos de participación en la política nacional, fundados en sus acciones militares. Los gobiernos se sustentaban por fuerzas militares y políticas a las que no controlaban por completo. Así, en plena guerra, la capacidad para afirmar su soberanía fue amenazada por los soldados de quienes dependían y a quienes, en algún punto, debían su legitimidad. En este sentido, algunos Estados europeos introdujeron la conscripción de manera similar a la movilización partisana. Esto ocurrió, por ejemplo, en Austria en 1808 y en Prusia en 1813-1814, donde la conscripción fue promovida para resistir a la ocupación. En estos casos, la conscripción fue implementada como parte de una estrategia que intentaba aprovechar el potencial de los movimientos partisanos para la defensa nacional, pero también para subordinar estos movimientos al control estatal, impidiendo la militarización espontánea y descontrolada de la población[205]. Hacia 1820, la restauración del gobierno monárquico a lo largo de Europa implicó que la mayoría de los Estados tuvieran un reclutamiento limitado, que asimilaran sus unidades conscriptas en ejércitos regulares, o que preservaran la conscripción general en un modo superficial[206]. Por un largo período, la conscripción se volvió un instrumento para disciplinar a

[203] Kwasny, *Washington's Partisan War 1775-1783*, 112.

[204] Wohlfeil, *Spanien und die deutsche Erhebung 1808-1814*, 217; Schmitt, *Theorie des Partisanen*, 17.

[205] Se pueden ver estudios sobre las leyes de conscripción en Austria y en Prusia en 1808, 1813 y 1814, en Rassow, *Die Wirkung der Erhebung Spaniens auf die deutsche Erhebung gegen Napoleon I*, "Historische Zeitschrift", 1943, 167(2), 311; Wohlfeil, *Spanien und die deutsche Erhebung 1808-1814*, 227; Rink, *Vom 'Partheygänger' zum Partisanen*, 373.

[206] Walter, *Preußische Heeresreformen 1807-1870*, 108.

los potenciales partisanos, y para asegurar que sus energías se desplegaran de manera plenamente controlada por el Estado.

Estos factores, en su conjunto, implicaban que, en muchos contextos, el pueblo se hizo presente por primera vez dentro del Estado moderno en circunstancias en las que la capacidad militar regular era insuficiente para responder a las amenazas externas, y los gobiernos dependieron de los ciudadanos para obtener fuerza militar. En este contexto, el ciudadano emergió como el sujeto de legitimación de los sistemas modernos, no simplemente por su demanda de derechos políticos, sino también porque la soberanía tradicional de las instituciones fue quebrada por la presión militar. En algunas sociedades, el primer encuentro directo entre el Estado y el pueblo nacional ocurrió por la movilización de los partisanos. En dichos casos, la ciudadanía emergió como un actor en el que el Estado nacional dependió existencialmente, pero que requirió una domesticación constante. Así, la figura del ciudadano se presentó ante las autoridades públicas en forma de liberación pero, al mismo tiempo, de amenaza. Hacia 1920, Carl Schmitt sostenía que los Estados construían su soberanía por la diferenciación entre amigos y enemigos[207]. Sin embargo, lo que Schmitt omitió considerar al hacer esta afirmación fue que, en sus orígenes, los Estados modernos no podían hacer esta afirmación. En su primera formación, la soberanía y la legitimidad de los Estados modernos dependía de actores que, al mismo tiempo, habían desestabilizado su propia soberanía y legitimidad. Tal como se verá más adelante, los sistemas legitimados por la ciudadanía fueron definidos, a nivel estructural, por la creación de métodos para expandir el poder de soberanía sobre sus ciudadanos (ver § 10). Los Estados comenzaron a construir su forma integradora al usar medios militares para afirmar su soberanía sobre los ciudadanos, y estabilizaron su posición en la sociedad por la regimentación violenta de las personas de quienes extrajeron legitimidad.

El cuarto aspecto dialéctico en la figura del ciudadano puede observarse en el hecho de que la ciudadanía emergió como el foco de integración jurídica en contextos en que los siervos o los esclavos habían sido reclutados para la guerra, usualmente de defensa nacional o de fundación. Como se ha dicho, la liberación de las personas de los regímenes de trabajos forzados fue un aspec-

[207] Schmitt, *Der Begriff des Politischen*, 26.

to clave de la forma constitucional moderna, que fue introducida en la sociedad por el ejército. Sin embargo, en dichos procesos, la figura del ciudadano arroja una luz ambivalente sobre el sistema jurídico en el que las personas liberadas de los trabajos forzados se incorporaron. Así, el vínculo entre el compromiso militar y la ciudadanía creó premisas de legitimación extremadamente frágiles para el gobierno. Tal como se mencionó antes, para muchas personas, la adquisición de personalidad jurídica y política fue un proceso por el que pasaron de una condición de trabajo forzado, a una condición de reclutamiento militar obligatorio.

En consecuencia, para muchas personas el camino hacia la ciudadanía, por medio del ejército, llevó a una condición no muy diferente de la servidumbre de la que se habían liberado. La realidad inicial de la ciudadanía fue una vida de lucha forzada, que fue un poco más que "una nueva forma de servidumbre", impuesta por el Estado central en lugar de un señor feudal. Esto implicaba un aumento significativo de la exposición al riesgo de una muerte violenta[208] . De manera general, el trabajo militar formó un modo de trabajo que no era categóricamente diferente de la servidumbre o de la esclavitud, o en el que subsistió algún aspecto de trabajo involuntario[209]. De hecho, el ejército no era muy distinto de una penitenciaría, y el servicio militar se utilizaba para castigar a criminales[210].

[208] Al respecto, ver Hochedlinger, "The Habsburg Monarchy", en Storrs (ed.), *The Fiscal-Military State in Eighteenth-Century Europe*, 90. En un número de sociedades, los esclavos o siervos liberados no fueron completamente libres, y vivieron en una condición de libertad condicional, privada de algunos derechos.

[209] Al respecto, puede verse el excelente análisis de Beattie, *Conscription versus Penal Servitude*, "Journal of Social History", 1999, 32(4), 868, y de Kraay, *State, and Armed Forces in Independence-Era Brazil*, 75. Ver discusiones en torno a la afirmación de que "la vida militarizada es similar a la esclavitud", en Voelz, *Slave and Soldier*, 390. Sobre la profunda conexión histórica entre el reclutamiento militar y la prisión, ver Gird, 1921: 137. Sobre el vínculo entre la adquisición de ciudadanía, abolición de la servidumbre y encarcelamiento militar, ver Blessing, *Disziplinierung und Qualifizierung*, "Geschichte und Gesellschaft", 1991, 17(4), 469. Se pueden ver importantes discusiones históricas que afirman que la esclavitud y la actividad militar estuvieron siempre conectadas, en Sellin, *Slavery and the Penal System*, 83.

[210] Ver estudios sobre el caso de Brasil, en Meznar, *The Ranks of the Poor*, "The Hispanic American Historical Review", 1992, 72(3), 341; Carvalho, *Cidadania: Tipos e Precursos*, "Revista Estudos Históricos", 1996, 18, 350. Algunos historiadores de Brasil sostuvieron que la requisición en el ejército durante y luego de la Guerra del Paraguay, "llenó un importante nicho en el crepúsculo mun-

En consecuencia, al adquirir la ciudadanía, los ciudadanos ingresaron en una nueva condición de alienación corporal, que fue creada por la demanda de soldados baratos y de fácil motivación, en el surgimiento de los Estados Nación. Naturalmente, muchos ciudadanos nuevos se rebelaron contra las precondiciones militares de su ciudadanía, y las implicancias de la ciudadanía fueron ampliamente vistas como indeseables[211] .

En estos casos, el ejército se desarrolló luego del período revolucionario como un sistema clave de integración personal, en el que las normas de obligación nacional fueron inculcadas en los ciudadanos, y que promulgaron los principios de ciudadanía individual y de unidad y cohesión nacional, de los que se esperaba que la sociedad nacional en su conjunto surja. Sin embargo, el ejército también absorbió algunas de las funciones administrativas y de disciplinamiento, originalmente ligadas a las instituciones que controlaban a los esclavos. Así, las organizaciones militares asumieron responsabilidades para la sociabilización forzosa y la represión de los antiguos siervos. De hecho, en muchos escenarios, los ejércitos se desplegaron para asegurar que las personas liberadas de la servidumbre no pudieran ejercer los derechos de una ciudadanía plena. Casi sin excepción, la liberación de la servidumbre por las presiones militares no llevó a una integración democrática –es decir, ciudadanía plena– para los anteriores esclavos. En la mayoría de los sistemas políticos, pasó un siglo entre la abolición formal de la servidumbre, o la esclavitud, y la plena emancipación ex siervos o esclavos[212]. En la mayoría de las sociedades postabolicionistas,

---

dial, entre la esclavitud y el surgimiento del trabajo libre, y un ideal más inclusivo de ciudadanía" (Beattie, *The Tribute of Blood*, 269). Este ha sido ampliamente el caso en Europa antes de 1789 (ver Planert, *Der Mythos vom Befreiungskrieg*, 406 y 407). Ver un análisis ruso de la servidumbre a este respecto, en Kolchin, *Unfree Labor*, 75.

211 En 1813, la primera ola de conscripción en Prusia llevó casi al 25 % de deserción en algunas regiones. Francia tuvo una deserción cercana al 10 % de 1803 a 1814 [Hewitson, *Princes' Wars, Wars of the People, or Total War?*, "War in History", 2013, 20(4), 468]. Sobre las posiciones contra la conscripción, ver Frevert, *Die Kasernierte Nation*, 19

212 En Francia, los últimos vestigios de servidumbre fueron erradicados en los años posteriores a 1789, pero la emancipación política de los exsiervos (varones) sólo se produjo en 1870-1875, más de ochenta años después. En Prusia, la servidumbre fue abolida en 1807. Ocurrió la emancipación parcial de los exsiervos en los sistemas constitucionales semirrepresentativos establecidos más tar-

el ejército, habiendo jugado un rol clave en la liberación de los esclavos, fue usado como un instrumento de represión de estas personas, que exigían la expansión de sus derechos. El ejército se convirtió en parte de un aparato institucional, en el que los siervos fueron nuevamente privados de su libertad, o al menos se les impidió obtener derechos políticos plenos (ver § 10).

En estos casos, la primera ciudadanía reflejó una profunda e inextricable conexión dialéctica entre liberación y represión. El acceso a la ciudadanía siempre estuvo sujeto, por parte de la institución que lo otorgaba, a procesos coercitivos de reglamentación y selección. Después de 1789, el ejército siguió siendo una fuente de liberación y de encarcelamiento, y vaciló entre ambas funciones durante gran parte del siglo XIX. Para muchas personas, el ejército fue tanto el camino hacia la ciudadanía, como la barrera que lo bloqueaba.

En este sentido, la definición militar del ciudadano en el período revolucionario, siempre contuvo una profunda implicación dialéctica para las políticas nacionales emergentes. Por un lado, esta definición suponía una extensión de la soberanía estatal, y aumentó su poder de movilización, permitiendo que el Estado llegara a la sociedad nacional a un nivel sin precedentes. Asimismo, proporcionó un principio expandido de legitimidad colectiva para sus fundamentos jurídicos. Por otro lado, esta definición subrayó los límites de la soberanía estatal, e introdujo un elemento popular impredecible en forma de soberanía. El Estado entró en la era moderna en una forma en la que su soberanía esencial se dividió, y se le exigió estabilidad frente a las personas de quienes dependía su soberanía. Así, desde la era revolucionaria en adelante, el Es-

de en Prusia (1848-1850) y la Alemania imperial (1871). Sin embargo, la plena emancipación ocurrió en 1918, ciento once años después de la abolición. En los Estados Unidos, la esclavitud fue abolida en 1865, pero la plena emancipación de las personas anteriormente mantenidas como esclavas fue implementada en la Ley de Derechos Civiles de 1964 y la Ley de Derechos Electorales de 1965, exactamente una siglo después de la abolición. En Brasil, la esclavitud fue abolida en 1888. Sin embargo, antes de la abolición, en la *Lei Saraiva* (1881), se introdujeron requisitos de alfabetización estrictos para el ejercicio de los derechos electorales, lo que significó que pocos esclavos emancipados podían votar en las elecciones. El poder de las oligarquías locales sobrevivió mucho tiempo después del colapso del Imperio, y la República conservó gran parte de sus estructuras de poder privatistas existentes (Leal, *Coronelismo, enxada e voto*, 235). El sufragio pleno e igualitario no se introdujo hasta 1985, noventa y siete años después de la abolición.

tado se vio obligado a afirmar su soberanía en dos direcciones, y se encontró con nuevas amenazas en cada una de ellas. El Estado estaba forzado a movilizar un número creciente de tropas para la guerra. Sin embargo, también fue amenazado, de diferentes formas, por estas tropas. De este modo, surgió en condiciones de una soberanía fracturada, y su capacidad para preservar la soberanía generalmente presuponía el éxito militar. Esto significó que los Estados modernos, vinculados al constructo legitimador de ciudadano, a menudo debían entrar en guerra para preservar el control soberano sobre sus poblaciones.

El quinto aspecto dialéctico de la figura del ciudadano se hizo visible en el hecho de que, a medida que los Estados posteriores a 1789 obtenían legitimidad de las poblaciones divididas, la construcción de la legitimidad estatal se ligó con sus actividades de regulación de los conflictos internos de la sociedad. En los sistemas basados en la ciudadanía, los profundos conflictos sociales adquirieron relevancia para la legitimación del sistema. Así, la ciudadanía llevó a la politización de los conflictos grupales, en tanto los diferentes actores en la sociedad compitieron por la definición de legitimidad estatal.

Esto significó que la idea de ciudadanía que sustenta al Estado se concibió en un modo altamente volátil, y los términos básicos de legitimidad producidos por los ciudadanos estaban abiertos al enfrentamiento violento. Dentro de esta comunidad nacional violenta, también tomaron forma subcategorías de subjetividad violenta. En consecuencia, el mantenimiento de la soberanía por parte del Estado generalmente requería la promoción de un modelo de ciudadanía frente a otras alternativas, modelos que eran potencialmente plausibles. Así, el Estado se vio obligado a llegar a la sociedad para fabricar, a veces por medios militares, las condiciones de ciudadanía que presuponía para su legitimidad. Desde el principio, los Estados modernos fueron requeridos para construir su legitimidad suavizando los conflictos entre diferentes grupos, clases y sectores dentro de la población o, de ser necesario, suprimiendo los conceptos de ciudadanía alternativos, introducidos por algunos sectores de la comunidad nacional.

Una expresión de esta construcción violenta del ciudadano, puede observarse en el hecho de que, en muchos sistemas políticos, el vínculo entre la legitimidad estatal y la ciudadanía llevó directamente a la guerra civil, inducida por la orientación de legitimidad gubernamental en torno a las normas de ciudadanía. En estos escenarios, las normas de legitimación del gobierno solo fueron establecidas por la supresión política de los grupos que proponían comprensiones contrarias de ciudadanía. Como se mencionó, la ciudadanía en la Revolución francesa se consolidó primero a través de la aniquilación de los opositores a la Revolución. La Revolución americana promulgó un concepto de ciudadanía que desencadenó una profunda inestabilidad civil y, finalmente, una guerra civil. Las implicancias jurídicas de legitimación de la ciudadanía estadounidense, solo pudieron realizarse mediante la prolongada imposición militar de un patrón uniforme de ciudadanía en la sociedad. En muchos países de América Latina, los ideales democráticos de ciudadanía generaron versiones contrarias de legitimidad, y la mayoría de los sistemas políticos experimentaron una guerra civil corta, o intermitente, en sus períodos de fundación. Pocas sociedades no experimentaron una guerra civil, al establecerse la ciudadanía como el principio integrador central.

Otra expresión de la construcción violenta de ciudadanía puede observarse en el hecho de que, luego de 1789, la posición institucional de los militares se convirtió en un tema de intensa controversia, que reflejó las diferentes construcciones de soberanía política. Normalmente, la proximidad entre las personas y el ejército después del siglo XVIII, significó que cada grupo político que reclamaba los derechos de ciudadanía, adoptó un enfoque distinto de lo militar. De modo que diferentes conceptos de ciudadanía se expresaron en relatos contrarios sobre el modo en que debían ubicarse las unidades militares en la política. Las disputas sobre el papel de los militares, acompañaron el surgimiento de las primeras democracias, y los militares fueron transformados en un foco de antagonismo constitucional. Este fue el caso de los sistemas políticos que habían sido testigos de movilizaciones populares, y de la fractura de la soberanía durante la era napoleónica, lo que abrió el acceso a la ciudadanía.

Por un lado, era común para los primeros constitucionalistas del siglo XIX de Europa, afirmar que la fuerza militar debía ser ejercida por el pueblo, dentro de los límites constitucionales[213]. Dichos teóricos, generalmente, abogaban por la creación de una milicia

[213] Al respecto, ver Rotteck, *Ueber stehende Heere und Nationalmiliz*, 134 y 135.

civil, afirmando que la defensa del sistema político estaba mejor garantizada por los ejércitos voluntarios, sujetos a normas constitucionales[214]. Esta posición fue un aspecto importante de la política liberal de Europa, a lo largo del siglo XIX. La demanda, infrecuentemente realizada, de que el ejército debía jurar fidelidad a los principios constitucionales, fue una preocupación para muchos partidos que promovían los primeros experimentos de gobiernos representativos[215]. Después de 1848, la perspectiva militar distintiva del liberalismo temprano se debilitó. Sin embargo, el militarismo democrático no desapareció, y muchos demócratas respaldaron la creación de un ejército popular. Esto puede observarse en la Comuna de París de 1871, cuyas tropas irregulares asumieron el control político de la ciudad. En la Tercera República de Francia, el entusiasmo de la izquierda democrática por un ejército integrado por "las fuertes milicias nacionales", se mantuvo con intensidad[216]. Este punto de vista se hizo eco en algunos sectores del Partido Socialdemócrata en Alemania[217].

Por otro lado, los grupos reaccionarios del siglo XIX estuvieron fuertemente conectados con el ejército. En muchas sociedades, las facciones políticas conservadoras actuaban en conjunción con el sector militar para imponer una visión constitucional diferente en la sociedad. En muchas naciones, el poder militar, cuya posición permaneció ligada al estatus social, fundó su autoridad en la amenaza de la guerra civil y se comprometió con la protección de los grupos sociales reaccionarios[218]. Luego de 1815, los gobiernos conservadores, usaron frecuentemente la milicia para suprimir los movimientos radicales. Esto se expresó de manera emblemática

[214] Höhn, *Verfassungskampf und Heereseid*, 39; Pröve, *Stadtgemeindlicher Republikanismus und die 'Macht des Volkes'*, 145.

[215] Por ejemplo, se esperaba que los soldados germanos que lucharon por el gobierno creado en Frankfurt en 1848-1849, hagan un juramento sobre la Constitución (Müller, *Soldaten in der deutschen Revolution von 1848/49*, 110). Ver un análisis sobre Prusia en este punto, en Buschmann, *Einkreisung und Waffenbruderschaft*, 146). Como contraste, el art. 64 de la Constitución de 1871 impuso a los militares un juramento de lealtad personal al Káiser. En su abdicación en 1918, el Káiser liberó a todos los soldados de este juramento. Esto creó la base para un ejército republicano.

[216] Jaurès, "L'Armée nouvelle", en Jaurès, *Oeuvres*, vol. IV, 50.

[217] Bebel, *Nicht stehendes Heer sondern Volkswehr*, 45.

[218] Messerschmidt, *Preußens Militär in seinem gesellschaftlichen Umfeld*, "Geschichte und Gesellschaft", 1980, Sonderheft 6, 71.

en Peterloo, en Manchester. Sin embargo, luego de 1815, el uso del ejército para sofocar al radicalismo fue aprobado formalmente en los Estados germanos. En Prusia, una ordenanza de 1820 preveía el despliegue de las unidades militares para restaurar el orden público[219]. En algunos Estados germanos, los levantamientos constitucionales fallidos de 1848-1849, que se sustentaron parcialmente por las milicias populares, fueron suprimidos por las tropas de Prusia. Luego de 1848, las primeras facciones germanas conservadoras se asociaron con las organizaciones militares, funcionando como una institucionalización permanente de la contrarrevolución[220]. En Francia, la Segunda República fue formada por la supresión de Cavaignac del ejército de insurgentes, y fue derribada por un golpe de Estado bonapartista. Para esta época, los diferentes ejércitos nacionales unieron sus fuerzas con la policía regular, para suprimir la insurrección y el activismo industrial[221]. En síntesis, hacia fines del siglo XIX, el vínculo entre el ciudadano y el soldado que había promovido la democracia se disolvió en gran parte de Europa. El ejército se volvió contra su posición original de pasaje a la ciudadanía, y actuó cada vez más como la vanguardia del sector social que obstruyó la integración democrática y los derechos de ciudadanía. En los Estados que mantuvieron la conscripción, el servicio militar funcionó frecuentemente como un sistema para iniciar a los jóvenes en los principios antidemocráticos.

Una mayor expresión de la construcción violenta del ciudadano, pudo observarse a medida que las sociedades progresaron hacia una integración democrática e institucional más expandida. Como se ha dicho, luego de 1815, la mayoría de los ciudadanos fueron excluidos del ejercicio de los derechos que permitían influencias populares en los procesos legislativos, y la mayoría de las vías de democratización fueron revertidas o demoradas. En muchos sistemas políticos, el ejército jugó un rol fundamental en estos procesos. Sin embargo, en la medida en que los sistemas constitucionales de

[219] Vollert, *Für Ruhe und Ordnung*, 173.

[220] Ver Trox, *Militärischer Konservatismus*, 157, 283; Gresle, *La "Société Militaire"*, "Revue Française de Sociologie", 2003, 44, 788.

[221] Sobre Prusia, Reino Unido y Francia, véase Lüdtke, *'Gemeinwohl', Polizei und 'Festungspraxis'*, 324, 341, 345. Una discusión importante explica que, después de 1870, el uso del ejército contra las protestas industriales era más común en la Francia democrática que en Alemania (Johansen, *Soldiers as Police*, 89, 278).

Europa se volvieron gradualmente más democráticos, la disputa por la ciudadanía dividió a la sociedad en grupos contrapuestos que se desafiaron mutuamente por el acceso a los derechos de influencia legislativa. En la mayoría de las sociedades nacionales, el primer ascenso de la democracia llevó a un profundo antagonismo de la ciudadanía, en el que los diferentes grupos internalizaron el principio militar esencial por el que la asunción de los derechos de ciudadanía conllevaba la negación de los derechos de los sectores rivales. Los derechos de ciudadanía, es decir, derechos a formar normas reconocidas como legítimas, se volvieron objetos inmediatos de confrontación militar.

Este patrón se volvió manifiesto, en particular, en el sistema partidario de representación política, que se desarrolló en los Estados de Europa en el pasaje hacia la democracia. En los partidos políticos, surgió un profundo ímpetu de militarización desde sus orígenes, durante la Revolución francesa. Antes de este período, los partidos eran normalmente vistos como un detrimento de la organización política legítima. De hecho, muchos de los primeros teóricos constitucionalistas rechazaron el mayoritarismo partidario, al que ridiculizaban como un faccionalismo[222]. Los diferentes partidos políticos existieron en Gran Bretaña y en Suecia antes del período revolucionario. Sin embargo, su primera categorización como partidos de izquierda y de derecha, separados por dicotomías políticas consistentes, ocurrió en la Revolución francesa. En este contexto, los partidos políticos se desarrollaron en un escenario de enfrentamiento civil, e internalizaron algunas funciones militares. El objetivo central de los partidos políticos gobernantes era solidificar los regímenes formados en condiciones de antagonismos extremos, por el despliegue de fuerzas militares contra los adversarios. En respuesta, los opositores se militarizaron para poder derrocar a los partidos ligados con los regímenes militares existentes. La organización militar con afinidades parciales con partidos, proliferó en esta época. En algunos países, la Revolución francesa promovió la creación de unidades militares voluntarias con características militares y políti-

[222] Esto está implícito en toda la teoría del contrato social de Rousseau. El ejemplo clásico es la afirmación de Madison, en *Federalist 10*, de que un partido es un organismo que busca "sacrificar, en favor de su pasión interés de gobernar, tanto el bien público como los derechos de otros ciudadanos" (Madison - Hamilton - Jay, *The Federalist Papers*, 125).

cas asociadas[223]. En varios Estados, como se ha dicho, el período napoleónico vio el crecimiento de los movimientos partisanos, de modo que los primeros movimientos políticos nacionales se asociaron con organizaciones militares. En general, los partidos políticos se consolidaron en entornos en los que la soberanía estatal se había quebrado por la guerra o por la revolución. Así, emergieron los diferentes partidos para disputar una parte de la soberanía. De hecho, el concepto básico de partido tenía originalmente implicancias militares. En el siglo XVIII, el "partido" se entendía tanto como un término político como militar. En el sentido político, se refería a pequeñas facciones de la corte real, que perseguían objetivos propios y que podían ocasionar un gran daño. En el sentido militar, se refería a pequeñas unidades militares, separadas de la parte principal del ejército, y lideradas por partisanos[224].

A lo largo del siglo XIX, los partidos políticos comenzaron a desarrollar estructuras institucionales firmes, como parte del proceso general de construcción del sistema democrático y de integración institucional. En este sentido, los partidos políticos adquirieron consistencia al mismo tiempo que las personas en situaciones económicas similares, comenzaron a percibirse como miembros de una clase social específica. En consecuencia, la construcción de la pertenencia de clase generalmente llevó a la formación de los partidos políticos, los que adquirieron una importancia central en la articulación del antagonismo entre los diferentes intereses de las clases sociales[225]. Los primeros partidos políticos se designaron para garantizar y expandir los derechos de ciudadanía a sus miembros, por lo que su función principal fue asegurar que estos no sean excluidos del ejercicio de sus derechos. De este modo, los partidos crecieron en torno a los conflictos que dividieron a la ciudadanía, y enfrentaron a grupos de ciudadanos entre sí. A menudo se observa que los partidos políticos jugaron un rol central en la formación de la nación, en las sociedades del siglo XIX, especialmente al centralizar institucionalmente los movimientos sociopolíticos de diferentes regiones[226]. Sin embargo, al hacer esto, replicaron ciertas funciones del ejército

[223] Sobre este fenómeno en Gran Bretaña en los años posteriores a 1789, ver Gee. *The British Volunteer Movement 1794-1814*, 21.

[224] Jablonski, *Lexicon der Künste und Wissenschaften*, 780 y 781.

[225] Ver Kocka, *Arbeitsverhältnisse und Arbeiterexistenzen*, 3.

[226] Caramani, *The End of Silent Elections*, "Party Politics", 2003, 9(4), 436.

y provocaron que las personas se perciban dentro de la sociedad como ciudadanos nacionales con potenciales tareas de combate. En cada caso, el sistema político se convirtió en un control del conflicto entre sujetos colectivos adversarios, que tendían a converger en torno a los intereses de clase.

Este vínculo entre los partidos políticos y las clases sociales coincidió históricamente con la amplia militarización de la sociedad europea, y los primeros partidos se concibieron a sí mismos como órganos de la lucha de clases. Como se mencionó, los partidos conservadores del siglo XIX tuvieron estrechos vínculos con medios militares. Los partidos radicales proyectaron su papel como protagonistas colectivos en la guerra civil, y el vocabulario bélico se volvió vital para los partidos políticos de la izquierda europea. De hecho, muchos teóricos de la organización política vinculados con la izquierda, eran estudiosos de la política militar, y su interpretación de la sociedad estaba imbuida de una reflexión militar. Por caso, Marx y Engels observaron el capitalismo como el sistema económico surgido luego del feudalismo, en el que los agentes económicos individuales (siervos liberados) eran asimilados coercitivamente en "ejércitos industriales". Estos autores anhelaban reemplazar al capitalismo por el socialismo, un sistema que también consideraban basado en "ejércitos industriales", en donde se cumplirían libremente determinados compromisos colectivos[227]. Ellos concebían al Partido Comunista como la vanguardia política en la transición de un sistema económico militarizado a otro. La contribución de Engels al desarrollo del marxismo político es especialmente importante. Al igual que Marx, Engels veía el conflicto de clases como un patrón de militarización social, en el que las diferentes clases se conformaban de manera análoga al ejército[228]. Asimismo, llegó a la conclusión de que el servicio militar promovía la dignidad personal de los soldados, lo que implicaba que era probable que la ciudadanía socialista prosperara en sociedades con énfasis militar[229]. Engels describió el servicio militar obligatorio como una "institución democrática" distintiva, y compartió la opi-

[227] Marx - Engels, "Manifest der Kommunistischen Partei", en Marx - Engeles (eds.), *Werke*, vol. IV, 481.

[228] Engels, *Die Preußische Militärfrage und die Deutsche Arbeiterpartei*, 24.

[229] Engels, *Die Preußische Militärfrage und die Deutsche Arbeiterpartei*, 32.

nión republicana de que la "implementación efectiva del servicio militar" iba a conducir a la plena emancipación nacional[230]. Más tarde, Karl Kautsky argumentó que la política socialista implicaba la realización de "una larga guerra civil"[231]. Jean Jaurès proyectó el activismo socialista en términos militares y acentuó la conexión directa entre la militarización social y democracia radical[232]. En el extremo izquierdo, la asociación de partidos políticos con unidades militares era aún más intensa. Para Lenin, la función básica de un partido político era actuar como vanguardia de la revolución global[233].

En síntesis, en la mayoría de los sistemas políticos, el vínculo original entre el soldado y el ciudadano demostró la precariedad de la premisa sobre la que se formó la democracia, y construyó sus principales normas en términos que provocaron división. Así, el sujeto democrático que emergió de los procesos de militarización social, apenas proporcionaba bases estables para una integración jurídica fiable. En la mayoría de los casos, como se examinará más adelante, el surgimiento de la ciudadanía creó principios de legitimación para la política, que eventualmente fracturó sus instituciones.

§ 9. *Conclusión*

Antes del período revolucionario de fines del siglo XVIII, los estados se desarrollaron construyendo a las personas como agentes individuales, e integrándolas en la sociedad como tales. Principalmente, los Estados prerrevolucionarios integraban a las personas como sujetos jurídicos y, en cierta medida, como sujetos fiscales. Así, se aseguraban su soberanía liberando a dichos sujetos de la autoridad privada adscrita a los dominios aristocráticos. La individualización de los agentes sociales como sujetos jurídicos constituía un prerrequisito normativo básico para el surgimiento del Estado y para la construcción del sistema jurídico moderno. El período revolucionario, sin embargo, fue testigo de una profunda transforma-

[230] Engels, *Die Preußische Militärfrage und die Deutsche Arbeiterpartei*, 7, 38.

[231] Kautsky, *Die soziale Revolution*, 53.

[232] Jaurès, "L'Armée nouvelle", en Jaurès, *Oeuvres*, vol. IV, 82, 137.

[233] Rabinowitch, *The Bolsheviks in Power*, 2.

ción de la unidad integradora de los Estados nacionales. Las personas fueron integradas en el sistema como sujetos militares, y la subjetividad militar fue la fuente constitucional de legitimidad para las políticas que se orientaban hacia la democratización. El surgimiento de la ciudadanía militar resultó, en gran parte, por el hecho de que, antes de 1789, el sistema jurídico había promovido procesos de inclusión que carecían de la solidez suficiente para integrar a la sociedad. Tiempo antes de 1798, muchos gobiernos habían intentado darles consistencia a sus instituciones y liberar a personas individuales en la sociedad, pero estos procesos solo tuvieron un efecto limitado. La incapacidad de los Estados emergentes para transformar a las personas de la sociedad en sujetos jurídicos y fiscales uniformes, llevó al mal funcionamiento del sistema fiscal y del sistema militar, y socavó la soberanía de las instituciones estatales. En este contexto crítico de la integración, surgió el ciudadano como la figura constitucional de la modernidad, ejerciendo derechos de soberanía política. El ciudadano moderno se formó, principalmente, no como una figura que reflejaba a personas concretas, sino como el resultado de las presiones de integración en la sociedad. Esto provocó una profunda ligadura entre la persona como centro de la integración jurídica, con la persona como centro de integración militar. Asimismo, la producción de legitimidad jurídica pasó a depender en gran medida de la capacidad de los gobiernos para motivar a los ciudadanos a luchar en las guerras. De esta forma, el ciudadano adquirió dos caras: una legal y otra militar, que no se podían separar fácilmente, y que se ligaron por el mismo proceso.

Hacia fines del siglo XVIII, el vínculo revolucionario entre la ciudadanía y el servicio militar generó una dinámica dialéctica compleja en las sociedades nacionales, y resultó constitutivo del Estado moderno. Como se ha discutido, el constructo revolucionario del ciudadano expresaba cierta continuidad con los patrones existentes de formación social y nacional que preexistían a la era revolucionaria. A partir de este período, las sociedades modernas alcanzaron un alto grado de integración jurídica y política, en la que las obligaciones sociales se definieron por principios cada vez más sólidos, sancionados públicamente. Esto debilitó a los sectores privados en el Estado, y promovió la integración de la sociedad en torno a instituciones públicas y bajo un orden jurídico relativamente uniforme.

Sin embargo, visto desde una perspectiva histórica más amplia, la construcción del ciudadano surgida en el período revolucionario de fines del siglo XVIII, tuvo resultados que redirigieron significativamente los procesos de integración que subyacen a la sociedad moderna. Así, la construcción del ciudadano perdió su fuerza como norma funcional para la integración social, y tendió a erosionar las condiciones necesarias para su propia realización.

En primer lugar, el constructo revolucionario de ciudadano vinculó los procesos de integración interna de la sociedad, con las presiones militares externas. En la medida en que el ejercicio de los derechos políticos de los ciudadanos se ligó al reclutamiento militar, la guerra o la amenaza de guerra intensificó la integración de los ciudadanos en las políticas nacionales y los vinculó más estrechamente al Estado. En sus primeras conceptualizaciones, la democracia moderna se definía como un sistema de gobierno que se oponía a la guerra. En el mismo sentido, los revolucionarios franceses sostenían que la democracia hacía que la guerra fuera poco probable. El Proyecto de Abbé Grégoire para una Declaración de los Derechos de las Naciones, sugería que las constituciones republicanas comprometan sus sistemas políticos a la coexistencia pacífica con los otros[234]. En el mismo sentido, Kant afirmaba que el constitucionalismo republicano erradicaría la guerra de la sociedad[235]. Sin embargo, la primera ciudadanía democrática fue inseparable de guerra. Una vez establecida, la ciudadanía abrió la sociedad a los impulsos militares.

Desde el advenimiento de la democracia moderna, la organización de la sociedad como sistema de integración jurídica, iniciada a finales del feudalismo, se ubicó nuevamente, como en la sociedad feudal, sobre premisas definidas por la guerra. De este modo, los ciudadanos se integraron en los sistemas jurídicos democráticos en tanto estos los recompensaban por su movilización militar.

En segundo lugar, el constructo revolucionario del ciudadano implicó que el proceso que sustentó la disolución del feudalismo,

[234] Grewe, *Fontes Historiae Iuris Gentium*, vol. II, 660 y 661. La reciprocidad entre los derechos nacionales e internacionales también era fundamental para el pensamiento de Condorcet, "La nation française à tous les peuples", en Condorcet, *Oeuvres*, vol. XII, 527.

[235] Kant, "Zum Ewigen Frieden", en Kant, *Werkausgabe*, vol. XI. Kant también describía a los voluntarios militares de la Francia revolucionaria como "soldados del derecho", motivados a levantarse en armas por el "derecho del pueblo al que pertenecían" ("Der Streit der Fakultäten", en Kant, *Werkausgabe*, vol. XI, 359).

es decir, la construcción de cada persona como un sujeto jurídico individual, se invierta parcialmente. La militarización de la ciudadanía implicó que los derechos y los pedidos de reconocimiento jurídico y de legitimidad, se asociaran con sujetos colectivos, ligados con la formación de clases. Importantes sociólogos han identificado el proceso de individualización prolongada como la característica principal de la sociedad moderna[236]. Sin embargo, originalmente la individualización sólo caracterizó a la sociedad moderna en el nivel de la interacción privada. En cuanto a la producción de legitimidad, la sociedad moderna se definió por el fin de los patrones anteriores de individualización. Como se analizará posteriormente, la construcción colectiva de la subjetividad política aumentó la sensibilidad de los sistemas políticos nacionales a los conflictos externos, y provocó que los grupos de ciudadanos se movilicen a nivel nacional, en función de prerrogativas definidas a nivel internacional.

En tercer lugar, el constructo revolucionario de ciudadano introdujo un elemento precario y perturbador en la soberanía del Estado. Después de la era revolucionaria, el poder estatal para hacer la guerra dependió de su capacidad para movilizar a su población en este sentido. Sin embargo, la lealtad militar de los ciudadanos demostró ser un frágil recurso de legitimación. Los Estados lucharon por institucionalizar una gramática en la que los ciudadanos puedan integrarse como agentes cuyo ejercicio de soberanía no fracture la estatal. De hecho, la afirmación de la soberanía por parte del Estado desencadenó posicionamientos contrarios de soberanía. Así, la soberanía estatal siempre se vinculó con la contrasoberanía revolucionaria. Esto provocó una dialéctica de emancipación y represión en el seno del Estado moderno. De modo que, por un lado, los Estados dependieron de ciudadanos violentos. Pero, por otro, también estaban obligados a utilizar la violencia para motivar y pacificar a estos ciudadanos. En este sentido, su soberanía y su legitimidad dependieron de su capacidad para garantizar que los ciudadanos no adquieran poderes militares suficientes como para desestabilizar al propio Estado. La mayoría de los gobiernos generaban la lealtad de las personas, por el despliegue de coerción extrema y de represión. El origen revolucionario del Estado moderno implicó que las funciones estatales de control interno asumieran necesariamente un énfasis militar.

236 Durkheim, *Leçons de sociologie*, 99; Luhmann, *Grundrechte als Institution*.

En cuarto lugar, una consecuencia fundamental del concepto moderno de ciudadanía fue que creó un nexo fuerte e inmediato entre las disputas por la construcción del derecho en la sociedad nacional, y la posición del Estado respecto de los conflictos internacionales. A partir del período revolucionario, el sujeto constitucional de la democracia, el ciudadano soberano, evolucionó como un constructo que hacía que la legitimidad estatal dependiera de su posición en el terreno internacional. En primer término, la legitimidad del Estado estaba ligada al éxito en la guerra. En segundo lugar, la legitimidad del Estado estaba ligada a la movilización de soldados para garantizar tal éxito. Dicha movilización dependía de la posibilidad de un riesgo externo al Estado y a sus ciudadanos, que fuera suficiente para justificar morir en la guerra. Por lo que la legitimidad estatal se construyó en un contexto en el que tanto la soberanía externa como la interna del Estado, estaban en tensión. En tercer lugar, la pacificación de los ciudadanos nacionales a menudo se intentaba por medio de la guerra interestatal. El enfoque integrador de la sociedad estaba determinado, en esencia, por la articulación de los ciudadanos nacionales y del sistema jurídico-político nacional, con los procesos de conflicto interestatal. Esto provocó profundos antagonismos entre diversos grupos dentro de las sociedades nacionales. La mayoría de las personas fueron liberadas como ciudadanos, a medida que la hostilidad interestatal se agudizaba y, de diferentes maneras, esto fue expresado en las prácticas ciudadanas.

La figura del ciudadano ya se había formado, de manera bastante incipiente, antes de las revoluciones que establecieron la forma de legitimación política básica de la sociedad nacional moderna. Esta figura había servido, estructuralmente, para crear una división constitucional entre la construcción de la legitimidad del derecho y el ejercicio de la violencia militar. En la época revolucionaria, los límites jurídicos del ciudadano, que habían influido en las primeras formaciones de la sociedad moderna, se expandieron para incluir dimensiones políticas distintivas y enfáticas. En consecuencia, el enfoque legitimador del derecho se asoció con el ciudadano como actor político, al que dotó gradualmente de derechos de voto y otros derechos de participación electoral. Esta expansión del constructo del ciudadano definió, en esencia, la constitución del sistema político nacional moderno. Una consecuencia inicial del desarrollo del sistema político moderno fue que, como en la sociedad feudal, la legalidad del sistema se fusionó con el sistema militar.

Esto significó que los dos sistemas que se habían mantenido separados por la formación de la primera sociedad moderna, estaban ahora, una vez más, plenamente conectados[237]. Otra consecuencia de esto fue que el sistema jurídico se apegó profundamente a los conflictos externos, y la disputa militar sobre el derecho de la sociedad nacional se volvió porosa a los antagonismos en el ámbito internacional. Este conjunto de relaciones creó el sistema político moderno.

La figura del ciudadano moderno se construyó por medio de las fuerzas integradoras de la sociedad, y reflejó patrones de institucionalidad nacional e integración jurídica. Sin embargo, el ciudadano moderno socavó las condiciones materiales previas, es decir, la existencia de instituciones estatales soberanas, poblaciones integradas a nivel nacional y órdenes jurídicos unificados, que la ciudadanía presupone para su propia realización. Como será examinado posteriormente, la figura del ciudadano cimentó una profunda ruptura entre las dimensiones normativas y funcionales de la sociedad. En su formulación inicial, creó condiciones en las que su propia esencia normativa, la democracia, se volvió improbable.

[237] Se pueden consultar otros análisis sobre la reconexión entre las esferas civiles y militares en el centro de la sociedad moderna, en Walter, *Preußische Heeresreformen 1807-1870*, 319; Spreen, *Krieg und Gesellschaft*, 125; Rink, "Preußisch-deutsche Konzeptionen zum 'Volkskrieg' im Zeitalter Napoleons", en Lutz - Rink - von Salisch (eds.), *Reform-Reorganisation-Transformation*, 70; Poßelt, *Die Grande Armée in Deutschland 1805 bis 1814*, 5 y 6.

Capítulo III

DEMOCRACIA Y DERECHO GLOBAL

§ 10. *Introducción*

Como se mencionó anteriormente en este libro, las revoluciones de finales del siglo XVIII no generaron una ciudadanía democrática plena en ningún sistema. Solo en las últimas décadas del siglo XIX, se volvió común para los sistemas políticos europeos adoptar constituciones con fuertes rasgos democráticos. No fue hasta el final de la Primera Guerra Mundial, en 1918, que el principio central de legitimación implícito en la ciudadanía moderna –a saber, que la participación política de las masas en los procedimientos legislativos, constituye la fuente principal de legitimidad gubernamental– se convirtió, en algunos lugares, en una realidad. Antes de 1918, prácticamente todos los Estados europeos habían restringido la democracia, ya sea excluyendo algunos grupos, en general miembros de la clase trabajadora, de la participación electoral, o asegurándose de que las legislaturas electas sólo posean poderes limitados[1]. Alrededor de 1918, una serie de sistemas políticos de Europa y América Latina comenzaron, generalmente de manera transitoria, a cumplir con el cupo básico de la democracia (masculina);

[1] En 1918, Alemania tenía plena libertad de voto masculino, pero las elecciones eran para una legislatura débil. El Reino Unido solo tenía aproximadamente un 60 % de derechos de voto masculinos hasta 1918. Italia tuvo un amplio pero incompleto voto masculino desde 1912. Estados Unidos tuvo una amplia franquicia masculina, pero solo era universal para los hombres blancos. La democracia estuvo más consolidada en Escandinavia. Antes de 1918, Finlandia –todavía no del todo independiente– y Noruega poseían voto pleno masculino y femenino. Suecia estuvo completamente democratizada desde 1919-1921 e Islandia desde 1920.

es decir, ataron su legitimidad al voto de sus poblaciones masculinas, e institucionalizaron elecciones competitivas para la representación en los cuerpos legislativos. En ciertos sistemas también se aceptó, hacia 1918, que las mujeres de las poblaciones nacionales tuvieran derecho al voto, y se emanciparan como ciudadanas[2].

Los patrones de la inclusión política de las masas que ocurrió después de 1918, poseían una serie de características que reflejaban el aspecto militar de la ciudadanía moderna. Generalmente, en esta época, la profunda conexión entre la esfera jurídica y la militar del ciudadano se intensificó. De hecho, la dialéctica inherente al proceso de formación sociopolítica iniciado alrededor de 1789, adquirió una expresión particularmente intensa en el tiempo de la Primera Guerra Mundial[3]. En este contexto, se volvió evidente que el vínculo de los derechos políticos con el compromiso militar creó un constructo de legitimidad que obstruyó la realización efectiva de la democracia. La forma subjetiva del ciudadano democrático de masas presionó fuertemente contra la formación de un sistema integrador en el que este sujeto podría volverse real.

La conexión entre las funciones militares y los constructos de ciudadanía en las nuevas democracias formadas hacia 1918, se manifestó en los siguientes aspectos.

En primer lugar, en la mayoría de las democracias europeas establecidas durante y después de 1918, mucha gente obtuvo la ciudadanía democrática plena al unirse al ejército, o en un proceso jurídico directamente determinado por la guerra. En este punto, la ciudadanía era a menudo definida como un conjunto de derechos políticos que se otorgarían a los soldados, en compensación por las dificultades sufridas durante el combate[4]. Así, el concepto de *soldat-citoyen* se colocó nuevamente en el centro de muchos sistemas políticos nacionales. En Alemania, por ejemplo, todos los hombres

[2] Las mujeres obtuvieron el derecho a votar en Estados Unidos en 1920, en Gran Bretaña, algunas mujeres podían votar en 1918. En Alemania, Austria y Polonia, las mujeres pudieron votar desde 1918.

[3] Algunos autores señalan el año 1914 como el "resultado de un proceso que, desde 1789, había durado alrededor de 120 años", expresando una profunda "aproximación entre Estado y la sociedad" (Ingenlath, *Mentale Aufrüstung*, 16). Una perspectiva alternativa afirma que 1914 fue el "resultado de un proceso de trabajo desde las guerras revolucionarias" (Crépin, *Histoire de la conscription*, 335).

[4] Sobre esta conexión en Alemania, ver Llanque, *Demokratisches Denken im Krieg*, 158.

y mujeres ejercieron sus derechos electorales democráticos, por primera vez, a principios de 1919. En el Reino Unido, las elecciones de finales de 1918 fueron las primeras en las que se estableció el sufragio universal masculino (y el sufragio parcial femenino). En ambos sistemas políticos, la expansión de los derechos electorales estuvo directamente relacionada con la guerra. En Suecia, que permaneció neutral durante la guerra pero tuvo servicio militar obligatorio desde 1901, la campaña por el sufragio universal que finalizó entre 1919 y 1921, era respaldada por el lema: "Un hombre, un arma, un voto". Asimismo, en muchas sociedades, hacia 1918, los soldados obtuvieron derechos de ciudadanía privilegiados. Esto ocurrió en el Reino Unido, en 1918, en tanto los soldados pudieron votar a una edad más temprana que otros ciudadanos. Esto también sucedió en Rusia, durante el período revolucionario, donde la movilización militar y la ciudadanía política se "mezcló", y los soldados adquirieron una influencia política elevada[5]. En algunas sociedades, el servicio militar llevó a la extensión de los derechos de ciudadanía a grupos antes excluidos por motivos éticos.

En los Estados Unidos, la integración de las minorías étnicas siguió siendo limitada después de 1918. De hecho, la Primera Guerra Mundial generó una mayor intensidad en los conflictos étnicos de este país. La decepción entre los reclutas afroamericanos por su prolongada falta de integración después de 1918, provocó un fuerte impulso para el activismo, lo que dio forma a la política afroamericana a lo largo del siglo XX[6]. Sin embargo, la Primera Guerra Mundial generó expectativas de integración entre los estadounidenses negros y, como en Europa, conjuró la promesa de ciudadanía plena para las personas anteriormente sometidas a servidumbre[7]. Con posterioridad a 1918, en Alemania, muchos ciudadanos judíos asumieron que el servicio militar conduciría a una mayor inclusión. En algunos sistemas políticos, la emancipación política de las mujeres, después de 1918, estaba relacionada con

[5] Von Hagen, *Soldiers in the Proletarian Revolution*, 35, 329. La expansión de la ciudadanía en la Rusia revolucionaria, fue inseparable de la movilización militar (Holquist, *Making War, Forging Revolution*, 45; Retish, *Russia's Peasants in Revolution and Civil War*, 1 y 2; Kotsonis, *States of Obligation*, 292, 301).

[6] Williams, *Torchbearers of Democracy*, 245, 264, 287,

[7] Ver las discusiones en Chambers II, *To Raise an Army*, 6; Slotkin, *Lost Battalions*, 153 y 155; Capozzola, *Uncle Sam Wants You*, 34.

el reconocimiento de su servicio en tiempos de guerra[8]. En otros sistemas, las mujeres adquirieron mayores derechos de ciudadanía porque su posición en los mercados laborales había cambiado durante la guerra, y asumieron nuevos roles que las liberaban de las obligaciones domésticas. En Canadá, las mujeres también obtuvieron el derecho al voto durante la guerra. Se les dio prioridad a aquellas cuya contribución al esfuerzo bélico se consideró mayor.

En Europa, el proceso de formación ciudadana que se inició alrededor 1789, llegó a su fin para muchas personas (al menos muchos hombres), alrededor de 1918. Para muchos hombres y mujeres, el final formal de la servidumbre durante el período revolucionario posterior a 1789, sólo llevó, hasta 1914, a la transformación teórica y superficial de su estatus social. Para muchos europeos, como se mencionó anteriormente, las condiciones de vida y de empleo durante siglo XIX se mantuvieron similares a la servidumbre. Para la mayoría de los ciudadanos, hasta 1914, los derechos políticos no estuvieron firmemente establecidos. A causa de las restricciones para votar, los derechos políticos que existían formalmente no podían ser fácilmente ejercidos para modificar las relaciones laborales. En gran parte de Europa, el derecho feudal permaneció en vigor después de su suspensión formal. En particular, las condiciones de trabajo en el campo perpetuaban elementos de la servidumbre[9]. En consecuencia, en la mayor parte de Europa recién

[8] Schaffer, *America in the Great War*, 94; Ross, *World War I and the American Constitution*, 149.

[9] Ver la discusión del contrato de trabajo en la Alemania del siglo XIX como una "relación basada, no en la ley, sino en la violencia" en Führer, *Arbeitslosigkeit und die Enstehung der Arbitslosenversicherung in Deutschland 1902-1927*, 41. Hasta 1900, los trabajadores de las propiedades rurales y el personal doméstico estaban sujetos al control personal directo de los propietarios, quienes retuvieron la autoridad para ejercer la disciplina física (ver Vormbaum, *Politik und Gesinderecht im 19. Jahrhundert*, 356). Luego de la abolición de la servidumbre, aproximadamente un tercio de los trabajadores pobres trabajaban bajo tales condiciones, de modo que la abolición de la ley feudal fue solo parcial (Pierson, *Das Gesinde und die Herausbildung moderner Privatrechtsprinzipien*, 12). En Gran Bretaña, la Master and Servant Act (1867) muestra la proximidad entre trabajo y servidumbre de esa época. Esta ley interpretó las relaciones contractuales en el lugar de trabajo en términos similares a la servidumbre, y prescribió el encarcelamiento por incumplimiento de contrato (ver Steinfeld, *Coercion, Contract and Free Labor in the Nineteenth Century*, 203). Algunos relatos calculan que, desde 1847 hasta 1875, se llevaron a cabo procesos penales contra 10.000 trabajadores británicos por año, por incumplimiento de contrato [Steinfeld,

hacia 1918 la profunda transición estructural iniciada en 1789, que llevó de unas condiciones de una ciudadanía limitada y de trabajo involuntario a una plena integración jurídica y política, fue temporalmente concluida. De hecho, en gran parte de Europa, no fue hasta 1918 que las grandes propiedades, construidas originalmente por el trabajo de los siervos, fueron (en parte) destruidas[10]. El final de esta transición de la servidumbre a la ciudadanía en 1918, al igual que su comienzo en 1789, fue impulsado por el reclutamiento militar. Así como a partir de 1789, de hecho, para muchas personas en Europa, la experiencia de convertirse en ciudadano en 1918 no fue diferente de la experiencia de convertirse en soldado.

En la mayoría de los escenarios, el camino militar hacia la ciudadanía creó ciudadanos de manera accidental. Así, esta se confirió a muchas personas como un resultado imprevisto de sus deberes como soldados. Para muchas de estas personas, la ciudadanía democrática no era una condición particularmente deseada. En muchos entornos, las condiciones en las que se había alcanzado, adquirida por medio de la devastación de la Primera Guerra Mundial, dejó sujetos poco cualificados para ejercer los derechos inherentes a la ciudadanía. Muchas de las primeras democracias de masas estuvieron marcadas por la clara ausencia de ciudadanos en su centro de legitimación, y el hecho de que estos obtuvieran sus derechos democráticos en la guerra, implicó que pocos sistemas políticos poseían un firme compromiso democrático

En segundo lugar, en muchos Estados europeos, se otorgó plena ciudadanía a soldados que, en 1918, aún no estaban completamente desmovilizados. De manera que los derechos de la ciudadanía fueron ejercidos por primera vez por personas que se encontraban, en parte, aún en estado de preparación para la guerra. Esto implicó que, en cierto punto, las prácticas de la guerra se trasladaron al tiempo de paz, y muchas democracias posteriores a 1918 se formaron, originalmente, en una condición en la que grupos militares irregulares o semiorganizados, prolongaron aspectos de la guerra.

"Changing Legal Conceptions of Free Labor", en Engerman (ed.), *Terms of Labor*, 146]. En Rusia, los exsiervos carecieron de ciudadanía plena y siguieron sujetos a los tribunales hasta las reformas agrarias de Stolypin, iniciadas después de 1905 (Leonard, *Agrarian Reform in Russia*, 257). En Brasil, la abolición de la esclavitud fue precedida por leyes que imponían penas de prisión por incumplimiento de ciertas obligaciones contractuales (Conrad, 1972, 73).

[10] Ver Halperin, *War and Social Change in Modern Europe*, 152.

Un ejemplo importante de esta interrelación entre la guerra y la paz, puede observarse en Alemania. Después de 1918, fue temporalmente la democracia más avanzada de Europa. La democratización de Alemania en 1918-1919 mostró fuertes similitudes con la fundación de la Tercera República de Francia, en 1870-1871. En 1918-1919, la transición a la democracia en Alemania fue el resultado de la derrota militar y de la abdicación del Emperador. En algunas regiones, esto ocurrió en contextos de guerras civiles. En el invierno de 1918-1919, el Partido Socialdemócrata, que estaba a la cabeza de un gobierno interino, consolidó su lugar en el poder mediante la movilización de unidades militares parcialmente disueltas, contra sus oponentes de izquierda. Tal interrelación de la guerra y la paz fue más profunda en los estados de Europa Central y Oriental, que surgieron de antiguos imperios multiétnicos de Europa. En tales entornos, los límites de las nuevas comunidades etnopolíticas se establecieron por medio de la guerra, y se construyeron nuevos sistemas políticos mediante la movilización de tropas nacionalistas irregulares. La mayoría de las sociedades de Europa del Este no fueron pacificadas hasta 1922-1923, y el establecimiento de nuevas instituciones coincidió con el conflicto civil en curso[11]. En Hungría, la guerra y el enfrentamiento civil impidieron el pleno establecimiento de la democracia después de 1918, facilitando la llegada del gobierno autoritario de Horthy, con un fuerte apoyo militar. En Polonia, el experimento democrático iniciado en 1918 comenzó en el ejército. De hecho, los orígenes del Estado polaco moderno tienen una naturaleza exclusivamente militar. Recién a partir de la Primera Guerra Mundial, la división de Polonia iniciada en la década de 1770 llegó a su fin. Así, la guerra creó oportunidades imprevistas para organización nacional democrática independiente. La carrera política de Piłsudski, líder de facto de la Segunda República Polaca desde 1918, estuvo fuertemente vinculada a organizaciones paramilitares. Después de 1918, el ejército polaco, incluyendo unidades que habían operado para diferentes fuerzas imperiales durante la Primera Guerra Mundial, constituyó la principal institución nacional[12].

[11] Gewarth, *The Vanquished*, 248 a 267.

[12] Sobre la formación dividida de las unidades polacas en el ejército austro-húngaro durante la Primea Guerra Mundial, ver Conze, *Polnische Nation und deutsche Politik im Ersten Weltkrieg*, 39; Szlanta, "Der Erste Weltkrieg von 1914 bis 1915 als identitätsstiftender Faktor für die moderne polnische Nation", en Groß (ed.), *Die vergessene Front*, 154 a 157.

La República de Polonia se consolidó entonces en un contexto de hostilidad multipolar, incluyendo la guerra con las fuerzas ucranianas y rusas, los enfrentamientos intrapartidarios con las milicias alemanas, y conflictos con diferentes minorías. En este proceso, el liderazgo militar de Piłsudski fue fundamental para el gobierno, que luchó por afirmar el control total sobre diferentes cuerpos militares[13]. En 1918, la fundación del Estado que luego se convirtió en Yugoslavia, estuvo profundamente marcada por la violencia de guerrilla y el conflicto entre soldados irregulares[14]. Incluso Checoslovaquia, que se estabilizó más rápidamente que otros Estados nuevos de Europa Central, tuvo violencia paramilitar generalizada[15]. En síntesis, muchos de los Estados nacionales creados después de 1918 tuvieron su origen en cuerpos militares, en los que ejércitos regulares, irregulares e incluso ejércitos de caudillos privados, interactuaron estrechamente. En algunos casos, la soberanía política de las nuevas naciones se inició en movimientos partisanos. Esto proporcionó la materia prima a partir de la cual se crearon los sistemas políticos de entreguerras. Como era de esperar, la mayoría de las nuevas "democracias" de Europa Central surgieron, o devinieron rápidamente, como dictaduras.

En estas condiciones, el ejercicio de la ciudadanía en las primeras democracias de masas, conservó un carácter abiertamente militar. En muchos sistemas políticos posteriores a 1918, las acciones beligerantes saturaron la política en tiempos de paz. En particular, muchos políticos partidos contenían elementos que estaban estrechamente vinculados a militares, a unidades paramilitares, o a organizaciones que imprimieron un disciplinamiento militar sobre el comportamiento político. Este modelo político tomó forma en Italia después de 1918, donde el Partido Fascista surgió de cuerpos paramilitares semidesmovilizados, y de jóvenes voluntarios reclutados para unirse a ellos. En la Alemania de entreguerras, muchos partidos, de izquierda y derecha, contaban con asociaciones que utilizaban el simbolismo militar para generar apoyo a su partido[16]. En la era de Weimar, los grupos militarizados no esta-

[13] Böhler, *Civil War in Central Europe, 1918-1921*, 176.

[14] Gumz, *The Resurrection and Collapse of Empire in Habsburg Serbia, 1914-1918, 194*; Newman, *Yugoslavia in the Shadow of War*, 41.

[15] Kučera, *Exploiting Victory, Sinking into Defeat*, "The Journal of Modern History", 2016, 88, 828.

[16] Voigt, *Kampfbünde der Arbeiterbewegung*, 42.

ban plenamente incorporados al ejército regular, ya que el servicio militar obligatorio había sido abolido. En 1930, la mayoría de los partidos alemanes tenían organizaciones con características militares parciales[17]. En consecuencia, los partidos políticos, para competir por la participación en la toma de decisiones políticas, debían recurrir a la competencia electoral normal, pero también a la violencia callejera. En este sentido, las primeras construcciones de la democracia de masas posteriores a 1918, implicaron la integración de los ciudadanos en forma de soldados, y los procesos de movilización social y de formación político-partidaria que caracterizaron este período no fueron completamente separables de la regulación militar. Cabe destacar que la mayoría de los Estados europeos carecían de la autoridad soberana necesaria para regular los conflictos políticos entre los partidos movilizados. Esto quedó claro en Europa Central, donde el control estatal de las unidades militares fue irregular. Incluso en sistemas políticos como el del Reino Unido, con instituciones relativamente fuertes, los políticos de elite reconocían que la vida política se había vuelto frágil por la creación del voto democrático de masas, y por el control de los espacios públicos de disputa política[18]. Esta situación reprodujo, de manera intensificada, los patrones de formación de partidos políticos después de la Revolución francesa, a partir de los que las milicias y las facciones políticas interactuaron juntas para desafiar la soberanía de las instituciones estatales. Era característico de los sistemas políticos posteriores a 1918, que el énfasis militar de la organización política aumente, aunque la habilidad de los Estados para controlar este modo de organización decreció.

En tercer lugar, muchas democracias creadas después de 1918 fueron legitimadas por un conjunto de ciudadanos que habían adquirido una forma nacional a partir de la Primera Guerra Mundial, y cuya afiliación a instituciones políticas con un carácter nacional fue en gran parte producto de la guerra. De modo que, en muchos casos, las poblaciones nacionales primero asumieron identidades ciudadanas en la guerra, y su experiencia de ciudadanía a menudo no coincidía con los roles y las proyecciones necesarias para una democratización pacífica.

[17] Reichardt, *Faschistische Kampfbünde*, 383.

[18] Sobre el Reino Unido, ver el análisis de la creciente ansiedad de las elites por la politización social, en Lawrence, *The Transformation of British Political Life after the First World War*, "Past & Present", 2006, 190, 213.

Por ejemplo, entre los Estados europeos relativamente establecidos, solo en aquellos con contextos militares creados después de 1914, los individuos se autopercibieron como miembros del mismo orden socio-geográfico[19]. Este cambio en la autopercepción popular fue causado por el hecho de que, en el curso de la guerra, las instituciones estatales penetraron de manera más uniforme en las sociedades nacionales, y las organizaciones militares tendieron, en cierto punto, a unir a personas de diferentes orígenes sociales y regionales. Esta afirmación, por supuesto, puede ser exagerada. En la mayoría de las sociedades beligerantes, las divisiones de clases se reflejaban en las estructuras jerárquicas militares, y en la experiencia personal[20]. Asimismo, el reclutamiento militar estuvo marcado por diferenciaciones regionales, y la conscripción sólo se nacionalizó íntegramente en las últimas etapas de la guerra[21]. Esto implicó que las hostilidades regionales entre los grupos sociales, siguieran vigentes dentro de los ejércitos nacionales. Esto está bien documentado en ejércitos como los de Gran Bretaña y Alemania, que incorporaron a muchos soldados de regiones con pronunciada aversión por el grupo cultural hegemónico de la sociedad nacional[22]. Sin embargo, la guerra intensificó la uniformidad nacional en las diferentes poblaciones europeas. En muchos casos, las comunidades forjadas en tiempo de guerra entre soldados de primera línea, fueron trasladadas de vuelta a la sociedad civil después de 1918, proporcionando una base para la construcción de

[19] Los resultados de integración de la Primera Guerra Mundial en diferentes sociedades, que llevaron a la reducción de las divisiones de clase y étnicas, están ampliamente documentados. Ver, para Alemania, Kocka, *Klassengesellschaft im Krieg*; Llanque, *Demokratisches Denken im Krieg*, 42; para el Reino Unido, Leed, *No Man's Land*, 45; Cannadine, *The Decline and Fall of the British Aristocracy*, 455; Gregory, *The Last Great War*, 205; para Estados Unidos, Chambers II, *To Raise an Army*, 6; Slotkin, *Lost Battalions*, 153 a 155; Capozzola, *Uncle Sam Wants You*, 34. Sobre la reducción de las divisiones de género y clase al mismo tiempo, ver Roberts, *The Classic Slum*, 203; Gullace, *"The Blood of Our Sons"*, 3; Rabinowitch, *The Bolsheviks in Power*, 65.

[20] Sheffield, *Leadership in the Trenches*, 72; Mariot, *Tous unis dans la tranchée?*, 377.

[21] En el Reino Unido, las fuerzas reunidas entre 1914 y 1916, a menudo fueron reclutadas por localidades independientes, de manera que sus ejércitos contaban con una inédita "proporción de unidades vinculadas a comunidades autónomas" (Simkins, *Kitchener's Army*, 186). En Francia, el reclutamiento fue más alto en áreas directamente afectadas por la guerra.

[22] Ziemann, *Front und Heimat*, 273.

ciudadanía y afiliación política. Esto puede observarse en los Estados que ya estaban conformados antes de la guerra, como Francia, Gran Bretaña, Alemania y Rusia[23].

En Estados menos consolidados, las poblaciones adquirieron su definición como nación a partir de la guerra. La base de la ciudadanía nacional en la guerra, se acentuó particularmente en los sistemas políticos creados por la disolución de los imperios plurinacionales. En muchos de estos contextos, las poblaciones de grupos nacionales, antes de 1918, carecían de pleno reconocimiento jurídico y de representación gubernamental[24]. En tales escenarios, el primer camino hacia la ciudadanía política surgió a partir de los ejércitos reunidos en 1914. En algunos casos, los ciudadanos de los nuevos sistemas políticos habían luchado en diferentes ejércitos imperiales hasta 1918, y construyeron su pertenencia nacional dividiendo los ejércitos imperiales en diferentes grupos nacionales durante los últimos meses de la guerra. De este modo, surgieron nuevas formas de gobierno a partir de los ejércitos, y la soberanía popular fue indivisible de la movilización militar. En consecuencia, el crecimiento de la ciudadanía a menudo fue impulsado por las fuerzas armadas en las que, al igual que bajo el gobierno de Napoleón, se disolvieron las distinciones clásicas entre soldados regulares, partisanos y unidades paramilitares[25]. En algunas partes de Europa del Este, las poblaciones estuvieron bajo dominio militar directo desde 1914 hasta 1917-1918. En algunos casos, la regulación militar incluía trabajos forzados, cercano a la servidumbre[26]. La llegada de la ciudadanía nacional a estos dominios, ocurrió en un contexto jurídico totalmente excepcional, en el que las unidades partidarias aceleraron los procesos de construcción del sistema político, que tradicionalmente habían tomado un siglo o más para completarse[27]. Como era de esperar, muchos sistemas políticos

[23] Cabanes, *La victoire endeuillée*, 78; Retish, *Russia's Peasants in Revolution and Civil War*, 264.

[24] En el Imperio Ruso, las asambleas representativas que existían antes de 1917 en la mayoría de las áreas rusas, no se establecieron en todas las zonas colonizadas (ver Weeks, *Nation and State in Late Imperial Russia*, 133).

[25] Böhler, *Civil War in Central Europe, 1918-1921*, 176; Borodziej - Górny, *Der vergessene Weltkrieg. Nationen 1917-1923*, 133.

[26] Westerhoff, *Zwangsarbeit im Ersten Weltkrieg*, 181.

[27] Ver un análisis del impacto del derecho militar en Rusia durante la Primera Guerra Mundial, en Graf, *Military Rule behind the Russian Front, 1914-1917*,

nacionales se establecieron en un contexto marcado por la extrema brutalidad social.

En cuarto lugar, los nuevos sistemas políticos democráticos de Europa estuvieron profundamente determinados por el experimento bolchevique en Rusia, concebido a partir de 1917, como el primer paso en una revolución global[28]. Este evento sometió la militarización de la sociedad europea, ocasionada por la Primera Guerra Mundial, a una intensificación febril. De este modo, aumentó la fragilidad de la ciudadanía. En este sentido, Carl Schmitt sostuvo que la primera formación del sistema político de la democracia de masas en 1918, se desarrolló *sous l'oeil des Russes*[29]. Así, la forma básica de la soberanía del Estado se definió, en gran parte de la Europa de entreguerras, por este hecho.

Por un lado, la coincidencia entre la democratización de masas en Europa y la Revolución rusa, implicó que la mayoría de los sistemas europeos posteriores a 1918 se establecieran en parte sobre un diseño defensivo. La democracia fue concebida como un sistema de desmilitarización social, destinado a integrar ciudadanos de una manera no revolucionaria.

Un objetivo esencial de la primera democracia de masas de Europa fue evitar insurrecciones de inspiración bolchevique. Cabe destacar que la Revolución rusa se originó en un clima de malestar industrial, y que el activismo revolucionario se desencadenó en contextos de muchas huelgas[30]. Asimismo, se generalizaron altos niveles de malestar industrial en Europa Central y Occidental durante y después de 1918, a medida que las economías que emergieron de la guerra experimentaron excedentes de mano de obra, con una correlativa intensificación de la agitación industrial. Tal militancia incluyó huelgas a gran escala en España, el resurgimiento del sindicalismo, la fundación del Partido Comunista en Francia, y la movilización prolongada en Italia, en el *biennio rosso*. En algunas partes de Europa, incluso en Alemania y Hungría, la industria fue organizada entre 1918 y 1919 por consejos de soldados y

---

"Jahrbücher für Geschichte Osteuropas", 1974, 22(3), 395. Ver un análisis similar de las zonas fronterizas entre los imperios Habsburgo y Ruso, en Borodziej - Górny, *Der vergessene Weltkrieg. Imperien 1912-1916*, 210 y 211.

[28] Rabinowitch, *The Bolsheviks in Power*, 2.

[29] Schmitt, *Der Begriff des Politischen*, 79.

[30] Koenker - Rosenberg, *Strikes and Revolution in Russia, 1917*, 23.

obreros, tomado del modelo bolchevique. Ante tales escenarios, el activismo industrial asumió dimensiones militares, y las huelgas no fueron separables de la acción armada. En respuesta a esto, los años posteriores a 1918 experimentaron un cambio hacia el Estado de bienestar, y se institucionalizó cierto grado de prestación de asistencia social en gran parte de Europa[31]. Los primeros Estados de bienestar en Europa fueron diseñados en parte para debilitar cualquier entusiasmo popular por la Revolución rusa, y su propósito fue asegurar que las fricciones entre los grupos sociales estuvieran sujetas a la supervisión y control estatal. El bienestarismo jugó un papel vital en la consolidación de la soberanía de las instituciones estatales nacionales, ante las secuelas de la guerra.

En este sentido, la creación de los primeros Estados de bienestar, después de 1918, no fue impulsada únicamente por la necesidad de apaciguar los conflictos entre ciudadanos. En la mayoría de las sociedades posteriores a 1918, el aumento de la provisión de bienestar estuvo orientada a compensar a los veteranos de guerra y a los dependientes de los soldados caídos. Tal como se mencionó, ya en el siglo XVIII los ejércitos habían asumido ciertas funciones dirigidas a garantizar el bienestar de los combatientes, manteniendo a los soldados en condiciones de luchar y aislándolos de la pobreza en caso de lesiones[32]. En el siglo XIX, los aumentos en la provisión de bienestar a menudo estaban relacionados con la expansión del reclutamiento militar. Así, la garantía del bienestar era con frecuencia ampliada en Estados marcados por el crecimiento de sus fuerzas militares[33]. En particular, el período anterior a 1914

[31] Ver estudios sobre este proceso en diferentes escenarios, en Preller, *Sozialpolitik in der Weimarer Republik*, 85; Reidegeld, *Krieg und staatliche Sozialpolitik*, "Leviathan", 1989, 17(4), 480, 524; Weber, *Gescheiterte Sozialpartnerschaft - Gefährdete Republik?*, 378. Respecto del vínculo entre el bienestar público y el temor de la "radicalización de las consecuencias del desempleo" después de 1918, ver Führer, *Arbeitslosigkeit und die Enstehung der Arbitslosenversicherung in Deutschland 1902-1927*, 154.

[32] Existen muchos relatos que subrayan la importancia de la provisión para los veteranos en los procesos de construcción del Estado, durante el período moderno temprano.

[33] Esta no es una regla universal, pero aplica a muchas de las principales organizaciones políticas, por ejemplo, Estados Unidos en 1865, Alemania luego de 1870 y Gran Bretaña antes de 1914. Ver un análisis de dicha situación en los Estados Unidos luego de 1865, en Katz, *In the Shadow of the Poorhouse*, 207; Skocpol, Protecting Soldiers and Mothers, 59, 65, 531, y *America's First Social*

experimentó un aumento de la prestación de asistencia social en muchas sociedades europeas. Las democracias creadas a raíz de la Primera Guerra Mundial, por lo general, establecían instituciones de bienestar para evitar dificultades materiales extremas entre los excombatientes. De hecho, las provisiones de bienestar en ese momento se basaban en el presupuesto –para usar una formulación contemporánea– de que "la conscripción general y el deber general de cuidado eran conceptos inseparables"[34]. En la mayoría de las sociedades, fue sólo por medio de la guerra que se desarrolló un aparato capaz de integrar a las poblaciones en estructuras de bienestar social. En particular, la Primera Guerra Mundial dio lugar a Estados con fuertes órganos ejecutivos, con poderes de extracción fiscal y de coordinación social. Tales poderes se convirtieron en la base característica del desarrollo de los sistemas de bienestar[35]. Ciertos autores han afirmado que las "raíces de las políticas modernas de bienestar", se encuentran en las "disposiciones para las víctimas de la guerra de la Primera Guerra Mundial"[36].

Security System, "Political Science Quarterly", 1993, 108(1), 115; Orloff, *The Politics of Pensions*, 138, 151. Algunos autores afirman que, a principios del siglo XX, "una parte sustancial del esfuerzo de bienestar estadounidense se destinó a los veteranos"; después de 1918, casi el 50 % del gasto no militar no relacionado con la deuda fue para los veteranos [Campbell, *The Invisible Welfare State*, "Journal of Political and Military Sociology", 2004, 32(2), 264 y 265, 253]. Ver también Janowitz, *The Last Half Century*, 12, 216.

[34] Marchet, *Versorgung der Kriegs-invaliden und ihrer Hinterbliebenen*, 27. Sobre la importancia del cuidado de los veteranos en la República de Weimar, quizás el más avanzado sistema de bienestar de la Europa de entreguerras, ver Sachße - Tennstedt, *Geschichte der Armenfürsorge in Deutschland, 2*, 88 a 92. Asimismo, puede verse un análisis comparativo de la relación entre asistencialismo y atención a los veterano en la Europa posterior a 1918, en Meyer, *Le poids de l'État*; Pironti, *Kriegsopfer und Staat*; Cohen, *The War Comes Home*, 78.

[35] Al respecto, pueden verse las perspectivas que entienden que en los Estados Unidos, las precondiciones institucionales del New Deal fueron establecidas en la Primera Guerra Mundial, en Eisner, *From Warfare State to Welfare State*, 19; y Sparrow, *Warfare State*, 25 y 26. Respecto del vínculo general entre la guerra y el bienestar en los Estados Unidos, ver Adler, *Burdens of War*, 194. Sobre Francia luego de 1918, ver Smith, *Creating the Welfare State in France, 1880-1940*, 75. Ver un análisis general, en Wilensky, *The Welfare State and Equality*, 72. Sobre este punto, ciertos autores afirman que "la fuerte conexión histórica entre la guerra y el bienestar es indiscutible" [Obinger - Schmitt, *Guns and Butter?*, " World Politics", 2011, 63(2), 247].

[36] Pawlowsky - Wendelin, *Die Wunden des Staates*, 18.

No obstante, la primera forma del Estado de bienestar que evolucionó después de 1918, fue claramente diseñada para evitar la radicalización política, para pacificar el malestar industrial, y para posicionar a las instituciones estatales como garantes de la estabilidad. El creciente compromiso con el asistencialismo en este momento, implicó que la democracia se ordenó como un sistema paliativo, actuando para desactivar los conflictos entre los grupos, y para mediar los antagonismos entre las diferentes clases de ciudadanos.

Por otro lado, la coincidencia entre la democratización de masas en Europa y la Revolución rusa, implicó que las actitudes hacia el comunismo ruso se internalicen profundamente en la política interna de diferentes Estados. Asimismo, la ansiedad por la expansión geopolítica del poder ruso, condicionó las lealtades y motivaciones de los ciudadanos de Europa.

Una forma en que la revolución comunista impactó en la democracia de masas después de 1918, puede verse en el hecho de que, en diferentes sociedades europeas, los patrones de interacción política más conflictivos se exacerbaron por la alineación de algunos grupos políticos al bolchevismo[37]. La mayoría de los sistemas políticos europeos de entreguerras, basados en los derechos a votar recientemente extendidos, se definieron estructuralmente por el conflicto entre organizaciones colectivas estrechamente vinculadas a distintas clases sociales. El fuerte vínculo entre partido y clase que se inició a mediados del siglo XIX se reforzó mucho en esta coyuntura. Naturalmente, esta polarización tomó diferentes formas en los diversos sistemas políticos, y las divisiones de clase se expresaron con diversos grados de intensidad. En algunos Estados, como Suecia, fue posible establecer coaliciones gubernamentales entre clases. Sin embargo, la mayoría de los electorados recién habilitados se dividieron en organizaciones políticas que represen-

[37] Se puede ver un excelente análisis histórico de esta cuestión, en Wirsching, *Vom Weltkrieg zum Bürgerkrieg?*, 15. Ciertos estudios sobre la República de Weimar sostienen que el miedo a la insurrección bolchevique llevó al surgimiento de "un consenso sobre la defensa que cruzó todos los campos políticos" (Bergien, *Die bellizistische Republik*, 387). Ver los estudios relacionados que sostienen que las prerrogativas militares dominaban todas las "áreas de la vida y el orden civil", en Geyer, "Der zur Organisation erhobene Burgfrieden", en Müller - Opitz (eds.), *Militär und Militarismus in der Weimarer Republik*, 43. Ver un excelente análisis comparativo de Alemania y Francia, en Weber, *Gescheiterte Sozialpartnerschaft - Gefährdete Republik?*, 378.

taban intereses de clase marcadamente antagónicos. Como consecuencia, los nuevos sistemas democráticos debieron integrarse por facciones sociales altamente organizadas y adversarias. Así, los diferentes grupos de ciudadanos se enfrentaron en procedimientos democráticos, como actores vinculados a prerrogativas de clases contrapuestas. A lo largo de la década de 1920, estos conflictos se articularon en un contexto formado por la Revolución rusa. De modo que todos los partidos, expresa o implícitamente, asumieron alguna de las posiciones ideológicas resultantes de la Revolución rusa. Así, la Revolución en Rusia generó un entorno de adversidad ideológica global, que intensificó los conflictos sociopolíticos de las sociedades nacionales. En este contexto, los patrones de interacción política interna tendían a reproducir aspectos del conflicto global, por lo que el ejercicio de la ciudadanía adquirió una forma violenta. Esta fue la característica definitoria de la democracia de entreguerras.

En Rusia, la Revolución y sus secuelas fueron moldeadas intrínsecamente por formas militarizadas de ciudadanía política y de oposición. El bolchevismo se desarrolló en Rusia como expresión de una sociedad que estaba profundamente orientada hacia la guerra, lo que incidía en el intercambio social cotidiano[38]. Durante la Primera Guerra Mundial, las instituciones militares y civiles de Rusia ya estaban estrechamente conectadas. Las organizaciones militares actuaban como proveedores de bienes, fijadores de precios y proveedores de bienestar en la sociedad en general[39]. Este trasfondo se reflejó en el crecimiento de bolchevismo. Las primeras medidas revolucionarias clave, se introdujeron en la esfera militar[40]. Los primeros intentos de institucionalizar el gobierno bolchevique fueron experimentos en el comunismo de guerra, en los que el control estatal sobre el comercio y la producción industrial,

[38] Al respecto, puede verse Holquist, *Making War, Forging Revolution*, 142; Lohr, *Nationalizing the Russian Empire*; Rabinowitch, *The Bolsheviks in Power*, 355; Kruse, *Mobilisierung und kriegsgesellschaftliches Dilemma*, "Zeitschrift für Soziologie", 2009, 38(3),206.

[39] Sanborn, *Unsettling the Empire*, "The Journal of Modern History", 2005, 77(2), 308.

[40] Sobre la centralidad de la violencia en el sistema soviético, ver Sanborn, *Drafting the Russian Nation*, 5. Sobre los principios militares de la Revolución rusa, ver el análisis de Sanborn, *Imperial Apocalypse*, 196 y 197, sobre la Orden nº 1 del Soviet de Petrogrado (marzo de 1917), que abolió el mando zarista de las estructuras del ejército.

se basó en políticas económicas de tiempos de guerra para abastecer al ejército[41]. El partido bolchevique tenía algunas características de una unidad partisana radical; condujo una guerra irregular y vinculó estratégicamente la ciudadanía y el servicio militar. Durante la guerra civil de la Revolución, el Ejército Rojo –fundado en 1918– se convirtió rápidamente en un ejército formado por el reclutamiento proletario, y fue un importante centro cultural y organizador del emergente Estado ruso[42]. Finalmente, en zonas cercanas al frente de la guerra civil, la sociedad rusa entró en un estado de violencia total, multipolar y, a menudo, difusamente focalizado, en el que unidades partidistas desempeñaron importantes papeles militares. Así, "se disolvió la distinción entre los espacios civiles y militares, tanto geográfica como mentalmente"[43]. La guerra civil trajo mas pérdidas de vidas, en Rusia, que la propia Primera Guerra Mundial. Asimismo, la militarización de la práctica política en el bolchevismo se sustentó en perspectivas basadas en análisis políticos de clase, que definieron a los representantes de la burguesía como los objetos de implacable enemistad de clase. La Revolución en Rusia supuso una militarización bastante profunda de la ciudadanía política y, al mismo tiempo, de la clase social[44]. Algunos aspectos de esta militarización se trasladaron a otros sistemas políticos europeos después de 1918. En ese momento, los partidos de la izquierda radical internalizaron con frecuencia prácticas y actitudes típicas del bolchevismo. En gran parte de Europa –como se ha dicho anteriormente–, los distritos políticos de izquierda tuvieron plenos derechos electorales alrededor de 1918. En muchos contextos, el derecho al voto de la izquierda se produjo en condiciones en las que muchos grupos asociados a la antigua derecha no se habían disuelto después de la guerra. Esto implicó que los partidos de izquierda debieron operar en escenarios condicionados por una intensa violencia, guiados por los ejemplos de Moscú y San Petersburgo. De hecho, ante la reciente masacre masiva de la guerra, muchos votantes de izquierda y activistas, después de 1918, ar-

[41] Sakwa, *Soviet Communists in Power*, 57, 216; Smele, *The "Russian" Civil Wars 1916-1926*, 183.

[42] Figes, *The Red Army and Mass Mobilization during the Russian Civil War 1918-1920*, "Past & Present", 1990, 129, 169.

[43] Plaggenborg, *Gewalt und Militanz in Sowjetrußland 1917-1930*, "Jahrbücher für Geschichte Osteuropas", 1996, 44(3), 417.

[44] Ver Brovkin, *Behind the Front Lines of the Civil War*, 189.

ticularon su hostilidad al capitalismo como parte de la ideología de la guerra civil, en la que, no sin razón, denunciaban al capitalismo como un modo de producción que amenazaba su existencia física[45]. Por lo tanto, desde el principio, algunos sectores de la izquierda adquirieron una propensión a la violencia, incluso contra defensores moderados de democracia[46]. Naturalmente, esta propensión se reflejó, en mayor medida, entre los adversarios de la izquierda radical. De ambos lados, luego de 1918, se experimentó la formación de sujetos políticos colectivos profundamente hostiles, ligados a polaridades ideológicas globales. En consecuencia, muchas de las democracias europeas nacieron, después de 1918, en circunstancias que resultaban difíciles de diferenciar de la guerra ideológica entre partidos.

Por estas razones, muchas sociedades europeas, después de 1918, terminaron en conflictos armados, o al menos semimilitarizados, entre grupos definidos por sus diferentes actitudes hacia el bolchevismo. Tal como se ha observado, esta adversidad ideológica se expresaba típicamente en sociedades en las que las instituciones formales eran débiles, y cuyos gobiernos no poseían control soberano de la esfera militar. De modo que fue en esta coyuntura, que los movimientos fascistas pudieron arraigarse en algunas sociedades. El fascismo surgió originalmente como un patrón de ciudadanía violenta, expresado como una respuesta contrarrevolucionaria al bolchevismo, impulsado por partidos con alas paramilitares armadas. El fascismo ganó fuerza por medio de un proceso en el que la polarización ideológica externa se trasladó a las prácticas de ciudadanía doméstica. Así, la violencia política se desplegó dentro de las sociedades nacionales, como parte de una guerra ideológica global. El fascismo fue fomentado con frecuencia por unidades militares cuyas posiciones se habían reforzado, en diferentes sociedades, debido a la prevalencia del estado de guerra civil. De hecho, muchos miembros de los movimientos fascistas tuvieron la experiencia de luchar contra los bolcheviques en las guerras y conflictos fronterizos que estallaron durante y después de 1918. Una vez constituidos, los partidos fascistas a menudo contaron con el apoyo de las elites tradicionales, especialmente de funcionarios con cargos militares de alto rango, para combatir los

[45] Wirsching, *Vom Weltkrieg zum Bürgerkrieg?*, 113; Bergien, *Die bellizistische Republik*, 389.

[46] Respecto de Alemania, ver Schumann, *Politische Gewalt in der Weimarer Republik 1918-1933*, 11, 306.

ideales bolcheviques. Cabe señalar que, una vez instalados en el gobierno, los partidos fascistas crearon regímenes con grandes similitudes con los sistemas de mando de los ejércitos, e impusieron las condiciones de los tiempos de guerra a sus sociedades. Tanto el bolchevismo como el fascismo promovieron modelos de ciudadanía en los que prevalecieron las técnicas militares de integración y de reglamentación. Así, las estructuras de control socioeconómico que fueron pioneras durante la Primera Guerra Mundial, se perpetuaron[47]. Durante el fascismo, las instituciones políticas fueron utilizadas como instrumentos de represión militar, recompensa y represalia, y el gobierno se afirmó a partir de la consolidación de la guerra civil contra todos los grupos acusados de simpatías bolcheviques. Después de 1918, tanto las unidades militares como los partidos políticos, comenzaron a quedar fuera del control soberano de los Estados nacionales. En este sentido, el fascismo se desarrolló como un modo de gobierno en el que el Estado reafirmó su soberanía mediante la movilización de las fuerzas militares existentes, para conformar un bloque antibolchevique.

Luego de 1918, surgieron dos modelos de Estado que se opusieron rotundamente, democracia de bienestar y fascismo. Ambos fueron consecuencia del largo proceso de formación ciudadana que comenzó alrededor de 1789. Dichos modelos contaban con estrategias diferentes para consolidar la soberanía del Estado sobre su población, en un entorno altamente militarizado por la Primera Guerra Mundial, y por el ascenso del bolchevismo. De hecho, ambos surgieron como respuestas alternativas al rasgo sociológico esencial de la democracia moderna. A saber, que la democracia usualmente se formaba en sociedades en las que el Estado luchaba por ejercer la soberanía sobre sus ciudadanos, y en las que estos tendían a formar patrones colectivos de subjetividad política definidos por las prerrogativas de clase. Ante esta cruda contraposición, prevaleció el fascismo en la Europa de entreguerras. Este modelo de gobierno conformó un régimen en el que los derechos de ciudadanía obtenidos en 1918, por la participación en el ejérci-

[47] Los dos pilares del fascismo europeo, las estructuras de mando centralizadas y autoritarias, y el corporativismo económico, extendieron a los tiempos de paz el sistema de control social creado en la Primera Guerra Mundial. Se puede ver un importante análisis sociológico del comunismo y del fascismo como "economías de guerra", que perpetuaron la adversidad militar en las relaciones económicas, en Kruse, *Mobilisierung und kriegsgesellschaftliches Dilemma*, "Zeitschrift für Soziologie", 2009, 38(3), 205 y 206.

to, se retiraron por la misma vía. Es decir que la soberanía estatal fue restablecida militarmente. La mayoría de las poblaciones europeas fueron sometidas a una posición de servidumbre militar por los gobiernos fascistas, ya sea a través de actores internos o por invasión. Cabe destacar que, en casi todas las sociedades, estos gobiernos impusieron regímenes parciales o totales de trabajo forzoso. De este modo, la amenaza presente desde 1789, de que los siervos liberados serían reconvertidos en trabajadores forzados, se convirtió en una realidad brutal. Así, es posible afirmar que los gobiernos fascistas fueron la expresión emblemática de las contradicciones resultantes de los aspectos militares de la ciudadanía.

En quinto lugar, los sistemas jurídicos de las democracias posteriores a 1918 estuvieron fuertemente arraigados a la legislación militar, por medio de la que se concedían prerrogativas excepcionales a los líderes gubernamentales. Entre 1914 y 1918, los gobiernos beligerantes se llevaron a cabo bajo disposiciones especiales, generalmente basadas en facultades atribuidas por la emergencia. Esto elevó la autoridad del poder ejecutivo, particularmente en asuntos relativos al suministro militar y a la producción industrial. Cabe destacar que hubo matices en este proceso, ya que algunos sistemas políticos mantuvieron controles relativamente fuertes sobre el poder ejecutivo[48]. No obstante, la tendencia al crecimiento del poder ejecutivo fue generalizada. Después de 1918, la mayoría de las constituciones replicaron dicha tendencia, estableciendo sistemas de gobierno con ejecutivos fuertes. Incluso la mayor parte de las constituciones que establecieron parlamentos fuertes pronto transfirieron el poder a los agentes ejecutivos. Asimismo, incorporaron, formal o informalmente, disposiciones que permitían el despliegue de la fuerza militar para imponer el orden en situaciones en las que el sistema era amenazado por disturbios. En general, tales disposiciones indicaban que, en momentos de crisis, la máxima autoridad política debía ser retirada de los órganos representativos, y ligada a los ciudadanos por líneas controladas de comunicación electoral. Asimismo, la facultad de crear derecho debía atribuirse a figuras que poseyeran legitimidad de una naturaleza excepcional. En disposiciones constitucionales de este tipo, la legitimidad esencial del Estado se construyó de manera análoga a la legitimidad militar.

[48] En Francia, se mantuvo un fuerte control parlamentario sobre el poder ejecutivo durante la Primera Guerra Mundial (Renouvin, *Les formes du gouvernment de guerre*, 92 y 93; Bock, *Un parlementarisme de guerre 1914-1919*, 246 a 249).

En muchos sistemas políticos posteriores a 1918, estas regulaciones fueron utilizadas con mayor frecuencia de lo que se había previsto originalmente. Los desafíos políticos clasificables como situaciones de emergencia, se interpretaron muchas veces de manera amplia, para poder incluir problemas económicos y conflictos causados por las diferencias entre partidos políticos. Esto fue evidente en Alemania, donde se hizo un uso extenso y muy desestabilizador de las leyes de emergencia después de 1919. También ocurrió en Austria, donde las leyes de origen militar formaron la base de una reforma constitucional autoritaria a finales de la década de 1920. En Gran Bretaña –un contexto supuestamente más liberal–, los poderes gubernamentales excepcionales se establecieron por la ley de poderes de emergencia (1920), y se utilizó el discurso militar para justificar el establecimiento de un gobierno semidictatorial en 1931[49]. Durante la década de 1920, muchos problemas políticos cotidianos fueron tratados por leyes de carácter marcial, y en gran parte de Europa la legitimidad del gobierno se construyó sobre categorías con un fuerte sesgo militar. De este modo, la democracia asumió la forma de una guerra social. En consecuencia, se legitimaron los movimientos políticos que estaban dispuestos a utilizar la violencia para desestabilizar la estructura de la democracia. En general, las disposiciones de emergencia de las constituciones nacionales dieron lugar a que los liderazgos militares, o los partidos políticos apoyados por líderes militares, se apoderen de los instrumentos de gobierno. Esto sucedió en Alemania y Austria, a principios de la década de 1930.

En este sentido, en la primera creación de la democracia de masas como sistema de orden político común, el ciudadano (sujeto principal del sistema) se constituyó de un modo que no logró consolidar la legitimidad del orden. Por el contrario, se configuró de forma violenta, asociando empoderamiento político con compromiso militar, y mostrando una fuerte tendencia a provocar divisiones colectivas, ligadas a oposiciones binarias globales. La mayoría de las primeras democracias de masas estuvieron marcadas por altos niveles de polarización social, y pocas consolidaron un modelo de ciudadanía capaz de atraer e integrar a las personas, más allá de las diferencias resultantes de rivalidad social. Pocos Estados lograron establecer un orden soberano para integrar a sus ciudadanos, y tanto sus instituciones como sus normativas entraron

[49] Ver Kent, *Aftershocks*, 192.

en crisis. En sus orígenes, la democracia de masas no fue, como se afirma en muchos relatos sobre la democratización, un sistema de emancipación colectiva o de autorregulación popular. Por el contrario, surgió como un sistema de interacción entre grupos de ciudadanos organizados, que buscaban asegurarse el control de las instituciones políticas para monopolizar de manera violenta el poder, y para defender intereses sociales selectos. En estos contextos, las reglas democráticas de gobierno fueron incapaces de organizar las hostilidades entre diferentes grupos políticos, y la democracia conservó, al menos potencialmente, su carácter original de guerra civil *de facto*. En la mayoría de los casos, las democracias posteriores a 1918 pronto fueron reemplazadas por dictaduras. En general, esto creó un contexto social en el que, uno o más de los grupos que originalmente habían impugnado la soberanía del Estado, pudieron adquirir el poder necesario para tomar el control del aparato estatal. De este modo, lograron desplegar sus recursos para asegurar que los intereses opuestos fueran excluidos del sistema de representación. Esto ocurrió a menudo con la ayuda de las elites militares. Así es que los primeros sistemas políticos democráticos intensificaron al máximo las antinomias subyacentes a la ciudadanía política.

La democracia moderna, basada en la ciudadanía plena (masculina), surgió después de 1918 de la mano de fuerzas políticas vinculadas al reclutamiento militar. Así, los sistemas políticos democráticos creados en esta época se hundieron rápidamente en una crisis, por la transposición de los principios de la guerra global a los conflictos políticos internos. En su primer formato, casi universalmente, la democracia nacional resultó ser un experimento fallido. En el mejor de los casos, las políticas nacionales que vivieron una transformación democrática alrededor de 1918, alcanzaron una democracia intermitente. Este término se puede utilizar para describir a la mayoría de las democracias establecidas en Europa Central y Oriental, alrededor de 1918. En ellas, los breves períodos de plena integración política estimularon una reacción brutal entre las élites, las que utilizaron una mezcla de organización democrática y de fuerza militar, para hacerse con el control de los medios de coacción social en sus sociedades. Los pocos sistemas políticos que lograron no hundirse en un autoritarismo completo en las décadas de 1920 y 1930, también lucharon por preservar una condición democrática plena. Así, existieron casos como los de Estados Unidos o el Reino Unido, en donde si bien se logró evitar el autoritarismo extremo, sólo se institucionalizó un sistema de voto calificado o democracia parcial. Es decir, se debilitaron los procedimientos de representación democrática y se garantizó que la ciudadanía democrática plena siga siendo un privilegio para determinados grupos sociales. Por lo tanto, en casi todos los Estados legitimados por conceptos de ciudadanía nacional, la formación de instituciones democráticas prácticamente detuvo la integración democrática integral. Así, la legitimación y el conflicto o la exclusión civil, siguieron siendo características centrales del gobierno. En todos los tipos de sociedades nacionales, la ciudadanía democrática rara vez fue más que una base parcial e inestable del derecho. Muy pocas sociedades pudieron consolidar una estructura de integración generalizada, a partir de la construcción del ciudadano político soberano. Si bien se suele observar como una organización política colectiva, basada en la libertad y la autodeterminación, la democracia se ha desarrollado, casi invariablemente, como un sistema de represión selectiva.

Esto implica, en esencia, que en su primera expresión plena, la democracia ciudadana no actuó como un sistema que facilitó la construcción del derecho, o que llevó a las relaciones sociales a un sistema de integración. Tal como se mencionó antes, la estructura básica de la sociedad moderna estuvo determinada por procesos superpuestos de integración jurídica e integración institucional. Sin embargo, estos fueron, desde el principio, socavados por las propias construcciones jurídicas de legitimidad sobre las que se apoyaban. El constructo de la ciudadanía política provocó una paradoja inquietante y patológica en estos procesos de integración. De este modo, el ciudadano moderno creó sistemas políticos en los que los dos procesos centrales de integración, el institucional y el político, se fusionaron con un rasgo militar compartido. En consecuencia, el sujeto de derechos básico de la democracia, el ciudadano soberano, construyó un principio de legitimidad que fracturó la propia estructura institucional, y que impidió la plena integración de la sociedad nacional. Así, *cuantas más relaciones sociales se intentaron traducir en normas creadas y autorizadas por los ciudadanos, y cuantos más procesos de integración se promovieron por la ciudadanía, más se provocó la crisis.*

En el centro de esta patología estaba el hecho de que la construcción moderna del ciudadano ligó la legitimación del derecho con la movilización de las fuerzas militares. Esto produjo una profunda contradicción entre la realidad jurídica y la realidad funcional-integradora de la democracia, en el centro de la mayoría de los sistemas políticos modernos. Así, la ciudadanía internalizó en las prácticas políticas nacionales los conflictos ocurridos en el plano internacional. De manera que, en muchos casos, se replicaron los conflictos externos en la interacción social interna. Asimismo, el ciudadano tendió a asumirse como sujeto colectivo, atribuyéndose prerrogativas en las sociedades nacionales que reflejaban las polaridades militares e ideológicas externas. De igual forma, la producción de derecho, que daba forma a la estructura integradora de la sociedad en su conjunto, fue el resultado de contiendas entre grupos organizados de ciudadanos, a menudo armados, relacionadas estrechamente con los antagonismos internacionales. En este sentido, el desarrollo y la posterior crisis de la democracia de masas luego de 1918, dio lugar a una antinomia profunda de la democracia moderna. Esto es, la democracia estaba obstaculizada por su propia definición jurídica básica, y el esfuerzo por consolidar el principio de soberanía ciudadana, como premisa de la democracia, chocaba con la dimensión funcional de la democracia como sistema de integración institucional efectiva. Esto fue causado por el hecho de que, con posterioridad a 1789, y con mayor intensidad después de 1918, la democracia fue impulsada por la fusión de dos sistemas de integración de la sociedad moderna: el sistema jurídico y el sistema militar. La democracia demostró ser incapaz de desarrollarse sobre esta base. Esta profunda antinomia constitucional del sistema se reflejó, paradigmáticamente, en las formas de autoritarismo extremo surgidas en las décadas de 1920 y 1930, en las que se utilizó al ejército para restablecer la soberanía estatal en la sociedad. En tales regímenes, los actores militares reincorporaron la servidumbre, o condiciones de trabajo cercanas a ella, en gran parte de Europa, y la dinámica de integración social que sustentaba a la sociedad nacional se revirtió. En este proceso, los sistemas políticos legitimados por la ciudadanía perdieron su característica de centros de integración pública, y las sociedades a las que gobernaban perdieron su esencia como naciones.

§ 11. *Ciudadanía militarizada luego de 1945*

En las décadas posteriores a 1945, la dimensión jurídica de la democracia nacional se convirtió gradualmente en una realidad. En este período, los sistemas políticos de un creciente número de sociedades se centraron en torno a la ciudadanía nacional como norma de legitimación. Desde la década de 1940 hasta la de 1960 –como se mencionó previamente–, la democracia era poco más que un experimento tentativo y local, concentrado en el norte de Europa. Incluso en los sistemas políticos de Europa del Norte posteriores a 1945, la democracia no se consolidó de la noche a la mañana. Por el contrario, se trató de un proceso que duró hasta la década de 1960. Sin embargo, a lo largo de un período de tiempo más largo, la democracia evolucionó hacia una forma política global. Desde mediados de la década de 1960, hasta mediados de la década de 1970, se estableció un consenso internacional por el que los sistemas no democráticos pasaron a carecer de legitimidad. Esto se expresó en el Pacto Internacional de Derechos Civiles y Políticos adoptado por las Naciones Unidas (ONU) en 1966. Este documento declaró una presunción a favor de un derecho global a la democracia. Esto también se expresó en los Acuerdos de Helsinki de 1975. Así, en sistemas políticos como el de Estados Unidos, que ya poseía un carácter democrático parcial antes de 1945, se alcanzó la plena democratización en la década de 1960, asegurando el voto de todos los ciudadanos. En las décadas de 1970 y 1980, se establecieron las bases de la democracia en muchos sistemas políticos autoritarios del sur de Europa, América Latina y, más tarde, de Europa del Este. A finales de la década de 1990, muchos sistemas políticos africanos se habían embarcado en transiciones democráticas, y cierto grado de democratización se había extendido en la mayoría de los Estados del mundo. Después de 1945, por lo tanto, casi todos los sistemas políticos se convirtieron en políticas democratizadoras. Es decir, la mayoría de los Estados adquirieron una forma en la que, como mínimo, algunas características democráticas se convirtieron en la norma, y el compromiso con la democracia no pudo separarse de las proyecciones formales de legitimidad gubernamental. Resulta importante destacar que, a diferencia del período posterior a 1918, la ampliación de la ciudadanía condujo, gradualmente, a la formación de políticas nacionales como sistemas estables de integración jurídica e institucional. En ellos, un gran número de ciudadanos pudieron ejercer funciones electorales sin provocar un colapso.

A priori, la progresiva globalización de la democracia después de 1945 se presenta como un hecho que contradice las afirmaciones realizadas en los análisis precedentes, es decir, que las potenciales crisis en la democracia de masas, se vinculaban con la internalización de los conflictos internacionales en la figura jurídica del ciudadano nacional. Después de 1945, el contexto político mundial estuvo marcado por una intensa rivalidad ideológica. Estas hostilidades globales tuvieron un profundo impacto universal en la construcción de las sociedades y de los sistemas políticos nacionales. Esto se evidenció, de manera más clara, en el inicio de la Guerra Fría entre Estados Unidos y la Unión Soviética durante la década de 1940. Ello estuvo signado por la amenaza de provocar una guerra nuclear global, y por el condicionamiento de la organización de las políticas nacionales por presiones militares globales. En este sentido, algunos destacados teóricos afirmaron, antes de 1945, que un sistema de Estado militarizado estaba a punto de convertirse en algo común[50]. Asimismo, siete años después, se sostuvo que la política se había cristalizado en un "mundo bipolar", en el que "las políticas de cada esfera de la actividad humana, estaban afectadas por la medición de fuerzas entre Estados Unidos y Rusia"[51]. En igual sentido, más allá de Europa y Estados Unidos, la guerra después de 1945 no fue tan *fría*. El conflicto interestatal continuó en muchas regiones del globo, intensificado por la posición que cada Estado beligerante asumía en el sistema de alianzas internacionales creado por la Guerra Fría. Las décadas posteriores a 1945 tuvieron un gran número de golpes militares, y los ejércitos adquirieron un papel de liderazgo en los procesos de formación de los Estados, especialmente en los sistemas descolonizados. Incluso en Europa, la construcción del sistema democrático, después de 1945, permaneció parcialmente vinculada a la movilización militar. Tanto la Constitución de Francia de 1958, como la de Portugal de 1976, fueron creadas en conflictos militares derivados de la descolonización. La Constitución de la Quinta República en Francia, fue establecida para consolidar al poder ejecutivo gubernamental, en medio de la inestabilidad causada por la guerra de Argelia. Asimismo, la Constitución portuguesa tuvo su origen en la insurgencia militar. Francia transitó dos guerras importantes en los años posteriores a 1945. El Reino Unido impuso el servicio militar obligatorio en tiempo de paz por primera vez, después de 1945. En consecuencia, algunos sociólogos e historiadores han descrito la

[50] Lasswell, *The Garrison State*, "American Journal of Sociology", 1941, 46 (4), 461.

[51] Lasswell, *The Prospects of Cooperation in a Bipolar World*, "University of Chicago Law Review", 1948, 15, 877.

militarización universal, como un sello distintivo de las sociedades posteriores a 1945[52].

En este contexto, el profundo vínculo histórico entre la ciudadanía y el militarismo persistió en muchas sociedades después de 1945. Muchas sociedades experimentaron patrones de integración institucional que reflejaron este vínculo.

Esto se expresó, en primer lugar, en el hecho de que muchos Estados en proceso de democratización expandieron la ciudadanía por medio de la guerra. Como en otros contextos de posguerra, un legado de la Segunda Guerra Mundial fue que, en muchos casos, se reforzaron los derechos de ciudadanía. Como en 1918, la extensión de la integración jurídica y política de los ciudadanos fue promovida como recompensa por la labor militar.

En ciertos sistemas en proceso de democratización, este empoderamiento se reflejó en la extensión de los derechos políticos fundamentales. En muchos Estados que habían luchado por las fuerzas aliadas, la ampliación del derecho al voto ocurrió inmediatamente después de la guerra. En el Reino Unido, el voto desigual fue abolido en la legislación de 1948, que entró en vigor en 1950. En Francia, las mujeres obtuvieron el derecho al voto en 1944-1945. Sin embargo, este refuerzo de los derechos ocurrió con más intensidad en el campo de los derechos sociales. Esto quedó claro en el Reino Unido, en el primer Estado de bienestar posterior a 1945. En este caso se intentó trasladar la solidaridad de los tiempos de la guerra, a un sistêma permanente de integración. En el mismo sentido, en Canadá, la expansión de los derechos de bienestar surgió de responsabilidades militares[53]. Algunas normas destacadas de la República Federal de Alemania (RFA), en particular la Bundesversorgungsgesetz (1950), se centraron en personas profundamente afectadas por el servicio o la reclusión militar. En la Unión Soviética, los reclamos de los derechos sociales también se basaron en motivos de sacrificio militar[54].

Un importante caso de expansión de derechos de ciudadanía posterior a 1945, es el de Estados Unidos. Después de 1945, la presidencia de Truman fue atravesada por una nueva concepción

[52] Enloe, *The Morning After*, 5; Saull, *Rethinking Theory and History in the Cold War*, 70.

[53] Cowen, *Welfare Warriors*, "Antipode", 2005, 374, 660.

[54] Dale, *Demobilized Veterans in Late Stalinist Leningrad*, 163.

de la ciudadanía nacional, diseñada para vincular a los ciudadanos con el gobierno por medio de un mayor conjunto de derechos. Tal como se señaló antes, esta nueva concepción de ciudadanía tendió en parte a ampliar los derechos políticos de grupos minoritarios. Sin embargo, Truman promovió la ampliación de la ciudadanía para poner énfasis en los derechos sociales. En su famoso discurso a los representantes del Movimiento de Derechos Civiles en 1947, Truman se comprometió a asegurar los derechos sociales y políticos a todos los ciudadanos. Es decir, el derecho a "hogar digno", a "educación", a "atención médica adecuada", a "trabajo que valga la pena" y a "participación equitativa en la toma de decisiones públicas por medio de la boleta"[55]. Basándose en principios anteriores al New Deal, estas políticas implicaron que el lenguaje de los derechos sociales se infiltre en el gobierno. Así, se convirtieron en un "elemento básico de la comunicación federal-estatal"[56]. En general, aunque levemente signado por el asistencialismo concertado, este período experimentó una configuración más amplia de la ciudadanía, en la que los derechos políticos y los derechos sociales jugaron un papel protagónico en la integración de la sociedad nacional.

Las políticas de Truman tenían una clara base militar. En primer lugar, las instituciones centrales con fuerza para hacer efectivas las políticas de derechos civiles y sociales en Estados Unidos, solo se crearon en la Segunda Guerra Mundial. De manera que la estructura básica de la ciudadanía resultó de la guerra[57]. Más aún, Truman fue un defensor del proyecto e introdujo una serie de disposiciones para mejorar la seguridad nacional (ver § 13). Asimismo, las protecciones de los derechos sociales se asignaron preferentemente a los soldados y combatientes que obtuvieron privilegios de las políticas de bienestar social, que fueron introducidos para facilitar la integración de exmilitares. Por ejemplo, el final de la guerra posibilitó la implementación de la Declaración de Derechos (ley de reajuste de militares de 1944), lo que abrió oportunidades para militares, y reconoció al servicio militar como una forma distinguida de ciudadanía[58].

[55] McCoy - Ruetten, *Quest and Response*, 74 y 75.

[56] Tani, *States of Dependency*, 81.

[57] Reed, *Seedtime for the Modern Civil Rights Movement*, 345.

[58] Mettler, *The Creation of the G.I. Bill of Rights of 1944*, "The Journal of Policy History", 2005, 17(4), 361.

La necesidad de brindar atención a los veteranos también adquirió un creciente impacto social en esta época[59]. Hacia la década de 1970, se estima que aproximadamente el 15 % de los estadounidenses eran veteranos militares con derechos potenciales a la asistencia social por este motivo[60]. En este sentido, la estadidad posterior a 1945 de los Estados Unidos, se correspondió con el modelo clásico de la democracia militarizada. Al igual que en contextos anteriores, la intensificación de los derechos de ciudadanía sirvió tanto para integrar comunidades movilizadas por la guerra en un corpus extendido de derechos, como para consolidar las bases del gobierno en la sociedad, en un entorno aún marcado por el conflicto omnipresente.

En segundo lugar, la persistencia del vínculo entre ciudadanía y militarismo después de 1945, se expresó en el hecho de que, en los Estados con posiciones centrales en la Guerra Fría, las tensiones internacionales tuvieron implicancias de gran alcance para la ciudadanía de los grupos marginados. Las presiones militares globales, con frecuencia, promovieron la plena inclusión democrática.

En Estados Unidos, por ejemplo, la amplia redefinición de la ciudadanía que caracterizó el período de posguerra, significó que los derechos de las minorías étnicas históricamente marginadas, especialmente las afroamericanas de los Estados del sur, fueron reforzados[61]. Es posible afirmar que fue recién en este momento que la ley federal de derechos civiles tomó forma en Estados Unidos como un cuerpo normativo constitucional con efecto vinculante para todos los ciudadanos[62]. De hecho, fue solo en las décadas posteriores a 1945 que la Declaración de Derechos se aplicó, de manera relativamente uniforme, en los diferentes Estados[63]. Estos procesos se reflejaron en importantes leyes, especialmente la

[59] Segal, *Recruiting for Uncle Sam*, 87.

[60] Véase Levitan - Cleary, *Old Wars Remain Unfinished*, 4.

[61] Ver Parker, *Fighting for Democracy*, 12.

[62] Lovell, *This Is Not Civil Rights*, 43.

[63] Al respecto, puede verse el contraste en las posiciones respecto a la incorporación de la Declaración de Derechos, entre "Adamson v. California", 332 US 46 (1947) y "Duncan v. Louisiana", 391 US 145 (1968). Algunos teóricos afirman, sobre la implementación de las normas constitucionales a nivel estatal, que la década de 1960 finalmente vio una "explosión de incorporación" [Yarbrough, *Justice Black, The Fourteenth Amendment, and Incorporation*, "University of Miami Law Review", 1976, 30(2), 258].

Ley de Derechos Civiles (1964) y la Ley de Derechos Electorales (1965), que extendieron los derechos de participación electoral a todos los ciudadanos. Estos procesos también se reflejaron en una serie de fallos legales históricos que promovieron los derechos de las minorías[64].

Esa ampliación de los derechos constitucionales en los Estados Unidos, también contó con una fuerte dimensión militar. De hecho, la extensión de la ciudadanía fue parcialmente promovida por actores del ejército. En primer lugar, las experiencias en el ejército durante la guerra, incluida la discriminación formal y abierta, llevó al aumento de las protestas de muchos soldados negros. Esto allanó el camino para el posterior activismo por los derechos civiles[65]. En segundo lugar, el ejército jugó un papel de liderazgo en la reducción de la segregación étnica, en la asignación de roles sociales por procedimientos étnicamente neutrales[66] e incluso en la promoción de posiciones activistas entre las minorías desfavorecidas[67]. La eliminación sistemática de la segregación después de 1945, se inició en el ámbito militar con la Orden Ejecutiva 9981 (1948). En tercer lugar, la ampliación de los derechos civiles a los ciudadanos negros fue similar a un proceso de administración territorial, en el que se desplegaron unidades militares para imponer términos uniformes de ciudadanía en la sociedad estadounidense[68].

En el mismo sentido, las políticas de derechos civiles de los Estados Unidos estuvieron determinadas por los conflictos globales en el contexto de la Guerra Fría. Dichas políticas fueron una reacción a los intentos en la Unión Soviética por socavar la legitimidad de los Estados Unidos, tanto a nivel mundial como, en particular, en las sociedades descolonizadas de África, evidenciando las

[64] Ver, a modo de ejemplo, "Shelley v. Kraemer", 334 US 1 (1948); "Brown v. Junta de Educación de Topeka", 347 US 483 (1954).

[65] Sitkoff, *Racial Militancy and Interracial Violence in the Second World War*, "The Journal of American History", 1971, 58(3), 661.

[66] Sherry, *In the Shadow of War*, 145; Moskos - Butler, *All that We Can Be*, 2.

[67] Moskos, *Racial Integration in the Armed Forces*, "American Journal of Sociology", 1966, 72(2), 146.

[68] Eisenhower se valió de razones militares para sus acciones en Little Rock en 1957, insistiendo en que "la fuerza que enviamos allí, es lo suficientemente potente como para no ser desafiada" (Sherry, *In the Shadow of War*, 211).

condiciones del *apartheid* en el sur de los Estados Unidos[69]. Las políticas de derechos civiles de Truman estuvieron fuertemente condicionadas por la opinión de que la discriminación racial de Estados Unidos afectó sus propios intereses internacionales. De este modo, las políticas de derechos civiles y las preocupaciones por la seguridad nacional, estuvieron estrechamente conectadas[70]. Incluso los juicios legales que ampliaron los derechos civiles, estuvieron expresamente teñidos por el contexto militar global. Los principales jueces, en esta época, explicaron que sus fallos contra la discriminación racial formaban parte de una estrategia para defender la supremacía moral de los Estados Unidos en la Guerra Fría[71]. Por ejemplo, el presidente del Tribunal Supremo, Earl Warren, justificó su jurisprudencia en materia de derechos civiles de la siguiente manera: "nuestro sistema estadounidense, como todos los demás, está a prueba tanto en casa como en extranjero... a largo plazo, la conservación del espíritu de nuestra Constitución con su Declaración de Derechos, la hará más segura y admirable que la cantidad de bombas de hidrógeno que almacenamos"[72]. En este sentido, el reconocimiento judicial de los derechos humanos en la política nacional, fue intensamente promovido por el poder ejecutivo.

[69] Al respecto, puede verse un análisis extenso en Berman, *The Politics of Civil Rights in the Truman Administration*, 77; McCoy - Ruetten, *Quest and Response*, 66; Lauren, *First Principles of Racial Equality*, "Human Rights Quarterly", 1983, 5(1); Lockwood, *The United Nations Charter and United States Civil Rights Litigation: 1946-1955*, "Iowa Law Review", 1984, 69; Layton, International Politics and Civil Rights Policies in the United States, 1941-1960; Skrentny, The Minority Rights Revolution; Rosenberg, How Far the Promised Land?, 75; Borstelmann, The Cold War and the Color Line; Westad, The Global Cold War, 134; Jensen, T*he Making of International Human Rights*.

[70] Rosenberg, *How Far the Promised Land?*, 183; Berg, *Black Civil Rights and Liberal Anticommunism*, "The Journal of American History", 2007, 94(1), 81.

[71] El Departamento de Justicia proporcionó informes de *amicus curiae* en "Brown v. Board of Education of Topeka", 347 US 483 (1954). Allí se afirmó que Brown poseía un significado particular debido al contexto internacional, en el que Estados Unidos estaba "tratando de demostrarle a la población mundial, de todas las nacionalidades, etnias y colores, que una democracia libre es la forma de gobierno más civilizada y segura ideada hasta ahora por el hombre" [Dudziak, *Desegregation as a Cold War Imperative*, "Stanford Law Review", 1988, 41(1), 65].

[72] Citado en Dudziak, *Brown as a Cold War Case*, "The Journal of American History", 2004, 91(1), 37.

Durante el gobierno de Truman, se presentaron escritos *amicus curiae* respaldados en normas internacionales de derechos humanos, en casos relacionados con la igualdad racial[73].

En tercer lugar, la persistencia del vínculo entre ciudadanía y militarismo después de 1945, se expresó en el hecho de que, en muchos sistemas políticos, el papel de sus organizaciones militares estuvo condicionado por la polarización global entre la Unión Soviética y los Estados Unidos. La Guerra Fría provocó que la mayoría de los Estados se vean obligados a asumir una posición estratégica, dentro de la partición militar y económica mundial. En la mayoría de los sistemas, los cálculos militares globales fueron un aspecto determinante en la planificación de las políticas nacionales y en la formación institucional. Por lo que las prácticas de ciudadanía nacional, fueron el reflejo de las constelaciones militares globales.

Después de 1945, los Estados que fueron más impactados por la Guerra Fría experimentaron una estrecha interacción entre las elites militares y los funcionarios políticos. De este modo, el gasto militar aumentó, y los actores militares intervinieron profundamente en la política civil. Esto se hizo evidente en Estados Unidos y en la Unión Soviética, donde los políticos con antecedentes militares asumieron una gran influencia, y la inversión en el ejército alcanzó niveles sin precedentes. En Estados Unidos, la estructura del gobierno fue alterada por la Ley de Seguridad Nacional (1947). A partir de esta norma, el aparato militar se vinculó de manera más directa con las oficinas del gobierno[74]. Desde 1945, muchos de los principios restrictivos del gasto público de Estados Unidos fueron suspendidos debido a las demandas presupuestarias derivadas de la polarización[75]. De hecho, por primera vez en la historia de Estados Unidos, luego de 1945 no se produjo la completa desmovilización militar, y la amenaza de guerra adquirió mucha incidencia en la construcción del Estado dentro de la sociedad na-

[73] Véase Elliff, *The United States Department of Justice and Individual Rights 1937-1962*, 254; Dudziak, *Cold War Civil Rights*, 90 y 91, 102; Cleveland, *Our International Constitution*, "Yale Journal of International Law", 2006, 31.

[74] Leffler, *A Preponderance of Power*, 176; Hogan, *A Cross of Iron*, 66.

[75] Destacados análisis han sostenido que la expansión presupuestaria no debe ser exagerada, y que el impacto fiscal de la Guerra Fría siempre estuvo compensado por una cultura de antiestatismo (Friedberg, *In the Shadow of the Garrison State*, 81).

cional[76]. En este sentido, la política militar tuvo un impacto sin precedentes en las instituciones nacionales. Después de 1945, la Unión Soviética tuvo niveles extremadamente altos de gastos en la defensa nacional, aproximadamente un 13 % del PIB en la década de 1960. Los militares formaron el segundo pilar del Estado en la Unión Soviética, aunque retuvo una posición subordinada a la dirección del Partido Comunista.

En los Estados que asumieron una posición más marginal en la Guerra Fría, el papel político del personal militar adquirió mayor prominencia que en períodos anteriores. En América Latina, por ejemplo, la participación militar en la política se generalizó. Esta tendencia se intensificó particularmente, luego del éxito de la revolución en Cuba que culminó en 1959, y que estuvo fuertemente condicionada por las tensiones globales. Cabe destacar que, en la Revolución cubana, Fidel Castro utilizó las milicias para promover el cambio de régimen, movilizando sectores de la población de una manera intensamente politizada y disolviendo las divisiones entre funciones militares y civiles[77]. Este resurgimiento de los movimientos partisanos se replicó en otros países, por ejemplo, en Colombia y en sistemas políticos de América Central[78]. Esto provocó un temor a la movilización de partisanos en América Latina, que a su vez condujo a una política de seguridad nacional por la que los ejércitos direccionaron sus fuerzas hacia el interior de los Estados, convirtiéndose en la defensa contra los grupos revolucionarios dentro de las sociedades nacionales[79]. Estos contextos provocaron un aumento de la violencia, que fue utilizado por las instituciones estatales. Asimismo, luego de esta época, los sistemas militares de muchos Estados de América Latina se relacionaron estrechamente con grupos económicos influenciados por las políticas de seguridad de los Estados Unidos. En Brasil en 1964, en Chile en 1973 y en Argentina en 1976, por ejemplo, se establecieron regímenes militares cuyo objetivo principal fue asegurar que los grupos económicos vinculados a Estados Unidos se consoliden en todo el continente[80].

[76] Friedberg, *n the Shadow of the Garrison State*, 40; Thorpe, *The American Warfare State*, 15.

[77] Stepan, *The Military in Politics*, 155; Enloe, *Ethnic Soldiers*, 160.

[78] Goodwin, *No Other Way Out*, 162.

[79] Morley, *Imperial State and Revolution*, 133; Skidmore, *The Politics of Military Rule in Brazil 1964-85*, 4.

[80] Westad, *The Global Cold War*, 151.

En estos escenarios, los opositores de los gobiernos de izquierda elegidos democráticamente, se valieron de un discurso inspirado en las polaridades ideológicas globales, y el conflicto interno reflejó inmediatamente antagonismos político-económicos más amplios. Esto se evidenció en la movilización de fuerzas reaccionarias contra el presidente Goulart, en Brasil, alrededor de 1964. En ese caso, los grupos paramilitares que sabotearon al gobierno, se legitimaron por el escenario de la Guerra Fría[81].

En muchos casos, la participación militar en la política civil de América Latina, después de 1945, ocurrió en contextos sociales similares a los que caracterizaron a Europa luego de 1918. En la mayoría de los casos, los regímenes militares se afianzaron a medida que las sociedades nacionales experimentaron una polarización hostil entre los grupos de ciudadanos movilizados, que intentaban monopolizar los instrumentos de gobierno.

Estos grupos normalmente se vincularon con intereses económicos contrapuestos, y afirmaron sus posiciones en relación con las divisiones ideológicas globales definidas por la Guerra Fría. Esta polarización fue particularmente desestabilizante en América Latina donde, históricamente, la guerra interestatal sólo había jugado un papel limitado a la construcción de instituciones y a la integración social interna. Tal como se ha discutido, los conflictos externos dieron forma a la integración institucional y social de algunas sociedades de América Latina en la década de 1860, durante la Guerra del Paraguay. Sin embargo, en general, los Estados latinoamericanos no fueron apoyados por normas de ciudadanía afianzadas, y no establecieron vínculos institucionales con sus ciudadanos. Entre las causas que provocaron esto, cabe mencionar que originalmente dichos Estados no se formaron por guerras a gran escala, que sus capacidades militares y fiscales eran bajas, y que sus ejércitos no estaban plenamente nacionalizados y no impusieron una forma integradora sólida en la sociedad nacional[82]. Los Estados con ciudadanía, estructuras institucionales y capacidades débiles para la movilización militar nacional, fueron carac-

[81] Bandeira, *O Governo João Goulart*, 353.

[82] Centeno, *Blood and Debt*, 37; Holden, *Armies without Nations*, 107. En Brasil, por ejemplo, a fines del siglo XIX, el ejército era la única institución nacional, y en 1930 fue un baluarte central del gobierno. Sin embargo, sus capacidades eran limitadas y su ingerencia social nacional era restringida (ver McCann, *Soldiers of the Pátria*, 10, 176).

terísticos de las sociedades de América Latina. Esto subraya la conexión, observada en otras partes del mundo, entre integración jurídica, ciudadanía plena, obligaciones fiscales sólidas y compromiso militar. En consecuencia, históricamente, los gobiernos latinoamericanos estuvieron menos vinculados que los europeos a los conflictos externos. Si bien las sociedades latinoamericanas sufrieron conflictos internos entre facciones militares, los gobiernos estuvieron relativamente aislados de las presiones externas[83]. Sin embargo, la Guerra Fría creó una constelación geopolítica inusual en América Latina, en la que los planes militares externos y los intereses económicos llevaron a una mayor intervención de los ejércitos nacionales en la política civil, y las fuerzas armadas asumieron roles decisivos en la definición de los contornos de la ciudadanía[84].

En cuarto lugar, esta conexión entre ciudadanía y militarismo después de 1945, se expresó en los procesos de descolonización que ocurrieron en muchas partes del mundo. No toda descolonización implicó una guerra o una revolución. En muchos casos, las sociedades colonizadas asumieron la independencia en forma conjunta, negociando acuerdos entre los poderes metropolitanos y coloniales. Sin embargo, en general, incluso los procesos de descolonización más pacíficos tuvieron componentes militares y revolucionarios. Ciertas movilizaciones contra el poder colonial o algunos actores cercanos a los intereses coloniales, fueron un aspecto esencial de la formación de la ciudadanía en las nuevas naciones. En las sociedades que atravesaron la descolonización, el ejército por lo general preexistió a la formación del Estado y actuó como agente central en la construcción de la nación. En tales casos, las bases de integración de las nuevas naciones fueron creadas por las elites militares, dentro de sus instituciones[85]. En general, esto ocurría en Estados gobernados por partidos políticos únicos, a menudo vinculados a los grupos étnicos hegemónicos, y en los que las unidades militares

[83] Centeno, *Blood and Debt*, 16; Soifer, *State Building in Latin America*, 205.

[84] Al respecto, puede verse un análisis de cómo, antes de 1964, el ejército brasileño adquirió la posición de un "director" político, en Stepan, *The Military in Politics*, 134.

[85] Ver un estudio de este proceso en Ruanda, en Adejumobi, *Citizenship, Rights, and the Problem of Conflicts and Civil Wars in Africa*, "Human Rights Quarterly", 2001, 23, 162. Ver un análisis general, en Janowitz, *The Military in the Political Development of New Nations*, 53.

y las facciones políticas estaban estrechamente ligadas. En estos contextos, los militares promovieron los intereses de grupos específicos, y no consolidaron una estructura estatal capaz de incluir a las diversas comunidades de la sociedad[86]. Esto con frecuencia condujo a una polarización y a una competencia incontrolable para los militares, entre las colectividades éticas. Los procesos militares de integración y de formación de ciudadanía, en general provocaron golpes militares o guerras civiles, en las que las premisas de la ciudadanía siguieron siendo objeto de competencia extremadamente violenta.

En suma, el origen de la formación institucional posterior a 1945, estuvo determinado por una profunda conexión entre la política internacional y los procesos de integración nacional. La militarización de la ciudadanía se convirtió, en muchos aspectos, en un fenómeno global, y sociedades que antes eran menos afectadas por tales tendencias, comenzaron a reflejar las divisiones políticas globales dentro de sus instituciones políticas nacionales. Evidentemente, el surgimiento de muchos Estados nuevos luego de 1945, implicó que se globalice la intensificación de la ciudadanía como una guerra civil, algo común en Europa después de 1789. Las décadas posteriores a 1945 experimentaron muchas más revoluciones que las décadas que siguieron a 1789[87].

§ 12. *Ciudadanía desmilitarizada: integración institucional*

En los años posteriores a 1945, sin embargo, los conflictos globales no fueron invariablemente reflejados en las políticas nacionales. En este momento, los patrones nacionales de ciudadanía comenzaron a desarrollarse en una forma menos ligada con posiciones militares globales, y con movilizaciones sociales internas. De hecho, después de 1945, se inició un lento proceso en muchos sistemas democráticos, que se puede caracterizar como la desmilitarización de la ciudadanía. Esta resultó ser la premisa fundamental para una democratización efectiva. En dicho proceso, los sistemas políticos encontraron diseños constitucionales que les permitieron separar las relaciones jurídicas básicas de la sociedad, de las prác-

[86] Enloe, *Police, Military and Ethnicity,* 23.

[87] Ver Gurr, *War, Revolution, and the Growth of the Coercive State,* "Comparative Political Studies", 1988, 21(1), 53; Goodwin, *No Other Way Out*, 3.

ticas militares. Así, las obligaciones jurídicas se volvieron menos dependientes de los procesos de integración determinados por la guerra. Después de 1918, el estrecho hilo constitucional que ligaba a la ciudadanía y a la integración social con la guerra, descosió el tejido de las nuevas instituciones democráticas. Por el contrario, después de 1945, la unidad constitucional básica del ciudadano, aunque aún condicionada por conflictos globales, pudo constituirse en términos que vinculaban al derecho con modos de construcción de normas menos condicionados por el enfrentamiento militar. Esta desmilitarización de la ciudadanía provocó que la integración institucional y jurídica necesaria para la consolidación de las democracias, se lleve a cabo sin alterarse por los antagonismos externos. De este modo, fue posible consolidar la plena inclusión de los ciudadanos nacionales, sin generar los conflictos incontrolables que históricamente llevaron a la guerra civil o a la dictadura.

Esta reorientación de la ciudadanía se evidenció, en primer lugar, en los procesos institucionales de integración que mantuvieron unidas a las sociedades nacionales. La relativa desmilitarización de los aspectos centrales de la ciudadanía, después de 1945, puede observarse en ciertas características de los sistemas políticos formados hasta el momento, cuyas interacciones institucionales entre el gobierno y la sociedad se ubicaron bajo nuevas premisas. En este proceso, los Estados idearon nuevas técnicas para la integración de los ciudadanos en las instituciones políticas, y aprendieron a utilizar el poder soberano en la sociedad, sin fragmentarla en distritos electorales violentamente opuestos. La mayoría de estas características institucionales estaban conectadas a procesos de individualización jurídicos y políticos, en los que la tendencia de los ciudadanos a interactuar con el gobierno desde posiciones fuertemente movilizadas se redujo.

En primer lugar, la desmilitarización parcial de la ciudadanía después de 1945, puede observarse en los cambios en el estatus y en la función de los partidos políticos de muchos sistemas democráticos. La transformación de la posición de los partidos políticos posteriores a 1945, se evidenció en algunos factores obvios. En comparación con el período anterior a 1945, los partidos políticos democráticos comenzaron a debilitar sus vínculos con el ejército, disminuyó su tendencia a desplegar la fuerza militar para asegurar sus prerrogativas políticas y a fomentar a las paramilitares. Asimismo, la conexión entre los partidos políticos nacionales y las posiciones globales hostiles, se debilitó. Esto ocurrió a medida que la democratizaron de los sistemas provocó que cada vez menos partidos estuvieran dispuestos a movilizar la fuerza militar para imponer sus intereses políticos o económicos. Esta pacificación de los partidos políticos, siempre se trata de un logro precario. Actualmente, esta condición está solo débilmente institucionalizada en algunos países, especialmente en África. Sin embargo, como resultado de esta tendencia, fue posible para un mayor número de sistemas políticos presuponer que los diferentes grupos sociales los reconozcan como un conjunto de instituciones dotadas de una identidad constitucional permanente. En consecuencia, la aceptación de los partidos políticos de sus opositores, y la construcción de la relación entre el gobierno y la oposición como algo más que un conflicto de suma cero para el monopolio del Estado, también aumentó. En el contexto europeo, este desarrollo se relacionó con el hecho de que, en las décadas posteriores a 1945, los partidos políticos de extrema izquierda se disociaron gradualmente de Moscú y, al hacerlo, abandonaron sus roles como actores en una guerra civil global. En algunos Estados latinoamericanos, en los que esta pacificación ocurrió más tarde, la separación de las agendas de los partidos políticos de la polarización global, fue importante para la desmilitarización de las rivalidades políticas. En Colombia, por ejemplo, un requisito previo al cese gradual del conflicto civil iniciado en la década de 1990 fue que, en la década de 1980, los partidos de extrema izquierda diluyeron sus compromisos marxistas, y comenzaron a aceptar normas orientadoras separadas de la ideología de la guerra civil global[88].

La transformación de la posición de los partidos políticos, también fue visible en elementos menos obvios. En la mayoría de las democracias consolidadas después de 1945, los partidos políticos se diferenciaron, no solo de las unidades militares, sino de otras organizaciones estructuradas de la sociedad. Por ejemplo, organizaciones con una función religiosa (iglesias) o con una función económica (sindicatos de comercio) estuvieron generalmente menos vinculadas a los partidos políticos que antes de 1945.

[88] Al respecto, puede verse el excelente análisis de González-Jácome, *The Emergence of Revolutionary and Democratic Human Rights Activism in Colombia between 1974 and 1980*, "Human Rights Quarterly", 2018, 40(1), explicando el marco conflictivo en el que esto ocurrió.

Esta afirmación requiere de algunos matices. De manera manifiesta, muchos Estados europeos posteriores a 1945 presenciaron el surgimiento de partidos cristianos, de modo que los principales partidos democráticos reclutaron a las comunidades religiosas para su apoyo. Sin embargo, en general estos partidos estuvieron menos vinculados a las instituciones eclesiásticas que los partidos religiosos de entreguerras. Así, el contenido religioso de sus programas, sirvió no como un medio para realizar las estrategias institucionales de las organizaciones religiosas, sino como amplias declaraciones de valores religiosos. Después de 1945, además, los partidos socialistas y los sindicatos a menudo persiguieron prerrogativas comunes. Sin embargo, en esa época, la relación entre los sindicatos y los partidos de izquierda se transformó.

En muchas sociedades anteriores a 1945, los sindicatos y los partidos se habían conectado como órganos de movilización de clase[89]. Esto dio lugar a medidas gubernamentales represivas contra los sindicatos. Después 1945, los partidos y los sindicatos generalmente se centraron en funciones separadas y en la obtención de apoyo en diferentes campos sociales. Hay claras excepciones a esta tendencia. Una muy notable es la del Reino Unido en la década de 1970[90]. Allí, los movimientos estudiantiles y los sindicatos también formaron amplios frentes políticos en algunos países a fines de la década de 1960. Sin embargo, la frecuencia de las huelgas con fines políticos disminuyeron en la mayoría de los Estados después de 1945[91]. Algunos estudios explican que después de 1945, la mayoría de los sindicatos ya no tenía por objetivo "derrocar al gobierno del Estado por medio de una huelga política"[92]. Asimismo, después de 1945, los sistemas democráticos protegieron específicamente los derechos de libre negociación colectiva de los sindicatos. Esto creó, en esencia, un sistema de representación

[89] Ver un análisis de esta relación, en Ebbinghaus, *The Siamese Twins*, "International Review of Social History", 1995, 40(3); Bartolini, *The Political Mobilization of the European Left 1860-1980*, 245 y 246.

[90] Se puede ver un estudio de las relaciones entre Estados y sindicatos en Europa, en Kitschelt, *The Transformation of European Social Democracy*, 225.

[91] Ver Lipset, *The Changing Class Structure and Contemporary European Politics*, "Daedalus", 1964, 93(1), 282; Ross, *Workers and Communists in France*, 314.

[92] Streeck - Hassell, "Trade Unions as Political Actors", en Addison - Schnabel (eds.), *Handbook of Trade Unions*, 335.

democrática en la economía, lo que significó que los conflictos de la industria que involucraban a los sindicatos, normalmente podían resolverse fuera del núcleo de las instituciones políticas[93]. En este sentido, muchos sindicatos redefinieron sus funciones básicas y se centraron en la regulación del mercado de trabajo, estableciendo condiciones para la interacción industrial, e interviniendo en conflictos sociales a nivel local. En este punto, los sindicatos asumieron sólo funciones políticas limitadas, y trabajaron con los gobiernos nacionales para controlar la interacción industrial que tenía lugar fuera del Estado. En este sentido, los sindicatos promovieron la individualización de los derechos de ciudadanía, y crearon las condiciones para el ejercicio de la autonomía individual en las prácticas económicas. Asimismo, protegieron a las personas del poder colectivo de los empleadores, y libraron a los ciudadanos de los "espacios de solidaridad" tradicionales, como organizaciones familiares, religiosas y partidarias, que históricamente habían asumido importantes roles políticos[94]. En consecuencia, la movilización conjunta de los partidos socialistas y de los sindicatos, por medio de acciones políticas y económicas comunes, se volvió poco frecuente. Por caso, en los años posteriores a 1945, la participación en los partidos de izquierda disminuyó, y la afiliación sindical aumentó en gran parte de Europa. Esto demuestra que la membresía sindical estaba parcialmente separada de los roles políticos, y que los sindicatos eran usados para alcanzar metas económicas de un modo más efectivo y específico[95]. Al mismo tiempo, los partidos políticos tendieron a perder su carácter de organizaciones de medio específicas. Por ejemplo, la mayoría de los partidos socialdemócratas, incluso aquellos con una larga historia de militarismo, se redefinieron progresivamente a sí mismos como partidos de clases cruzadas[96].

En suma, después de 1945, los partidos políticos comenzaron a asumir una posición más diferenciada en los sistemas democráticos. Así, dejaron de articular perspectivas políticas integrales, y

[93] Clegg, *Trade Unionism and Collective Bargaining*, 97.

[94] Streeck - Hassell, "Trade Unions as Political Actors", en Addison - Schnabel (eds.), *Handbook of Trade Unions*, 354.

[95] Bartolini, *The Political Mobilization of the European Left 1860-1980*, 279 y 280.

[96] Ver análisis sobre Alemania, en Mooser, *Auflösusng der proletarischen Milieus*, "Soziale Welt", 1983, 34(3), 305.

su capacidad para movilizar sectores sociales completos disminuyó. En algunos casos, esta transformación ocurrió a través de procesos sociales relativamente contingentes, en los que la eficacia de los sistemas políticos se optimizó por la debilitación de sus vínculos con organizaciones paralelas. Esto puede observarse en el surgimiento de los partidos democráticos cristianos, en la Europa posterior a 1945. En estos casos, los partidos que apoyaban los valores cristianos expandieron su apoyo electoral reduciendo el apego directo de la población con los grupos religiosos particulares. En algunos casos, esta transformación se produjo por medio de diseños más estratégicos, en la medida en que los gobiernos y sus constituciones separaron a los partidos políticos del ejército y de organizaciones económicas[97]. Sin embargo, en general, la afiliación a un partido político no era concebida como una posición organizativa totalizadora, en la que la participación implicaba un compromiso religioso u obligaciones fuera del partido en cuestión. Por el contrario, los miembros de los partidos fueron cada vez más capaces de sentarse junto con otras afiliaciones, de modo que pudieran adoptar múltiples afiliaciones grupales, en diferentes segmentos funcionales de la sociedad[98]. La reducción de la conflictividad en la formación de los partidos estuvo vinculada con la individualización de la pertenencia al partido, y ambos procesos se produjeron por el posicionamiento de los partidos políticos como organizaciones funcionales diferenciadas.

En segundo lugar, la desmilitarización parcial de la ciudadanía, después de 1945, puede observarse en el cambio de la importancia política ligada a la clase social.

De manera fundamental, la democracia comenzó a convertirse en una realidad común, después de 1945, porque la democratiza-

[97] Esto ocurrió en las partes occidentales de Alemania después de 1945, y en Argentina después de 1983.

[98] Destacados sociólogos de las décadas posteriores a 1945 señalaron que, mientras la membresía partidaria disminuyó entre la clase trabajadora europea, la participación en otras organizaciones aumentó considerablemente. Esto refleja la transformación del ciudadano de clase trabajadora, en un "individuo segmentado comprometido en muchos roles" [Lipset, *The Changing Class Structure and Contemporary European Politics*, "Daedalus", 1964, 93(1), 281]. En un importante análisis reciente se explica que, después de 1945, los roles políticos se dividieron cada vez más entre un "número diferenciado de asociaciones voluntarias", reflejando "nuevas modalidades de la participación política"(Bartolini, *The Political Mobilization of the European Left 1860-1980*, 275-276).

ción de los Estados redujo la intensidad de los conflictos entre los miembros de las diferentes clases sociales. Al hacerlo, los sistemas democráticos encontraron formas de disminuir la articulación entre ciudadanía nacional y conflictos internacionales, y suavizaron los efectos de las hostilidades globales en los patrones de ciudadanía nacional y de formación de sujetos.

Este proceso puede atribuirse, principalmente, al hecho de que en casi todas las organizaciones políticas que asumieron una orientación democrática después de 1945, la ciudadanía se amplió, para incorporar un rasgo de bienestar social. En este momento, la democracia tomó forma como democracia del bienestar social.

La dimensión de bienestar social en la ciudadanía nacional, se estableció de forma muy diversa después de 1945, por lo que es necesario evitar generalizaciones sobre su constitución[99]. Sólo en pocos Estados, especialmente en el Reino Unido y Escandinavia, el derecho universal al bienestar se consagró de forma inmediata. Algunos autores explican que solo estos casos pueden realmente ser clasificados como Estados de bienestar[100]. En otros Estados, el derecho al bienestar se estableció de manera más gradual y desigual. No obstante, a pesar de las grandes diferencias, una redirección de los sistemas políticos hacia el reconocimiento de los derechos de bienestar ocurrió después de 1945. La creación de instituciones estatales para facilitar la prestación social y reforzar la seguridad de los ingresos, se convirtió en un objetivo político común. Incluso en los Estados que carecían de la infraestructura para crear un sistema de bienestar pleno, el aumento de la prestación de asistencia social se convirtió en la norma. Asimismo, algunos países latinoamericanos también vieron un crecimiento en la provisión de asistencia social[101]. Esta tendencia se reflejó en los

[99] Para conocer las diferencias fundamentales, se pueden consultar los análisis clásicos de Esping-Andersen, *The Three Worlds of Welfare Capitalism*, 1 y 2.

[100] Briggs, *The Welfare State in Historical Perspective*, "European Journal of Sociology", 1961, 2(2), 228.

[101] Antes de 1945, algunos paises, especialmente Chile y Brasil, experimentaron la incorporación histórica de los sindicatos, para crear regímenes de bienestar autoritarios-paternalistas (Collier - Collier, *Shaping the Political Arena*, 185 a 195). Después de 1945, los Estados de bienestar no fueron necesariamente expresiones de democracia. Luego de 1964, Brasil contó con una mayor cobertura de bienestar (ver Malloy, *The Politics of Social Security in Brazil*, 134; Haggard - Kaufman, *Development, Democracy and Welfare States*, 102). Argentina man-

nuevos Estados poscoloniales, con pocas capacidades y con accesos limitados a los recursos[102]. La Constitución india de 1950 estableció un compromiso con los derechos sociales, que fue apoyado por legislaciones adicionales. En particular, por la ley de seguro estatal de los empleados (1948). Si bien Estados Unidos no alcanzó un Estado de bienestar pleno, estableció una variante de la revolución del bienestar global después de 1945[103]. Iniciada bajo el gobierno de Truman, y acelerada en la década de 1960, durante el período posterior a 1945 se produjo una expansión de la inversión social en Estados Unidos. De este modo, hacia 1965 el gasto social ascendió a más del 10 % del PBI[104]. De 1960 a 1980, la proporción de estadounidenses que vivían en la pobreza disminuyó en un 60 %[105]. Los historiadores de este período de Estados Unidos afirman que el régimen de bienestar aumentó "intensamente", y que provocó una "asombrosa expansión" después de 1960[106]. En síntesis, el período entre 1945 y 1980 fue testigo de un rápido aumento del gasto social en casi todos los tipos de sistemas políticos.

Luego de 1789, los Estados ejercieron una fuerza integradora en la sociedad al concebir al ciudadano, en esencia, como un soldado. En este sentido, los Estados integraron a los ciudadanos en sus instituciones, generalmente en su calidad de soldados. Como se señaló anteriormente, otras relaciones entre los gobiernos y los ciudadanos, por ejemplo, en el ámbito fiscal, también fueron determinados por presiones militares. Cabe destacar que los Estados también interactuaron con sus ciudadanos de otras formas, en particular por medio de la administración de educación pública a nivel escolar. Sin embargo, a finales del siglo XIX, fueron las fuerzas militares las que, en la mayoría de los sistemas políticos, articularon la conexión más amplia entre el gobierno y la sociedad. Este nexo

---

tuvo un nivel comparativamente alto en la cobertura de seguro social, a pesar de las repetidas intervenciones militares. Incluso el autoritarismo de Chile no provocó una disminución constante del gasto social. Ver, sobre estos puntos, Segura-Ubiergo, *The Political Economy of the Welfare State in Latin America*, 30, 183).

[102] Lindert, *Growing Public*, 218.

[103] Baldwin, *The Narcissism of Small Differences*, 213.

[104] Patterson, *America's Struggle against Poverty 1900-1985*, 164.

[105] Al respecto, puede verse Katz, *In the Shadow of the Poorhouse*, 255, 278).

[106] Grønbjerg, *Mass Society and the Extension of Welfare, 1960-1970*, 152; Patterson, *America's Struggle against Poverty 1900-1985*, 157.

entre el Estado y los soldados se intensificó dramáticamente, de manera controversial, luego de 1918. En este momento, la participación militar se volvió fundamental para el Estado, y los ciudadanos adquirieron roles políticos como consecuencia de los conflictos bélicos. En este sentido, muchos Estados lucharon por afirmar su monopolio sobre las organizaciones militarizadas en las que participaban los ciudadanos. Como se examinó más arriba, muchos restablecieron este nexo de manera brutal, integrando sus poblaciones por medio de actos de violencia militar. Después de 1945, por el contrario, los Estados evolucionaron al comprometerse con el ciudadano, por medio de instituciones responsables de brindarle bienestar. De este modo, fue recién después de 1945 que la asistencia social comenzó a superar al gasto militar. Así, el vínculo entre los ciudadanos y las agencias gubernamentales estuvo más fuertemente vinculado con el bienestar que con el servicio militar obligatorio. Antes de 1914, en muchos países europeos, la defensa nacional representó más de una cuarta parte del gasto público[107]. Después de 1945, algunos sistemas políticos continuaron gastando más en desarrollo militar que en bienestar. Sin embargo, con algunas excepciones, estos casos correspondían a gobiernos con regímenes militares. En los sistemas democráticos, hubo una fuerte tendencia a aumentar el bienestar que a subir el presupuesto de las fuerzas militares[108]. Incluso en los sistemas democráticos con altos presupuestos de defensa nacional, como el Reino Unido, la inversión militar fue eclipsada rápidamente por el gasto social[109]. Incluso en Estados Unidos, que tuvo un largo período de crecimiento de los gastos de defensa en comparación con los niveles anteriores a 1945, la inversión disminuyó en las décadas posteriores a 1950, en proporción al gasto público total. En algunos Estados de bienestar, el vínculo entre los ciudadanos y el gobierno se centró en la recaudación y asignación de recursos, en forma de asistencia social. Sin embargo, desde una perspectiva más general, estos vínculos se basaron en la mejora de oportunidades a largo plazo, especialmente por medio del acceso a la educación. Si bien todas las inversiones

[107] Ver Eloranta, *From the Great Illusion to the Great War*, "European Review of Economic History", 2007, 11, 260.

[108] Kennedy, *The Military in the Third World*, 162.

[109] En 1950, el gasto británico en defensa equivalía a menos del 50 % del gasto social [Gould - Roweth, *Public Spending and Social Policy*, "Journal of Social Policy", 1980, 9(3), 349].

sociales aumentaron abruptamente después de 1945, el crecimiento más generalizado se hizo visible en la provisión de educación. Esto se convirtió en una característica común de los Estados, e incluso aquellos con infraestructuras frágiles promovieron la escolarización masiva. En el período entre 1950 y 1970, la tasa media de escolarización aumentó del 60 % al 84% a nivel mundial. Un hecho particularmente relevante para esta estadística fue el aumento de la matrícula media del 27 % al 54 % en África, lo que muestra la universalidad de esta tendencia política[110].

Este conjunto de factores implicó que, después de 1945, la relación básica entre los ciudadanos y el Estado se vea modificada. A partir de este momento, los ciudadanos aportaron dinero a los gobiernos, no para la guerra, sino por su propio bienestar. Los gobiernos comenzaron a funcionar, no como administradores militares, sino como proveedores de servicios de bienestar social. Al mismo tiempo, los ciudadanos se comprometieron cada vez más con las instituciones estatales, no como soldados o contribuyentes para los presupuestos militares, sino como receptores de recursos, comodidades y conocimientos, y como contribuyentes para el financiamiento de estos servicios. La mayoría de las comunicaciones entre los ciudadanos y el Estado, se orientaron, no al reclutamiento militar, sino a los reclamos de prestaciones sociales y de mejoras de las oportunidades personales. Este aumento de la asignación de recursos del Estado, transformó drásticamente las obligaciones que lo ligaban con los ciudadanos, y los acuerdos entre ambas partes se elaboraron sobre nuevas premisas.

Cabe destacar que, después de 1945, la transformación de la forma de integración institucional, que viró de la función militar a la de bienestar social, provocó que los Estados pudieran integrar a los ciudadanos de modo pacífico. Dicha integración en el Estado comenzó a suceder con menos conflictividad entre las clases sociales. Las instituciones estatales comenzaron a integrar a sus poblaciones, por medio de procedimientos menos propensos a provocar reacciones violentas, o a dividir la sociedad en facciones hostiles. La reducción de la militarización en la integración institucional, coincidió con la disminución de la importancia de las diferencias de clase social en estos procesos. La separación entre ciudadano

[110] Ramirez - Ventresca, "Building the Institution of Mass Education", en Fuller - Rubinson (eds.), *The Political Construction of Education*, 55.

y el soldado, a partir de la consolidación de los Estados de bienestar, también implicó una separación entre el ciudadano y su clase particular.

Evidentemente, el crecimiento del Estado de bienestar no significó que desapareciera el conflicto entre las clases sociales de las relaciones entre el gobierno y la sociedad. Sin embargo, existen elementos que indican que los Estados de bienestar institucionalizaron la formación de sujetos colectivos basados en la clase social, sobre nuevas premisas[111]. En primer lugar, por ejemplo, se suele afirmar que los Estados de bienestar consolidados evolucionaron en sistemas con historias de movilizaciones laborales exitosas. En consecuencia, con frecuencia se asume que las políticas de bienestar internalizaron de manera directa los intereses de clase, y que los sistemas de bienestar más fuertes mostraron la capacidad de las organizaciones políticas para cimentar los derechos de la clase trabajadora en el Estado[112]. Esta afirmación puede ser cuestionada, ya que muchos Estados de bienestar fueron diseñados sin un fuerte apoyo de los movimientos laborales nacionales. El Estado de bienestar británico puede remontarse en parte al Informe de Beveridge, que fue presentado y respaldado (parcialmente) por un gobierno mayoritariamente conservador en 1942. De hecho, Gran Bretaña desarrolló un fuerte Estado de bienestar después de 1945, a pesar de que, históricamente, el movimiento laborista sólo estuvo involucrado fugaz o marginalmente en el gobierno. En el mismo sentido, el sistema de bienestar de la posguerra de Francia fue planificado por gaullistas exiliados en Londres[113]. No obstante, parece haber

[111] Ver un excelente análisis de los diferentes patrones de ciudadanía en los diversos regímenes de bienestar, en Janoski, *Citizenship and Civil Society*, 136 a 138.

[112] Al respecto, ver Rimlinger, *Welfare Policy and Industrialization in Europe, America and Russia*, 8; Korpi, *The Democratic Class Struggle*, 25; Swank, *Between Incrementalism and Revolution*, "American Behavioral Scientist", 1983, (26); Hicks - Swank, *On the Political Economy of Welfare Expansion*, "Comparative Political Studies", 1984, 17(1), 105; Therborn, *Classes and States*, "Studies in Political Economy", 1984, 14(1), 25; Huber - Ragin - Stephens, *Social Democracy, Christian Democracy, Constitutional Structure, and the Welfare State*, "American Journal of Sociology", 1993, 99(3), 729; Hicks, *Social Democracy and Welfare Capitalism*, 19; Huber - Stephens, *Development and Crisis of the Welfare State*, 17; Silver, *Forces of Labor*, 17.

[113] Dutton, *Origins of the French Welfare State*, 202 y 203. Estos hechos ponen en duda la afirmación común de que "la organización política del la clase

alguna correlación entre la fuerza de los movimientos de los trabajadores y la consolidación de la prestación de asistencia social. La limitación del Estado de bienestar de Estados Unidos, por ejemplo, se atribuye frecuentemente a la débil tradición de movilización laboral[114]. En segundo lugar, los Estados de bienestar creados después de 1945, tendieron a establecer sistemas de mediación semiformales para organizar las relaciones con las asociaciones profesionales en la sociedad, y para negociar la distribución de los recursos. Destacados autores sostuvieron que esto llevó a la división de la sociedad en órganos colectivos de negociación, vinculados a diferentes sectores y clases. En este contexto, grupos organizados según determinados intereses, asumieron posiciones de poder por fuera de los márgenes del gobierno[115]. En muchos sistemas políticos, esto provocó la creación de sistemas neocorporativistas de bienestar social, en los que los grupos de interés se articularon estrechamente con el Estado. De hecho, algunos Estados de bienestar tuvieron un carácter claramente corporativista, y protegieron de manera selectiva a profesiones y grupos de interés particulares[116]. En tercer lugar, los partidos gobernantes de los Estados de bienestar continuaron siendo influenciados por grupos activistas con determinados poderes económicos[117]. En este sentido, los Estados de bienestar pueden entenderse como sistemas con conflictos de clases equilibrados, que promovieron la integración de los actores conflictivos en el Estado. En cuarto lugar, cabe destacar que la movilización política vinculada al bienestar se intensificó en la

---

trabajadora, fue la base fundamental de la mayoría de los Estados de bienestar" (Gingrich - Häusermann, *The Decline of the Working-Class Vote, the Reconfiguration of the Welfare Support Coalition and the Consequences for the Welfare State*, "European Journal of Social Policy", 2015, 25(1), 56.

114 Piven - Cloward, *Regulating the Poor*, 427.

115 Offe, *Strukturprobleme des kapitalistischen Staates*, 25; Habermas, *Strukturwandel der Öffentlichkeit*, 336.

116 Mesa-Lago, *Social Security in Latin America*, 3; Esping-Andersen, *The Three Worlds of Welfare Capitalism*, 2; Janoski, *Citizenship and Civil Society*, 109 y 110; Korpi - Palme, *New Politics and Class Politics in the Context of Austerity and Globalization*, "American Political Science Review", 2003, 97(3), 432.

117 Piven - Cloward, *Regulating the Poor*, 220; Swank, *Between Incrementalism and Revolution*, "American Behavioral Scientist", 1983, (26), 296, 305; Zarate Tenorio, *Social Spending Responses to Organized Labor and Mass Protests in Latin America, 1970-2007*, "Comparative Political Studies", 2014, 47(14), 1947.

década de 1980, cuando muchos regímenes recortaron el gasto social y las estructuras del proteccionismo se erosionaron.

A pesar de estas consideraciones, la creciente consolidación de los Estados nacionales bajo un modelo asistencialista, disminuyó la organización política determinada por la clase social, en varias formas. Por un lado, los Estados de bienestar adquirieron una mayor capacidad para mediar en el conflicto entre clases, por medio de técnicas de administración de recursos. De este modo, lograron reducir las movilizaciones orientadas por los intereses de clase. Incluso aquellos teóricos que sostienen los orígenes de clase de los Estados de bienestar, afirman que estos crearon un marco en el que las organizaciones que representan los intereses de clase, pudieron incorporarse de manera pacífica a un sistema institucionalmente consolidado de negociación político-económica[118]. En este sentido, los Estados que promovieron una asistencia social relativamente uniforme, tendieron a debilitar los vínculos de las personas con los grupos sociales definidos por la clase. Tal como se verá más adelante, si bien el bienestar se basó, en parte, en acuerdos entre diferentes grupos, los Estados desarrollaron una serie de mecanismos para incorporar a las personas de manera directa en sus sistemas, y para consolidar al ciudadano individual como la unidad principal de integración. Asimismo, cualesquiera que fueran sus fundamentos, el principal efecto social de los Estados de bienestar fue que las instituciones políticas se dirigieron a las personas de forma inmediata e individual. Así, las personas se vincularon de manera directa con las agencias públicas, y la unidad central del Estado de bienestar fue el sujeto individual, separado de las estructuras de antagonismo colectivo. De este modo, estos sistemas comenzaron a separar a los agentes sociales de las comunidades potencialmente violentas, y disminuyeron la propensión al conflicto tanto en sociedad como dentro del propio Estado.

Al analizar los Estados de bienestar posteriores a 1945, como sistemas que promovieron patrones pacíficos de ciudadanía, es necesario realizar algunas precisiones. Al igual que otras clases de sistemas políticos, los Estados de bienestar creados después de 1945, fueron productos de la guerra. Así, estos construyeron la relación entre la política y el ciudadano condicionados por el en-

[118] Korpi, *The Democratic Class Struggle*, 21; Edlund - Lindh, *The Democratic Class Struggle Revisited*, "Acta Sociologica", 2015, 58 (4), 312.

frentamiento bélico. La Segunda Guerra Mundial creó un amplio consenso social que apoyó la efectiva integración de la población, lo que sustentó la construcción del Estado de bienestar[119]. De hecho, en muchos sistemas políticos posteriores a 1945, la formación del Estado de bienestar estuvo impulsada por la asistencia a los veteranos de la guerra[120]. Al igual que los derechos electorales, la provisión de bienestar social se puede observar como una cláusula de un contrato constitucional, ofrecida por los gobiernos a los soldados que aceptaron el servicio militar obligatorio. Ambos elementos del tejido constitucional de los Estados democráticos modernos, el sufragio universal y el sistema de bienestar, se pueden remontar a acuerdos militares implícitos y a recompensas públicas a los combatientes. Asimismo, después de 1945, los Estados de bienestar se basaron en estructuras institucionales resultantes de la guerra. Como en la Primera Guerra Mundial, los patrones de formación institucional promovidos a partir de la segunda, crearon una forma distinta de Estado, en la que las empresas y los sindicatos fueron utilizados para apoyar la producción para la guerra, y los poderes de coordinación fueron transferidos al poder ejecutivo. Esto facilitó la construcción de Estados con aptitudes administrativas afianzadas, capaces de promover la intervención social, el aumento de la recaudación fiscal, el incremento del gasto público y la redistribución de recursos en toda la sociedad[121]. En este sentido, la forma básica del Estado de bienestar posterior a 1945 se estableció por medio de una construcción institucional en tiempos de guerra.

Al mismo tiempo, es importante destacar que el surgimiento de los Estados de bienestar puede ser entendido como el resultado de expectativas normativas que tomaron fuerza en la guerra y que, a causa de esta, obtuvieron relevancia a nivel transnacional. En la mayoría de los sistemas, las primeras planificaciones para la creación de los Estados de bienestar fueron redactadas en el curso de la Segunda Guerra Mundial, y adquirieron un impacto transnacional de gran alcance. Como se mencionó anteriormente, el Estado de

119 Segal, *Recruiting for Uncle Sam*, 7; Klausen, *War and Welfare*, 128.

120 Después de 1945, algunos autores afirman que los países beligerantes gastaron entre el 10 y el 35 % del gasto social total, en personas afectadas por la guerra (Obinger - Schmitt, *The Impact of the Second World War on Postwar Social Spending*, "European Journal of Political Research", 2018, 57, 497).

121 Al respecto, pueden verse los análisis de Klausen, *War and Welfare*, 2, y de Edgerton, *Warfare State*, 145.

bienestar británico se basó, en parte, en el Informe de Beveridge, publicado en 1942. Este documento adquirió rápidamente fuerza normativa dentro de las fronteras nacionales, y dio forma a propuestas y políticas relacionadas con el diseño del Estado de bienestar de muchos otros países, antes y después de 1945[122]. El surgimiento de la Carta del Atlántico (1941) también penetró profundamente en las sociedades nacionales, estableciéndose como un punto de referencia para los sistemas de bienestar[123]. La Carta del Atlántico expresó un fuerte compromiso transnacional, con la "mejora de las normas laborales, con los avances económicos y con la seguridad social". De hecho, la Carta del Atlántico y el Informe de Beveridge estuvieron estrechamente relacionados. Este último estableció que se intentarían efectivizar las disposiciones para la seguridad social general de la Carta del Atlántico[124]. En el mismo sentido, los objetivos establecidos por la Organización Internacional del Trabajo en Filadelfia, en 1944, proporcionaron premisas internacionales para el desarrollo del Estado de bienestar.

Los Estados de bienestar se suelen considerar como logros nacionales, que reflejaron sentimientos de solidaridad derivados de fuertes lazos y pertenencia con las naciones[125]. Algunos destacados autores han declarado, de modo más directo, que el "Estado de bienestar fue nacionalista", y que constituyó un mecanismo para "defender la comunidad nacional" mediante la promoción de la autarquía económica[126]. También se observa con frecuencia que, después de 1945, los sistemas de bienestar transformaron a

[122] Sobre la recepción del Informe de Beveridge en Suecia, ver Heclo, *Modern Social Politics in Britain and Sweden*, 229; en Francia, ver Kerschen, *L'Influence du rapport Beveridge sur le plan français de sécurité sociale de 1945*, "Revue Française de Science Politique", 1995, 45(4); Dutton, *Origins of the French Welfare State*, 202 a 208; en Alemania, ver Abelshauser, *Erhard oder Bismarck?*, "Geschichte und Gesellschaft", 1996, 22(3), 377; en Japón, ver Estévez-Abe, *Welfare and Capitalism in Postwar Japan*, 138; en Checoslovaquia, ver Inglot, *Welfare States in East Central Europe, 1919-2004*, 75; en Canadá, ver Cowen, *Military Workfare*, 50.

[123] Sparrow, *Warfare State*, 44.

[124] Beveridge, *Social Security*, "Journal of the Royal Statistical Society", 1943, 106(4), 305.

[125] Ver variantes de esta posición en Seymour, "Présentation", en Seymour (ed.), *Nationalité, Citoyenneté et solidarité*, 230; Dutton, *Origins of the French Welfare State*, 210; McEwen, State *Welfare Nationalism*, "Regional & Federal Studies", 2002, 12(1), 66; Cowen, *Military Workfare*, 8.

[126] Myrdal, *Beyond the Welfare State*, 117 y 118.

las sociedades nacionales en colectivos integrados. De este modo, la organización territorial de las naciones modernas resultó de los procesos de formación del Estado de bienestar[127]. Sin embargo, los sistemas de bienestar posteriores a 1945 se originaron, en parte, a partir de normas internacionales o transnacionales. Es cierto que las normas internacionales que establecían presunciones a favor del sistema de bienestar, se guiaban por principios ya establecidos en diferentes sistemas nacionales. Así, el New Deal de los Estados Unidos expresó un compromiso general con la protección de los derechos sociales. Estos fueron elevados a rango constitucional, en la Constitución de Weimar (1919). Asimismo, fueron establecidos como normas de derecho público en el Informe Nehru (1928), planteando un nuevo orden constitucional para la India. Sin embargo, en pocas sociedades nacionales previas a 1945, existía la solidaridad necesaria para unir a los diferentes grupos sociales en una comunidad estable de clases diversas. Por el contrario, en el período posterior a 1945, el Estado de bienestar se convirtió en un fenómeno de alcance general. Esto se vinculó estrechamente, con las normas globales establecidas en el curso de la Segunda Guerra Mundial. Después de 1945, cierto patrón de bienestar estatal pasó a formar parte de la cultura política internacional que la mayoría de los Estados, de diversas formas, tendieron a replicar[128]. Algunos análisis describen esto como un ejemplo de "modelización cultural internacional"[129]. Determinados sociólogos han afirmado que los Estados reconocieron "el principio de inclusión", vinculado a la prestación de asistencia social, como un elemento central de un proceso en el que, después de 1945, se integraron en la "sociedad mundial"[130].

[127] Keating, *State and Regional Nationalism*, 126.

[128] Ver posiciones similares, en Collier - Messnick, *Prerequisites versus Diffusion*, "The American Political Science Review", 1975, 69(4), 1305; Thomas - Meyer, *The Expansion of the State*, "Annual Review of Sociology", 1984, 10, 476); Baldwin, *The Politics of Social Solidarity*, 108; Abbott - DeViney, *The Welfare State as Transnational Event*, "Social Science History", 1992, 16(2), 266. Respecto de la difusión transnacional del plan Beveridge, ver la nota 122. Algunos análisis destacan el modo en que la seguridad social fue desarrollada en diferentes sociedades a partir de una mezcla de fuentes nacionales e internacionales [Perrin, *Reflections on Fifty Years of Social Security*, "International Labour Review", 1969, 99(3)].

[129] Skocpol - Amenta, *States and Social Policies*, "Annual Review of Sociology", 1986, 12, 144.

[130] Stichweh, *Die Weltgesellschaft*, 59.

En este sentido, el auge del Estado de bienestar también estuvo intensamente marcado por la Guerra Fría, y el creciente compromiso con este sistema fue, en parte, el resultado de su exposición a los conflictos globales. Sin embargo, en algunos análisis de las sociedades posteriores a 1945, la Guerra Fría fue vista como un factor que inhibió el crecimiento de los Estados nacionales de bienestar[131]. No obstante, la expansión del sistema de bienestar en las democracias posteriores a 1945, fue inseparable de la Guerra Fría. En muchas sociedades, el objetivo principal del Estado de bienestar estuvo orientado a disminuir la atracción ideológica por las alternativas radicales al capitalismo[132]. Los gobiernos de ambos lados de la división ideológica global en la Guerra Fría, mostraron alto compromiso con el gasto social. Así, Estados con ideologías opuestas promovieron la inversión en bienestar social con fines de competencia ideológica y de legitimación nacional.

En síntesis, los Estados de bienestar posteriores a 1945 se originaron, en gran medida, a partir de la guerra. El bienestarismo se convirtió en una parte del diseño de la política transnacional, en un entorno global creado por la guerra. No obstante, a pesar de sus orígenes militares, un resultado tangible de la expansión global del modelo de Estado de bienestar, fue la reducción de la militarización de los conflictos entre los grupos de las sociedades nacionales sobre los que ejercía soberanía[133]. Asimismo, este modelo ten-

[131] Russett, *What Price Vigilance?*, 170; Wilensky, *The Welfare State and Equality*, 71; Katz, *In the Shadow of the Poorhouse*, 266.

[132] La Guerra Fría se suele observar como un período marcado por el conflicto entre la inversión en defensa nacional, y la inversión en bienestar social. Sin embargo, puede verse la posición de Peterson sobre la promoción del Estado de bienestar como parte de una "estrategia anticomunista" [*The Early Cold War and the Western Welfare State*, "Journal of International and Comparative Social Policy", 2013, 29(3), 233]. Asimismo, puede verse la posición de que la competencia entre el régimen de Oriente y Occidente desencadenó la inversión en bienestar social en ambos lados, en Obinger - Schmitt [*Guns and Butter?*, "World Politics", 2011, 63(2), 265]. Esto también está implícito en Ritter, *Der Sozialstaat*, 201. También puede verse la posición de Domke, Eichenberg y Kelleher, que sostiene que la inversión militar y la mayor provisión de bienestar, suelen ser compatibles [*The Illusion of Choice: Defense and Welfare in Advanced Industrial Democracies*, "The American Political Science Review", 1983, 77(1), 33].

[133] Antes de 1933, los gobiernos alemanes fueron perturbados por conflictos de clases extremadamente agudos. Sobre la rápida "desactivación de los conflictos sociales" y la "difusión del consenso" en la RFA después de 1949, ver Hockerts, "Integration der Gesellschaft", en Funke (ed.), *Entscheidung für den Westen*, 55.

dió a crear condiciones sociales en las que las presiones ideológicas globales provocaron menos antagonismos incontrolables en la política interna. Si bien surgieron a partir de la hostilidad interestatal, los Estados de bienestar creados después de 1945 promovieron el equilibrio entre las facciones sociales internas, para aislar a la ciudadanía nacional de los conflictos globales. En este sentido, se consolidó la posición del Estado en su conjunto, dentro de las sociedades nacionales.

El impacto pacificador de los Estados de bienestar estuvo relacionado con el hecho de que, en los sistemas democráticos posteriores a 1945, la provisión de bienestar social estuvo ligada a una construcción esencialmente individualista de estos derechos.

En este sentido, Beveridge definió a la seguridad social como "seguridad para el individuo, organizada o asistida por el Estado"[134]. En el centro del Estado de bienestar estuvo el presupuesto, implícito o explícito, de que las personas poseen ciertos derechos más allá de los grupos colectivos que se movilizan por ellos. De este modo, estos derechos colocaron a la persona individual en una relación inmediata con el Estado. Este principio fue, por supuesto, expresado de modo muy variable, y sólo se articuló plenamente en los Estados de bienestar con cobertura universal. Sin embargo, este constructo del sujeto individual como el vínculo principal entre el Estado y la sociedad, subrayó la revolución mundial del bienestar con más fuerza. Este aspecto del Estado de bienestar debilitó la formación colectiva del sujeto como camino hacia los derechos de ciudadanía, y jugó un papel vital en la pacificación de sus patrones.

Existen muchos argumentos que contradicen el vínculo entre el Estado de bienestar y la individualización subjetiva. A menudo se sostuvo críticamente que los sistemas de bienestar protegieron los derechos de carácter colectivo transcendiendo e, incluso, erosionando los principios individuales de autonomía y libertad consagrados por los derechos clásicos personales y privados/monetarios[135]. Asimismo, resulta evidente que los acuerdos de bienestar

[134] Beveridge, *Social Security*, "Journal of the Royal Statistical Society", 1943, 106(4), 306.

[135] Esta opinión se expresa tanto afirmativa como críticamente, en diferentes puntos del espectro de la opinión política. Ver, como ejemplos, Hayek, *The Constitution of Liberty*, 273; Ewald, "Revolution, Krieg, Nation", en Frie - Planert (eds.), *Revolution, Krieg und die Geburt von Staat und Nation*, 367; Kosotieti, *From Collectivity to Individualism in the Welfare State?*, "Acta Sociologica",

se originaron en patrones de negociación entre grupos de naciones particulares. Estos reflejaron construcciones equilibradas de interés social, enmarcando las expectativas de que la resolución de los problemas de escasez y seguridad, es una responsabilidad pública. En este sentido, los Estados de bienestar pueden verse, en cierto modo, como entidades basadas en el debilitamiento del individualismo.

No obstante, los sistemas de bienestar posteriores a 1945 tuvieron una fuerte dimensión individualista, y aseguraron la asistencia social en una forma no correlacionada con los patrones colectivos de formación de sujetos. Los Estados de bienestar más avanzados surgidos después de 1945, asignaron recursos sociales a las personas como agentes individuales. De un modo jurídicamente distinto de las organizaciones estructuradas colectivamente, a las que estas personas estuvieron históricamente ligadas, el crecimiento del Estado de bienestar implicó que la asignación de bienes materiales se vincule a la definición de ciudadano individual con derechos comunes compartidos, como el portador principal de derechos en la sociedad[136].

Tal como se indicó, algunos sistemas políticos del período de entreguerras, ya habían creado sistemas de provisión de bienestar público. En los años 1913-1929, por ejemplo, Alemania aumentó el 500 % el gasto público en bienestar social[137]. La Constitución de Weimar de 1919, previó la creación de un Estado de bienestar que

---

1987, 30(3/4), 286 y 287. Por un rechazo de tales críticas, ver Rothstein, *Just Institutions Matter*, 30. Un vínculo más positivo entre bienestar e individualismo se postula en Beck, *Risikogesellschaft*, 133. Nuestro análisis sobre la individualización, tiene algunos paralelismos con la teoría de Beck. Sin embargo, a diferencia de Beck, nuestra posición enfatiza el aspecto jurídico-subjetivo de la individualización, y la vincula con la forma jurídica global. Así, entiende a la individualización como la expresión de fuerzas estructurales. Ver un análisis que, al igual que el precedente, sostiene que el Estado de bienestar es "esencialmente una fuente del individualismo moderno", en Leisering, "Individualisierung und 'sekundäre Institutionen'", en Beck - Sopp (eds.), *Individualisierung und Integration*, 147).

[136] Respecto de este punto de vista, ver Rimlinger, *Welfare Policy and Industrialization in Europe, America and Russia*, 152; Kaim-Chaudle, "Moving on From Beveridge", en Zacher (ed.), *Bedingungen für die Entstehung und Entwicklung von Sozialversicherung*, 22; Christiansen - Petersen, *The Dynamics of Social Solidarity*, "Scandinavian Journal of History", 2001, 26(3), 182.

[137] Sachße - Tennstedt, *Geschichte der Armenfürsorge in Deutschland*, 2, 211.

ofreciera protección ante la pérdida de ingresos por enfermedad o desempleo (art. 161), y proyectó el asistencialismo como eje integrador del nuevo sistema democrático. Hacia 1927, Alemania tenía una legislación que preveía un seguro de desempleo completo. Algunos Estados de Escandinavia desarrollaron un amplio sistema de bienestar antes de 1945. En Polonia, el sistema de bienestar creció bajo el gobierno de Piłsudski. Estados Unidos desarrolló un Estado de bienestar rudimentario, por medio del New Deal de Roosevelt, aunque esto no incluyó el seguro médico o un ingreso mínimo[138]. Gran Bretaña también tuvo una marcada centralización de la provisión de asistencia social en las décadas de 1920 y 1930, por lo que, antes de 1945, el gobierno británico estaba entre los que más invirtieron en gasto social[139]. Sin embargo, en tales sistemas, la cobertura de asistencia social solía ser limitada. También era desigual y estaba sujeta a grandes variaciones regionales. Así, fue proporcionada por una amplia gama de organizaciones: públicas, privadas, de caridad, locales, nacionales o enraizadas en asociaciones religiosas. En algunos sistemas políticos, los reclamos de asistencia a menudo estaban vinculados con la afiliación militar, y las organizaciones que proporcionaban bienestar social, con frecuencia, se centraban en personas que había sufrido pérdidas físicas o monetarias durante la Primera Guerra Mundial[140]. En particular, tales sistemas no fueron muy efectivos para promover la lealtad política, y muchos grupos que recibieron asistencia social sólo se integraron débilmente en la política. El enfoque selectivo en grupos de veteranos, en los inicios de las políticas de bienestar social, a menudo los dejó aislados. Así, dichos grupos surgieron dentro del sistema como facciones opositoras resentidas[141]. Incluso en los sistemas de bienestar de entreguerras más avanzados, se trató de formas precarias de integración institucional. El bienestar siguió profundamente vinculado a la movilización de clases,

[138] Patterson, *America's Struggle against Poverty 1900-1985*, 75 y 76.

[139] Boyer, *The Winding Road to the Welfare State*, 307.

[140] En Alemania, los primeros programas de bienestar social creados después de 1918, estaban destinados a proteger a exmilitares heridos, un grupo definido como los "nuevos pobres". La legislación posterior (1923) extendió la protección social a los jubilados con bajos ingresos, afectados negativamente por las consecuencias de la guerra (Hong, *Welfare, Modernity, and the Weimar State*, 92, 109).

[141] Ver la brillante investigación histórico-antropológica sobre esta cuestión en Kienitz, *Beschädigte Helden*, 306.

e intensificó los patrones de conflicto colectivo. Asimismo, la protección de los derechos de bienestar requería a menudo la pertenencia a organizaciones políticas y económicas. En consecuencia, los sistemas de bienestar se convirtieron en el foco principal de la contienda política, y la fractura entre los grupos se endureció por la controversia sobre las responsabilidades materiales del gobierno. En Alemania, por ejemplo, el establecimiento de un gobierno reaccionario después de 1930 se reflejó, primero, en profundos recortes del gasto público, impuestos bajo las Cancillerías de Brüning y Papen, desde 1930 hasta 1932. Las provisiones de asistencia social se redujeron radicalmente después de 1933, bajo un régimen que reemplazó la asistencia social por el trabajo forzoso.

Por el contrario, el diseño del Estado del bienestar posterior a 1945, tendió a aislar al ciudadano individual como la unidad receptora del bienestar. De manera creciente, el acceso al bienestar social estuvo en principio abierto a todos los ciudadanos. Este énfasis individualista de los sistemas de bienestar posteriores a 1945, se reflejó en el hecho de que las personas adquirieron una mayor autonomía, con respecto a los grupos que tradicionalmente habían apoyado la asistencia social. Por ejemplo, los ciudadanos pudieron acceder a los derechos sin depender de los sindicatos, partidos, iglesias, gremios, asociaciones religiosas u organizaciones militares[142]. En muchos casos, el hecho de que el camino hacia el bienestar fuera directamente del Estado al ciudadano, implicó que los lazos que unían a los ciudadanos a los grupos sociales por fuera del Estado se suavizaran, y que las obligaciones vinculadas a estos grupos perdieran a fuerza.

Para ilustrar esto, la construcción de los Estados de bienestar implicó que las personas individuales experimentaron un debilitamiento de las formas tradicionales de dependencia colectiva. Cabe destacar que los sistemas de bienestar fuertes, promovieron una serie de libertades individuales y que, con el tiempo, establecieron estructuras normativas que modificaron los roles de género, separando a las personas de las obligaciones familiares coercitivas[143].

[142] Algunos destacados historiadores han señalado el modo en que los Estados de bienestar liberaron a las personas de obligaciones colectivas hacia las familias y asociaciones informales, promoviendo un "grado muy extremo" de individualismo [Trägårdh, *Swedish Model or Swedish Culture*, "Critical Review", 1990, 4(4), 579].

[143] Lundberg - Åmark, *Social Rights and Social Security*, "Scandinavian Journal of History", 2001, 26(3), 170.

En algunos sistemas políticos, los primeros Estados de bienestar proyectaron e introdujeron legislaciones para mejorar la situación financiera y para reducir la dependencia material de las mujeres[144].

En la mayoría de los Estados de bienestar, gradualmente, se implementó una legislación que debilitó la fuerza de las solidaridades familiares y religiosas. Esto llevó, en última instancia, a la liberalización de las leyes en materia de divorcio, reproducción y preferencias sexuales. En tales casos, el vínculo directo entre los ciudadanos y el Estado cortó lentamente los lazos con las organizaciones más tradicionales, e implicó que los grupos con autoridad por fuera del Estado, perdieran poder. Sin embargo, la construcción del Estado de bienestar implicó que el acceso a la asistencia social no esté completamente determinado por la pertenencia de clase, o por organizaciones definidas por la clase[145]. Como se mencionó, antes la afiliación sindical no disminuyó debido al crecimiento de los Estados de bienestar. Por el contrario, los primeros tuvieron, y requirieron, altos niveles de sindicalización, de modo que el poder de negociación de los sindicatos en general aumentó. Sin embargo, la actividad sindical estuvo cada vez más centrada en la regulación del mercado laboral, y en la codeterminación de las condiciones de contratación, que generalmente sirvieron para proteger la economía de los trabajadores (ver § 13). La formación de los sujetos basada en las clases, perdió fuerza como condición previa para acceder a bienes materiales, y el acceso a algunos derechos se separó de la movilización colectiva.

Lo que ocurrió por estos procesos fue que los Estados desarrollaron algunos mecanismos en los que los intereses materiales colectivos podrían, hasta cierto punto, articularse a nivel individual. Históricamente, las personas ligadas por la pertenencia de clase tendieron a movilizarse colectivamente contra el Estado para asegurar los derechos que protegían su situación laboral y la seguridad de sus ingresos. Después de 1945, el Estado comenzó a

[144] En el Reino Unido, el informe restrictivo de la Royal Commission sobre matrimonio y divorcio (1956) dio lugar a una legislación de esta naturaleza.

[145] En los primeros Estados de bienestar que reflejaron los valores cristianos, este estuvo estrictamente separado de la clase social. Sobre la RFA, ver Hilpert, *Wohlfahrtsstaat der Mittelschichten?*, 71, 82. En sistemas más socialdemócratas, como el del Reino Unido y los países escandinavos, la prestación de asistencia social fue apoyada por el presupuesto de que "todos los ciudadanos gozan de estatus y derecho idénticos a acceder a cualquier beneficio" (véase Esping-Andersen, *Politics against Markets*, 176 y 177).

consolidar derechos de bienestar como normas generales, y se convirtió en el principal protector de tales derechos para las personas individuales[146]. Como resultado, los agentes de la esfera económica asumieron una relación más inmediata con el Estado, por medio de la institucionalización de los derechos individuales. Así, transfirieron parte de su poder al Estado. Por supuesto, esto no fue un fenómeno invariable, y resultó menos pronunciado en los Estados de bienestar que proporcionaron una cobertura que varió mucho de una clase a otra[147]. Sin embargo, a partir del surgimiento del Estado de bienestar, los vínculos relativos a la seguridad personal se realizaron cada vez más por medio de canales individuales entre ciudadanos y gobierno.

En este sentido, cabe destacar que los sujetos se comprometieron con el Estado como organización colectiva, en donde mantuvieron una posición definida por la individualidad jurídica. Una vez que el bienestar social se estableció como un derecho, gran parte de la responsabilidad de brindarlo se transfirió a los funcionarios administrativos. Así, los ciudadanos organizaron sus interacciones públicas con miembros particulares de la administración que se expandieron en consecuencia. Esto implicó, inevitablemente, que gran parte de la controversia asociada tradicionalmente a la seguridad social sea absorbida por tribunales judiciales y administrativos[148].

Detrás de estos procesos, es posible observar un desarrollo de vital importancia para la sociedad moderna. Después de 1945, a medida que los Estados comenzaron a estructurar sus vínculos con la población en un sistema de protección individualista, estos se desarrollaron como un medio en el que los ciudadanos encontraron una amplia variedad de servicios. Así, la cantidad de intercambios directos que vincularon a los ciudadanos y a los gobiernos, se incrementó drásticamente. A partir de esta situación, los Estados se consolidaron como el grupo de pertenencia principal, o como la organización colectiva central de la sociedad. Así, las relaciones sociales fueron redireccionados desde otras organizaciones colectivas hacia el Estado. En consecuencia, el Estado de bienestar surgió como una forma política que expandió su fuerza de integra-

[146] Ver otras posiciones, en Stichweh, *Die Weltgesellschaft*, 68.

[147] Swank, *Between Incrementalism and Revolution*, "American Behavioral Scientist", 1983, (26), 295.

[148] Ver Volkmann, "Modernisiering des Arbeitskampfes?", en Kaelble (ed.), *Probleme der Modernisierung in Deutschland*, 168.

ción en la sociedad. Sin embargo, a diferencia de experiencias anteriores, los Estados de bienestar aumentaron su soberanía social en un diseño que, simultáneamente, promovió articulaciones individualizadas con miembros de la sociedad, y que relegó la movilización de las clases a una posición secundaria. La transformación de los ciudadanos en titulares de derechos individuales protegidos, implicó que los Estados los incorporen en sus funciones. Asimismo, limitó el grado en que los gobiernos fueron perturbados por los conflictos entre ciudadanos. Esta individualización proporcionó la base sobre la que los Estados pudieron alcanzar un alto nivel de integración social, sin desestabilizaciones extremas. De esta manera, adquirieron por primera vez la capacidad de ejercer soberanía por medio de procedimientos integradores estables dentro de sus sociedades. La traducción de los costos sociales de la guerra en costos fiscales, que originalmente subyació al Estado soberano moderno, fue enormemente intensificada por este proceso. De hecho, los Estados de bienestar pueden ser vistos como una nueva iteración de este acuerdo original de construcción del Estado. El precio de la pacificación de la sociedad fue el traslado del gasto fiscal necesario para la guerra, al gasto fiscal necesario para el bienestar social. Esto implicó que los Estados interactúen con los ciudadanos, no por medio de los ejércitos, sino por acuerdos de bienestar social. Ello proporcionó la premisa para la consolidación del Estado, como institución con fuerza integradora en la sociedad.

Como se explicó anteriormente, hubo grandes variaciones de sistema a sistema en la construcción del Estado de bienestar. Sin embargo, el sesgo individualista se manifestó casi universalmente en el hecho de que estos introdujeron políticas diseñadas para ampliar la educación, y promover la igualdad de oportunidades para los ciudadanos. Incluso en países como Estados Unidos, que no estableció sistemas integrales de bienestar, ampliaron sustancialmente su papel como proveedores de educación. Entre los años 1950 y 1970, se vivió una "expansión universal de la educación". De este modo, independientemente de la posición global, cada Estado amplió el acceso a escuelas y otras instituciones pedagógicas[149]. En este sentido, el sesgo transnacional a favor del bienestar social después de 1945, tendió a generar oportunidades profesionales para los sujetos individuales. Como resultado, impulsó una mayor

[149] Meyer - Ramírez - Rubinson - Boli-Bennett, *The World Educational Revolution*, "Sociology of Education", 1977, 50(4), 251.

movilidad laboral, especialmente a personas cuyo acceso a los recursos educativos se amplió.

La expansión del derecho a la educación tuvo un claro impacto en los patrones de organización política y de movilización en la sociedad. En las décadas posteriores a 1945, se consideró que el aumento de las oportunidades educativas condujo a una mayor actividad política entre los beneficiarios de la educación[150]. Sin embargo, tales oportunidades alteraron la forma típica de participación política, separando a los individuos de las organizaciones colectivas de clase. Por definición, la expansión del acceso a la educación implicó, al menos a nivel cotidiano, que los individuos se distanciaron de las estructuras organizativas familiares. Los aumentos de las opciones educativas permitieron a los ciudadanos estructurar sus vidas políticas sin estar determinados por la asociación con clases sociales. Asimismo, tales aumentos condujeron a la construcción de nuevos patrones de participación política, a medida que aumentaron los niveles de educación, lo que estaba estrechamente correlacionado con la proliferación de nuevas identidades políticas entre los estudiantes. Ello se reflejó en el surgimiento de nuevas alternativas y de expresiones más individualistas de participación política radical en la década de 1960[151]. En este sentido, algunos sociólogos identificaron, en ciertos países, un declive en el comportamiento electoral determinado por la clase como resultado de estos procesos[152].

[150] Lipset, *Political Man*, 112; Meyer - Rubinson, *Education and Political Development*, "Review of Research in Education", 1975, 3, 157; Almond - Verba, *The Civic Culture*, 176.

[151] Se puede ver un brillante análisis del impacto de las oportunidades educativas, en la transformación de las actividades políticas de izquierda en Gran Bretaña, en Rose, *The Intellectual Life of the British Working Classes*, 144.

[152] Por un análisis de estos procesos en Estados Unidos, consultar Wright, *Sharing the Prize*, 126 a 135, 151. En el Reino Unido, ver Kelley - McAllister - Mughan, *The Decline of Class Revisited*, "The American Political Science Review", 1985, 79(3), 726. Respecto de este proceso, puede verse un análisis más general en Meyer, *The Effects of Education as an Institution*, "American Journal of Sociology", 1977, 83(1), 70; Kitschelt, *The Transformation of European Social Democracy*, 30; Clark - Lipset, *Are Social Classes Dying?*, "International Sociology", 1991, 6(4), 403. Ver un análisis autorizado de veinte países, que concluye que durante el período 1945-1990 hubo, en muchos casos –aunque no en todos–, "descensos sustanciales en los niveles de votación de clase", en Nieuwbeerta, *The Democratic Class Struggle in Postwar Societies*, "Acta Sociologica", 1996, 39, 370. Algunos sociólogos han rechazado o añadido matices

Por estas razones, los sistemas orientados al bienestar social, que se desarrollaron después de 1945, experimentaron una mitigación parcial de los conflictos entre clases por recursos materiales, que históricamente desestabilizaron a los gobiernos nacionales. El surgimiento del Estado de bienestar tuvo un profundo impacto en los patrones de formación del sujeto político en la sociedad. De manera fundamental, concretó un nexo inmediato entre el individuo y el Estado.[6] Tal como se mencionó anteriormente, esto varió de una sociedad a otra, por lo que dicho nexo no puede ser observado como una característica social absolutamente generalizada. Sin embargo, el individuo se volvió más dependiente de las instituciones estatales, y fue incorporado en comunidades políticas centradas en los Estados. A partir de estos procesos, la pertenencia al Estado se convirtió en la membresía central de la sociedad, y fue la vía principal para efectivizar derechos y para garantizar la integración. En consecuencia, los ciudadanos fueron parcialmente liberados en sus otras afiliaciones, y fueron menos propensos a depender de organizaciones estructuradas en otras esferas de la vida. El nuevo nexo entre la política y el ciudadano debilitó la fuerza de otras asociaciones, especialmente de aquellas que se articulaban con los intereses de clase. Esto redujo la necesidad de los individuos de pertenecer a sujetos colectivos de la sociedad. La integración inmediata de los ciudadanos en el Estado, fue un proceso profundamente individualizante, en el que la dependencia de grandes colectivos organizados fue reducida.

En esta línea de análisis, el Estado de bienestar surgió después de 1945, como la continuación de los patrones de construcción del Estado que emergieron en el siglo XVIII. En este momento, se asumió por primera vez como un sistema de integración, definido por la individualización de los agentes sociales, y por la reducción de la fuerza de asociaciones intermediarias. La asignación de bienes materiales a personas individuales después de 1945, rearticuló la misma lógica de la inmediatez individual en la relación entre política y ciudadano, que caracterizó al Estado moderno desde sus inicios. Sobre todo, rearticuló la fuerte conexión entre la soberanía estatal y la individualización jurídica, que había aparecido por pri-

---

a estas afirmaciones [Korpi, *The Democratic Class Struggle*; Brooks - Manza, *Class Politics and Political Change in the United States, 1952-1992*, "Social Forces", 1997, 76(2), 397; Weakliem - Heath, "The Secret Life of Class Voting", en Evans (ed.), *The End of Class Politics?*, 132].

mera vez en el siglo XVIII. Así, se construyó un orden institucional en el que los Estados pudieron integrar a las personas individuales en la sociedad, y preservar su estructura soberana. Para lograr esto, se borró parcialmente un rasgo estructural profundo de la sociedad posterior a 1789. A saber, la fuerte convergencia entre la formación de sujetos políticos y la formación de clases sociales. Al hacerlo, el Estado de bienestar eliminó, en parte, otra característica estructural de la sociedad posterior a 1789. Esto es, la pérdida de soberanía de las instituciones estatales frente a las organizaciones movilizadas colectivamente. En el centro de estos logros, estuvo el hecho de que, por primera vez, los Estados interactuaron con sus ciudadanos, no como miembros de comunidades militares, sino como destinatarios de los derechos y oportunidades de bienestar individual.

En este análisis no se afirma que las distinciones de clase desaparecieran a partir del surgimiento de los Estados de bienestar después de 1945. De hecho, se acepta que aquellos Estados más débiles tendieron a tensionar las clases[153]. Sin embargo, este análisis sostiene que la formación de los sistemas de bienestar social promovieron patrones de interacción más individualistas entre ciudadanos y organismos gubernamentales. De este modo, se separó la participación individual de las organizaciones de clase. Así, los Estados lograron generar articulaciones con sus ciudadanos, por fuera de sus colectivos de pertenencia. En este proceso fue fundamental una reorientación de la soberanía gubernamental, en la que los procesos de integración se centraron en las personas titulares de derechos individuales. En consecuencia, el conflicto entre clases perdió fuerza para desestabilizar a las instituciones estatales.

En tercer lugar, la desmilitarización de la ciudadanía, luego de 1945, puede entenderse como el resultado de cambios en la importancia política asociados a la etnicidad.

En muchos de estos contextos, los sistemas democráticos centrados en las instituciones estatales llevaron al aumento de las prerrogativas étnicas. Sin embargo, el conflicto entre los grupos hegemónicos y las minorías étnicas también persistió en otros entornos. Esto restringió la democratización en Estados Unidos, hasta 1964/1965. En diferentes lugares, el apego de las expec-

[153] Piven - Cloward, *Regulating the Poor*, 449.

tativas ciudadanas a las pertenencias étnicas impulsó, en diversos grados, movilizaciones de estructuras antagónicas en los sistemas democráticos. En muchos escenarios, la etnia reemplazó a la pertenencia de clase como factor determinante las prácticas ciudadanas.

A pesar de esto, la democratización de los sistemas después de 1945 también desarrolló formas de promover la integración nacional sin una gran diferenciación étnica. Las democracias que afrontaron conflictos entre grupos de ciudadanos definidos por la étnica, intentaron superarlos al atribuirles derechos colectivos subjetivos distintivos. En algunas sociedades marcadas por el antagonismo étnico, la democracia se estableció por medio de procesos constitucionales que otorgaron a los grupos étnicos minoritarios, derechos especiales y representación. Algunos sistemas políticos intentaron superar los conflictos entre las etnias, incorporando leyes o constituciones que atribuían derechos colectivos a grupos étnicos o indígenas. Esto reforzó, en ocasiones, su diferencia identitaria y la posición constitucional de estas pertenencias[154]. De manera más general, sin embargo, en sociedades con estructuras étnicas complejas el conflicto se suavizó, y se promovió la integración de los diferentes grupos por medio de un proceso de asimilación jurídica. Esto provocó que el estrecho vínculo entre los derechos y las afiliaciones colectivas se debilite. En la mayoría de estos casos, los derechos atribuidos a los distintos grupos étnicos fueron parte de un conjunto más amplio de derechos que se otorgaron a todos los ciudadanos en tanto agentes individuales. En gran parte de los sistemas democráticos, los derechos otorgados a grupos categorizados étnicamente, no se caracterizaron por preservar la singularidad de sus identidades. No obstante, en la mayoría de los casos, se estableció la identidad étnica como la base para facilitar el acceso a los derechos disponibles para todos los individuos. En tales circunstancias, el ejercicio de estos derechos permitió a los colectivos étnicos tanto servirse de la tradicional solidaridad grupal, como aceptar la integración en un sistema más general de expectativas jurídicas. En Estados Unidos –como se señaló anteriormente– los derechos de las minorías étnicas se consolidaron entre las décadas de 1950 y 1960, junto con otros derechos. De

[154] Ver Lijphart, *Consociational Democracy*, "World Politics", 1969, 21(2); Andeweg, *Consociational Democracy*, "Annual Review of Political Science", 2000, 3; Lerner, *Making Constitutions in Deeply Divided Societies*.

modo que la emancipación política de las minorías fue acompañada por una expansión más amplia de los derechos individuales[155]. De manera reciente, pueden encontrarse importantes ejemplos de este fenómeno en sociedades de América Latina con poblaciones diversas. En Colombia se brindó cierta protección diferencial a los colectivos étnicos. No obstante, según el derecho constitucional colombiano, los intereses de los grupos marginales estaban más fuertemente protegidos por garantías de naturaleza más universal. El Tribunal Constitucional estableció el principio de que todos los colombianos tenían derecho al disfrute "mínimo universal" de los derechos básicos, lo que se utilizó para proteger los derechos de los grupos minoritarios[156]. En Bolivia, de manera análoga, los derechos de los grupos étnicos fueron asegurados en la medida en que se correspondieron con un sistema universal de derechos[157]. Como resultado de esto, la reducción del conflicto entre grupos se promovió por la ampliación de los derechos individuales. Por este medio, la etnicidad misma como característica colectiva-subjetiva perdió prioridad. El establecimiento de un corpus sólido de derechos subjetivos individuales, en general, provocó la disminución de los conflictos en las sociedades con diversidad étnica. En la mayoría de los casos, este proceso separó a la ciudadanía de las solidaridades estructuralmente arraigadas.

En general, una cuarta característica de la desmilitarización de la ciudadanía fue que la inclusión política se hizo de una forma menos disruptiva para la sociedad. En particular, la integración política se basó cada vez más en la formación de sujetos individuales en la sociedad, y tendió a separarse de los objetivos cuya realización requería la movilización de actores colectivos.

Tal como se explicó anteriormente, el período posterior a 1945 estuvo marcado por la separación gradual de la integración política de las clases y sus movilizaciones. De este modo, los agentes individuales pudieron construir posiciones políticas menos dependientes de las prerrogativas de clase. Asimismo, cada vez más, la integración política se vinculó con cuestiones que no necesariamente se abordaron mediante la movilización partidista. La participación política asumió una forma menos estructurada, expresada

[155] Epp, *The Rights Revolution*, 27 a 30.

[156] Al respecto, puede verse, Corte Constitucional, T-485/11.

[157] Corte Constitucional Plurinacional de Bolivia, decisión 1422/2012.

en grupos con miembros transitorios que se establecieron en torno a intereses particulares, y que rara vez conformaron una organización estable. Estos procesos se pueden observar, por ejemplo, en el hecho de que en las décadas posteriores a 1945, los movimientos de protesta, las agrupaciones políticas informales y los movimientos libertarios radicales con premisas ideológicas relativamente eclécticas, cobraron importancia. El mapa de la oposición política se definió cada vez más por el debilitamiento de las organizaciones determinadas por las clases, y por el surgimiento de movimientos y de grupos diseñados para consolidar nuevas identidades políticas, vinculadas, por ejemplo, con prerrogativas sexuales, médicas, étnicas o educativas. Esto implicó que los intereses afirmados políticamente, provocaran menos conflictos globales o tensiones en la integración de la sociedad.

Por último, en quinto lugar, la desmilitarización de la ciudadanía puede observarse en el hecho de que el conflicto social se articuló cada vez más por canales institucionales. Después de 1945, los sistemas democráticos tendieron a crear nuevas vías de comunicación con sus ciudadanos. En particular, muchos Estados reforzaron sus instituciones judiciales, las que se equipararon con los cuerpos legislativos como medios centrales de interacción entre el sistema y la sociedad. Esto ocurrió, de manera inesperada, en organizaciones políticas que se habían convertido al autoritarismo en las décadas de 1920 y 1930. Por ejemplo, los sistemas políticos reformados de Italia, Japón y la RFA creados después de 1945, desarrollaron un poder judicial consolidado con fuertes protecciones de los derechos individuales, tanto en el derecho público como privado. Sin embargo, esto también ocurrió en Estados que habían conservado algunas estructuras democráticas durante la década de 1930. En Estados Unidos –como se señaló– la potestad de los tribunales para aplicar los derechos civiles federales en casos constitucionales, se amplió exponencialmente después de 1945. Asimismo, el refuerzo del poder judicial se reflejó en el ámbito del derecho administrativo. Por ejemplo, la Ley de Procedimiento Administrativo (1946) amplió el alcance del poder judicial en materia administrativa. Esta ley es explicada por algunos autores como una "constitución para la burocracia"[158]. En el Reino Unido, de manera similar, la responsabilidad pública del

[158] Cane, *Controlling Administrative Power*, 90.

derecho administrativo se reforzó mediante la ampliación del poder judicial por el derecho consuetudinario[159]. Finalmente, el derecho administrativo tuvo una importancia constitucional particular en el Reino Unido, en tanto dentro de este marco se elaboró un principio consistente de derecho público de ciudadanía. El refuerzo de las normas constitucionales en el Reino Unido, desde la década de 1960, se debió principalmente a litigios respecto de actos administrativos[160].

Estos cambios en la posición del poder judicial tuvieron como consecuencia que los conflictos entre los ciudadanos y el Estado se lleven a cabo por una mayor cantidad de canales. A medida que el poder judicial se consolidó, muchos conflictos pudieron ligarse a reclamos de derechos y abordarse de forma relativamente individualizada. Al mismo tiempo, en tanto la provisión de recursos individuales aumentó, los reclamos de los sujetos tuvieron menos probabilidades de desencadenar movilizaciones políticas en torno a problemáticas colectivas, o a intereses sociales determinados. En muchos sistemas políticos, esto implicó que la disputa por los intereses comunes se lleve a cabo por medio de acciones legales. Es decir, por medio de acciones de clase o de litigios estratégicos[161]. En consecuencia, los conflictos sobre intereses colectivos en las sociedades nacionales, no tuvieron un efecto disruptivo para las instituciones individuales. De modo que los conflictos de la sociedad pudieron direccionarse hacia diferentes puntos del sistema estatal. En el mismo sentido, las sociedades pudieron sostener múltiples patrones de formación de sujetos políticos, centrados en aspectos

[159] Ver el caso paradigmático, "Ridge v. Baldwin" [1964] AC 40.

[160] El concepto de derechos constitucionales en el derecho público del Reino Unido, surgió en el derecho administrativo. Ver "Morris v. Beardmore" [1980] 2 All ER 753; "Bugdaycay v. Secretary of State for the Home Department and Related Appeals" [1987] 1 All ER 940.

[161] El litigio de interés público formó un nuevo patrón de integración política en Estados Unidos, donde el litigio estuvo fuertemente ligado a la construcción de derechos étnicos y de salud. Importantes estudios han explicado cómo las acciones legales individualizadas asumieron un papel clave en la "universalización de los derechos" relacionados con el cuidado de la salud y el bienestar, en los Estados Unidos (Starr, *The Social Transformation of American Medicine*, 388). El enfoque de la integración política en torno a los litigios de interés público, alcanzó su máximo desarrollo en la India, en las décadas de 1980 y 1990, donde estos llevaron a la construcción de derechos sociales y derechos a la educación [Ruparelia, *India's New Rights Agenda*, "Pacific Affairs", 2013, 86(3), 574].

étnicos, de clase o sexuales, a partir de los que nuevos grupos políticos se conformaron en torno a la disputa de derechos particulares. Esto promovió una forma política policéntrica e individualista de la sociedad, que tendió a separar la integración política de los intereses de clase dominantes.

En el centro de la estabilidad democrática que se produjo durante la segunda mitad del siglo XX, podemos identificar tres formas en que la organización institucional de los Estados fue revisada. Cada uno de estos cambios se relacionaron con un patrón más amplio de individualización jurídica. En primer lugar, la mayoría de los sistemas políticos democráticos encontraron modos de disminuir las movilizaciones políticas colectivas vinculadas a la seguridad. La capacidad de los ciudadanos para obtener recursos y sustentar su seguridad, fue parcialmente separada de los sujetos colectivos, especialmente de aquellos que articularon fuertes prerrogativas de clase. En segundo lugar, los sistemas democráticos generalmente impulsaron la multiplicación de las oportunidades de integración individual. De este modo, los roles políticos clásicos aparecieron como una posible fuente de integración, entre otras. En tercer lugar, estos sistemas tendieron a promover la individualización de las afiliaciones a las organizaciones. De manera que la pertenencia a muchas agrupaciones sociales, con diferentes funciones y grados de formalidad, se convirtió en la norma. En este sentido, el surgimiento de sistemas democráticos relativamente estables después de 1945, presupuso un alto grado de individualización subjetiva.

La principal consecuencia política de esto fue que los miembros de la sociedad pudieron integrarse tanto a nivel político como a un nivel más amplio, sin una intensificación de su estructura polarizada. En estos procesos, la clase y la etnia no desaparecieron como obstáculos históricos de la integración democrática. Sin embargo, la individualización de la forma de integración política, a menudo multifocal, implicó que las sociedades pudieran conservar cierto grado de cohesión, sin aferrarse a las fuentes de conflicto.

Un resultado fundamental de esta transformación fue que, a partir de su construcción individual, el ciudadano se escindió de su vínculo esencialmente moderno y democrático con los antagonismos internacionales. Como se señaló anteriormente, el período posterior a 1945 apenas experimentó una disminución del conflicto global. Sin embargo, los sistemas democráticos fueron capaces, hasta cierto punto, de separar los procesos nacionales de integración de los patrones de movilización que permitieron que las guerras y las hostilidades internacionales afecten a la ciudadanía. Más aún, las nuevas democracias lograron disociar las identidades de clase a nivel nacional, de los antagonismos ideológicos a nivel global. Esto implicó que las polarizaciones globales no fueran reproducidas en las contiendas internas de la sociedad, entre los grupos ciudadanos hostiles.

Por un lado, esta disociación se visibilizó en las prácticas de organización política de las facciones opositoras institucionalizadas. Por ejemplo, una característica de la política europea posterior a 1945, fue que los partidos políticos de izquierda desarrollaron, cada vez más, programas políticos individualizados. En consecuencia, estos partidos se negaron progresivamente a ligar su posición con la ortodoxia ideológica de la Unión Soviética. De modo que hicieron campaña sobre plataformas ubicadas fuera de las dicotomías globales[162]. Esto implicó que, incluso los conflictos domésticos más agudos, pudieron abordarse sin hacer referencia a las polaridades ideológicas. Por otro lado, esta desarticulación se reflejó en la creciente proliferación de grupos políticos informales. Incluso en contextos en los que las interacciones políticas nacionales estuvieron condicionadas por presiones externas, la influencia de los conflictos globales no reflejó inmediatamente sus fallas en las sociedades. De hecho, en escenarios definidos por la efervescencia política originada en las disputas internacionales, la integración política reflejó una disociación entre los conflictos nacionales e internacionales. Un ejemplo esclarecedor de esto fue Estados Unidos y la Guerra de Vietnam. En este caso, las relaciones políticas internas se vieron gravemente afectadas por el antagonismo internacional. De este modo, la sociedad estadounidense de ese momento ingresó en un estado de guerra civil cultural. En cierto punto, esto desencadenó una respuesta social al conflicto externo, que llevó a la profunda polarización de los sectores políticos nacionales. Sin embargo, en este punto llama la atención que, a pesar del condicionamiento externo de la política estadounidense, los conflictos sociopolíticos no fueron reflejados en disputas binarias. Por el contrario, la exposición de la sociedad estadounidense al conflicto externo, provocó una proliferación

[162] Ver Weiler, *British Labour and the Cold War*, 279; Brogi, *Confronting America*, 356.

de movimientos políticos, en general con rasgos muy individualistas. La movilización causada por la guerra se reflejó en reclamos de derechos de distintos sectores, originados en una pluralidad de identidades, y en motivaciones opuestas. Esto dio lugar a comunidades políticas estéticas, generacionales, étnicas o morales[163]. Incluso en un contexto de intensa militarización social, la forma de ciudadanía política no reprodujo inmediatamente las afiliaciones militares globales, y tendió a no afectar a los sujetos políticos colectivos. En consecuencia, el ejercicio de la ciudadanía se volvió menos desestabilizador de las instituciones políticas.

Fue sobre premisas creadas por la desmilitarización de la ciudadanía y por la ruptura entre la política nacional e internacional, que –después de 1945– las sociedades nacionales adquirieron una forma institucional claramente integrada. Estas se formaron originalmente por la guerra, en la medida en que los enfrentamientos bélicos fueron el patrón básico de ciudadanía nacional y la premisa para la integración nacional. Sin embargo, la expresión colectiva de tal ciudadanía, generalmente impidió el surgimiento de sociedades democráticas nacionalizadas genuinas. La individualización cada vez más profunda de la ciudadanía, luego de 1945, colocó a las sociedades nacionales sobre bases de integración que suavizaron el impacto de los conflictos globales, y que permitieron a los Estados incluir a los conflictos y a sus participantes de un modo manera más estable.

§ 13. *Ciudadanía desmilitarizada: integración jurídica*

Como se mencionó anteriormente, la desmilitarización que subyació a la ciudadanía después de 1945 no se debió a una disminución de la importancia política de la guerra, por lo que esta continuó afectando a los Estados de diferentes maneras. Asimismo, los Estados bienestar no reflejaron un modelo uniforme de construcción estatal. De modo que se requiere un marco múltiple para dar cuenta de la estabilización gradual de los sistemas democráticos posteriores a 1945. En algunas democracias, su consolidación estuvo relacionada con el hecho de que estas convergieron en comu-

[163] Algunos autores explicaron el modo en que los grupos opositores de Estados Unidos de la década de 1960, estaban específicamente "diferenciados por clase, etnia u origen nacional" (Suri, *Power and Protest*, 93).

nidades externas jurídicamente vinculantes, tales como los sistemas de derechos humanos u organizaciones internacionales con un enfoque económico, como la Unión Europea. En estos contextos, la integración económica estuvo a veces vinculada a la implementación de ciertos procedimientos democráticos. Asimismo, después de 1945, las sociedades se acercaron a un nivel más alto de unidad estructural, y los Estados consolidaron su monopolio y adquirieron más injerencia en la sociedad. Esto fue, en parte, producto de los enfrentamientos bélicos, ya que muchos Estados intensificaron su inserción administrativa en la sociedad nacional por medio de la movilización para la guerra, en diferentes momentos. Esto implica que los Estados se vieron menos afectados por la rivalidad extrema entre grupos, y que fueron cada vez más capaces de proteger las instituciones democráticas de la monopolización minoritaria[164]. Este proceso se vio profundamente reforzado por el crecimiento de los Estados de bienestar. Los altos niveles de violencia que persistieron en algunas sociedades, fueron causados por el hecho de que muchos Estados nuevos surgieron después de 1945, sin instituciones lo suficientemente sólidas como para ejercer un monopolio estable del poder[165].

Asimismo, las razones de la creciente estabilización de la democracia después de 1945, se pueden atribuir a su orden jurídico básico. Esto ocurrió en la medida que el factor legitimador esencial del sistema político democrático, se vio transformado en esa época. Como se ha comentado, no fue sino hasta 1945 que el Estado de bienestar reemplazó a la guerra, como la vía principal de interacción institucional entre gobiernos y ciudadanos. De este modo, los ciudadanos asumieron roles frente a sus gobiernos en una forma funcionalmente separada de la guerra. A partir de este punto, fue

[164] Sobre la conexión causal entre la democratización en etapa inicial, la condición de Estado débil y la inestabilidad política, ver Mansfield - Snyder, *Democratization and War*, "Foreign Affairs", 1995, 74(3), 88.

[165] La evidencia de esta teoría puede observarse en el brillante análisis de Holden, *Armies without Nations*, 117 y 118. El autor sostiene que muchos Estados posteriores a 1945 se fortalecieron porque tomaron el control de la variedad de grupos violentos en la sociedad. Esto significaba que podían debilitar las facciones tradicionalmente capaces de desestabilizar la autoridad del Estado. Sin embargo, su fuerza siguió siendo limitada, y continuó dependiendo de la represión violenta. Esta teoría también es apoyada por Goodwin, quien afirma que los Estados posteriores a 1945, marcados por altos niveles de violencia, fueron "regímenes débiles" (*No Other Way Out*, 180).

posible que los Estados integren a sus poblaciones de manera estable, y que preserven su propia soberanía al hacerlo. Al mismo tiempo, la vía de integración jurídica entre los gobiernos y los ciudadanos fue revisada, y los Estados construyeron la legitimidad del derecho sobre nuevas premisas constitucionales, separadas de las funciones militares. Tal como se explicó anteriormente, la evolución de los sistemas políticos democráticos en sociedades fue interrumpida, inicialmente, por el hecho de que la fuente principal de legitimidad constitucional, la ciudadanía, estuvo condicionada por la política internacional. La figura del ciudadano nacional moderno se formó primero como un constructo que se posicionó, simultáneamente, en el ámbito nacional y en el internacional. Después de 1945, sin embargo, la figura del ciudadano asumió nuevos contornos jurídicos. En la esfera nacional –como se señaló–, el ciudadano comenzó a afirmarse como un individuo titular de múltiples derechos, cuya integración en el sistema de gobierno democrático no presupuso una movilización social conflictiva. Al mismo tiempo, se transformó en sus articulaciones externas, ya que comenzó a asimilar aspectos del derecho internacional. Después de 1945, el ciudadano se vio afectado por una reorientación de los patrones de legitimación y de construcción jurídica en el ámbito internacional, en el que las normas de ciudadanía adquirieron gran relevancia. A partir de esta época, se promovió un nuevo discurso sobre la ciudadanía en el ámbito global, que coincidió con la redirección de sus procesos de integración en la esfera local. Esto separó la producción y la legitimación del derecho, de ideas de subjetividad política asociadas a la guerra, y creó una base jurídica que promovió los procesos internos de la de integración democrática en la sociedad.

La inclusión de la producción de normas en patrones globales después de 1945, se expresó principalmente en el aumento de la importancia de los derechos humanos como normas internacionales. Este período experimentó la promulgación de una serie de declaraciones y convenciones de derechos humanos, tanto a nivel mundial como a nivel internacional regional, que adquirieron impacto variable en diferentes sociedades nacionales. Resulta distintivo de este corpus de derechos humanos, que los derechos humanos fueron concebidos, en esencia, como derechos de los sujetos individuales. De este modo, cada individuo se afirmó como titular de los derechos establecidos por el derecho internacional. Sin duda, el surgimiento del sistema de derecho internacional promulgó normas para que sean aplicadas colectivamente, tales como los derechos laborales y los derechos de participación política. Dado el trasfondo de violencia étnica de la Europa anterior a 1945, el derecho internacional atribuyó especial importancia a las normas que brindaron protección a estos grupos. Sin embargo, cada conjunto de normas creadas por el derecho posterior a 1945, reconoció a los sujetos individuales como sus principales destinatarios. Esto implicó que incluso dentro de los sistemas soberanos, los sujetos individuales pudieron, en teoría, reclamar tales derechos. No obstante, cabe destacar que el corpus de derechos humanos surgidos después de 1945, no fue exigible en casos individuales hasta mucho más tarde. Por lo general, solo pudieron ser ejercidos después de la creación de los derechos humanos regionales, en determinadas partes del mundo. El Tribunal Europeo de Derechos Humanos comenzó a admitir casos para proteger a personas individuales, en la década de 1960; la Corte Interamericana de Derechos Humanos comenzó a recibir casos contenciosos en la década de 1980; el sistema de derechos humanos de África, adquirió mayor fuerza judicial después del 2000. Sin embargo, incluso antes, de que tales derechos adquirieran protección judicial internacional, las garantías de los derechos individuales se convirtieron en una parte fundamental de las constituciones nacionales. En la mayoría de los sistemas democráticos posteriores a 1945, las constituciones se redactaron o se reformaron, de manera que reconocieron los derechos humanos internacionales. Incluso en sistemas políticos como el de Estados Unidos, en el que la jurisprudencia mantuvo cierto rechazo hacia la recepción del derecho internacional, los jueces nacionales encontraron formas de alinear el derecho constitucional nacional, con el derecho internacional de los derechos humanos. Las importantes reformas de la Constitución estadounidense en las décadas posteriores a 1945, coincidieron con los desarrollos del derecho internacional (ver § 12)[166]. Con variantes, los derechos humanos

[166] La ley de derechos civiles y la ley de derecho al voto se aprobaron en Estados Unidos en un momento inmediatamente posterior a que el presidente Johnson declarara su compromiso con la promoción global de los derechos humanos, en la Asamblea General de la ONU. La ley de derecho al voto fue aprobada el mismo año en que la Convención sobre la Eliminación de Todas las Formas de Discriminación Racial fue adoptada en la ONU. Estos son elementos históricos inextricablemente conectados. En 1964, la Corte Suprema de Estados Unidos declaró su compromiso de "garantizar la representación justa y efectiva para todos los ciudadanos" ["Reynolds v. Sims", 377 US 533 (1964)]. Este caso no se centró principalmente en las políticas contra las minorías. Sin embargo, dejó en claro

individuales se volvieron más relevantes en la jurisprudencia y la legislación nacional. El constitucionalismo basado en estos derechos se convirtió en el modelo hegemónico para ordenar y legitimar los reclamos de los ciudadanos nacionales.

Este nuevo énfasis individualista en el derecho internacional, tuvo un claro origen en la Segunda Guerra Mundial. La redacción de la Carta de la ONU, que dio inicio al compromiso global con los derechos humanos, fue planeada durante la guerra en un período en el que los límites de los Estados soberanos eran precarios. Asimismo, las normas de derechos humanos adquirieron forma en un contexto global marcado por experiencias jurídicas en tiempos de guerra. Los enfrentamientos bélicos demostraron con claridad, la vulnerabilidad de los refugiados y de los grupos minoritarios en Estados potencialmente hostiles. Esto determinó el enfoque individualista del derecho internacional de los derechos humanos. Las normas internacionales promulgadas después de 1945, también reflejaron el hecho de que en la Segunda Guerra Mundial muchos combates fueron librados por personas con posiciones indeterminadas en el derecho militar.

Este fue el caso de Europa del Este y del Sur, por ejemplo, en Rusia, Polonia, Grecia y Yugoslavia, donde la resistencia a la ocupación alemana fue organizada por movimientos partisanos. La Convenciones de Ginebra de 1949, reconocieron a los miembros de grupos armados informales como actores con derechos protegidos, incluso en territorios ocupados. La individualización del derecho internacional estuvo condicionada por los cambios en la personalidad jurídica forjados por la guerra.

A pesar de sus orígenes militares, los derechos humanos tuvieron un profundo impacto en las democracias nacionales. Esto ocurrió en diferentes procesos, con grandes variantes de sistema a sistema. Sin embargo, es difícil encontrar democracias de fines del siglo XX, que no estuvieran condicionadas por los derechos humanos internacionales. Es posible identificar una serie de aspectos en los que la formalización de los derechos individuales en la esfera internacional, estimuló patrones de construcción de sujetos que definieron y ayudaron a consolidar los sistemas democráticos.

---

la insistencia de la Corte en su papel político de promover el acceso equitativo al voto. También asoció implícitamente el derecho constitucional interno, a las normas establecidas en el escenario mundial a mediados de la década de 1960, especialmente al Pacto Internacional de Derechos Civiles y Derechos Políticos.

Esto se relacionó con que el aspecto individualista de los derechos humanos, permitió a los Estados generar legitimidad para sus funciones sin grandes movilizaciones colectivas de la ciudadanía. De hecho, la legislación de los derechos humanos creó un constructo de ciudadano para apoyar la integración jurídica, que se pudo reflejar fácilmente en procesos de integración institucional. Históricamente, la construcción nacional del ciudadano erosionó la integración nacional, al vincular la ciudadanía con los conflictos globales. Después de 1945, este proceso se revirtió. Se estableció un constructo de ciudadano que promovió la integración nacional debilitando el vínculo entre ciudadanía local y conflictos globales.

En primer lugar, la construcción de los derechos individuales en el ámbito internacional, tuvo como consecuencia que la materia de la subjetividad jurídica y política se defina fuera de la sociedad nacional. Así, los derechos humanos internacionales predeterminaron su integración política en el nivel nacional. Actualmente, la movilización política en las sociedades nacionales es frecuentemente realizada en nombre de subjetividades cuyos orígenes jurídicos se encuentran fuera de los patrones nacionales de asociación. De manera que los resultados de dichas movilizaciones están en parte determinados por normativas externas. Por ejemplo, en la década de 1970, los regímenes autoritarios en América Latina fueron criticados en el ámbito internacional por sus violaciones a los derechos humanos. En este sentido, las protestas internas contra estos regímenes se centraron en el abuso de los derechos humanos, y estuvieron frecuentemente organizadas por agrupaciones de derechos humanos con vínculos con organismos internacionales. De manera similar, desde la década de 1970 en adelante, los regímenes autoritarios de Europa del Este fueron a menudo criticados por su débil protección de los derechos humanos. Así, la movilización dentro de estas sociedades estuvo fuertemente relacionada con dichas críticas[167]. En consecuencia, en ambos contextos, la legislación de derechos humanos proporcionó un marco jurídico para la deslegitimación de estos gobiernos nacionales. Asimismo, proyectó un camino para la democratización de estos sistemas políticos. De este modo, los sistemas políticos de estas regiones lograron controlar las transiciones democráticas en las que el reconocimiento jurídico de los derechos humanos fue la clave de la consolidación

[167] Thomas, *The Helsinki Effect*, 160 a 194.

constitucional. A partir de este reconocimiento, los Estados pudieron legitimar el sistema democrático sin un compromiso profundo con las comunidades fácticas de la sociedad. Esto puede observarse, principalmente, en las transiciones de Argentina y Chile, donde el reconocimiento de los derechos humanos internacionales fue un paso clave hacia la democratización, en 1983 y 1988-1990, respectivamente. La transición de Brasil en 1985, también supuso el reconocimiento de legislación internacional de derechos humanos, antes de la aprobación de la Constitución de 1988. De hecho, este fenómeno se pudo observar en la transición que dio lugar a la RFA después de 1945. En este caso, la construcción del ciudadano como poseedor de derechos, fundada en el derecho internacional, operó como una fuente de legitimidad antes de la creación de la nueva democracia. En tales casos, la legislación de derechos humanos proporcionó un modelo para la construcción del sujeto político. De modo que los sistemas democráticos pudieron legitimarse sobre premisas individualizadas, en procesos que no necesitaron la movilización plena de la ciudadanía. Como resultado, los derechos humanos promovieron una construcción del ciudadano que permitió a los gobiernos explicar y demostrar su legitimidad, sin exponerse a conflictos profundos, facilitando sus funciones de integración.

En segundo lugar, la construcción de los derechos individuales en el plano internacional, logró transformar los sistemas nacionales, dado que apoyó el diseño individualista del gobierno democrático. En particular, se proyectó una *metaconstitución* global para apoyar la democracia de bienestar, como orden institucional dominante.

Como se señaló anteriormente, los Estados de bienestar se construyeron, en parte, por medio de expectativas jurídicas respaldadas por las leyes de derechos humanos. La reformulación del nexo Estado-ciudadano se basó en la autocomprensión del ciudadano como titular de derechos sociales definidos transnacionalmente[168]. Asimismo, las democracias de bienestar se apoyaron en que los partidos de izquierda adoptaron enfoques más individualistas sobre estos derechos. En la mayoría de los sistemas políticos democráticos, tales partidos comenzaron a negociar sus afiliaciones, cada vez más, sobre bases predefinidas por derechos humanos. Esto

[168] Respecto de esta situación en Estados Unidos, puede verse Abramovitz, "The US Welfare State", en Hertel - Libal (eds.), *Human Rights in the United States*, 61.

comenzó luego de 1945, cuando los partidos socialdemócratas de Europa hicieron campaña por los derechos de bienestar fundados en los derechos humanos. En última instancia, los partidos comunistas de Europa siguieron un camino similar en 1970. La integración de estos partidos en los sistemas europeos aumentó cuando se acordó el Acta Final de Helsinki, en 1975. Esto desacreditó a la Unión Soviética a nivel internacional[169]. Asimismo, la integración de los partidos de izquierda en los sistemas políticos democráticos, fue más pronunciada después de la ola de democratización de América Latina en los años 80. Hacia el año 2000, muchos partidos de izquierda en América Latina se definieron, en general, como partidos socialdemócratas, con un fuerte enfoque en la protección de los derechos humanos. Como tales, demostraron ser muy efectivos en la creación de sistemas de protección social para sus ciudadanos[170]. En cada caso, el derecho global de los derechos humanos proporcionó un marco constitucional múltiple para los Estados de bienestar. Permitió a las organizaciones políticas direccionar sus funciones integradoras a la provisión de bienestar, en lugar de controlar los conflictos entre grupos.

En tercer lugar, la construcción de los derechos individuales en el plano internacional dio forma a los sistemas nacionales, dado que los elementos del derecho internacional tendieron a afectar los patrones de construcción de los sujetos en las sociedades nacionales. Desde 1945, la esfera internacional estuvo ocupada por declaraciones y convenciones normativas que brindaron protección a los derechos de los sujetos particulares y colectivos[171]. La ponderación de los derechos individuales a nivel internacional tendió a promover, dentro de las sociedades nacionales, modos de construcción

[169] Véase Lomellini, *Les liaisons dangereuses*, 97 a 98.

[170] Entre los años 2000 y 2010, Argentina, Chile, Uruguay y Brasil mutaron, en ciertos siatemas, hacia Estados de bienestar universalistas [Pribble, *Welfare and Party Politics in Latin America*, 1 y 2; Hunter, *Making Citizens*, "Journal of Politics in Latin America", 2014, 6(3), 28 y 29]. Sobre la disminución de la desigualdad en este momento, véase Huber - Stephens, *Democracy and the Left*, 9.

[171] Esto se inició con las protecciones de las minorías en los instrumentos de la ONU después de 1945, y con el reconocimiento de los derechos a la educación en la Declaración Universal de Derechos Humanos. La protección de derechos específicos aumentó durante los años 60 y 70, especialmente por la Convención Internacional sobre la Eliminación de Todas las Formas de Discriminación Racial (1965), los dos Pactos de 1966 y la Convención sobre la Eliminación de Todas las Formas de Discriminación contra la Mujer (1979).

del sujeto político con un fuerte énfasis individual, consolidado en torno a grupos de derechos individuales vinculados con la etnia, el género, la salud, la educación, la religión y la economía. En este sentido, resulta difícil observar un proceso simple e inmediato de transición global, por el que las normas internacionales se introdujeron en la sociedad y establecieron premisas para la integración política a nivel nacional. Sin embargo, es evidente que las décadas posteriores a 1945 experimentaron el surgimiento de una cultura política transnacional, que atravesó posiciones sobre el campo político moldeadas por principios individualistas de ciudadanía, y marcadas por una profunda intersección entre ciudadanía nacional y principios constitucionales globales.

Por un lado, esta tendencia se puede ver en el hecho de que los sujetos políticos de las sociedades nacionales se construyeron, cada vez más, en torno a reclamos de derechos de naturaleza parcial o selectiva, para cuya realización no se requirió la movilización de toda la sociedad. En contextos recientes, los actores de la sociedad pudieron reclamar derechos particulares, e incluso dar forma a su sistema jurídico, sin ejercer una militancia política manifiesta, sino por medio de acciones legales, que se fundan en estándares normativos internacionales. En muchos sistemas políticos, los derechos básicos surgieron y se consolidaron por medio de litigios. De este modo, los litigantes lograron encontrar apoyo para sus reclamos en el derecho internacional de los derechos humanos. Esto se evidenció en una gran variedad de casos, como la consolidación de derechos en materia de preferencia sexual en el Reino Unido[172], los derechos de educación en Colombia[173] y los derechos de bienestar social en Alemania[174]. El hecho de que los derechos puedan consolidarse a partir una acción legal, refuerza la tendencia hacia la individualización de la integración política. En muchos casos, los derechos garantizados mediante acciones legales individuales, se relacionaron con los intereses de grupos relativamente diferenciados dentro de la sociedad. El inicio de acciones le-

[172] Al respecto, puede verse la famosa decisión del Tribunal Europeo de Derechos Humanos que amplió los derechos sexuales en el Reino Unido, "Smith and Grady v. UK" (1999) 29 EHRR 493.

[173] La Corte Constitucional de Colombia consolidó el derecho constitucional a la educación. Esta derecho estaba implícito en la decisión T-406/92, y fue reforzado en T-329/93.

[174] BVerfG, 5/11/2019 - 1 BvL 7/16.

gales basadas en los derechos humanos internacionales, se convirtió gradualmente en una estrategia vital para muchos grupos con diferentes intereses, por ejemplo, sexuales, étnicos o ambientales[175].

Por otro lado, esta tendencia se puede ver en los patrones de subjetividad política que caracterizaron a la sociedad mundial en 1945. Por ejemplo, en algunos sistemas políticos, la década de 1960 experimentó manifestaciones de activismo cercano a la guerra civil, originado por conflictos internacionales. Sin embargo, fue propio del contexto político de este período, que las identidades políticas y las motivaciones se separen en parte de las organizaciones políticas tradicionales. Así, las partes en el conflicto tendieron a organizar prácticas políticas en movimientos vagamente configurados. Asimismo, la oposición de finales de los años 60 tomó una forma notablemente homogénea en diferentes contextos. De este modo, el radicalismo político asumió una clara dimensión transnacional que lo separó aún más de los patrones comunes de solidaridad[176]. Algunos autores sostienen que este aspecto del activismo político en la década de 1960, conformó el "paradigma central" dentro del que se debe examinar este período[177]. En ambos aspectos, la ciudadanía tendió a asumir una forma individualista, y las colectividades tradicionales perdieron fuerza como premisas para motivaciones y compromisos políticos.

Este vínculo transnacional fue impulsado en parte por la importancia de las universidades en el mundo político de la década de 1960. En este momento, los estudiantes surgieron como actores políticos claves y se encontraron en el epicentro de procesos de integración de gran alcance. Incluso se autopercibieron como miembros de una nueva clase política transnacional. En este sentido, la movilización política en la década de 1960 estuvo profundamente determinada por procesos preexistentes de disolución de clases, y por la individualización resultante. Sin embargo, este

[175] La consideración del derecho internacional de los derechos humanos sustentó los reclamos de libertad de las decisiones sexuales en lugares poco probables. Ver "Lawrence v. Texas", 539 US 558 (2003).

[176] Wallerstein - Zukin, 1968, *Revolution in the World-System*, "Theory and Society", 1989, 18(4), 431; Della Porta, *"1968": Zwischennationale Diffusion und Transnationale Strukturen*, "Geschichte und Gesellschaft Sonderheft", 1998, 17, 132.

[177] Sanders, "The Mexican Student Movement of 1968", en Stiles Mor (ed.), *Human Rights and Transnational Solidarity in Cold War Latin America*, 76.

vínculo transnacional también fue impulsado por el hecho de que la actividad política en las diferentes sociedades estuvo cada vez más determinada por parámetros jurídicos universales, con un fuerte enfoque en los derechos humanos[178]. En este momento –como se señaló anteriormente–, el discurso de los derechos humanos se estableció como parte de un horizonte jurídico global. Esto fue fundamentalmente impulsado por la ONU, aunque se introdujo de manera difusa en diferentes sociedades nacionales. En muchos países, los activistas de la década de 1960 hicieron campañas a favor de los derechos humanos, y estos alcanzaron diferentes espacios políticos nacionales. Las protestas antisoviéticas en Checoslovaquia se expresaron, en parte, como reclamos contra los abusos contra los derechos humanos. Las protestas de los afroamericanos contra los Juegos Olímpicos en México, se sustentaron en las premisas de los derechos humanos. De hecho, aunque de importancia limitada, 1968 fue el Año Internacional de los Derechos Humanos. En este momento, los agentes políticos a menudo se identificaron con comunidades transnacionales que impulsaban reclamos de derechos. De este modo, lograron articular solidaridades jurídicas que los posicionaron fuera de las estructuras organizativas heredadas. El movimiento de derechos civiles en los Estados Unidos en las décadas de 1950 y 1960, se asoció expresamente a las protestas contra la discriminación en países descolonizados, que también fueron influenciados por las presiones globales por los derechos humanos. De manera menos obvia, la movilización por los derechos de género después de 1968 tuvo una base transnacional distinta. Los grupos movilizados en las diferentes sociedades, estuvieron vinculados con las declaraciones de solidaridad transfronteriza. Los derechos reproductivos, objeto central de las posteriores movilizaciones de género, fueron reconocidos formalmente por primera vez en la Conferencia de Teherán sobre Derechos Humanos de 1968. Posteriormente, la movilización por los derechos indígenas adquirió una dimensión transnacional explícita, y estuvo flanqueada por procesos de codificación jurídica a nivel internacional.

En este sentido, la actividad política a menudo estuvo separada del rasgo clásico de la solidaridad nacional y de la soberanía popular. De manera que los agentes políticos concibieron su ciu-

[178] Las reflexiones que se hacen en estudio sobre estos puntos, están influenciadas por conversaciones con Hauke Brunkhorst y por sus publicaciones.

dadanía como expresión de una afiliación voluntaria e individual a diferentes comunidades transnacionales. Una consecuencia importante de esto fue que el período de protestas políticas compartidas posterior a 1945, tendió a conectar grupos transnacionales individuales, lo que promovió una mayor individualización y una mayor disolución de la identificación de clase. El legado definitivo de la radicalización política de finales de la década de 1960, condujo al aumento de la institucionalización de las protestas por derechos particulares. Lo que a su vez consolidó protecciones jurídicas más sólidas para las libertades individuales. Otro resultado de esto fue que la radicalización política se transformó, gradualmente, en integración jurídica. En los años posteriores a 1968, la acción política estuvo cada vez más ligada a causas específicas, y a la ampliación de derechos específicos. De hecho, a causa de la promulgación de derechos individuales, el activismo de la década de 1960 creó un escenario en el que la élite política liberalizada a menudo se comprometió con el activismo, y con las estrategias institucionales internas para la expansión de los derechos humanos[179]. Las consecuencias de 1968 fueron frecuentemente expresadas a nivel nacional, en una mayor movilización jurídica y en el aumento de litigios de interés público[180]. En Europa del Este, muchos activistas de 1968 pronto resurgieron como miembros de las agrupaciones de derechos humanos. Los resultados de 1968 también se hicieron visibles, transnacionalmente, en el aumento de organizaciones no gubernamentales, organismos ambientales y agrupaciones de derechos humanos, cuyos orígenes se remontan a los patrones nacionales de movilización[181]. El breve período de radicalización del año

[179] Sobre el vínculo entre activismo en derechos humanos, oportunidades educativas y apertura transnacional, ver Tsutsui - Wotipka, *Global Civil Society and the International Human Rights Movement*, "Social Forces", 2004, 83(2), 596. Este estudio muestra la conexión causal entre el auge del activismo por los derechos humanos en las décadas de 1970 y 1980, y el activismo por los derechos civiles a finales de la década de 1960 (602).

[180] Como se mencionó anteriormente, los litigios de interés público acompañaron al movimiento de derechos civiles en Estados Unidos. Esto se generalizó con más fuerza en este país, y en todo el mundo, luego de 1968. En la década de 1980, los abogados de derecho público de muchos países, ampliaron el uso del derecho internacional (véase Thornhill, *The Sociology of Law and the Global Transformation of Democracy*, 466 a 486).

[181] Della Porta, *"1968": Zwischennationale Diffusion und Transnationale Strukturen*, "Geschichte und Gesellschaft Sonderheft", 1998, 17, 144, 148;

1968, fue seguido por otro en el que muchos beneficiarios de los derechos educativos adoptaron una fuerte orientación hacia la transformación institucional, tanto dentro como fuera de sus sistemas políticos. Los cambios en la práctica jurídica y en los patrones de litigio, se encuentran entre los más notables resultados de la década de 1960. Estas transformaciones fueron fuertemente impulsadas por el aumento de la importancia del derecho internacional de los derechos humanos.

En general, el período posterior a 1968 experimentó la transformación de los reclamos radicales de soberanía popular, en un proceso en el que la estructura integradora de las democracias nacionales se diversificó. Así, los patrones de individualismo protector, generados después de 1945, se extendieron a nuevas agrupaciones y afiliaciones sociales. El condicionamiento de la ciudadanía por la construcción de derechos transnacionales, implicó que las personas que se comprometieron con la movilización política, no estuvieran ligadas exclusivamente a las vías convencionales de solidaridad.

A su vez, esto provocó que fueran capaces de promover los compromisos transnacionales por medio de procesos complejos y diversos de inclusión, en los diferentes contextos nacionales. A pesar del impulso revolucionario que atravesó este período de activismo político, se logró crear una forma jurídica para la ciudadanía que consolidó los procesos de integración en las políticas nacionales. El período que culmina en 1968 apareció, como los años posteriores a 1945, como parte de una época constitucional global. En ella, la articulación entre la política nacional y las normas transnacionales, llevó a la incorporación de nuevas agrupaciones dentro de los sistemas democráticos, a un aumento del carácter inclusivo de los sistemas jurídicos nacionales, y a la protección reforzada de los derechos individuales. Desde este punto, las transformaciones de la subjetividad política se definieron en una forma jurídica global, y las democracias nacionales estuvieron unidas a las disposiciones transnacionales. De hecho, a partir de este punto los procesos de democratización dependieron casi invariablemente de la convergencia transnacional.

Cmiel, *The Emergence of Human Rights Politics in the United States*, "The Journal of American History", 1999, 86(3), 1233; Cummings - Trubek, *Globalizing Public Interest Law*, "UCLA Journal of International Law and Foreign Affairs", 2008, 13, 13.

En este sentido, desde 1945, los principios expresados en el plano internacional generaron nuevos modelos de construcción del sujeto político que actualmente son fundamentales para las democracias más estables. En tales democracias, el ciudadano nacional adquirió una pronunciada conexión jurídica con ciudadanos de otros sistemas políticos. Esto se expresó fuertemente por medio de los derechos humanos. Asimismo, en estos sistemas, el ciudadano se define como una persona que tiene una pluralidad de derechos individuales, que se le atribuyen esencialmente en tanto sujetos humanos. Esto significó, durante un largo período de tiempo, que los gobiernos expliquen su legitimidad como el resultado de interacciones con sujetos individuales titulares de derechos. Asimismo, implicó que el nexo entre ciudadano y gobierno se volvió cada vez más individualizado. De manera que las instituciones se legitimaron por los constructos jurídicos de ciudadanía, sin provocar una exposición desestabilizante a los conflictos sociales. En este sentido, las instituciones estatales adquirieron la capacidad para realizar funciones integradoras de una forma relativamente pacífica.

Lo dicho no implica que los derechos individuales no tengan su origen en estrategias políticas globales. En Estados Unidos, como se mencionó anteriormente, la creciente importancia de la ley de derechos civiles fue impulsada por la propaganda antiamericana de la Unión Soviética. En Europa, el surgimiento de los derechos humanos y, en particular, la ratificación del Convenio Europeo de Derechos Humanos (CEDH), puede entenderse como un cambio ideológico. El CEDH fue diseñado para brindar principios de legitimación a las nuevas democracias de Europa occidental, y para diferenciar los sistemas políticos europeos aliados a Washington, de los aliados a Moscú[182]. Sin embargo, más allá de las intenciones que lo crearon, el corpus global de los derechos humanos que surgió después de 1945, provocó una reorientación de las fuentes de integración en las sociedades nacionales. El hecho de que la unidad ciudadana se defina en forma globalmente individualizada, alteró la histórica conexión entre la política nacional y la doméstica*. El auge del derecho internacional de los derechos humanos implicó que esta normativa exista, con previas condiciones jurídicas

[182] Duranti, *The Conservative Human Rights Revolution*, 149, 233.
* *N. del T.:* Así está en el original. Entendemos que debe haber querido decir "entre la política internacional y la nacional".

globales, antes que cualquier demanda reclame tales derechos. Así, estos pudieron ser exigidos por sujetos sin ninguna afiliación a organizaciones, y la movilización colectiva no fue esencial para la elaboración de normas sustentadas en los derechos humanos. Históricamente, el ciudadano conectó al sistema político nacional con el ámbito internacional, promoviendo patrones de integración que asociaron los movimientos políticos locales con los conflictos globales. Esto repercutió profundamente en los procedimientos políticos nacionales, dividiendo a las sociedades en facciones opuestas. Sin embargo, después de 1945, el plano internacional estuvo cada vez más determinado por un nuevo orden jurídico, la legislación de los derechos humanos. Así, la articulación entre el derecho nacional e internacional estuvo teñida por una forma alternativa de ciudadanía, entendida como la titularidad individual de derechos particulares. El nexo legitimador entre las esferas políticas nacionales e internacionales, pasó de la ciudadanía militar a la ciudadanía como condición de titularidad de derechos individuales. De este modo, la norma de ciudadanía que se introdujo a la sociedad nacional desde el plano global, se centró, no en el ciudadano movilizado, sino en el ciudadano como titular individual de derechos. Mediante este cambio, la legitimidad del derecho pudo consolidarse por una construcción formal del ciudadano. Esto implicó que la integración institucional, dentro de las políticas nacionales, pudo llevarse a cabo de manera más simple.

§ 14. *Conclusión: la democracia y la hiperdiferenciación del derecho*

La democracia moderna se desarrolló sobre tres características interrelacionadas que, por profundas razones sociológicas, actuaron como su fundamento básico. En primer lugar, tendió a consolidar sistemas de bienestar sólidos. En segundo término, impulsó una fuerte protección de los derechos individuales. Y, en tercer lugar, este sistema surgió en sociedades formadas, aunque de manera diversa, por la interpenetración entre las normas constitucionales nacionales y el derecho internacional de los derechos humanos. Esta construcción constitucional tripartita es simplemente un modelo ideal, y sus tres elementos característicos se presentan de forma variada en los diferentes Estados democráticos. Sin embargo, pocos sistemas políticos adquirieron estatus democrático, sin contar con estas características. Por un lado, estos aspectos sirvieron para redefinir la articulación entre la ciudadanía nacional y el plano interestatal y, por otra parte, promovieron patrones individualizados para la formación del sujeto político. En ambos casos, esto implicó que los procesos de integración que subyacen a las sociedades nacionales –integración institucional e integración jurídica–, fueran separados de las presiones militares. Sobre esta base, la democracia comenzó a tomar forma como un sistema de integración, y empezó a consolidar los procesos de formación jurídica e institucional que se remontan a los orígenes de la sociedad europea moderna. De hecho, el modelo global de la democracia basada en los derechos de bienestar social, puede interpretarse como un régimen político en el que, finalmente, las contradicciones sociopolíticas que surgieron con el fin del feudalismo, se suavizaron. Este modelo creó sistemas políticos nacionales capaces de afianzar tanto un régimen administrativo, como un orden jurídico para los ciudadanos, que no dependió de su militarización. Incluso en periodos donde las experiencias de ciudadanía se radicalizaron, los ciudadanos tendieron a expresar reclamos de solidaridad de carácter pluralista, no ligados a la idea del simple pueblo soberano. Así, los ciudadanos radicalizados pudieron ser reintegrados mediante la consolidación de derechos particulares. En este proceso, los grupos de la población liberados del trabajo forzado en diferentes contextos desde 1789, se integraron en las instituciones políticas por mecanismos que no se valieron del uso directo de la violencia.

La separación de la guerra y el derecho en el origen del Estado soberano moderno, obstaculizada por las construcciones revolucionarias de ciudadanía, alcanzó una realización transitoria.

En este sentido, los sistemas democráticos modernos no deben ser entendidos como la consecuencia de decisiones jurídicas de los ciudadanos. Por el contrario, estos pueden concebirse como el resultado de un proceso de evolución jurídica e institucional, que fue capaz de incluir y equilibrar en un *sistema protector de integración jurídica individualizada*, los diversos procesos sociales iniciados en el siglo XVIII. Para lograr este equilibrio, los sistemas modernos construyeron la legitimidad del derecho, a partir de una forma de subjetividad jurídica diferente de la que sustentó la democracia del período revolucionario de finales del siglo XVIII. De hecho, los sistemas políticos democráticos adquirieron formas que tuvieron pocos elementos en común con los diseños constitucionales originales de la democracia. Como regla general, los sistemas políticos democráticos se definieron por el hecho de que *la integración jurídica individual reemplazó la construcción colectiva de las normas como el prerrequisito básico de la democracia.* La democracia se consolidó, en tanto la fuente constitucional básica de su legitimidad –el ciudadano– tomó su forma del derecho transnacional. Esto logró impulsar a los procesos integradores que subyacieron a la democracia, por medio de la referencia a sujetos sociopolíticos individualizados. La formación de la democracia estuvo históricamente obstaculizada por el hecho de que el constructo del ciudadano nacional provocó que los conflictos internacionales afecten a la política interna. Sin embargo, el auge del sistema de los derechos humanos globales creó un discurso jurídico en el que la definición de ciudadano tuvo el efecto inverso. Es decir, controló la repercusión de los conflictos internacionales en las políticas nacionales, y estabilizó a las instituciones políticas frente a la descontrolada movilización organizada.

Esto dependió de la composición de un modelo global de derechos subjetivos individuales, abstraído de los conflictos de la sociedad. Sobre esta base, las funciones clásicas de las instituciones democráticas, especialmente las legislativas, pudieron llevarse a cabo con más estabilidad. Ambos elementos de este proceso de individualización, el Estado de bienestar y el sistema de los derechos humanos, provocaron que las instituciones estatales aumentaran exponencialmente su soberanía. Paradójicamente, la determinación de la soberanía nacional por el derecho internacional de derechos humanos, permitió que, finalmente, los ciudadanos nacionales ejerzan la soberanía popular, y que los Estados nacionales preserven la soberanía institucional en sus interacciones con la sociedad.

La construcción del ciudadano surgió por primera vez hacia 1789, como figura constitucional que articuló profundos procesos de integración de la sociedad. Sin embargo, en su forma original, esta construcción generalmente obstaculizó los procesos de integración que inició. Después de 1945, surgió un nuevo constructo de ciudadanía. Este se basó en la provisión de bienestar social y de derechos humanos individuales, que sirvieron como principios para apoyar la integración institucional y jurídica, respectivamente. Esta construcción separó a la sociedad de las antinomias inherentes a la construcción anterior. Como la primera figura del ciudadano, este constructo no describía a una persona existente real, o a un conjunto determinado de personas. Como se señaló anteriormente, los elementos centrales de esta construcción fueron creados durante la Segunda Guerra Mundial, por medio del surgimiento contingente y transnacional de un consenso sobre el bienestar social y los derechos humanos. El aspecto de bienestar de este consenso refleja que en la Segunda Guerra Mundial los gobiernos incrementaron su poder fiscal, aumentando su injerencia en la sociedad y su infraestructura[183]. El aspecto de los derechos humanos de este consenso, fue el resultado de una masiva vulnerabilidad individual en la guerra, y de un amplio esfuerzo para proteger a las personas de la militarización social. En ambos aspectos, este constructo internalizó los procesos transnacionales de consolidación institucional y de construcción normativa. Fundamentalmente, el nuevo concepto de ciudadanía tomó forma como una norma adaptativa o funcional, que facilitó los procesos básicos de integración de los que depende una sociedad democrática. Esto se hizo posible, al separar la base jurídica de la integración democrática de los sujetos políticos reales. Hasta la Segunda Guerra Mundial, la formación de la democracia se había impulsado por la norma subjetiva de la democracia. A partir de este momento, la democracia se centró cada vez más en su dimensión integradora, y su dimensión jurídica subjetiva original perdió importancia.

El crecimiento de la democracia demostró que la integración política nacional requiere un proceso de integración jurídica global que predetermine los constructos de soberanía y ciudadanía nacional. Como se señaló anteriormente, el sistema político nacional evolucionó originalmente por la interconexión del sistema jurídico y del sistema militar. Sin embargo, después de 1945, el sistema se reintegró en el sistema jurídico, ya que este se había consolidado a nivel mundial. El surgimiento de un sistema jurídico en la sociedad global, capaz de predefinir la legitimidad de los procesos políticos nacionales, y de separar los sistemas políticos de su apego a formas militarizadas, se convirtió en la base de la legitimidad democrática de la sociedad nacional. Existen muchas definiciones de derecho global. Según algunas de estas, se lo concibe como un conjunto de estándares normativos vinculantes internacionalmente, que puede aplicarse a todas las personas[184]. Según otras, se lo

[183] Véase Klausen, *War and Welfare*, 165.

[184] Peters, *Jenseits der Menschenrechte*, 469.

entiende como un conjunto de normas jurídicas diversas que existen en las diferentes esferas de la sociedad mundial[185]. En el ámbito del derecho constitucional, sin embargo, es posible identificar una serie de procesos globalmente convergentes, que sentaron las bases jurídicas para un orden democrático-constitucional sostenible. En su conjunto, estos procesos forman el derecho constitucional global. De hecho, es posible proponer un marco jurídico global amplio para explicar los procesos que dieron lugar a la democracia constitucional, para identificar sus principales desafíos, y para determinar las precondiciones constitucionales de su existencia.

En la mayoría de las sociedades, la democracia constitucional fue creada originalmente por los ejércitos, lo que refleja una profunda fusión entre los roles de los soldados y de los votantes, que se amalgamaron para producir la forma moderna de ciudadano. Esta figura expresó una profunda conexión entre el sistema jurídico y el militar. La democracia logró estabilizarse cuando estos roles y estos sistemas estuvieron constitucionalmente separados. Esto ocurrió a partir de la creación de los Estados de bienestar, lo que sustentó las funciones estatales de integración institucional, y a partir del auge internacional de los derechos humanos, lo que impulsó la función de integración jurídica. Sin embargo, esto no implicó que todos los sistemas democráticos ingresen por igual al sistema constitucional global. No obstante, con diferencias en cada caso, se creó un modelo de sistema político global para los Estados democráticos. Sobre esta base dual, los Estados modernos comenzaron a establecer articulaciones con sus ciudadanos, por medio de una estructura de individualización jurídico-subjetiva. De esta forma, los sistemas democráticos pudieron asegurar que los sujetos colectivos, incorporados por el voto universal, se integren en una forma menos propensa a la movilización total. Como resultado, las democracias pudieron comunicarse con los ciudadanos sin perder su soberanía.

De este análisis, se puede extraer un modelo general de derecho constitucional global, que puede sustentar la democracia. Resulta razonable sostener que las democracias nacionales tienen más posibilidades de sobrevivir si, en términos generales, se insertan en un sistema constitucional global. La vigencia de una constitución global no implica necesariamente la existencia un orden constitu-

[185] Teubner, "Global Bukowina", en Teubner (ed.), *Global Law without a State*.

cional supranacional plenamente vinculante, al que los sistemas jurídicos nacionales están completamente sometidos. De hecho, tampoco implica que el reconocimiento de principios globales, como los derechos de bienestar o los derechos humanos, necesiten ser protegidos expresamente en las disposiciones del derecho constitucional nacional. Muchos sistemas políticos han construido patrones de ciudadanía definidos por el bienestar y los derechos humanos, sin expresar esto en los textos de sus constituciones. Sin embargo, esto revela que los procesos principales de formación de sujetos en las sociedades nacionales, están profundamente determinados por modelos jurídicos transnacionales. Tanto los procesos de integración jurídicos como administrativos requeridos por la democracia, son reforzados cuando cuentan con el apoyo de normas constitucionales globales.

La incorporación del sistema democrático en el orden constitucional global, tiene la particular función de legitimación por la que separa a los ciudadanos de los soldados, separa el sistema jurídico del sistema militar, y permite a las instituciones estatales legitimar sus leyes ante los ciudadanos, sin provocar una crisis de integración. Fundamentalmente, este modelo global y constitucional se remonta a las profundas antinomias que subyacen a la estructura de la sociedad moderna, y encuentra sus orígenes en el surgimiento del primer sistema jurídico moderno, a finales del feudalismo. Este modelo se basa, no en la condición real de ciudadanía, sino en la construcción de una figura del ciudadano capaz de equilibrar la amplia trayectoria de integración social, orientada la formación del Estado soberano y la individualización jurídica.

Capítulo IV

EL POPULISMO COMO ERROR DEMOCRÁTICO

§ 15. *Populismo y democracia*

Como se afirmó en capítulos anteriores, el Estado democrático moderno se encuentra actualmente afectado por crisis en diversas partes del mundo. En muchos casos, estas se reflejan en el auge de movimientos o partidos populistas, que obtienen apoyo al denunciar la forma que asumió la democracia en sus sistemas. El crecimiento del populismo interrumpió, o al menos complejizó, el giro global hacia la democracia constitucional que se inició en la década de 1980. Esto implicó que las distinciones que alguna vez separaron a los Estados democráticos de los autoritarios, se han vuelvan borrosas. Así, muchos sistemas políticos actuales contienen elementos democráticos y autoritarios. Como se discutirá más adelante, el populismo no se ubica categóricamente fuera de la familia de movimientos políticos democráticos. Sin embargo, en general, el gobierno populista conduce al deterioro democrático y promueve tendencias autoritarias en los Estados.

En tanto se trata de un fenómeno global de gran relevancia, la reciente proliferación del populismo dio lugar a muchos análisis teóricos. Existen algunos estudios que intentan explicarlo, y otros que pretenden apuntalar la democracia contra las amenazas que plantea este movimiento. Cada vez más, se profundizan dos líneas de análisis distintas, en las investigaciones actuales sobre el populismo. Estas líneas abordan tanto las causas del populismo, como la relación entre este y la decadencia democrática. A pesar de las diferencias de posicionamiento y de método, estos estudios contienen una serie de observaciones similares y llegan a conclusiones convergentes. Ambos sostienen que la democracia liberal depende de procedimientos de selección para determinar qué intereses sociales deben estar representados en la legislación. Esto significa que algunos grupos sociales están menos integrados en el sistema político que otros. Por esta razón, ambas líneas de análisis explican que el populismo gana apoyo en circunstancias en las que las instituciones democráticas luchan por capturar y articular todos los intereses de la sociedad, pero estos encuentran nuevas formas de expresión en el populismo. En consecuencia, ambos tipos de análisis indican que el populismo es parte de la vida democrática, y lo observan como un efecto secundario genérico de ella, de modo que comparten la posición de que las políticas democráticas siempre pueden generar movimientos populistas.

Por un lado, existe un campo de investigación dentro de la ciencia política y de la sociología, que explica al populismo desde una perspectiva de comportamiento o de la motivación. En ciencia política, durante mucho tiempo ha sido común observar al populismo como un tipo de movimiento que depende de políticos particulares, que se dirigen más fuertemente a los grupos con vínculos más débiles con la democracia[1]. Las investigaciones contemporáneas amplían este análisis atribuyendo el éxito actual de los movimientos populistas al impacto personal de ciertos políticos. Esto implica que algunas agrupaciones sociales tengan más probabilidades de responder los reclamos de estos sectores que otras. Estos grupos suelen estar marcados por compromisos limitados con los valores democráticos[2]. Estos análisis suelen explicar que el populismo encuentra apoyo entre grupos sociales cuyas motivaciones están determinadas por experiencias sociales específicas, como el acceso limitado a la educación (ver § 16, nota 30). Las motivaciones de tales grupos a menudo se consideran desproporcionadamente vinculadas a problemas individuales, como la inmigración[3]. Así, los políticos populistas se presentan como figuras que pueden atraer a grupos que están marginalmente posicionados frente a la

[1] Al respecto, puede verse Ignazi, *Extreme Right Parties in Western Europe*, 34; Mudde, *The Ideology of The Extreme Right*, 15; de Lange, *A New Winning Formula?*, "Party Politics", 2007, 13(4), 430.

[2] Norris - Inglehart, *Cultural Backlash*, 65, 247.

[3] Mudde, *The Ideology of The Extreme Right*, 173; Muis - Immerzeel, *Causes and Consequences of the Rise of Populist Radical Right Parties and Movements in Europe*, "Current Sociology Review", 2017, 65(6), 912; Shehaj - Shin - Inglehart, *Immigration and Right-Wing Populism: An Origin Story*, "Party Politics", 2019, Online First, 2.

política hegemónica, y cuya participación en el debate público es muy reducida. En este sentido, estas investigaciones indican que el populismo prospera en contextos en los que algunos votantes no están completamente integrados a la democracia. De modo que su éxito se debe a que moviliza grupos y sectores cuyos intereses desafían el equilibrio democrático de la sociedad en su conjunto. Al mismo tiempo, algunos autores sostienen que la expansión del espectro de temas que se politizaron a partir del populismo, no resulta por sí sola perjudicial para la democracia. Cada vez más, algunos politólogos entienden que el populismo puede enriquecer la democracia y que puede provocar un "impulso para la democratización de la democracia"[4].

Por otro lado, surgió un campo de investigaciones más jurídico, que aborda al populismo como reflejo de profundos problemas de legitimación de la democracia contemporánea. Cruzando las fronteras entre el análisis jurídico y la teoría política, esta investigación analiza los aspectos constitucionales del populismo, a los que examina como un fenómeno específicamente constitucional[5]. Algunos autores, dentro de este campo, son expresamente hostiles al populismo[6]. Sin embargo, en general, este análisis concibe al populismo como un tipo de política parasitaria del gobierno constitucional[7]. La persistente amenaza de este movimiento para el sistema, se atribuye al hecho de que el gobierno democrático liberal está excesivamente apegado a patrones formales de representación procedimental y de equilibrio constitucional[8]. Por lo tanto,

[4] Kaltwasser - Hauwaert, *The Populist Citizen*, "European Political Science Review", 2020, 12(1), 15.

[5] Ver Corrias, *Populism in a Constitutional Key*, "European Constitutional Law Review", 2016, 12(1), 8; Blokker, *Varieties of Populist Constitutionalism*, "German Law Journal", 2019, 20.

[6] Landau, *Populist Constitutions*, "University of Chicago Law Review", 2018, 85 (2016).

[7] Fournier, *From Rhetoric to Action*, EUI Department of Law, Research Paper nº 2018/08, 1.

[8] Al respecto, puede verse Arditi, "Populism as an Internal Periphery", en Panizza (ed.), *Populism and the Mirror of Democracy*, 93; Panizza, "Introduction: Populism and the Mirror of Democracy", en Panizza (ed.), *Populism and the Mirror of Democracy*, 29; Cannon, *Hugo Chávez and the Bolivarian Revolution*, 77; Müller, *What is Populism?*, 101; Issacharoff, "Populism versus Democratic Governance", en Graber - Levinson - Tushnet (eds.), *Constitutional Democracy in Crisis?*, 453.

los modelos constitucionales de representación tienden a separar las funciones gubernamentales del pueblo, lo que atenúa la participación popular en el gobierno. En consecuencia, la democracia constitucional crea inevitablemente espacios en los que el populismo puede afianzarse. De manera que el populismo surge por la débil legitimación de la democracia por parte del *demos*. Desde esta perspectiva, la organización constitucional de la democracia provoca el populismo, y este último ejerce la crítica sobre el excesivo formalismo de los patrones liberales y democráticos de la representación[9]. En algunos casos, teóricos políticos y constitucionalistas afirman que las democracias estables se basan en la presencia de algunos elementos populistas en el sistema de representación electoral, ya que estos preservan su fundamento, es decir, la voluntad de el pueblo[10]. De hecho, estos enfoques se fundan en la teoría constitucional que se opone a los órdenes constitucionales que contienen fuertes contrapesos antimayoritarios[11]. Algunos autores enfatizan el aspecto "emancipatorio" del antiformalismo populista[12]. Una afirmación recurrente en el análisis constitucionalista del populismo es que la constitucionalización excesiva del gobierno es una de las principales causas de este movimiento[13].

Ambas líneas de análisis del populismo se superponen con algunas afirmaciones establecidas en los capítulos anteriores de este libro. En particular, ambas entienden que la democracia contiene cierto potencial dialéctico, que da forma al contexto que permite explicar el populismo. Asimismo, las dos líneas coinciden al describir los modos en que los sistemas democráticos generan expectativas de inclusión entre los ciudadanos, lo que permite ampliar

[9] Al respecto, ver Landau, *Populist Constitutions*, "University of Chicago Law Review", 2018, 85 (2016). Ver también Corrias, *Populism in a Constitutional Key*, "European Constitutional Law Review", 2016, 12(1); Blokker, "Populist Constitutionalism", en De la Torre, Carlos (ed.), Routledge Handbook of Global Populism; Zaccaria, *The People and Populism*, "Ratio Juris", 2018, 31(1).

[10] Laclau, *Politics and Ideology*, 196 y 197; Tännsjö, *Populist Democracy*, 61; Canovan, *Trust the People!*, "Political Studies", 1999, XVVII, 14; Möller, *Invocatio Populi*, "Leviathan", 2017, Sonderband 34, 247.

[11] Ver Tushnet, *Taking the Constitution Away from the Courts*.

[12] Bugaric, *Could Populism be Good for Constitutional Democracy?*, "Annual Review of Law and Social Science", 2019, 15, 42.

[13] Esta es la afirmación implícita de Blokker, *Varieties of Populist Constitutionalism*, "German Law Journal", 2019, 20, 338.

las capacidades de integración de las instituciones representativas. En este sentido, las explicaciones existentes del populismo reflejan una cierta vacilación y contienen claras deficiencias en puntos de análisis clave. De modo que ciertos aspectos del resurgimiento del populismo en los últimos años, no se visibilizaron plenamente. En particular, las investigaciones actuales no ofrecen una explicación clara de las razones por las que el populismo se convirtió en un fenómeno global que afecta, al mismo tiempo, a una serie de sistemas políticos con tradiciones muy diversas y ubicados en diferentes partes del mundo. En este sentido, los análisis existentes tampoco proporcionan una descripción de las causas por las que el populismo tiende a adoptar tal hostilidad hacia los principios jurídicos globales y hacia los acuerdos internacionales de gobernanza. De igual forma, las investigaciones contemporáneas no aportan claridad sobre las razones por las que la aparición del populismo parece estar vinculada a patrones de construcción de normas. A un nivel más general, además, el conjunto de estudios actuales no explica las características exactas de la democracia que inducen al populismo. Como se señaló anteriormente, los análisis críticos del populismo indican que este gana relevancia en situaciones en las que los sectores sociales marginados logran ubicar sus intereses en la agenda política, o en las que el orden constitucional se percibe como una obstrucción a la representación de las problemáticas que los aquejan. Sin embargo, tales análisis no identifican las causas específicas del populismo dentro de la democracia, ni describen las coyunturas más amplias en las que los aspectos dialécticos de la democracia se desestabilizan. De hecho, al definir al populismo como un elemento parasitario dentro del orden constitucional, los análisis existentes carecen de fundamentos para explicar las razones por las que las democracias no siempre tienen un tono populista, las causas por las que el populismo suele conducir al deterioro democrático, o los motivos por los que el populismo es una forma menos que ideal de la democracia. Una característica común de estos diferentes enfoques es que, si bien entienden al populismo como una consecuencia de la democracia, no someten a la democracia en sí misma a la crítica interna, ni ejercen una crítica específica sobre la tendencia del sistema a promover el populismo. Como se mencionó anteriormente, importantes referentes de la ciencia política y del constitucionalismo, tienden a destacar los efectos saludables de los impulsos populistas en los sistemas políticos democráticos.

Este capítulo tiene por objetivo proponer un examen del populismo más consistente, tanto en términos conceptuales como jurídicos, que los ofrecidos por las otras líneas de análisis. Intenta explicar las causas por las que el populismo se convirtió en una característica tan marcada de la sociedad contemporánea, y trata de identificar las razones globales distintivas de su expansión. Al mismo tiempo, pretende reconstruir, de manera particular, los rasgos dialécticos de los sistemas democráticos que suelen dar lugar a políticas populistas. De acuerdo con estos fines, este capítulo se basa en la segunda línea de análisis descripta anteriormente. De este modo, se parte de la idea que el populismo surgió como un fenómeno causado, en parte, por construcciones constitucionales, y que la investigación constitucional tiene una capacidad particular para explicarlo. Sin embargo, se sostiene que los teóricos que examinan el populismo desde esta perspectiva, no lograron proporcionar un análisis completo dado que no aportaron claridad sobre los modos en que las normas constitucionales promueven la democracia. Este capítulo propone un análisis diferente del populismo, en tanto explica su vigencia por la precariedad de los términos en que se suele comprender la democracia. En este sentido, se proponen afirmaciones coincidentes con los análisis de Nadia Urbinati, que explican que el populismo revela una errónea interpretación de la naturaleza esencialmente representativa de la democracia[14]. Sin embargo, los desarrollos de este capítulo se extienden más allá de esta posición, y se sostiene que la terminología constitucional con la que se interpreta la democracia, contiene antinomias que suelen conducir a un legitimar al populismo.

Como se señaló anteriormente, en la mayoría de las definiciones, la democracia es vista como un orden que depende del ejercicio de la soberanía por parte de sujetos políticos concretos, los ciudadanos. Esta perspectiva conformó el primer principio de legitimación del pensamiento democrático clásico. En la actualidad, este constructo es el primer principio de legitimación del constitucionalismo democrático, y se estableció como el principal marco conceptual para promover y organizar la democracia. Evidentemente, el constitucionalismo es una teoría del orden procedimental democrático. En este sentido, el constitucionalismo establece los principios organizacionales para consolidar a un sistema político frente a manifestaciones transitorias de interés popular, de modo

[14] Urbinati, *Me the People*, 71.

que presenta grandes diferencias con las teorías de la democracia pura. Asimismo, el aspecto más esencial de la teoría constitucional es que, al adoptar una constitución, los miembros de un pueblo transforman sus identidades originales o preconstitucionales. En consecuencia, la ciudadanía se separa de la simple condición de persona, y se asocia a una serie de obligaciones jurídicas y morales. Sin embargo, el constitucionalismo propone una explicación de la legitimidad gubernamental, que se puede reducir a una perspectiva jurídica de los orígenes subjetivos del poder político. De igual forma, sostiene la legitimidad política sobre un constructo de ciudadano entendido como sujeto soberano. Las diferentes posiciones en el pensamiento constitucional, pueden ser vistas como diseños para la estructura de un gobierno que conserve al ciudadano como el eje subjetivo del Estado, y este último como una visión profunda de la vida política propuesta originalmente por los ciudadanos.

En sus inicios, el constitucionalismo se desarrolló como una teoría de los componentes del poder, que sostuvo que un sistema político obtiene legitimidad si se crea por los ciudadanos que están sujetos a el. De este modo, los actos constitutivos de los ciudadanos se sitúan antes y en el origen del sistema político. Sobre esta base, el orden se legitima al legislar de acuerdo con la voluntad colectiva establecida por el poder constituyente. Esta perspectiva se expresa en las teorías de la legitimidad constitucional[15]. En los debates contemporáneos, esta visión se refleja en las teorías volitivas más convencionales de la soberanía constitucional[16]. Sin embargo, desde otro punto de vista, esta idea sustenta una serie de perspectivas constitucionales actuales, que insisten en que el derecho constitucional debe ser interpretado de una forma que pueda dar lugar a las experiencias cambiantes, y a las expectativas colectivas de los ciudadanos[17]. Aun según las reflexiones más perspica-

[15] El principal constitucionalista de la Francia revolucionaria, Emmanuel-Joseph Sieyès, definió a la nación (pueblo) como "el origen de todo [...] el derecho mismo" (*Qu'est-ce que le Tiers-État?*, 79). Esta idea fue luego replicada en la distinción clásica de Carl Schmitt, entre poder constituyente como decisión y como norma (*Verfassungslehre*, 76).

[16] Böckenförde, *Staat, Verfassung, Demokratie*, 294 y 295; Grimm, *Die Zukunft der Verfassung II*, 223.

[17] Al respecto, puede verse Ackerman, *We the People, I*, 19 a 21. En cierto punto, John Marshall anticipó esta posición, al argumentar que "las disposiciones de una Constitución están destinadas a perdurar durante los siglos venideros y, en consecuencia, a adaptarse a las diversas crisis de los asuntos humanos" ["McCulloch v. Maryland", 117 US 316 (1819)].

ces sobre esta cuestión, el derecho constitucional es legitimado por un "sujeto constitucional" con una "identidad en evolución"[18]. La idea de un sujeto constitucional originario incluso está presente en teorías que sostienen que la democracia constitucional puede separarse de los actos nacionales de soberanía popular[19]. Las perspectivas expuestas hasta aquí coinciden en afirmar que el ciudadano soberano constituye el sujeto esencial del Estado constitucional legítimo, y que su fuerza legitimadora de sujeto soberano nunca desaparece por completo de la constitución. En la mayoría de los casos, esta última se asocia con el ciudadano de un lugar determinado, con derechos de pertenencia nacional garantizados jurídicamente. Asimismo, el constitucionalismo implica que, en una política legítima, los ciudadanos deban estar orgánicamente implicados en el gobierno. De modo que el ejercicio del poder gubernamental, depende de la existencia de una consolidada línea de comunicación entre los ciudadanos soberanos y el gobierno[20]. En este sentido, el constitucionalismo plantea que la voluntad común de los ciudadanos debe seguir siendo el principio jurídico por el cual se determina la legitimidad de los actos gubernamentales. De manera que la construcción del ciudadano soberano debe comprometerse y actuar como medida de todos los actos gubernamentales. En el centro del pensamiento constitucional, se encuentra la afirmación de que el ciudadano es externo a los procedimientos utilizados para la legislación y la representación democrática. De manera que esta conserva un papel subjetivo subyacente pero fundamental dentro de la política. De igual forma, en el núcleo de constitucionalismo, se haya la afirmación de que los ciudadanos deben estar constantemente presentes como proveedores de normas dentro del sistema político. En cada caso, el constitucionalismo resulta un tipo particular de la teoría democrática, diseñado para construir roles dentro de la política en los que el vínculo subjetivo original entre el ciudadano y la política puede rearticularse.

En muchos sentidos, el constitucionalismo aporta una mejor articulación a las profundas antinomias de la democracia. En tanto estructura organizadora de la democracia, el pensamiento cons-

[18] Rosenfeld, *The Identity of the Constitutional Subject*, "Cardozo Law Review", 1995, 16(3-4), 1069.

[19] Habermas, *Zur Prinzipienkonkurrenz von Bürgergleichheit und Staatengleichheit im supranationalen Gemeinwesen*, "Der Staat", 2014, 53 (2).

[20] Véase Böckenförde, *Staat, Verfassung, Demokratie*, 299.

titucional siempre sostuvo que la fuente de la legitimidad gubernamental reside en los actos originales de la formación de la voluntad popular. Esta afirmación no puede erradicarse fácilmente de los constitucionalismos modernos. En los últimos años, de hecho, se atribuyó a esta afirmación un gran valor. Muchos constitucionalistas contemporáneos acentuaron los elementos subjetivos y populares del constitucionalismo, al afirmar que el ejercicio del poder debe estar más vinculado a los actos de formación de la voluntad soberana[21]. Sin embargo, al hacer esta afirmación, el constitucionalismo defiende un discurso de legitimidad democrática en el que las tensiones entre los principios subjetivos y los procesos integradores, supuestamente se presentan de forma clara y visible. De hecho, al promover esta explicación de la legitimidad política, el constitucionalismo niega sus propias funciones específicas, y evoca constructos de legitimidad que contradicen el papel real de las normas constitucionales, que es legitimar al sistema político.

Los análisis histórico-sociológicos expuestos en los capítulos anteriores, postulan una teoría constitucional alternativa. Se entiende que los sujetos constitucionales básicos de la democracia, los ciudadanos y las instituciones soberanas, tomaron forma sobre premisas que no estaban previstas en las interpretaciones clásicas de estos temas. De hecho, los sujetos democráticos surgieron por medio de procesos de integración que tuvieron lugar por el abandono de los modelos clásicos de subjetividad democrática. En consecuencia, los ciudadanos democráticos no crearon una democracia perdurable. En esencia, la democracia es un sistema de integración que, cuando funciona, construye normas que consolidan dicha integración, por medio de la que el sistema jurídico adquiere forma efectiva. Sin embargo, la democracia está marcada por un conflicto incesante entre los sujetos jurídicos que la legitiman, y las precondiciones sociales necesarias para integrarlos. En la mayoría de las sociedades, esta dialéctica de la democracia se reflejó en que el ciudadano fue integrado a la constitución por medio de la movilización militar. De modo que este constructo estuvo determinado por la figura del soldado. Como consecuencia de esto, las

[21] Al respecto, puede verse, Tushnet, *Taking the Constitution Away from the Courts*; Bellamy, *Political Constitutionalism*, 154; Webber, *The Negotiable Constitution*, 27; Loughlin, *The Concept of Constituent Power*, "European Journal of Political Theory", 2014, 13(2); Ackerman, *Revolutionary Constitutionalism*, 400.

explicaciones clásicas de la ciudadanía democrática no apoyaron la integración de los procesos en torno a los que se formularon. Asimismo, la creación de las democracias que se centraron en ciudadanos concretos, erosionó sus propios fundamentos de integración. Solo después de 1945, se logró alcanzar una forma de ciudadanía soberana que se vinculó con procesos de integración basados en la protección subjetiva individualizada, y en la construcción del derecho constitucional global. El constructo del ciudadano se desarrolló en esta época como una figura jurídica constitucional. A partir de este momento, las sociedades elaboraron gradualmente una serie de conceptualizaciones para separar a la ciudadanía de los patrones de integración militar, y para que las instituciones estatales consoliden su propia soberanía política. Concebir al ciudadano de la democracia moderna como una persona concreta, a la que se le pueden realizar demandas particulares, es simplificar la naturaleza compleja de la democracia. El constructo del ciudadano que surgió después de 1945, permitió que la democracia entrara en vigor, dado que logró abstraer los procesos de institucionalización e integración jurídica de ciudadanos reales.

En consecuencia, la afirmación básica de este capítulo es que hay una escisión constante entre la construcción subjetiva de la democracia, y la realidad integradora en la que se materializan las prácticas democráticas. En este sentido, dicha escisión se intensificó por los discursos teóricos sobre la democracia. Este sistema evolucionó en órdenes constitucionales contemporáneos, como un patrón de construcción estatal de compleja integración. Como tal, la democracia constitucional depende de múltiples conjuntos de derechos individuales y normalmente se mantiene por un vínculo estrecho con el orden jurídico global. De este modo, se basa en un patrón de subjetividad jurídica abstracto y multidimensional. Asimismo, la democracia es concebida y definida por perspectivas constitucionalistas que sitúan la dimensión subjetiva de este sistema en el centro de la autopercepción legitimadora de los ciudadanos. Al hacerlo, tales perspectivas olvidan las intensas experiencias constitucionales que dieron forma a la sociedad moderna, y utilizan conceptos simplificados de legitimación para explicar el gobierno democrático. Al proponer tales versiones de la democracia, el constitucionalismo se ve obligado a evitar la reflexión sobre su propia construcción conceptual; a simplificar y negar su propia forma global; a movilizar constructos ficticios de ciudadanía, y a proyectar principios de legitimidad gubernamental que erosionan sus propios fundamentos. En tal sentido, el constitucionalismo se presenta como la expresión circular de la conciencia problematizada de la democracia. Así, promueve procesos de integración a nivel institucional, a los que asocia con principios altamente individualizados y con normas construidas globalmente. Sin embargo, afirma mantener la legitimidad gubernamental mediante la referencia a sujetos constitucionales soberanos que no existen, y cuyo contenido jurídico interrumpe los procesos de integración institucional que se intentan estimular. Esto significa que la democracia está centrada sobre una paradoja por la que el discurso constitucional que se utiliza para describirla, no da cuenta de los procesos por los cuales es creada. De este modo, es posible afirmar que solo proporciona una base contradictoria para fundamentar la democracia. En consecuencia, en determinadas circunstancias, existe un mayor riesgo de que la escisión legitimadora que se expresa en el constitucionalismo se evidencie, de modo que la dimensión subjetiva de la democracia sea adoptada por los ciudadanos para socavar las precondiciones de integración. El discurso constitucional de la democracia contiene el potencial de animar a los ciudadanos, en nombre de la legitimidad, a ocupar a roles legitimadores que no producen legitimidad.

Teniendo en cuenta este contexto de profundas tensiones, podemos proponer una explicación del populismo. Este movimiento tiende a surgir en escenarios en los que tales tensiones se vuelven tangibles, y se despliega allí donde las paradojas básicas de la legitimidad democrática son visibles públicamente. En tales condiciones, el populismo gana fuerza al ofrecer roles constitucionales a personas de la sociedad, a quienes se les deja creer que están asumiendo las posiciones de legitimación que se les asignaron originalmente en la construcción de la constitución democrática. En este sentido, el populismo puede entenderse como una reacción constitucional provocada por las antinomias constitucionales de la democracia.

Entendido de este modo, se vuelve posible comprender las condiciones en las que el populismo emerge en la sociedad y esbozar un modelo causal para explicarlo. Este movimiento suele adquirir fuerza cuando la escisión paradójica entre la dimensión de integración de la democracia y su dimensión jurídica-subjetiva original, se vuelve perceptible. En general, el populismo surge en circunstancias en las que los actores políticos pueden valerse de la dimensión subjetiva del constitucionalismo, para desafiar la forma subjetiva global-constitucional alrededor de la que los sistemas de integración democrática se consolidaron. La disyunción entre el aspecto jurídico y el institucional de la democracia, resulta más evidente en contextos en los que, por la razón que sea, los procesos de integración que fundan este sistema se desestabilizan. Esto suele ocurrir cuando muchos sectores de la sociedad experimentan debilidad o volatilidad en los procesos de integración institucional. Asimismo, sucede en territorios donde las normas globales que apoyan los procesos de integración pierden fuerza legitimadora y donde, a causa de esto, la capacidad de estas normas para sustentar dichos procesos se reduce. Tales circunstancias revelan la paradójica legitimidad de la democracia. Los movimientos populistas se valen de esta paradoja para motivar a los agentes políticos a asumir discursos simplificadores de su subjetividad democrática.

Desde esta perspectiva, es posible comprender las causas por las que el populismo conduce al deterioro democrático. Como se señaló previamente, el surgimiento de la democracia, desde el siglo XVIII en adelante, estuvo marcado por la paradoja de que las construcciones de la ciudadanía que la legitimaban, iban en contra de su realización como un conjunto objetivo de prácticas. En muchos casos, en los hechos, estos sujetos invirtieron los procesos sociológicos que ellos presuponían para su propia existencia. Como se examina más adelante, esta antinomia de la democracia resurge actualmente en el populismo, movimiento cuya intensa afirmación de los roles de la ciudadanía soberana, obstruye los procesos sociales básicos requeridos para su ejercicio pleno por los pueblos soberanos. Al valerse de una perspectiva simplificada de la subjetividad democrática, el populismo destruye los cimientos de este sistema. De modo que este movimiento resalta la dependencia de la democracia de las normas globales, y refleja la paradójica incapacidad de los sujetos constitucionales para crear democracia.

Este capítulo sostiene que el populismo es creado por las antinomias de la democracia constitucional, que están ligadas a las coyunturas globales. En consecuencia, afirma que solo puede entenderse, y evitarse plenamente, si su relación conceptual con la democracia se aclara. Es este sentido, resulta necesario que los teóricos reflexionen sobre las formas en que sus descripciones de constitucionalidad y legitimidad crean el espacio de aparición de los movimientos populistas.

§ 16. *El populismo como crisis de integración*

Los orígenes del populismo en las antinomias constitucionales de la democracia, se evidencian en el posicionamiento jurídico asumido por los movimientos populistas. Estas perspectivas se definen por la interpretación de la legitimidad de los sujetos de la democracia, en términos simples y literales. De este modo, adquieren fuerza midiendo los sistemas democráticos existentes por estándares derivados de las expectativas constitucionales clásicas[22].

En primer lugar, las perspectivas populistas promueven una versión de democracia que vincula la legitimidad del gobierno con el ejercicio inmediato de la voluntad popular. De acuerdo con esta posición, la democracia necesita la expresión de una voluntad popular independiente de, o anterior a, las instituciones en las que el pueblo se representa. En consecuencia, un sistema de gobierno solo puede reclamar legitimidad si los miembros del pueblo se autoperciben como actores comprometidos con el ejercicio continuo del poder constituyente soberano[23]. En este sentido, las instituciones de la democracia liberal que poseen una naturaleza esencialmente procesal, y que trasladan la voluntad popular al mandato gubernamental, se desestiman como antidemocráticas. Esta erosión de la distinción clásica entre los poderes constituyentes y constituidos, se inició por algunos movimientos populistas progresistas de América Latina, como los casos de Colombia y Venezuela, en donde se intentó incorporar al pueblo como un poder constituyente vivo en el Estado. La Constitución colombiana de 1991 se creó a causa de los movimientos de protesta, principalmente relacionados con las universidades, que insistieron en la convocatoria de una Asamblea Constituyente para construir un nuevo orden político. La Constitución venezolana de 1999 contiene artículos, especialmente los arts. 6°, 62, 70 y 184, que tienen por objetivo crear espacios en los que el pueblo pueda actuar como un poder constituyente perpetuo.

[22] Ver Pinelli, *The Populist Challenge to Constitutional Democracy*, "European Constitutional Law Review", 2011, 7(1), 15; Möller, *Invocatio Populi*, "Leviathan", 2017, Sonderband 34, 247; Zaccaria, *The People and Populism*, "Ratio Juris", 2018, 31(1), 44.

[23] Ver Blokker, *Varieties of Populist Constitutionalism*, "German Law Journal", 2019, 20, 333 y 334.

En la actualidad, el debilitamiento de esta distinción es ampliamente replicado entre los grupos políticos populistas. Este énfasis en el ejercicio del poder constituyente por parte del pueblo, implica que los gobiernos populistas suelan adquirir un rasgo plebiscitario. Asimismo, al proclamar que se legitiman directamente por el pueblo, los políticos populistas suelen asumir posiciones autoritarias, o débilmente contrarrestadas, en el gobierno. De modo que generalmente construyen sistemas con poderes ejecutivos fuertes.

En segundo lugar, las perspectivas populistas tienden a ver al gobierno legítimo en términos identitarios. Al presuponer que el pueblo existe como un conjunto de sujetos por fuera del sistema político, interpretan que las personas que ejercen la soberanía no son un mero grupo de individualidades, sino que están conectados por la misma sustancia política que forma el poder constituyente. En este sentido, la perspectiva populista suele plantear la existencia del pueblo como sujeto colectivo, cuya voluntad está dirigida por intereses unificados y prerrogativas comunes. Así, este movimiento convoca a los miembros individuales de la sociedad a unirse en torno a nuevas colectividades políticas, las que se definen, no por una representación equilibrada, sino por su compromiso con la acción soberana compartida. El enfoque en el ejercicio de la soberanía, a menudo ha permitido que los partidos populistas saquen a determinados sectores sociales fuera de los sistemas nacionales de inclusión, y los movilicen de una manera marcadamente solidaria, en general, acentuando la oposición con otras agrupaciones políticas. Es por ello que el populismo suele construir la voluntad del pueblo en términos nacionalistas, en contraposición a los grupos minoritarios, y reivindica el rechazo de la protección de las minorías basada en los derechos individuales. Como se mencionó anteriormente, la tendencia nacionalista no es universal entre los populistas, y no hay una convergencia necesaria entre populismo y nacionalismo[24]. En algunos casos, los gobiernos que pueden ser caracterizados como populistas son apoyados por comunidades minoritarias, y proyectaron una construcción de pueblo soberano que abarca múltiples grupos étnicos. Un caso paradigmático de esta situación puede encontrarse en la historia reciente de Bolivia, bajo el gobierno de Evo Morales. Sin embargo, en la mayoría de los ca-

[24] Ver Brubaker, *Populism and Nationalism*, "Nations and Nationalism", 2020, 26 (1).

sos, el apoyo populista se sustenta en la capacidad de los partidos para construir identidades nacionales vinculadas a sentimientos antiminoritarios. Esto se manifiesta en la retórica discriminatoria utilizada contra los migrantes y minorías en Brasil, Estados Unidos, Polonia, Reino Unido y Hungría. Resulta particularmente evidente en el sesgo antimusulmán del nacionalismo hindú de Narendra Modi en India, reflejado en la reducida protección a los derechos religiosos de las minorías[25].

En tercer lugar, las perspectivas populistas normalmente se oponen al poder de los tribunales, y entienden la restricción judicial de los actos legislativos populares como una función institucional ilegítima. Esta actitud antijudicial está estrechamente vinculada con los aspectos antiprocedimentalistas y antielitistas del populismo. Sin embargo, también se debe al hecho de que las perspectivas populistas expresan un profundo rechazo a los elementos constitucionalizados del sistema político, a los que conciben como bloques estáticos de la manifestación dinámica de la voluntad popular, el poder constituyente. Esta posición se reflejó en una primera etapa del experimento populista de Chávez en Venezuela, que incluyó un ataque directo a la autonomía del poder judicial[26]. En el mismo sentido, esto puede observarse en los primeros populismos de Italia[27]. Actualmente, esta posición se replica en la mayoría de los gobiernos populistas, cuyo capital político fue obtenido por medio de políticas y actitudes antijudiciales. Muchos gobiernos de este tipo impusieron duras restricciones a la autonomía del poder judicial. Entre ellas, es posible mencionar la reestructuración judicial estratégica en Polonia y Hungría, la persecución de jueces en Bolivia, y los tribunales judiciales nombrados "a dedo" en Estados Unidos, Polonia y Brasil[28]. Tales políticas son apoyadas

[25] Kim, *Understanding Modi and Minorities*, "India Review", 2017, 14(6), 360 a 363.

[26] Brewer-Carías, *Judicial Review in Venezuela*, "Duquesne Law Review", 2007, 45(3), 440.

[27] Ver Dallara, *Powerful Resistance against a Long-Running Personal Crusade*, "Modern Italy", 2015, 920(1), 59.

[28] Después del año 2010, se introdujo una legislación en Hungría para facilitar el nombramiento de jueces obedientes. Sobre la reforma judicial de Polonia, ver Grzeszczak - Karolewski, *The Rule of Law Crisis in Poland*, "VerfBlog", 8/8/2018. Sobre los nombramientos judiciales dudosos en Polonia, ver Sadurski, *Polish Constitutional Tribunal under PiS*, "Hague Journal on the Rule of Law", 2019, 11, 67 a 71, y en Brasil, ver Benvindo, *The Rule of Law in Brazil*.

por la antipatía populista generalizada hacia los derechos humanos globales. Al intentar proteger a los individuos de la formación de las decisiones de las mayorías, y al poner ciertos límites al ejercicio de la voluntad popular, el populismo concibe a los derechos humanos como un corpus de normas jurídicas que tiene poca validez en un sistema democrático.

En cuarto lugar, debido a su culto de la soberanía, las perspectivas populistas generalmente relativizan la importancia constitucional del derecho internacional. Estos movimientos suelen enfatizar la importancia del ejercicio de soberanía nacional frente al plano internacional, y se oponen a la limitación de las instituciones soberanas por las normas internacionales. Esto puede observarse en el rechazo de los tratados vinculantes y de las reglas de organizaciones internacionales por parte de la administración Trump; en la hostilidad hacia los tratados internacionales por el Reino Unido luego del Brexit; en la oposición a las directivas de la Unión Europea en Polonia y Hungría; y en a la retirada de Venezuela de la jurisdicción de la Corte Interamericana de Derechos Humanos. Asimismo, tales movimientos denuncian las normas internacionales, acusándolas de debilitar la fuerza constituyente de la voluntad popular en sus instituciones internas. Esta posición se relaciona con el hecho de que las normas internacionales suelen ser aplicadas en el ámbito interno por los órganos judiciales. En la mayoría de las constituciones democráticas, las normas internacionales se utilizan para conferir valor supraconstitucional a determinadas normas jurídicas y garantías individuales, al protegerlas bajo la autoridad de instituciones judiciales de alto nivel. En algunos casos –como se señaló anteriormente–, las convenciones internacionales establecen de manera directa normas constitucionales en las sociedades nacionales. La creencia populista de que el pueblo debe actuar como poder constituyente, entra en conflicto con el derecho internacional, en tanto este último contempla la creación de normas por fuera del alcance de la voluntad popular. En muchos casos, la hostilidad hacia el derecho internacional coincide con las tensiones con las instituciones judiciales. Esto se evidenció en la reciente historia británica, donde los políticos populistas y sus medios de comunicación, pudieron movilizar a los votantes contra las convenciones de derechos humanos y los magistrados supremos.

En este sentido, la perspectiva populista se caracteriza por concebir la legitimidad del gobierno como el resultado de la actividad de un sujeto, entendido como pueblo soberano o ciudadano soberano, que posee una cualidad esencialmente colectiva. Dicho sujeto está autorizado a anular las protecciones constitucionales, que se proporcionan a personas abstractas individualizadas. Asimismo, la perspectiva populista concibe a este sujeto como una figura que posee una atribución netamente política, o prejurídica, que le permite rechazar legítimamente las normas jurídicas o los principios constitucionales que se interponen en su camino. En este sentido, la legitimidad de tal subjetividad no resulta fácil de separar de la interpretación constitucional de la democracia. De hecho, este sujeto reproduce elementos conceptuales centrales del constitucionalismo clásico, ubicando al pueblo como un conjunto de sujetos preexistentes, que autorizan al orden constitucional en el que viven (ver § 15, nota 15).

Como se mencionó anteriormente, el populismo se suele consolidar en situaciones en las que la tensión latente entre la democracia como norma subjetiva y como realidad integradora, se agudiza. Es decir, el populismo suele ganar relevancia al persuadir a las personas para que adopten roles constitucionales simplificados, en contextos en los que el equilibrio entre la formación de sujetos transnacionales y la integración individual nacional, está debilitado. De este modo, tanto las fuentes de legitimidad subjetivas como las funcionales, se precarizan. En tales escenarios, la política populista obtiene apoyo a medida que los sujetos de la democracia (ciudadanos) encuentran razones para autopercibirse como actores políticos, por fuera de los parámetros en los que la ciudadanía democrática se ejerce. En estas circunstancias, el éxito del populismo depende de su capacidad para convencer a las poblaciones de que retomen la "autoconstrucción" política que se les ofrecía en las perspectivas constitucionales clásicas.

Por un lado, el patrón literal de la construcción del sujeto soberano promovido por el populismo, se suele desplegar en contextos en los que los fundamentos institucionales de la integración democrática, vinculados al bienestar, a las oportunidades educativas y a la individualización social protegida, se volvieron inestables. Esto es un fenómeno común de las recientes décadas en muchas sociedades. Se debe, en parte, a que muchas transiciones democráticas que ocurrieron en las décadas de 1980 y 1990, no fueron acompañadas por los regímenes de bienestar adecuados. Asimismo, puede atribuirse a los cambios que sobrevinieron al Estado de bienestar y a la financiación educativa, que ocurrieron después de 2008.

En general, los movimientos populistas intentan captar a los ciudadanos por medio del lanzamiento de campañas centradas en los sistemas de bienestar, y por la construcción de sujetos políticos en torno a experiencias de este régimen o de una integración educativa débil. Tales movimientos reclutan apoyo entre personas que son, o que se autoperciben, marginadas de los regímenes de bienestar, y cuyas oportunidades educativas parecen ser escasas. Asimismo, se trata de sujetos para quienes el camino de integración por medio de la toma de decisiones individuales, en general mejoradas por la educación, fue obstaculizado[29]. Hasta hace un tiempo, los movimientos populistas fueron, en general, hostiles a los Estados de bienestar. No obstante, las actitudes antibienestaristas siguen siendo prominentes entre los populistas. Estos movimientos a menudo reclaman la lealtad de los ciudadanos, persuadiéndolos de que son víctimas de los sistemas de bienestar, ya sea porque estos regímenes se basan en una distribución desigual de los recursos, o porque parecen privilegiar a sectores sociales particulares, a menudo migrantes (ver § 17, apdo. b). Sin embargo, el populismo surgió recientemente como un fenómeno distinto en muchos países, incluso entre partidos políticos teóricamente de derecha. Este tipo de populismo tiende a atraer votantes prometiendo políticas de bienestar, es decir, apoya sistemas de bienestar fuertes, pero orientados a miembros de grupos nacionales definidos[30]. En el Reino Unido, las perspectivas populistas se distanciaron de la oposición tradicional al bienestar, y están cada vez más vinculadas discursivamente con la protección de los regímenes de bienestar. En Polonia, el populismo fusiona un fuerte rasgo de bienestar con la hostilidad hacia los migrantes. Los gobiernos populistas de Italia, introdujeron una serie de medidas orientadas al bienestar

[29] Sobre el impacto del acceso limitado a la educación como fuente de apoyo electoral para los partidos populistas, ver Swank - Betz, *Globalization, the Welfare State and Right-Wing Populism in Western Europe*, "Socio-Economic Review", 2003, 1, 255; Elchardus - Spruyt, *Populism, Persistent Republicanism and Declinism*, "Government and Opposition", 2016, 51(1), 115; Spruyt - Keppens - Van Droogenbroeck, *Who Supports Populism and What Attracts People to It?*, "Political Research Quarterly", 2016, 69(2), 338; Anduiza - Guinjoan - Rico, *Populism, Participation, and Political Equality*, "European Political Science Review", 2019, 11(1), 109. La conexión entre la exclusión educativa y el voto populista es mucho menos pronunciada en América Latina que en Europa.

[30] Schumacher - van Kersbergen, *Do Mainstream Parties Adapt to the Welfare Chauvinism of Populist Parties?*, "Party Politics", 2014, 22(3), 309.

social, por medio de decretos del poder ejecutivo[31]. En India, el asistencialismo selectivo se utiliza como fuente de apoyo electoral para las políticas populistas. Sin embargo, ya sean hostiles o favorables a los Estados de bienestar, los movimientos populistas se valen de este sistema como el eje sobre el que construyen a los sujetos populistas. En este sentido, estos identifican las esferas de la sociedad en donde no están dadas las condiciones para la formación de una ciudadanía democrática, y promueven nuevos patrones de agenciamiento político para ligar experiencias de poca integración y de escasa protección de la individualización. En estos casos, la fuerza legitimadora del populismo reside en que moviliza patrones colectivos de construcción de sujetos, en contextos donde el individualismo protegido por el Estado es débil.

Por otro lado, este patrón simplificado de construcción del sujeto, promovido por el populismo, en general logra adhesiones en contextos en los que se desestabilizan las bases jurídicas de la integración. Estos movimientos se consolidan en contextos en los que los ciudadanos son, o se autoperciben, excluidos del derecho global, y en los que los populismos parecen debilitar las premisas de la ciudadanía nacional. Durante los últimos años ocurrieron una serie de acontecimientos en el ámbito mundial, incluyendo las recesiones provocadas por los regímenes financieros globales y las crisis de los sistemas de comercio internacional, que afectaron las experiencias de estabilidad individual en las sociedades nacionales. En estos contextos, como se afirmó antes, los movimientos populistas se afianzan haciendo campaña contra el derecho internacional, y desacreditando los patrones globales de subjetividad política. Asimismo, en muchos casos proyectan un espacio imaginario en el que el pueblo se concibe como un nuevo sujeto político, capaz de desprenderse de las normas globales y de ejercer control sobre los procesos internacionales.

En primer lugar, a modo de ejemplo, los movimientos populistas suelen enfrentar a los ciudadanos con las normas globales, utilizando una retórica antiinmigrante. Aunque este no sea siempre el caso, los populistas afirman que la inmigración refleja que los ciudadanos soberanos no tienen el control de sus sociedades. Esto suele ser expresado por el gobierno de Trump, y ocupó un lugar destacado en los debates en el Reino Unido sobre el Brexit.

[31] Decreto ley del 28 de enero de 2019, nº 4.

En segundo lugar, los movimientos populistas separan a los ciudadanos de las normas globales, al promover la idea de que sus normas socavan el sistema de bienestar. Esto se suele expresar de forma superficial, dado que los medios de comunicación promueven la creencia de que las comunidades de migrantes minan los recursos de las instituciones nacionales. Sin embargo, se generalizó la convicción de que la promoción de normas vinculantes en el ámbito global, reduce la seguridad de las sociedades nacionales. Esta perspectiva no es exclusiva de los defensores del populismo de derecha. En los populismos de todo tipo, los sectores de la población nacional con acceso reducido al bienestar social, son inducidos a creer que su precariedad se debe a la integración del régimen en el que viven en el sistema jurídico internacional.

En muchas perspectivas populistas, se estimula la convicción de que la reivindicación de la soberanía nacional por parte del pueblo, provocará un aumento de la solidaridad interna de la sociedad, que se reflejará en el refuerzo de la provisión de bienestar. Esto se evidenció en el período del referéndum sobre el Brexit, en el Reino Unido. En el extremo opuesto del espectro político, esto se manifestó en Bolivia y en Venezuela, donde la solidaridad interna es, o ha sido, proyectada en términos esencialmente antiglobalistas. Las constituciones de Venezuela y Bolivia contienen disposiciones para restringir los regímenes de inversión extranjera y de actividades extractivas[32]. Estas perspectivas adquirieron un sustento particular en los sistemas en los que las políticas de gasto interno se vieron afectadas por la crisis financiera mundial que persiste, con diversos grados de intensidad, desde 2008. En contextos en los que muchos gobiernos nacionales reaccionaron a la contracción económica con la imposición de profundos recortes en los sistemas nacionales de bienestar, los movimientos populistas pudieron instalar un discurso antiglobalista, basado en la inestabilidad de estos regímenes.

En tercer lugar, los movimientos populistas enfrentan a los ciudadanos con las normas globales, mediante argumentos relacionados con la seguridad nacional. En la mayoría de los sistemas políticos contemporáneos con rasgos populistas, las amenazas internacionales a la seguridad, a menudo vinculadas con el terrorismo global, se utilizan para justificar las limitaciones a la juris-

[32] Ver, particularmente, el art. 320 de la Constitución de Bolivia de 2009.

dicción de los tribunales internacionales, y para consolidar los sistemas jurídicos nacionales sobre premisas diferentes de las globales. Por caso, el presidente Trump intentó reiteradamente restringir la jurisdicción de la Corte Penal Internacional, afirmando que los juicios contra el personal militar estadounidense debilitaban los intereses de la seguridad nacional. En el Reino Unido, los fallos judiciales en casos de derechos humanos provocaron protestas mediáticas, y los sectores conservadores acusaron repetidamente al Tribunal Europeo de Derechos Humanos, de ser una amenaza para la seguridad nacional. Un periódico describió al Reino Unido como "una nación amenazada por la práctica de los derechos humanos"[33]. En Hungría, los tribunales fueron presionados en casos relacionados con el terrorismo contra extranjeros. En dichos casos, los gobiernos nacionales sustentaron su legitimidad al mostrarse como protectores de las poblaciones nacionales de las amenazas de violencia, a menudo de carácter transnacional, a las que están supuestamente expuestos por las normas globales.

En este sentido, los movimientos populistas tienden a consolidar su influencia en las sociedades contemporáneas, al separar la subjetividad política de las normas globales. Así, sostienen que los fenómenos en el terreno transnacional representan un riesgo para las formas elementales de ciudadanía, y utilizan este discurso para distanciar a las personas de todas las normas de procedencia internacional. Lo convocante de este mensaje, en general, depende de un contexto social en el que sea posible persuadir a los ciudadanos de que la subjetividad democrática existe por fuera de la constitución integradora de la sociedad. Normalmente, esto ocurre donde las normas internacionales pierden fuerza para apoyar la formación del sujeto en el nivel interno de la sociedad y, en particular, donde la integración jurídica débil coincide con una tensa integración institucional.

Asimismo, esto ocurre porque la débil integración visibiliza la paradoja constitucional de que la democracia se legitima sobre cimientos que no están respaldados por sujetos democráticos. De este modo, el populismo consigue apoyo al movilizar nuevos colectivos sociales a ocupar posiciones jurídicas que esta paradoja dejó abiertas.

[33] Publicado en el "Daily Mail", en agosto de 2015.

§ 17. La paradoja del populismo

En esencia, el populismo puede verse como un movimiento político que surge como consecuencia de la disolución de los frágiles vínculos entre los procesos de integración institucional y los procesos de integración jurídica, que sustentan a la democracia. El populismo emerge, no por excesos de formalismo constitucional, sino por la débil correlación entre el sistema normativo y la realidad del gobierno democrático. Así, este movimiento crece en contextos donde esta fragilidad resulta evidente, o donde se la intenta aparentar. Como se mencionó antes, el surgimiento de tales contextos es bienvenido por algunos constitucionalistas democráticos que perciben al populismo como un correctivo interno al constitucionalismo. Sin embargo, cabe destacar que al capitalizar la paradoja constitucional de la democracia, el populismo no crea verdaderos sujetos democráticos, ni provoca una verdadera integración democrática. Por el contrario, estos gobiernos profundizan sus antinomias dado que, al pretender extraer legitimidad de los sujetos democráticos puros, en general destruyen las condiciones de integración en la que se basa la democracia. Al reaccionar contra el orden constitucional global, el populismo destruye la propia forma constitucional. Estos gobiernos generalmente otorgan legitimidad gubernamental de manera inmediata a los sujetos clásicos de la democracia constitucional, es decir, a los ciudadanos *soberanos*, a los *pueblos soberanos*, y a las *instituciones soberanas*. Sin embargo, al hacerlo, generan contextos políticos en los que estos conceptos no pueden encontrar cabida en la sociedad, y desmantelan las condiciones necesarias para la expresión real y para la consolidación de estos sujetos. Al escindir la soberanía nacional de las normas transnacionales, los populismos destruyen las estructuras reales de integración y de solidaridad en las que la primera se vuelve posible. De hecho, en el centro de estos movimientos, hay una negación de los procesos sociológicos que hicieron que la democracia sea sostenible. En este sentido, se evidencia que, despojados de su forma compleja y transnacional, los principios clásicos de la subjetividad democrática no proporcionan una norma para la sociedad, ni defienden al gobierno democrático. De forma que las conceptualizaciones constitucionales básicas de la democracia, subvierten las condiciones sociológicas necesarias para su realización.

a) *Populismo y crisis de integración 1: ciudadanía débil.* Tal como se mencionó anteriormente, el populismo suele surgir en contextos en los que las normas globales se presentan como amenazas para la soberanía nacional. En estos casos, estos movimientos suelen reclamar legitimidad argumentando que los ciudadanos nacionales deben reclamar la integración política, y que el gobierno debe centrarse en los compromisos colectivos de los ciudadanos.

Sin embargo, el impacto social del populismo debilita las condiciones fundantes de la vida política basadas en la soberanía, y la ciudadanía nacional. De hecho, al consolidarse en el gobierno, suele impedir la institucionalización de los sujetos a los que atribuye su legitimidad. Los gobiernos populistas contemporáneos construyen una realidad social en la que la forma de integración política se simplifica en la figura de los sujetos soberanos, lo que impacta perjudicialmente en la democracia. Esto es así, en tanto quiebra las estructuras integradoras en las que los poderes de los ciudadanos soberanos pueden ejercitarse, y destruye la construcción institucional sobre la que los gobiernos hacen sus intercambios con los ciudadanos. En el gobierno populista, la reafirmación del ciudadano como fuente subjetiva de legitimidad democrática, suele conducir a la neutralización política del propio sujeto.

Para ilustrar esto, cabe destacar que una característica casi uniforme de los regímenes populistas es que, a pesar de su pretensión de redireccionar al sistema en torno a la ciudadanía nacional, reducen su capacidad para influir en el gobierno y en el contenido de la legislación. Tal debilitamiento de la ciudadanía se evidencia con claridad en el hecho de que los movimientos populistas crean gobiernos que concentran el poder en el ejecutivo, de modo que su autoridad se ligue superficialmente a los sujetos constitucionales reales (los ciudadanos). Aunque esta tendencia varía de un sistema político a otro, es una característica común de la política institucional populista. En este sentido, esto se determina en gran medida por la escasa consideración de la legislación de derechos humanos, por parte de los políticos y los partidos populistas. Esto se refleja con frecuencia en la informalidad de los procedimientos gubernamentales, y en la disminución de limitaciones al proceso legislativo. Ello abre paso al poder ejecutivo para legislar, y reduce el ejercicio fáctico de los derechos de ciudadanía política.

Un ejemplo de dicho privilegio del poder ejecutivo puede observarse en Estados Unidos, donde la dependencia de la presidencia de Trump de la posibilidad de legislar mediante decretos, está bien investigada. Asimismo, el uso de las ordenanzas ejecutivas está muy extendido en la India, bajo Modi[34]. En igual sentido, los períodos de dominio populista o semipopulista de Italia, contaron con legislación ejecutiva de manera frecuente. Otro ejemplo de este fenómeno se encuentra en Brasil, donde el presidente Bolsonaro depende de la legislación ejecutiva, que a menudo intenta utilizar actos de prerrogativa para cambiar disposiciones legales ya existentes[35]. En otros sistemas políticos de América Latina, los mandatos populistas emergieron a partir de la transferencia de autoridad de los poderes legislativos a ejecutivos. De modo que la capacidad de los políticos de introducir leyes mediante el uso de atribuciones ejecutivas, aumentó. Así, el experimento populista de Venezuela iniciado por Chávez, por un lado, estableció mecanismos para lograr mayor participación popular pero, por otra parte, creó un sistema ejecutivo en el que el presidente pudo legislar, con responsabilidad limitada, con un alto nivel de autonomía[36].

Un ejemplo muy esclarecedor de este fenómeno fue el referéndum que se celebró en 2016, en el Reino Unido, para determinar si se efectivizaba la separación de la Unión Europea. Este referéndum se organizó, dado que se instaló el discurso de que el poder soberano del gobierno parlamentario del Reino Unido estaba limitado por la integración en un sistema normativo externo, basado en el derecho europeo, pero también en la legislación de derechos humanos aplicada por el Tribunal Europeo de Derechos Humanos. La búsqueda de la soberanía parlamentaria plena, por medio de la retirada del sistema normativo transnacional, se presentó por sus defensores populistas como una oportunidad para el Reino Unido como nación, y para sus ciudadanos como personas individuales, para recuperar la soberanía democrática original que se había perdido desde la aprobación de la Ley de las Comunidades Europeas (1972). En efecto, Boris Johnson, más tarde primer ministro del Reino Unido, dejó en claro esta posición. Él declaró que la democracia británica se estableció por medio de procesos históricos que

[34] Ruparelia, *Minimum Government, Maximum Governance*, "South Asia: Journal of South Asian Studies", 2015, 38(4), 267 y 268.

[35] Ver Cerdeira, *Congresso em números: a produção legislativa do Brasil de 1988 a 2017*, 20 y 21.

[36] Garcia-Serra, *The "Enabling Law"*, "University of Miami Inter-American Law Review", 2001, 32(2), 285.

precedieron al desarrollo de la Unión Europea, y que se habían sacrificado con la incorporación del Reino Unido como nación soberana, en el ordenamiento jurídico europeo. Asimismo, afirmó que la democracia es la "cosa más preciosa" que ofrece Gran Bretaña al mundo, lo que implicaba que ese don necesitaba ser rescatado[37]. En este discurso, la soberanía nacional del Estado británico y la soberanía popular de sus ciudadanos, estaban estrechamente asociadas. La clave para la reafirmación de ambos, se vinculaba con la plena reanudación de los poderes soberanos por parte del parlamento británico de Westminster.

A pesar de estas intenciones, la elección de un mecanismo plebiscitario para separar al parlamento del Reino Unido de su posición en el sistema jurídico europeo, provocó una decisión que no podía incorporarse fácilmente en los procedimientos parlamentarios regulares para expresar los compromisos de los ciudadanos soberanos británicos. El referéndum creó un constructo dual de la soberanía, en la que una decisión plebiscitaria de la voluntad popular se ubicó a la par de la definición convencional de soberanía entendida como atributo del parlamento. Como consecuencia, la soberanía del parlamento se erosionó, y perdió su estatus original como institución en la que los ciudadanos podrían integrarse políticamente. De hecho, después del referéndum, las campañas políticas incluyeron movilizaciones de grupos de ciudadanos contra el parlamento, el tradicional depositario de soberanía. Otra consecuencia fue que, dado que el parlamento renunció a gran parte de su poder soberano, el lugar de la toma de decisiones se transfirió principalmente al ejecutivo, es decir, a los funcionarios públicos del gabinete gubernamental[38]. En este sentido, la construcción de la soberanía como propiedad de los ciudadanos se debilitó, y la medida real en que los ciudadanos podían ejercerla se redujo drásticamente.

En estos casos, la hostilidad hacia las normas externas que restringían la soberanía y la ciudadanía nacional, provocó que se

[37] Moore, Charles, *The European elite forgot that democracy is the one thing Britain holds most dear*, "The Telegraph", 26/6/2016, https://www.telegraph.co.uk/news/2016/06/24/the-european-elite-forgot-that-democracy-is-the-one-thing-britai/, consultado por última vez el 7 de abril de 2020.

[38] Sobre el uso de legislación del poder ejecutivo para implementar el Brexit, ver Sinclair - Tomlinson, *Deleting the Administrative State?*, "UK Constitutional Law Blog".

creen órdenes gubernamentales que limitaron el papel de los ciudadanos en el gobierno. En este sentido, la idea de que el pueblo soberano podía reaparecer en un papel constitucional clásico, resultó ilusoria. El intento de superar la contradicción entre la norma subjetiva y la forma integrada de la democracia, mediante la simple reafirmación de la soberanía nacional, limitó considerablemente la participación política y los derechos políticos de los ciudadanos.

b) *Populismo y crisis de integración 2: soberanía agotada.* La mayoría de los gobiernos basados en construcciones populistas de legitimidad, reafirmaron la necesidad de construir y consolidar instituciones soberanas fuertes, a las que veían amenazadas por las normas globales. Sin embargo, en diferentes sentidos, los movimientos populistas socavaron la fuerza soberana de las instituciones que pretendían reforzar.

Una característica de los gobiernos populistas, por ejemplo, es que las instituciones públicas se vuelven vulnerables a la influencia de la élite privada. Esto se puede observar en varios contextos y existen muchas causas para explicarlo. En primer lugar, el debilitamiento de los procedimientos legales que provoca el populismo, por lo general implica que las instituciones públicas estén abiertas a la influencia de actores cuyo acceso al sistema político no está sujeto a un control constitucional pleno[39]. Asimismo, el aspecto plebiscitario del populismo provoca que estos movimientos dependan de movilizaciones de apoyo improvisadas, durante las campañas electorales. Después, una vez instalados en el cargo, mantienen obligaciones con los actores que colaboraron en su ascenso al poder. Por ambas razones, los movimientos populistas a menudo dependen del apoyo informal. Esto provoca que las personas con autoridad informal obtengan importantes posiciones políticas como recompensa por su apoyo. Este fenómeno tiende a consolidarse en escenarios geográficamente periféricos a los centros políticos, donde los sectores privados a menudo forman puntos de articulación entre instituciones políticas regionales y nacionales. Ante tales circunstancias, los gobiernos nacionales ceden la soberanía a actores externos al Estado. Esto resulta particularmente evidente en Brasil, donde la dependencia del gobierno con las élites regionales,

[39] Sobre este proceso en Venezuela, ver Maya, *Venezuela*, "Social Justice", 2014, 40(4), 73. Sobre el vínculo general entre populismo y patrocinio, véase Pappas, *Populists in Power*, "Journal of Democracy", 2019, 30(2), 73 y 74.

sentó las bases de las estructuras privadas de poder en la sociedad, al extremo de que las estructuras oligárquicas prenacionales, se encuentran en proceso de ser reconsolidadas[40].

En este orden de idas, la tendencia de los gobiernos populistas a debilitar las instituciones estatales soberanas, se debe a que erosionan las premisas básicas sobre las que se construyen los Estados modernos. Así, los movimientos populistas infligen un profundo daño a los fundamentos principales de la integración del Estado moderno.

En primer lugar, la tendencia de los gobiernos populistas a reducir la soberanía de las instituciones estatales, está ligada a la disolución de las líneas individualizadas de interacción, que sustentan a los Estados soberanos y que mantienen la integración de las instituciones estatales en las sociedades contemporáneas. Como se examinó anteriormente, la mayoría de los Estados democráticos adquirieron forma soberana, al trasladar las articulaciones entre gobierno y sociedad a puntos de contacto individualizados. De modo que las personas puedan integrarse en el sistema político como agentes únicos. En general, los Estados democráticos modernos desarrollaron su fuerza integradora en un proceso en el que los patrones colectivos de agregación de intereses, se han debilitaron por la consolidación de múltiples vínculos individuales entre la ciudadanía y las instituciones públicas.

Esta precondición básica de la democracia moderna, es frecuentemente afectada por los gobiernos populistas. Esto se puede

[40] El debate sobre el resurgimiento del poder oligárquico en Brasil, es anterior al presente gobierno, y a menudo se argumenta que las estaciones de radio y televisión son propiedad de actores que reproducen patrones de dominio oligárquico y control electoral de larga data [Martins - Moura - Imasato, *Coronelismo*, "Organizações & Sociedade", 2011, 18(58), 393]. Asimismo, se observa que la vieja clase oligárquica representa sus intereses comerciales de forma concertada en las asambleas gubernamentales nacionales [Bruno, "Bancada ruralista, conservadorismo e representação de intereses no Brasil contemporâneo", en Maluf - Flexor (eds.), *Questões agrárias, agrícolas e rurais conjunturas e políticas públicas*]. Las políticas minoritarias y ambientales implementadas por el gobierno actual, están estrechamente vinculadas a tales intereses. Brasil ha experimentado una distribución cada vez más desigual de los recursos del gobierno a los Estados, por la que los Estados y sus líderes políticos que apoyaron a Bolsonaro, recibieron recompensas por su lealtad política. Ver procesos similares en Venezuela, en Albertus, *The Role of Subnational Politicians in Distributive Politics*, "Comparative Political Studies", 2015, 48(13), 1705.

observar en la hostilidad hacia la legislación de derechos humanos, lo que debilita la protección individual y tiende a imponer un tejido jurídico desigual a la sociedad. Asimismo, esto se puede ver en las políticas asistencialistas adoptadas por los partidos populistas. Como se observó anteriormente, los gobiernos populistas adoptan, cada vez más, una política de antiglobalismo selectivo, mediante la que se denuncia el agotamiento del sistema de bienestar social, como el resultado de las fuerzas que emanan del dominio internacional. A pesar de esto, pocos movimientos populistas están preparados para reconstruir los sistemas de bienestar social, supuestamente dañados por las fuerzas globales. El apoyo a la provisión de asistencia social se hace con frecuencia por motivaciones específicas, de modo que el bienestar se conecta con los privilegios colectivos del grupo.

Esto se puede ver en Polonia, donde las piezas clave de la legislación de bienestar benefician especialmente a los grupos que cuentan con fuertes vínculos familiares[41]. Sin embargo, en la mayoría de los casos, los gobiernos populistas organizan la economía pública nacional de un modo que limita sus compromisos con el bienestar social. A pesar de su abierto antiglobalismo, por lo general, debilitan los regímenes de bienestar al intensificar la apertura de la economía nacional a los flujos de capital global. Esta actitud hacia el bienestar resulta clara en Estados Unidos. Asimismo, se refleja en parte y de forma ambigua en India. El partido de Modi tiene una base sólida en grupos que históricamente expresaron una fuerte oposición ideológica al asistencialismo[42]. Bajo el gobierno de Modi, se implementaron algunos programas de asistencia social acompañados de una gran propaganda, dirigidos a sectores específicos del electorado. De este modo, la provisión de bienestar social se presenta como una parte central de la legitimidad gubernamental[43]. Sin embargo, la inversión en bienestar social se redujo en áreas centrales[44]. Asimismo, la introducción de prestaciones sociales personalizadas estuvo acompañada de propuestas legislativas para limitar la protección laboral, especialmente en el proyecto de

[41] Ver Ley de Asistencia Estatal en Cuidado de la Infancia, "Diario Oficial", nº 2016, ítem 195, con enmiendas.

[42] Chhibber - Verma, *Ideology and Identity*, 41.

[43] Aiyar, *Modi Consolidates Power*, "Journal of Democracy", 2019, 30(4), 83.

[44] Ruparelia, *Minimum Government, Maximum Governance*, "South Asia: Journal of South Asian Studies", 2015, 38(4), 772.

ley del Código de Trabajo de relaciones laborales (2015). Esta actitud hacia el bienestar social también se refleja en Hungría[45]. El ejemplo más importante de esto es Brasil. Allí, el auge del populismo estuvo acompañado por reiterados ataques contra las disposiciones de bienestar social, y los acuerdos de protección del derecho laboral fueron diseñados para atraer inversiones de las élites económicas globales. Los recortes al gasto social y a la protección laboral fueron introducidos por el presidente Temer, antes del ascenso de Bolsonaro, quien luego los reforzó. De este modo, muchos partidos populistas han ganado apoyo desacreditando las políticas de bienestar introducidas por los gobiernos anteriores, y dando lugar a nuevos sujetos políticos en torno a tales controversias. Antes del gobierno de Modi, India transitó la amplia implementación de una agenda de derechos humanos, a causa de acciones progresivas de la Corte Suprema[46]. Antes de 2015, Brasil fue testigo de un activismo de derechos humanos y de una protección de los derechos laborales sin precedentes. Asimismo, el presidente Obama implementó una expansión del seguro médico en los Estados Unidos.

Al debilitar la articulación individual entre el Estado y la sociedad, los gobiernos populistas fuerzan a los grupos de la sociedad a formar nuevas colectividades, las cuales suelen rivalizar entre sí. Es característico del populismo disolver la tendencia a la inserción universal en la sociedad, que depende del Estado, lo que termina por fragmentarla. Esto puede observarse, como un fenómeno general, en el hecho de que los movimientos populistas provocan una polarización deliberada y estratégica entre sus partidarios y los demás grupos. En casos leves, como se señaló anteriormente, esto se refleja en que los populismos persiguen beneficios para sus afiliados, quienes apoyaron la reconstrucción o redefinición de los sistemas de bienestar social. En casos moderados, esto se refleja en la identificación como opositores a determinados grupos sociales, en general basada en distinciones étnicas o de clase. De este modo, la sociedad queda dividida en función de pertenencias grupales repolitizadas[47]. Esto ocurrió en el Reino Unido, Estados Unidos y Brasil, donde el apego a las causas populistas, en parte

[45] Vidra, *Hungary's Punitive Turn*, "Communist and Post-Communist Studies", 2018, 51(1), 74.

[46] Ruparelia, *India's New Rights Agenda*, "Pacific Affairs", 2013, 86(3), 573.

[47] Kaltwasser - Hauwaert, *The Populist Citizen*, "European Political Science Review", 2020, 12(1), 4.

ligado a la posición social o educativa, se intensificó dando lugar a profundas antipatías entre los grupos políticos. En estos procesos, los Estados asocian su soberanía con sectores determinados de la sociedad, y se apoyan en redes solidarias específicas, para consolidar la fuerza integradora. En los casos extremos, las relaciones de clase o étnicas se politizan de manera volátil, y el Estado se convierte en una parte del conflicto entre grupos. Esto provoca el riesgo de que las instituciones estatales defiendan su soberanía por medios excepcionales. Ello es evidente en Brasil, donde los grupos étnicos son sometidos a violencia organizada, y los regímenes jurídicos están suspendidos en zonas con poblaciones minoritarias. De igual forma, esto sucede en India donde el estatus de una región, Cachemira, fue alterado por disposiciones constitucionales excepcionales. Como se explicó anteriormente, el uso de la legislación de emergencia es el síntoma común de una integración débil (ver § 10). En este sentido, el debilitamiento de las articulaciones individuales entre el Estado y los ciudadanos, en general disminuye la fuerza integradora estatal.

Paralelamente, en segundo lugar, la tendencia de los gobiernos populistas a disminuir la soberanía de las instituciones estatales, se vincula con la restitución del discurso militar en la política, generalmente como parte de su estrategia para reafirmar la soberanía nacional. Los movimientos populistas suelen adquirir capacidad de movilización, al conectar los conflictos del sistema político nacional con los conflictos globales. Así, se suelen legitimar por medio de la referencia a antagonismos que se extienden más allá de la sociedad. En algunos casos, por ejemplo, en Polonia y Brasil, los partidos populistas y los políticos revivieron el discurso de la polarización global que definió el período de la Guerra Fría, sugiriendo que su legitimidad se debe a su capacidad para controlar la amenaza comunista. En Brasil, Bolsonaro se posicionó a sí mismo como uno de los adversarios principales del comunismo global. En otros ejemplos absurdos, como el del Partido Conservador Británico, el orden político supranacional de la Unión Europea fue comparado con un poder hostil extranjero, que amenazaba la seguridad territorial de la nación. Asimismo, la proyección de la amenaza rusa a la seguridad nacional fue utilizada por el primer ministro británico, para desacreditar a los rivales políticos. En general, como se mencionó anteriormente, la mayoría de los partidos populistas atribuyen una gran importancia a la seguridad de las fronteras, lo que a menudo crea un espacio en el que los constructos militares se introducen en el discurso político. En muchos casos, este uso de imágenes militares se relaciona con la hostilidad a las legislaciones de derechos humanos por parte del pensamiento populista. Tal como se explicó anteriormente, los gobiernos populistas disminuyen su cumplimiento de los acuerdos de derechos humanos, dado que estos se presentan como un corpus de normas que socavan la capacidad de las instituciones estatales nacionales para defenderse, a sí mismas y a sus poblaciones, de las amenazas militares.

La promoción populista de la soberanía nacional, por medio de la referencia al conflicto externo, tiene implicaciones de gran alcance para la política interna. Suele configurar sistemas políticos democráticos, en torno a expresiones intensificadas de los conflictos entre los grupos. En este sentido, en primer lugar, el hecho de que los partidos populistas vinculen el discurso político interno con las polarizaciones globales (percibidas o proyectadas) intensifica los antagonismos entre las agrupaciones políticas opositoras, y funda las divisiones locales sobre las fallas globales. Asimismo, en segundo lugar, el uso de tal retórica política significa que algunos partidos populistas promuevan la remilitarización de las políticas nacionales de manera institucionalizada. En casos más extremos de populismo, o bien los militares adquieren un papel directo en el gobierno, o bien este último asegura su poder con la amenaza del uso de la fuerza militar contra sus adversarios. El caso más evidente de esto es Venezuela. Pero también puede observarse en Brasil, donde las figuras militares ocupan cargos gubernamentales destacados, y el gobierno atribuye parte de su legitimidad a una construcción totalmente de excepción, de la política nacional[48]. En casos más leves, el gobierno populista desencadena procesos de movilización menos visibles, y el énfasis en la soberanía nacional genera nuevos modelos de activismo militar. Este es el caso de Polonia, donde la proyección de una amenaza de Rusia estimuló nuevas formas de reclutamiento de milicias.

El resurgimiento de la retórica militar en los sistemas políticos populistas, obstruye la consolidación de las instituciones soberanas que el populismo pretende consolidar. La remilitarización de la vida política, incluso cuando se lleva a cabo en un nivel puramente discursivo, por lo general debilita la fuerza integradora de las

[48] Goldstein, *The New Far Right in Brazil and the Construction of a Right-Wing Order*, "Latin American Perspectives", 2019, 46(4), 251.

instituciones nacionales en toda la sociedad. Esta situación tiene como consecuencia que los patrones generalizados de ciudadanía se desestabilicen, y que la ciudadanía se divida en colectivos hostiles entre sí. También tiene por resultado que los sistemas políticos restituyen, en parte, los patrones de construcción institucional construidos en tiempos de conflicto externo. Asimismo, reducen la fuerza coercitiva de las instituciones judiciales, y concentran el poder en los órganos ejecutivos. El aspecto militar del populismo proporciona fuerte legitimación para el gobierno dirigido por el ejecutivo, que logra obtener apoyo de distritos electorales muy movilizados. La concentración de la autoridad en el poder ejecutivo, normalmente provoca que los niveles de obediencia jurídica y política de la sociedad disminuyan, a medida que los ejecutivos independientes reducen su capacidad para ejercer una soberanía efectiva en toda la sociedad.

Esto se expresa con claridad en el proceso de colapso del régimen en Venezuela. En otros casos, por ejemplo, en Brasil, la soberanía formal de las instituciones estatales también está disminuida. La militarización del gobierno de este país estuvo acompañada por un proceso en el que el control de la violencia en la sociedad se debilitó sensiblemente. La fuerza militar es desplegada por muchas unidades, incluidas las milicias privadas, que realizan funciones de protección y seguridad en ciertas ciudades. De hecho, el gobierno a veces depende de las milicias para reunir apoyo político en las áreas que controlan, a las que recompensaban con beneficios patrimoniales. De esta forma, el foco de la fuerza soberana de la sociedad se divide entre una variedad de actores. Así, la asociación entre las prácticas políticas nacionales y las fisuras ideológicas globales tiende, no a fortalecer, sino a erosionar la integridad real de la sociedad nacional y la soberanía fáctica de las instituciones públicas.

c) *Populismo y crisis de integración 3: integración nacional débil.* Los gobiernos populistas a menudo promueven un discurso de unidad nacional y fortalecen la identidad nacional como fuente de legitimidad constitucional. Sin embargo, estos gobiernos suelen debilitar la estructura integradora de la sociedad nacional y, en casos extremos, socavan las dimensiones territoriales básicas de la propia nación.

El debilitamiento de la integración nacional bajo regímenes populistas, puede observarse en los principales procesos descritos anteriormente. Por ejemplo, es visible en el crecimiento del poder de las elites privadas, lo que significa que la uniformidad de la aplicación del derecho en toda la sociedad se ve socavada, y que las personas en la sociedad están sujetas a regímenes jurídicos y políticos cambiantes.

Asimismo, esto puede verse en que los políticos populistas normalmente introducen legislación que reduce la protección jurídica para los grupos minoritarios de la población. Este no es siempre el caso, y algunos gobiernos de América Latina se desvían específicamente de este patrón. Sin embargo, por lo general, los gobiernos populistas tienden a debilitar la protección de las minorías, consolidar diversos ordenamientos jurídicos en la sociedad.

Esto se puede ver en India y Brasil, donde los umbrales de protección jurídica de las minorías han disminuido. En casos extremos, la disolución de la uniformidad jurídica implica que las personas fuertemente vinculadas con las bases del movimiento populista, puedan asumir posiciones privilegiadas. Esto se puede ver en la atribución de favores en la administración Trump y, lo que es más alarmante, en la reaparición de oligarquías regionales en Brasil. Allí donde estos fenómenos se hacen evidentes, el núcleo de la construcción de la nación, que se basa en el traspaso del poder de las relaciones personales a ordenamientos jurídicos relativamente coherentes, se ve socavado.

Asimismo, en algunos sistemas políticos populistas se puede observar que el afán movilizador del gobierno tensiona el tejido social. Esto se evidencia en Estados Unidos, donde las diferencias de apoyo al gobierno entre los Estados, se refleja en la distribución de los recursos federales. Es decir que algunas partes del territorio nacional asumen una posición privilegiada. Esto puede observarse en Brasil, particularmente en el hecho de que algunas regiones reciben primas por el apoyo político al gobierno (ver § 17, apdo. b, nota 40).

De igual forma, puede verse en el Reino Unido, donde el enfoque en la nacionalidad y el énfasis en la legitimidad plebiscitaria como fundamento del gobierno, erosionaron los patrones de integración que unían a la sociedad nacional. De hecho, el auge de los populismos nacionalistas en el Reino Unido, estuvo marcado por el surgimiento de múltiples nacionalismos regionales, cuyo probable resultado será el fin de la unidad territorial.

§ 18. *Síntesis*

En la mayoría de sus variantes, el populismo puede verse como un movimiento político que reacciona contra las crisis de integración de un modo que intensifica estas experiencias. La reacción populista se centra en los elementos globales de la democracia contemporánea, y ataca los constructos jurídicos formados en este plano que sustentan al sistema. En general, surge en contextos en los que las formas subjetivas globales que apoyan la democracia, son susceptibles de ser desacreditadas.

Sin embargo, para asegurar la democracia, el populismo debilita sus condiciones institucionales básicas. En este sentido, el análisis de estos movimientos permite obtener una comprensión sociológica más profunda de la democracia y sus subyacentes antinomias.

La observación del gobierno populista muestra que los movimientos políticos que otorgan su legitimidad a las construcciones clásicas de la democracia constitucional, la ciudadanía nacional, la soberanía popular y las instituciones soberanas fuertes, generalmente llevan estos mismos constructos hacia la crisis. Estos gobiernos reducen la cohesión integradora de la unidad básica que opera como la fuente subjetiva de su legitimidad: el pueblo soberano, que comprende a ciudadanos activos e instituciones centrales sólidas. Al hacer esto, revelan que los sujetos básicos no son completamente reales, sino que existen en forma conceptual, y que no pueden materializarse como realidades para apuntalar la democracia. La mayoría de las órdenes gubernamentales populistas, dirigidas a materializar estos sujetos como existencias concretas, fragmentan al pueblo como actor soberano y erosionan las instituciones construidas. En algunos casos, esto conduce a experiencias de *desnacionalización estructural.* Al pretender extraer legitimidad de los sujetos soberanos, el populismo revierte los procesos de integración más profundos que subyacen a la sociedad moderna. Esto atenta contra la construcción de la sociedad como un sistema relativamente uniforme de integración jurídica, y afianza características volátiles de inclusión social y de localismo territorial, las que fueron erradicadas por los procesos de desfeudalización, protección individualizada e integración institucional, descritos anteriormente. En este sentido, los gobiernos populistas sirven para subrayar, aunque de forma no intencionada, la profunda dependencia de la democracia y de la nacionalidad con un sistema jurídico que no se centra en la soberanía nacional.

Estos aspectos del populismo pueden examinarse desde una perspectiva que hace énfasis en el papel de la ideología en la política. Así, es posible afirmar que este movimiento obstruye la realización de sus sujetos centrales, dado que los utiliza como parte de una estrategia ideológica que está al servicio de intereses selectos de la sociedad. En ciertos aspectos, sin embargo, el populismo revela profundas antinomias que son inherentes al tejido de la democracia misma, y que son visibilizadas por la expansión del aspecto subjetivo colectivo de la legitimación del sistema. Como se señaló anteriormente, la democracia evolucionó después de 1945 como un sistema de integración, basado en procesos de subjetivación individual, que articularon los sistemas políticos y jurídicos nacionales dentro del sistema jurídico global. En su esencia, el populismo se opone a esta construcción de la democracia, y motiva a las personas a asumir roles colectivos por fuera de las estructuras individuales de integración jurídica, y de los patrones de subjetividad proyectados en el corpus del derecho constitucional global. De este modo, tiende a surgir en circunstancias en donde la fuerza integradora del derecho global está debilitada, e incorpora una conceptualización de la democracia que exacerba aún más esta fragilidad. En este sentido, el populismo muestra las antinomias esenciales de constitucionalismo democrático moderno. Evidencia aquellas por las que un sistema político legitimado por procesos de integración jurídica individuales, asociados a normativas globales, es puesto en tensión por los sujetos políticos colectivos de quienes se espera dicha legitimación. Así, el populismo indica la profunda dependencia de la democracia de los procesos globales de integración jurídica y de construcción de normas constitucionales.

En este orden de ideas, el populismo evoluciona como resultado de una mala interpretación constitucional de la democracia, que concibe a un sujeto en el centro del gobierno democrático. La propensión de la democracia contemporánea a devenir en autoritarismo, no es simplemente atribuible a políticos o movimientos políticos que explotan las debilidades institucionales, ni se explica simplemente mediante el análisis de los grupos sociales que siguen ciegamente los llamados de líderes carismáticos. Por el contrario, esta tendencia autoritaria se origina en los términos constitucionales básicos en los que se concibe y se justifica jurídicamente la democracia. La sociedad contemporánea siempre está expuesta al riesgo de que la disparidad entre los sujetos conceptuales en los que la legitimidad democrática se proyecta jurídicamente, y la compleja forma integradora por la que la democracia existe, provoque una crisis sistémica. Como se mencionó anteriormente, esto puede ocurrir cuando grandes sectores de la población son marginados de la integración democrática, y persuadidos de posicionarse ellos mismos como encarnaciones inmediatas de esta forma de gobierno. Las concepciones constitucionales de la democracia proporcionan conceptualizaciones para esta experiencia, y crean un espacio de legitimación en el que el sistema puede dañarse. Esta tendencia al sabotaje de la democracia es causada en parte por la simplificación conceptual entre las personas que la defienden.

CONCLUSIÓN

Una afirmación que subyace a este libro es que podemos identificar una profunda paradoja en el centro de la sociedad moderna. Desde la década de 1980, la democracia se convirtió en una forma política global, y la adhesión a las normas de la representación democrática se define, casi universalmente, como una condición previa de legitimidad política. Sin embargo, la democracia se describe y promueve en términos constitucionales que no captan plenamente su esencia. La progresiva consolidación de la democracia en todo el mundo, dependió de la afirmación de que esta se legitima constitucionalmente por actos de soberanía popular y ciudadana. No obstante, esta construcción no proporciona una descripción adecuada de este sistema. En la mayoría de los casos, la democracia se creó mediante procedimientos en los que la soberanía popular sólo juega un papel marginal en la definición del orden político del Estado. Asimismo, esta construcción establece un discurso de legitimidad, en el que la democracia puede ser fácilmente desacreditada y socavada, lo que ocurre con frecuencia. Ello se refleja en el surgimiento de gobiernos populistas. Estos suelen tomar forma movilizando a sujetos políticos en torno a la disyunción constitucional entre la conceptualización jurídica y la realidad funcional de la democracia, que caracteriza a la mayoría de los sistemas políticos.

Según la explicación que se ofrece aquí, desde el punto de vista sociológico, resulta reduccionista proyectar la democracia como resultado constitucional de acciones voluntarias o interacciones entre los sujetos (ciudadanos soberanos) que se concibieron como los autores de la democracia en las últimas décadas del siglo XVIII. Este sistema se desarrolló, no como un modo de autorregulación colectiva libre, sino como un sistema equilibrado de integración jurídica e institucional. Es decir, la democracia evolucionó gradualmente como sistema político, dado que es capaz de promover procesos de integración institucional y jurídica adecuados para asegurar la individualización, la centralización institucional y la unificación territorial, que acompañaron a la formación de la sociedad moderna. Entendida como un sistema integrador, la democracia ofrece muchos beneficios a los ciudadanos, y puede fundamentarse en muchas razones jurídicas. Cuatro de las causas más evidentes que justifican a la democracia son que, en su forma actual, tiende a mitigar la violencia social extrema; tiende a promover la igualdad de libertades personales; tiende a reducir las afiliaciones o membresías involuntarias, y, al menos formalmente, tiende a prohibir los derechos de propiedad de una persona sobre otra. Sin embargo, es erróneo suponer que las personas obtienen beneficios de la democracia porque esta es creada o legitimada por los ciudadanos en el ejercicio de la soberanía popular, o que el orden constitucional de la democracia refleja alguna definición subjetiva de la vida política que es proyectada por los ciudadanos.

En las democracias modernas, los ciudadanos ejercen cierto modo de soberanía mediante la participación en las elecciones, y mediante el acceso a los actos de legislación. Sin embargo, lo hacen en un orden constitucional en que la legitimidad original no depende del ejercicio de la soberanía popular por parte de los ciudadanos. La democracia moderna suele depender de un proceso en el que el ciudadano se reconfigura globalmente. Este último aporta legitimidad a la política, no por un vínculo entre el sistema político nacional y los actores soberanos de la sociedad, sino entre el sistema político nacional y el sistema jurídico global. Como se señaló anteriormente, este momento de reorganización constitucional constituyó el centro de la democracia moderna, y creó un enfoque integrador controlable de la sociedad en su conjunto. Desde una perspectiva histórica amplia, podemos observar que el constructo legitimador básico del ciudadano moderno surgió como parte de la reorganización integradora de la sociedad en el siglo XVIII, y formó el centro de los procesos sociales definitorios en este momento. Sin embargo, esta construcción no actuó originalmente como el punto de apoyo estable de la política democrática, y socavó de muchas formas los procesos de integración a los que estaba estructuralmente asociada. La democracia sólo se efectivizó cuando las sociedades nacionales separaron sus procesos centrales de este constructo. La democracia contemporánea, se estableció por medio de una figura constitucional del ciudadano que eliminó específicamente al ciudadano real del centro de la legitimación de la democracia. Más aún, la democracia moderna se mantiene por el hecho de que la construcción de la ciudadanía en torno las fuerzas militares –lo que definió la legitimidad de la democracia durante y con posterioridad al siglo XVIII– se debilita.

Si entendemos la democracia como un sistema de normas razonablemente equilibradas y de integración institucional, es posible observar que tiene dos condiciones amplias y estrechamente entrelazadas. Los procesos integradores que sustentan la democracia se consolidan en una política externa basada en una articulación profunda con el sistema global de derechos humanos, y una interna con un alto grado de protección individualizada. Estos procesos se expresan de manera muy variada en los diferentes sistemas políticos, pero en general constituyen premisas consistentes para la democracia. Estos se consolidaron en la sociedad por medio de una adaptación de larga data, en la que el centro legitimador de la política, el ciudadano, se separó de las concepciones clásicas de la democracia y de autoridad constitucional.

Muy pocas teorías de la democracia cuestionan la concepción que la entiende como un sistema político legitimado por el libre ejercicio de la soberanía por parte de los ciudadanos. Como se mencionó antes, este punto de vista está inscrito en el núcleo de la teoría democrática clásica y neoclásica. También se encuentra en el núcleo de la teoría constitucional, que orientó la globalización de la democracia en las últimas décadas, y que sostiene que el ciudadano soberano es el fundamento principal e inamovible de este sistema. Tales teorías ponen de relieve la antinomia básica de la democracia moderna. De hecho, en muchos casos, el marco teórico en el que se ubica al sistema democrático provoca su crisis, dado que otorga la legitimidad del gobierno a constructos ficticios de subjetividad constituyente, y expone a la democracia a expectativas normativas que socavan sus precondiciones institucionales e integradoras. Tal como se observó anteriormente, si se articulan directamente, los conceptos básicos de legitimidad democrática suelen perturbar las precondiciones institucionales necesarias para hacer realidad la democracia. Paradójicamente, la conceptualización de la soberanía popular suele inducir a legitimar un sistema de gobierno democrático, en términos que amenazan los beneficios reales de la democracia (es decir, reducción de la violencia, seguridad individual, liberación de solidaridades forzadas y promoción de las libertades compartidas). Esta antinomia se evidencia en las amenazas actuales planteadas a la democracia, por los partidos y gobiernos populistas.

Otra afirmación subyacente a este libro es que en la actualidad resulta necesario desarrollar una perspectiva constitucional para interpretar a la democracia, que reconozca su esencia material y funcional, así como que explique su legitimidad al observar, desde un plano sociológico, qué es y qué hace este sistema. En otras palabras, se requiere una mirada que entienda la democracia, principalmente, como un sistema de integración, cuyos constructos teóricos básicos evolucionaron como reflejo de presiones y procesos integradores arraigados en la sociedad. En consecuencia, se requiere una perspectiva que interprete los conceptos de la democracia, no como figuras estáticas, sino como constructos que articulan y reflejan el proceso social y que, en consecuencia, analizan las condiciones previas de la legitimidad democrática. Una visión de este tipo podría proceder del reconocimiento de que la legitimidad de la democracia emana de múltiples planos y procesos, algunos jurídicos y otros funcionales, y que su construcción no puede ser atribuida a los actos simples de los sujetos soberanos. Esto implica que la democracia tiende a contener múltiples patrones de ciudadanía, y que sus agentes participan en la formación de la voluntad política en roles diversos, que suelen estar desvinculados de las solidaridades arraigadas. No obstante, esto no significa que las democracias no tengan espacio para la protesta o la movilización. Sin embargo, en general, los movimientos políticos capaces de mejorar la integración democrática a nivel nacional, conectan a las personas con los sujetos construidos a nivel internacional. Este no es siempre el caso, pero los patrones de protesta o agencia constitucional que pueden generalizarse a nivel nacional y que están vinculados a sujetos en muchos países, normalmente tienen más probabilidades de promover intereses no exclusivos a nivel nacional. El apego a los derechos definidos transnacionalmente, es una condición previa para las expresiones de integración constitucional que puede aumentar la soberanía fáctica de los ciudadanos. Sobre esta base, una perspectiva de este tipo podría mirar de cerca las articulaciones entre la construcción de normas en el plano nacional y global, y observar las interacciones entre estos niveles como fuentes vitales de subjetividad democrática y soberanía.

Un análisis más consistente desde el punto de vista sociológico sobre la democracia constitucional, no requiere promover un enfoque restrictivo o acrítico para debatir sobre este tema. Por el contrario, planteará una mirada crítica sobre cuestiones relativas a la protección individual, las precondiciones de la solidaridad social, los términos de articulación entre las normas globales y nacionales, y la precariedad de los intercambios de legitimación entre el ámbito mundial y el doméstico. Es probable que un análisis de este tipo muestre cómo se pueden formar sistemas constitucionales que eviten las crisis, promoviendo procesos de integración por medio de una fuerte protección de los regímenes de bienestar y del afianzamiento del derecho internacional de los derechos humanos. En consecuencia, dicho análisis puede utilizarse para reconstruir los órdenes constitucionales en contextos en los que se produce una crisis de integración. Más allá de la perspectiva global, un análisis sociológico de la legitimidad democrática podrá proporcionar las bases para una profunda crítica de las normas globales. Resulta evidente que no todas las normas que se introducen en las sociedades nacionales desde el plano internacional, comparten la misma legitimidad o promueven la democracia en igual medida. Este hecho no puede ser ignorado por un análisis sociológico de la democracia, sin importar cuánto énfasis haga en la dependencia de las instituciones democráticas del derecho global. Sin embargo, un análisis sociológico de la legitimidad democrática puede evitar criticar las normas globales por socavar la soberanía popular o debilitar los procedimientos para la formación de la voluntad colectiva, y omitir proponer patrones alternativos de subjetividad soberana, para contrarrestar la fuerza de tales normas. Una perspectiva de este tipo puede partir de la posición de que, en general, las normas globales no son límites sino precondiciones funcionales de la ciudadanía soberana. En esta línea de análisis, se podrá criticar las normas globales si no proporcionan constructos que sustenten la democracia dentro de las sociedades nacionales[18], y si no apoyan los procesos de integración sociales necesarios para este sistema. En este sentido, es probable que una crítica de las normas globales se centre, no en cuestiones de soberanía o de autorregulación, sino en cuestiones relativas a la capacidad de las normas globales para sostener procesos de integración individualizada.

Abordado de esta manera, será posible cuestionar la legitimidad de las normas globales, sin proporcionar un espacio legitimador para el populismo.

Mas allá de esto, en el centro de un análisis sociológico de la legitimidad democrática, se ubica la expectativa de que los estudio-

18. Thornhill.

sos sobre la democracia revelen las formas en que sus conceptos básicos se formaron, y den cuenta de sus efectos sociales. En este sentido, resulta razonable esperar que los teóricos de la democracia puedan apreciar el intrincado entretejido de normas nacionales y globales, y las articulaciones múltiples entre las subjetividades nacionales y globales que presupone la democracia. Asimismo, resulta razonable esperar que tales observadores muestren conciencia del impulso dado a los movimientos opuestos a la democracia, a partir de las conceptualizaciones constitucionales por las que se suele explicar y defender el sistema democrático.

BIBLIOGRAFÍA

Abbott, Andrew - DeViney, Stanley, *The Welfare State as Transnational Event: Evidence from Sequences of Policy Adoption*, "Social Science History", 1992, 16(2), 245 a 274.

Abelshauser, Werner, *Erhard oder Bismarck? Die Richtungsentscheidung der deutschen Sozialpolitik am Beispiel der Reform der Sozialversicherung in den Fünfziger Jahren*, "Geschichte und Gesellschaft", 1996, 22(3), 376 a 392.

Abramovitz, Mimi, "The US Welfare State: A Battleground for Human Rights", en Hertel, Shareen - Libal, Kathryn (eds.), *Human Rights in the United States: Beyond Exceptionalism*, Cambridge University Press, 2011, 46 a 67.

Ackerman, Bruce, *Revolutionary Constitutionalism. Charismatic Leadership and the Rule of Law*, Cambridge (Massachusetts), Harvard University Press, 2019.

— *We the People, I: Foundations*, Cambridge (Massachusetts), Harvard University Press, 1991.

Adejumobi, Said, *Citizenship, Rights, and the Problem of Conflicts and Civil Wars in Africa*, "Human Rights Quarterly", 2001, 23, 148 a 170.

Adler, Jessica L., *Burdens of War. Creating the United States Veterans Health System*, Baltimore, Johns Hopkins University Press, 2017.

Aiyar, Yamini, *Modi Consolidates Power: Leveraging Welfare Politics*, "Journal of Democracy", 2019, 30(4), 78 a 88.

Albertus, Michael, *The Role of Subnational Politicians in Distributive Politics: Political Bias in Venezuela's Land Reform under Chávez*, "Comparative Political Studies", 2015, 48(13), 1667 a 1710.

Almond, Gabriel A. - Verba, Sidney, *The Civic Culture. Political Attitudes and Democracy in Five Nations*, Newbury Park (California), Sage, 1989 (1963).

Alonso, Angela, *Flores, votos e balas. O movimento abolicionista brasileiro (1868-88)*, São Paulo, Editora Schwarcz, 2015.

Altenstein, Karl vom Stein zum, "Denkschrift (1807)", en Winter, Georg (ed.), *Die Reorganisation des Preussischen Staates unter Stein und Hardenberg. Erster Teil. Allgemeine Verwaltungs- und Behördenreform, I: Vom Beginn des Kampfes gegen die Kabinettsregierung bis zum Wiedereintritt des Mninisters von Stein*, Leipzig, Hirzel, 1931, p. 364 a 566.

Andeweg, Rudy B., *Consociational Democracy*, "Annual Review of Political Science", 2000, 3, 509 a 536.

Anduiza, Eva - Guinjoan, Marc - Rico, Guillem, *Populism, Participation, and Political Equality*, "European Political Science Review", 2019, 11(1), 109 a 124.

Antoine, Michel, *Le coeur de l'État. Surintendance, contrôle général et intendances des finances 1552-1791*, Paris, Fayard, 2003.

— *Le Conseil du Roi sous le règne de Louis XV*, Geneva, Droz, 1970.

Archives Parlementaires de 1787 à 1860, series 1, vol. VIII, Paris, Librairie Administrative P. Dupont, 1875; vol. X, 1878.

Arditi, Benjamin, "Populism as an Internal Periphery", en Panizza, Francisco (ed.), *Populism and the Mirror of Democracy*, London, Verso, 2005, p. 72 a 98.

Asch, Ronald G., *Kriegsfinanzierung, Staatsbildung und ständische Ordnung im 17. und 18 Jahrhundert*, "Historische Zeitschrift", 1999, 268, 635 a 671.

Aubert, Félix, *Le Parlement de Paris. De Philippe le Bel a Charles VII (1314-1422). Sa compétence, ses attributions*, Geneva, Slatkine Reprints, 1977.

Baldwin, James Fosdick, *The King's Council in England during the Middle Ages*, Oxford, Clarendon, 1913.

Baldwin, Peter, *The Narcissism of Small Differences. How America and Europe are Alike*, Oxford University Press, 2009.

— *The Politics of Social Solidarity. Class Bases of the European Welfare State 1875-1975*, Cambridge University Press, 1990.

Bandeira, Luiz Alberto de Vianna Moniz, *O Governo João Goulart. As lutas sociais no Brasil (1961-1964)*, 8th ed., São Paulo, UNESP, 2010.

Barth, Boris, *"Partisan" und "Partisanenkrieg" in Theorie und Geschichte. Zur historischen Dimension der Entstaatlichung von Kriegen*, "Militärgeschichtliche Zeitschrift", 2005, 64, 69 a 100.

Bartolini, Stefano, *The Political Mobilization of the European Left 1860-1980. The Class Cleavage*, Cambridge University Press, 2000.

Baumann, Reinhard, *Landsknechte. Ihre Geschichte und Kultur vom späten Mittelalter bis zum Dreißigjährigen Kreg*, München, Beck, 1994.

Baxter, Douglas, *Servants of the Sword. French Intendants of the Army 1630-70*, Urbana, University of Illinois Press, 1976.

Beattie, Peter M., *Conscription versus Penal Servitude: Army Reform's Influence on the Brazilian State's Management of Social Control, 1870-1930*, "Journal of Social History", 1999, 32(4), 847 a 878.

— *The Tribute of Blood. Army, Honor, Race, and Nation in Brazil, 1864-1945*, Durham (North Carolina), Duke University Press, 2001.

Bebel, August, *Nicht stehendes Heer sondern Volkswehr*, Stuttgart, Dietz, 1898.

Beck, Ulrich, *Risikogesellschaft. Auf dem Wege in eine andere Moderne*, Frankfurt am Main, Suhrkamp, 1986.

Becker, Jean-Jacques, *Les "Trois Ans" et les débuts de la première guerre mondiale*, "Guerres mondiales et conflits contemporains", 1987, 145, 7 a 26.

Beckett, J. V. - Turner, Michael, *Taxation and Economic Growth in Eighteenth-Century England*, "The Economic History Review", 1990, 43(3), 377 a 403.

Bellamy, Richard, *Political Constitutionalism. A Republican Defence of the Constitutionality of Democracy*, Cambridge University Press, 2007.

Benecke, Werner, *Militär, Reform und Gesellschaft im Zarenreich. Die Wehrpflicht in Russland 1874-1914*, Paderborn, Ferdinand Schöningh, 2006.

Benvindo, Juliano Zaiden, *The Rule of Law in Brazil: A Conceptual Challenge*, 2018, en www.iconnectblog.com/2018/05/the-rule-of-law-in-brazil-a-conceptual challenge (último acceso, 3/5/2020).

Berg, Manfred, *Black Civil Rights and Liberal Anticommunism: The NAACP in the Early Cold War*, "The Journal of American History", 2007, 94(1), 75 a 96.

Bergien, Rüdiger, *Die bellizistische Republik. Wehrkonsens und "Wehrhaftmachung" in Deutschland 1918-1933*, München, Oldenbourg, 2012.

Berman, William C., *The Politics of Civil Rights in the Truman Administration*, Columbus (Ohio), Ohio State University Press, 1970.

Berry, Mary Frances, *Military Necessity and Civil Rights Policy. Black Citizenship and the Constitution, 1861-1868*, Port Washington (New York), Kennikat Press, 1977.

Bertaud, Jean-Paul, *La Révolution armée. Les soldats-citoyens et la Révolution française*, Paris, Robert Laffont, 1979.

Beust, Joachim Ernst von, *Observationes militares*, vol. IV, Gotha, Christian Mevius, 1747.

Beveridge, William, *Social Security: Some Trans-Atlantic Comparisons*, "Journal of the Royal Statistical Society", 1943, 106(4), 305 a 332.

Beyrau, Dietrich, *Von der Niederlage zur Agrarreform: Leibeigenschaft und Militärverfassung in Rußland nach 1855*, "Jahrbücher für Geschichte Osteuropas", 1975, 23(2), 191 a 212.

Bieber, Judy, *Power, Patronage and Political Violence. State Building on a Brazilian Frontier, 1822-1889*, Lincoln, University of Nebraska Press, 1999.

Bigot, Grégoire, *L'autorité judiciaire et le contentieux de l'administration. Vicissitudes d'une ambition 1800-1872*, Paris, Librairie Générale de Droit et de Jurisprudence, 1999.

Birnbaum, Pierre, *States and Collective Action: The European Experience*, Cambridge University Press, 1988.

Bisson, Thomas N., *The Crisis of the Twelfth Century. Power, Lordship, and the Origins of European Government*, Princeton University Press, 2009.

— *The Military Origins of Medieval Representation*, "The American Historical Review", 1966, 71(4), 1199 a 1218.

Blackstone, William, *Commentaries on the Laws of England*, en 4 volúmenes, University of Chicago Press, vol. I, 1979 (1765-1769).

Blanchard, Peter, *Under the Flags of Freedom. Slave Soldiers and the Wars of Independence in Spanish South America*, University of Pittsburgh Press, 2008.

Blanton, Harold D., "Conscription in France during the Era of Napoleon", en Stoker, Donald - Schneid, Federick C. - Blanton, Harold D. (eds.), *Conscription in the Napoleonic Era. A Revolution in Military Affairs?*, Abingdon, Routledge, 2009, p. 6 a 23.

Blaufarb, Rafe, *The French Army 1750-1820. Careers, Talent, Merit*, Manchester University Press, 2002.

Blessing, Werner K., *Disziplinierung und Qualifizierung. Zur kulturellen Bedeutung des Militärs im Bayern des 19. Jahrhunderts*, "Geschichte und Gesellschaft", 1991, 17(4), 459 a 479.

Blokker, Paul, "Populist Constitutionalism", en De la Torre, Carlos (ed.), *Routledge Handbook of Global Populism*, Abingdon, Routledge, 2018, p. 113 a 127.

— *Varieties of Populist Constitutionalism: The Transnational Dimension*, "German Law Journal", 2019, 20, 333 a 350.

Blum, Jerome, *The End of the Old Order in Rural Europe*, Princeton University Press, 1978.

— *The Rise of Serfdom in Eastern Europe*, "The American Historical Review", 1957, 62(4), 807 a 836.

Bock, Fabienne, *Un parlementarisme de guerre 1914-1919*, Paris, Belin, 2002.

Böckenförde, Ernst-Wolfgang, *Staat, Verfassung, Demokratie. Studien zur Verfassungstheorie und zum Verfassungsstaat*, Frankfurt am Main, Suhrkamp, 1991.

Böhler, Jochen, *Civil War in Central Europe, 1918-1921. The Reconstruction of Poland*, Oxford University Press, 2018.

Böhme, Hans-Georg, *Die Wehrverfassung in Hessen-Kassel im 18. Jahrhundert bis zum Siebenjährigen Kriege*, Kassel, Bärenreiter, 1954.

Bonney, Richard - Ormrod, W. M., "Introduction: Crises, Revolutions and Self-Sustained Growth: Towards a Conceptual Model of Change in Fiscal History", en Ormrod, W. M. - Bonney, Margaret - Bonney, Richard (eds.), *Crises, Revolutions and Self-Sustained Growth. Essays in European Fiscal History, 1130-1830*, Shaun Tyas, 1999, p. 1 a 21.

Borges, Vavy Pacheco, *Tenentismo e revolução brasileira*, São Paulo, Brasiliense, 1992.

Bornhak, Conrad, *Geschichte des Preußischen Verwaltungsrechts, I: Bis zum Regierungsantritt Friedrich Wilhelms I*, Berlin, Springer, 1884.

— *Geschichte des Preußischen Verwaltungsrechts, II: Bis zum Frieden von Tilsit*, Berlin, Springer, 1885.

Borodziej, Włodzimierz - Górny, Maciej, *Der vergessene Weltkrieg. Imperien 1912-1916*, Darmstadt, Wissenschaftliche Buchgesellschaft, 2018.

— *Der vergessene Weltkrieg. Nationen 1917-1923*, Darmstadt, Wissenschaftliche Buchgesellschaft, 2018.

Borstelmann, Thomas, *The Cold War and the Color Line. American Race Relations in the Global Arena*, Cambridge (Massachusetts), Harvard University Press, 2009.

Bosher, J. F., *French finances 1770-1795*, Cambridge University Press, 1970.

Boulanger, Philippe, *La France devant la conscription. Géographie historique d'une institution républicaine 1914-1922*, Paris, Economica et Institut de Stratégie Comparée, 2001.

Boyer, George R., *The Winding Road to the Welfare State. Economic Insecurity and Social Welfare Policy in Britain*, Princeton University Press, 2019.

Breuer, Stefan, *Sozialgeschichte des Naturrechts*, Opladen, Westdeutscher Verlag, 1983.

Brewer, John, *The Sinews of Power. War, Money and the English State 1688-1783*, London, Routledge, 1989.

Brewer-Carías, Allan R., *Judicial Review in Venezuela*, "Duquesne Law Review", 2007, 45(3), 439 a 465.

Briggs, Asa, *The Welfare State in Historical Perspective*, "European Journal of Sociology", 1961, 2(2), 221 a 258.

Broers, Michael, *Napoleon's Other War. Bandits, Rebels and their Pursuers in the Age of Revolution*, Oxford, Lang, 2010.

Brogi, Alessandro, *Confronting America. The Cold War between the United States and the Communists in France and Italy*, Chapel Hill, University of North Carolina Press, 2011.

Brooks, Clem - Manza, Jeff, *Class Politics and Political Change in the United States, 1952-1992*, "Social Forces", 1997, 76(2), 379 a 408.

Brovkin, Vladimir N., *Behind the Front Lines of the Civil War. Political Parties and Social Movements in Russia, 1918-1922*, Princeton University Press, 1994.

Brown, Howard G., *War, Revolution, and the Bureaucratic State. Politics and Army Administration in France, 1791-1799*, Oxford, Clarendon, 1995.

Brubaker, Rogers, *Nationhood and the National Question in the Soviet Union and post-Soviet Russia: An Institutionalist Account*, "Theory and Society", 1994, 23, p. 47 a 78.

— *Populism and Nationalism*, "Nations and Nationalism", 2020, 26 (1), 44 a 66.

Brunner, Heinrich, *Der Reiterdienst und die Anfänge des Lehnwesens*, "Zeitschrift für Rechtsgeschichte", 1887, 8, 1 a 38.

Bruno, Regina, "Bancada ruralista, conservadorismo e representação de intereses no Brasil contemporâneo", en Maluf, Renato S. - Flexor, Georges (eds.), *Questões agrárias, agrícolas e rurais conjunturas e políticas públicas*, Rio de Janeiro, E-Papers, 2017, p. 155 a 168.

Brysk, Alison - Wise, Carol, *Liberalization and Ethnic Conflict in Latin America*, "Studies in Comparative International Development", 1997, 32(2), 76 a 104.

Buchez, Philippe-Joseph-Benjamin, *Histoire parlementaire de la Révolution Française*, Paris, Paulin, 1835, vol. XVI.

Bugaric, Bojan, *Could Populism be Good for Constitutional Democracy?*, "Annual Review of Law and Social Science", 2019, 15, 41 a 58.

Burkhardt, Johannes, *Die Friedlosigkeit der Frühen Neuzeit: Grundlegung einer Theorie der Bellizität*, "Zeitschrift für Historische Forschung", 1995, 24(4), 509 a 574.

Burschel, Peter, *Söldner im Nordwestdeutschland des 16. und 17. Jahrhunderts. Sozialgeschichtliche Studien*, Göttingen, Vandenhoeck und Ruprecht, 1994.

Büsch, Otto, *Militärsystem und Sozialleben im Alten Preußen 1713-1807. Die Anfänge der sozialen Militarisierung der preußisch-deutschen Gesellschaft*, Berlin, de Gruyter, 1962.

Buschmann, Nikolaus, *Einkreisung und Waffenbruderschaft. Die öffentliche Deutung von Krieg und Nation in Deutschland 1850-1871*, Göttingen, Vandenhoeck und Ruprecht, 2003.

Cabanes, Bruno, *La victoire endeuillée. La sortie de guerre des soldats français*, Paris, Seuil, 2004.

Campbell, Alec, *The Invisible Welfare State: Establishing the Phenomenon of Twentieth Century Veteran's Benefits*, "Journal of Political and Military Sociology", 2004, 32(2), 249 a 267.

Cancik, Pascale, *Verwaltung und Öffentlichkeit in Preußen*, Tübingen, Mohr, 2007.

Cane, Peter, *Controlling Administrative Power. A Historical Comparison*, Cambridge University Press, 2016.

Cannadine, David, *The Decline and Fall of the British Aristocracy*, New Haven, Yale University Press, 1990.

Cannon, Barry, *Hugo Chávez and the Bolivarian Revolution. Populism and Democracy in the Globalized Age*, Manchester University Press, 2009.

Canovan, Margaret, *Trust the People! Populism and the Two Faces of Democracy*, "Political Studies", 1999, XVVII, 2 a 16.

Capozzola, Christopher, *Uncle Sam Wants You. World War I and the Making of the Modern American Citizen*, Oxford University Press, 2010.

Caramani, Daniele, *The End of Silent Elections: The Birth of Electoral Competition, 1832-1915*, "Party Politics", 2003, 9(4), 411 a 443.

— *The Nationalization of Politics. The Formation of National Electorates*, Cambridge University Press, 2004.

Carey, John A., *Judicial Reform in France before the Revolution of 1789*, Cambridge (Massachusetts), Harvard University Press, 1981.

Carothers, Thomas, *The End of the Transition Paradigm*, "Journal of Democracy", 2002, 13(1), 5 a 21.

Carruthers, Bruce G., *City of Capital. Politics and Markets in the English Financial Revolution*, Princeton University Press, 1996.

Carvalho, José Murilo de, *A Construção da Ordem. Teatro de Sombras*, 11th ed., Rio de Janeiro, Civilização Brasileira, 2018.

— *Cidadania: Tipos e Precursos*, "Revista Estudos Históricos", 1996, 18, 337 a 359.

— *Forças armadas e política no Brasil*, nueva edición, São Paulo, Todavía, 2019.

Castaño, Luis Ociel Zuluaga, *Modernidad ius-politica y esclavitud en Colombia: el proceso de abrogación de una institución jurídica*, "Revista de la Facultad de Derecho y Ciencias Políticas", 2011, 41(114), 181 a 238.

Castilho, Celso Thomas, *Slave Emancipation and Transformations in Brazilian Political Citizenship*, University of Pittsburgh Press, 2016.

Centeno, Miguel Angel, *Blood and Debt. War and the Nation State in Latin America*, University Park (Pennsylvania), Pennsylvania State University Press, 2002.

Cerdeira, Pablo de Camargo *et al.*, *Congresso em números: a produção legislativa do Brasil de 1988 a 2017*, http://bibliotecadigital.fgv.br/dspace/bitstream/handle/10438/24019/Congresso%20em%20n%C3%BAmeros%20201720-%20a%20produ%C3%A7%C3%A3o%20legislativa%20do%20Brasil.pdf?sequence=1&isAllowed=y, 2018.

Challener, Richard D., *The French Theory of the Nation in Arms 1866-1939*, New York, Russell & Russell, 1965.

Chambers II, John Whiteclay, *To Raise an Army. The Draft Comes to Modern America*, London, Macmillan, 1987.

Chas, Jean, *Biographie spéciale des pairs et des députés du royaume: Session de 1818-1819*, Paris, Beaucé, 1819.

Chhibber, Pradeep K. - Verma, Rahul, *Ideology and Identity. The Changing Party Systems of India*, Oxford University Press, 2018.

Christiansen, Niels Finn - Petersen, Klaus, *The Dynamics of Social Solidarity: The Danish Welfare State, 1900-2000*, "Scandinavian Journal of History", 2001, 26(3), 177 a 196.

Clark, Nichols Terry - Lipset, Seymour Marin, *Are Social Classes Dying?*, "International Sociology", 1991, 6(4), 397 a 410.

Clausewitz, Claus von, *Vom Kriege*, Hamburg, Nikol, 2008 (1832).

Clayton, James L., *The Fiscal Limits of the Warfare-Welfare State: Defense and Welfare Spending in the United States since 1900*, "Western Political Quarterly", 1976, 29(3), 364 a 383.

Clegg, Hugh Armstrong, *Trade Unionism and Collective Bargaining. A Theory Based on Comparisons of Six Countries*, Oxford, Blackwell, 1976.

Cleveland, Sarah H., *Our International Constitution*, "Yale Journal of International Law", 2006, 31, 1 a 125.

Cmiel, Kenneth, *The Emergence of Human Rights Politics in the United States*, "The Journal of American History", 1999, 86(3), 1231 a 1250.

Cohen, Deborah, *The War Comes Home. Disabled Veterans in Britain and Germany, 1914-1939*, Berkeley, University of California Press, 2000.

Collier, David - Messnick, Richard E., *Prerequisites versus Diffusion: Testing Alternative Explanations of Social Security*, "The American Political Science Review", 1975, 69(4), 1299 a 1315.

Collier, Ruth Berins - Collier, David, *Shaping the Political Arena. Critical Junctures, the Labor Movement, and Regime Dynamics in Latin America*, Princeton University Press, 1991.

Condorcet, Marquis de, "La nation française à tous les peuples", en Condorcet, *Oeuvres*, en 12 volúmenes, Paris, Firmin Didot frères, 1847, vol. XII, p. 507 a 527.

Conway, Stephen, *War, State, and Society in Mid-Eighteenth-Century Britain and Ireland*, Oxford University Press, 2006.

Conze, Werner, *Polnische Nation und deutsche Politik im Ersten Weltkrieg*, Cologne, Böhlau, 1958.

Cookson, J. E., *The British Armed Nation 1793-1815*, Oxford, Clarendon, 1997.

Corrias, Luigi, *Populism in a Constitutional Key: Constituent Power, Popular Sovereignty and Constitutional Identity*, "European Constitutional Law Review", 2016, 12(1), 6 a 26.

Corrêa do Lago, Luiz Aranha, *Da escravidão ao trabalho libre. Brasil, 1550-1900*, São Paulo, Companha das Letras, 2014.

Corvisier, André, *L'armée française de la fin du XVII siècle au ministère de Choiseul: Le soldat*, Paris, PUF, 1964.

Cowen, Deborah, *Military Workfare. The Soldier and Social Citizenship in Canada*, Toronto University Press, 2008.

— *Welfare Warriors: Towards a Genealogy of the Soldier Citizen in Canada*, "Antipode", 2005, 374, 654 a 678.

Crépin, Annie, *Armée, conscription et garde nationale dans l'opinion publique et le discours politique en France septentrionale (1789-1870)*, "Association Revue du Nord", 2003, 350(2), 313 a 332.

— *Défendre la France. Les français, la guerre et le service militaire, de la guerre de Sept Ans à Verdun*, Rennes, Presses Universitaires de Rennes, 2005.

— *Histoire de la conscription*, Paris, Gallimard, 2009.

— *La conscription en débat. Ou le triple apprentissage de la nation, de la citoyenneté, de la République (1798-1889)*, Arras, Artois Presses Université, 1998.

— *Vers l'armée nationale. Les débuts de la conscription en Seine-et-Marne 1795-1815*, Rennes, Presses Universitaires de Rennes, 2011.

Cress, Lawrence Delbert, *Citizens in Arms. The Army and the Militia in American Society to the War of 1812*, Chapel Hill, University of North Carolina Press, 1982.

Cummings Scott L. - Trubeck, Louise G., *Globalizing Public Interest Law*, "UCLA Journal of International Law and Foreign Affairs", 2008, 13, 1 a 53.

Dahrendorf, Ralf, *Gesellschaft und Demokratie in Deutschland*, München, Piper, 1965.

Dale, Robert, *Demobilized Veterans in Late Stalinist Leningrad. Soldiers to Civilians*, London, Bloomsbury, 2015.

Daniel, Ute, *Arbeiterfrauen in der Kriegsgesellschaft*, Göttingen, Vandenhoeck und Ruprecht, 1989.

D'Aguesseau, Henri François, "Essai d'une Institution au droit public", en D'Aguesseau, *Oeuvres complètes edited by M. Pardessus*, en 16 volúmenes, Paris, Fantins et compagnie, 1819, vol. XV, 164 a 272.

Dallara, Cristina, *Powerful Resistance against a Long-Running Personal Crusade: The Impact of Silvio Berlusconi on the Italian Judicial System*, "Modern Italy", 2015, 920(1), 59 a 76.

Dareste, Rodolphe, *Études sur les origines du contentieux administratif en France, I. Les Intendants et commissaires départis*, "Revue Historique de Droit Français et Étranger", 1855, 1, 24 a 68.

— *Études sur les origines du contentieux administratif en France, II. Le Conseil d'État*, "Revue Historique de Droit Français et Étranger", 1855, 1, 239 a 271.

De Lange, Sarah L., *A New Winning Formula? The Programmatic Appeal of the Far Right*, "Party Politics", 2007, 13(4), 411 a 435.

Decroix, Arnaud, *Question fiscale et réforme financière en France (1749-1789). Logique de la transparence et recherche de la confiance publique*, Marseille, Presses Universitaires d'Aix-Marseille, 2006.

Della Porta, Donatella, *"1968": Zwischennationale Diffusion und Transnationale Strukturen. Eine Forschungsagenda*, "Geschichte und Gesellschaft Sonderheft", 1998, 17, 131 a 150.

Demeter, Karl, *Das deutsche Heer und seine Offiziere*, Berlin, Hobbing, 1933.

Dennison, Tracy, *The Institutional Framework of Russian Serfdom*, Cambridge University Press, 2011.

Diamond, Larry, *Thinking about Hybrid Regimes*, "Journal of Democracy", 2002, 13(2), 21 a 35.

Dickson, P. G. M., *Finance and Government under Maria Theresia, 1740-1780, I: Society and Government*, Oxford, Clarendon, 1987.

Domat, Jean, *Les lois civiles dans leur ordre naturel*, vol. I, edición revisada, Paris, Cavelier, 1705.

— *Les lois civiles dans leur ordre naturel*, vol. II, edición revisada, Paris, Cavelier, 1705.

Domke, William K. - Eichenberg, Richard C. - Kelleher, Catherine M., *The Illusion of Choice: Defense and Welfare in Advanced Industrial Democracies*, "The American Political Science Review", 1983, 77(1), 19 a 35.

Downing, Brian, *The Military Revolution and Political Change. Origins of Democracy and Autocracy in Early Modern Europe*, Princeton University Press, 1992.

Droege, Georg, *Landrecht und Lehnrecht im hohen Mittelalter*, Bonn, Röhrscheid, 1969.

Drolet, Jean-François - Williams, Michael C., *Radical Conservatism and Global Order: International Theory and the New Right*, "International Theory", 2018, 10(3), 285 a 313.

Dudley, William S., *Institutional Sources of Officer Discontent in the Brazilian Army, 1870-1889*, "The Hispanic American Historical Review", 1975, 55(1), 44 a 65.

Dudziak, Mary L., *Brown as a Cold War Case*, "The Journal of American History", 2004, 91(1), 32 a 42.

— *Cold War Civil Rights. Race and the Image of American Democracy*, Princeton University Press, 2000.

— *Desegregation as a Cold War Imperative*, "Stanford Law Review", 1988, 41(1), 61 a 120.

Duffy, Christopher, *The Military Experience in the Age of Reason*, London, Routledge, 1987.

Duranti, Marco, *The Conservative Human Rights Revolution. European Identity, Transnational Politics and the Origins of the European Convention*, Oxford University Press, 2017.

Durkheim, Émile, *Le Socialisme*, Paris, PUF, 1928.

— *Leçons de sociologie*, Paris, PUF, 1950.

Duruy, Albert, *L'Armée royale en 1789: I - L'effectif, La composition et la formation, Le commandement*, "Revue des Deux Mondes", 1887, 81(2), 372 a 411.

Dutton, Paul V., *Origins of the French Welfare State. The Struggle for Social Reform in France, 1914-1947*, Cambridge University Press, 2002.

Ebbinghaus, Bernhard, *The Siamese Twins: Citizenship Rights, Cleavage Formation, and Party-Union Relations in Western Europe*, "International Review of Social History", 1995, 40(3), 51 a 89.

Edgerton, David, *Warfare State: Britain 1920-1970*, Oxford University Press, 2006.

Edlund, Jonas - Lindh, Arvid, *The Democratic Class Struggle Revisited: The Welfare State, Social Cohesion and Political Conflict*, "Acta Sociologica", 2015, 58 (4), 311 a 328.

Ehlert, Hans, *Ursprünge des modernen Militärwesens. Die nassauoranischen Heeresreformen*, "Militärgeschichtliche Mitteilungen", 1985, 38, 27 a 56.

Eisner, Marc Allen, *From Warfare State to Welfare State. World War I, Compensatory State Building and the Limits of Modern Order*, University Park (Pennsylvania), Pennsylvania State University Press, 2000.

Elchardus, Mark - Spruyt, Bram, *Populism, Persistent Republicanism and Declinism: An Empirical Analysis of Populism as a Thin Ideology*, "Government and Opposition", 2016, 51(1), 111 a 133.

Elliff, John T., *The United States Department of Justice and Individual Rights 1937-1962*, New York, Garland, 1987.

Eloranta, Jari, *From the Great Illusion to the Great War: Military Spending Behaviour of the Great Powers, 1870-1913*, "European Review of Economic History", 2007, 11, 255 a 283.

Engels, Friedrich, *Die Preußische Militärfrage und die Deutsche Arbeiterpartei*, Hamburg, Meißner, 1865.

— "Wie die Preußen zu schlagen sind", en Marx, Karl - Engels, Friedrich, *Werke*, Berlin, Dietz, 1962, vol. XVII, p. 105 a 108.

Enloe, Cynthia H., *Ethnic Soldiers. State Security in Divided Societies*, Athens, The University of Georgia Press, 1980.

— *Police, Military and Ethnicity. Foundations of State Power*, New Brunswick, Transaction, 1980.

— *The Morning After. Sexual Politics at the End of the Cold War*, Berkeley, University of California Press, 1993.

Epp, Charles R., *The Rights Revolution. Lawyers, Activists, and Supreme Courts in Comparative Perspective*, Chicago, University of Chicago Press, 1998.

Esdaile, Charles J., *Fighting Napoleon. Guerillas, Bandits and Adventurers in Spain 1808-1814*, New Haven, Yale University Press, 2004.

Esping-Andersen, Gøsta, *Politics against Markets. The Social Democratic Road to Power*, Princeton University Press, 1985.

— *The Three Worlds of Welfare Capitalism*, Cambridge, Polity, 1990.

Estévez-Abe, Margarita, *Welfare and Capitalism in Postwar Japan*, Cambridge University Press, 2008.

Ewald, François, *L'état providence*, Paris, Grasset, 1986.

Farrand, Max (ed.), *The Records of the Federal Convention of 1787*, 3 volúmenes, New Haven, 1911, vol. I.

Fausto, Boris, *A revolução de 1930*, 16th ed., São Paulo, Companhia das Lettras, 2010.

Fehr, Hans, *Das Waffenrecht der Bauern im Mittelalter*, "Zeitschrift für Rechtsgeschichte", 1914, 35, 111 a 211.

Feigl, Helmut, *Die niederösterreichische Grundherrschaft vom ausgehenden Mittelalter bis zu den theresianisch-josephinischen Reformen*, Vienna, Verein für Landeskunde von Niederösterreich und Wien, 1964.

Feld, Maury D., *The Structure of Violence. Armed Forces as Social Systems*, Beverly Hills, Sage, 1977.

Fertig, André, *Clientelismo político em tempos belicosos. A guarda nacional da província de São Pedro do Rio Grande do Sul na defesa do império no Brasil (1850-1873)*, Santa Maria, Editor aufsm, 2012.

Fichte, Robby, *Die Begründung des Militärdienstverhältnisses (1648-1806). Ein Beitrag zur Frühgeschichte des öffentlich-rechtlichen Vertrages*, Baden-Baden, Nomos, 2010.

Figes, Orlando, *The Red Army and Mass Mobilization during the Russian Civil War 1918-1920*, "Past & Present", 1990, 129, 168 a 211.

Finer, Samuel E., *The Man on Horseback. The Role of the Military in Politics*, nueva edición con introducción de J. Stanley, New Brunswick, Transaction, 2002.

Foner, Eric, *Rights and the Constitution in Black Life during the Civil War and Reconstruction*, "The Journal of American History", 1987, 74(3), 863 a 883.

Fontane, Theodor, *Der Krieg gegen Frankreich 1870-1871, 1: Der Krieg gegen das Kaiserreich*, Zürich, Manesse, 1985 (1873).

Forrest, Alan, *Conscripts and Deserters. The Army and French Society during the Revolution and Empire*, Oxford University Press, 1989.

Fournier, Théo, *From Rhetoric to Action. A Constitutional Analysis of Populism*, EUI Department of Law, Research Paper nº 2018/08, https://cadmus.eui.eu/bitstream/handle/1814/51725/LAW_2018_08.pdf?sequence=1&isAllowed=y, 2018.

Frank, Joseph Allan, *With Ballot and Bayonet. The Political Socialization of American Civil War Soldiers*, Athens, University of Georgia Press, 1998.

Frauenholz, Eugen von, *Das Heerwesen in der Zeit des Absolutismus*, München, Beck, 1940.

— *Das Heerwesen in der Zeit des dreißigjährigen Krieges*, München, Beck, 1939.

Frevert, Ute, *Die Kasernierte Nation. Militärdienst und Zivilgesellschaft in Deutschland*, München, Beck, 2001.

Friedberg, Aaron L., *In the Shadow of the Garrison State. America's Anti-Statism and its Cold War Grand Strategy*, Princeton University Press, 2000.

Führer, Karl Christian, *Arbeitslosigkeit und die Enstehung der Arbitslosenversicherung in Deutschland 1902-1927*, Berlin, Colloquium, 1990.

Gaboriaux, Chloé, *La République en quête de citoyens. Les républicains français face au bonapartisme rural (1848-1880)*, Paris, Presses de Sciences Po, 2010.

Garcia-Sierra, Mario J., *The "Enabling Law": The Demise of the Separation of Powers in Hugo Chavez's Venezuela*, "University of Miami Inter-American Law Review", 2001, 32(2), 265 a 293.

Gebelin, Jacques, *Histoire des milices provinciales (1688-1791). Le tirage au sort sous l'ancien régime*, Paris, Hachette, 1882.

Gee, Austin, *The British Volunteer Movement 1794-1814*, Oxford, Clarendon, 2013.

Gehrke, Roland, "Zwischen altständischer Ordnung und monarchischem Konstitutionalismus. Begriffserklärungen und Fragestellungen", en Gehrke, Roland (ed.), *Aufbrüche in die Moderne. Frühparlamentarismus zwischen altständischer Ordnung und monarchischem Konstitutionalismus. Schlesien-Deutschland Mitteleuropa*, Cologne, Böhlau, 2005, p. 1 a 13.

Geva, Dorit, *Conscription, Family, and the Modern State. A Comparative Study of France and the United States*, Cambridge University Press, 2013.

Gewarth, Robert, *The Vanquished. Why the First World War Failed to End, 1917-1923*, London, Penguin, 2016.

Geyer, Michael, "Der zur Organisation erhobene Burgfrieden", en Müller, Klaus-Jürgen - Opitz, Eckardt (eds.), *Militär und Militarismus in der Weimarer Republik*, Düsseldorf, Droste, 1978, p. 15 a 100.

— *Ein Vorbote des Wohlfahrtsstaates. Die Kriegsopferversorgung in Frankreich, Deutschland und Großbritannien nach dem Ersten Weltkrieg*, "Geschichte und Gesellschaft", 1983, 9(2), 230 a 277.

Gingrich, Jane - Häusermann, Silja, *The Decline of the Working-Class Vote, the Reconfiguration of the Welfare Support Coalition and the Consequences for the Welfare State*, "European Journal of Social Policy", 2015, 25(1), 50 a 75.

Ginsburg, Tom - Huq, Aziz Z., *How to Save a Constitutional Democracy*, Chicago University Press, 2018.

Girard, Georges, *Racolage et milice (1701-1715). Le service militaire en France à la fin du règne de Louis XIV*, Paris, Plon, 1921.

Gneist, Rudolf, *Der Rechtsstaat und die Verwaltungsgerichte in Deutschland*, Darmstadt, Wissenschaftliche Buchgesellschaft, 1966 (1879).

Gnügen, Friedrich Andreas Gottlieb, *Gründliche Anleitung zum Kriegs- Recht*, Jena, Christian Friedrich Gollner, 1750.

Goldstein, Ariel Alejandro, *The New Far Right in Brazil and the Construction of a Right-Wing Order*, "Latin American Perspectives", 2019, 46(4), 245 a 262.

González-Jácome, Jorge, *The Emergence of Revolutionary and Democratic Human Rights Activism in Colombia between 1974 and 1980*, "Human Rights Quarterly", 2018, 40(1), 91 a 118.

Goodwin, Jeff, *No Other Way Out. States and Revolutionary Movements, 1945-1991*, Cambridge University Press, 2001.

Gould, Frank - Roweth, Barbara, *Public Spending and Social Policy: The United Kingdom 1950-1977*, "Journal of Social Policy", 1980, 9(3), 337 a 357.

Graden, Dale Torston, *From Slavery to Freedom in Brazil. Bahia, 1835-1900*, Albuquerque, University of New Mexico Press, 2006.

Graf, Daniel W., *Military Rule behind the Russian Front, 1914-1917: The Political Ramifications*, "Jahrbücher für Geschichte Osteuropas", 1974, 22(3), 390 a 411.

Gregory, Adrian, *The Last Great War. British Society and the First World War*, Cambridge University Press, 2008.

Gresle, François, *La "Société Militaire". Son devenir à la lumière de la professionnalisation*, "Revue Française de Sociologie", 2003, 44, 777 a 798.

— *Le Citoyen-Soldat garant du pacte républicain*, "L'Année Sociologique", 1996, 46, 105 a 125.

Grewe, William (ed.), *Fontes Historiae Iuris Gentium*, Berlin, de Gruyter, 1988, vol. II.

Grimm, Dieter, *Die Zukunft der Verfassung II. Auswirkungen von Europäisierung und Globalisierung*, Frankfurt am Main, Suhrkamp, 2012.

Grønbjerg, Kirsten A., *Mass Society and the Extension of Welfare, 1960-1970*, Chicago University Press, 1977.

Grünberg, Karl, *Die Bauernbefreiung und die Auflösung des gutsherrlichbäuerlichen Verhältnisses in Böhmen, Mähren und Schlesien, I: Überblick der Entwicklung*, Leipzig, Duncker und Humblot, 1894.

Grzeszczak, Robert - Karolewski, Ireneusz Pawel, *The Rule of Law Crisis in Poland: A New Chapter*, "VerfBlog", 8/8/2018, https://verfassungsblog.de/the-rule-of-law-crisis-in-poland-a-new-chapter/, DOI: https://doi.org/10.17176/20180809 090230-0.

Gueniffey, Patrice, *La politique de la terreur. Essai sur la violence révolutionnaire 1789-1794*, Paris, Fayard, 2000.

Guinier, Arnaud, *De l'autorité paternelle au despotisme légal: Pour une réévaluation des origines de l'idéal du soldat-citoyen dans la France des lumières*, "Revue d'Histoire Moderne & Contemporaine", 2014, 61-2, 150 a 175.

Gullace, Nicoletta R., *"The Blood of Our Sons". Men, Women and the Renegotiation of British Citizenship during the Great War*, Basingstoke, Macmillan, 2002.

Gumz, Jonathan E., *The Resurrection and Collapse of Empire in Habsburg Serbia, 1914-1918*, Cambridge University Press, 2009.

Gunn, Steven, *The English People at War in the Age of Henry VIII*, Oxford University Press, 2018.

Gurr, Ted R., *War, Revolution, and the Growth of the Coercive State*, "Comparative Political Studies", 1988, 21(1), 45 a 65.

Habermas, Jürgen, *Legitimationsprobleme im Spätkapitalismus*, Frankfurt am Main, Suhrkamp, 1973.

— *Strukturwandel der Öffentlichkeit. Untersuchungen zu einer Kategorie der bürgerlichen Gesellschaft*, nueva edición, Frankfurt am Main, Suhrkamp, 1990 (1962).

— *Zur Prinzipienkonkurrenz von Bürgergleichheit und Staatengleichheit im supranationalen Gemeinwesen: Eine Notiz aus Anlass der Frage nach der Legitimität der ungleichen Repräsentation der Bürger im Europäischen Parlament*, "Der Staat", 2014, 53 (2), 167 a 192.

Hagen, Mark von, *Soldiers in the Proletarian Revolution. The Red Army and the Soviet Socialist State, 1917-1930*, Ithaca, Cornell University Press, 1990.

Hagen, William W., *Ordinary Prussians. Brandenburg Junkers and Villagers, 1500-1840*, Cambridge University Press, 2002.

Haggard, Stephan - Kaufman, Robert R., *Development, Democracy and Welfare States. Latin America, East Asia and Eastern Europe*, Princeton University Press, 2008.

Hahlweg, Werner, *Die Heeresreform der Oranier und die Antike, Berlin, Juncker und Dünnhaupt*, 1941.

Hahn, Jeffrey W., *Soviet Grassroots. Citizen Participation in Local Soviet Government*, London, Tauris, 1988.

Hale, Henry E., *Patronal Politics. Eurasian Regime Dynamics in Comparative Perspective*, Cambridge University Press, 2015.

Halperin, Sandra, *War and Social Change in Modern Europe. The Great Transformation Revisited*, Cambridge, Cambridge University Press, 2004.

Händel, Heribert, *Der Gedanke der allgemeinen Wehrpflicht in der Wehrverfassung des Königreiches Preußen bis 1819*, Frankfurt am Main, Mittler, 1962.

Hanisch, Hartmut, "Preußisches Kantonsystem und ländliche Gesellschaft. Das Beispiel der mittleren Kammerdepartments", en Kroener, Bernhard R. - Pröve, Ralf (eds.), *Krieg und Frieden. Militär und Gesellschaft in der Frühen Neuzeit*, Paderborn, Schöningh, 1996, p. 137 a 165.

Hansen, Ernst Willi, *Zur Problematik einer Sozialgeschichte des deutschen Militärs im 17. und 18. Jahrhundert*, "Zeitschrift für Historische Forschung", 1979, 6, 425 a 460.

Harriss, Gerald L., *War and the Emergence of the English Parliament, 1297-1360*, "Journal of Medieval History", 1977, 2(1), 35 a 56.

Harste, Gorm, *Kritik af Krigens Fornuft. Et perspektiv på selvreferentielle systemer fra 11. - 21. Århundrede*, Aarhus, Aarhus University Press, 2016.

Hauriou, Maurice, *Précis de droit administratif, contenant le droit public et le droit administratif*, Paris, Larose & Forcel, 1892.

Hayek, F. A., *The Constitution of Liberty*, London, Routledge, 1960.

Hayhoe, Jeremy, *Enlightened Feudalism. Seigneurial Justice and Village Society in Eighteenth-Century France*, Rochester (New York), University of Rochester Press, 2008.

Heclo, Hugh, *Modern Social Politics in Britain and Sweden. From Relief to Income Maintenance*, New Haven, Yale University Press, 1974.

Helg, Aline, *Liberty and Equality in Caribbean Colombia 1770-1835*, Chapel Hill, University of North Carolina Press, 2004.

Hellie, Richard, *Enserfment and Military Change in Muscovy*, University of Chicago Press, 1971.

Hellmuth, Eckhart, *Naturrechtsphilosophie und bürokratischer Werthorizont. Studien zur preußischen Geistes- und Sozialgeschichte des 18. Jahrhunderts*, Göttingen, Vandenhoeck und Ruprecht, 1985.

Henneman, John Bell, *The Military Class and the French Monarchy in the Late Middle Ages*, "The American Historical Review", 1978, 83(4), 946 a 965.

Heuser, Beatrice, *Small Wars in the Age of Clausewitz: The Watershed between Partisan War and People's War*, "Journal of Strategic Studies", 2010, 33(1), 139 a 162.

Hewitson, Mark, *Absolute War. Violence and Mass Warfare in the German Lands, 1792-1820*, Oxford University Press, 2017.

— *Princes' Wars, Wars of the People, or Total War? Mass Armies and the Question of a Military Revolution in Germany, 1792-1815*, "War in History", 2013, 20(4), 452 a 490.

Hewitt, H. J., *The Organization of War under Edward III*, Manchester University Press, 1966.

Hicks, Alexander, *Social Democracy and Welfare Capitalism. A Century of Income Security Politics*, Ithaca, Cornell University Press, 1999.

Hicks, Alexander - Swank, Duane, *On the Political Economy of Welfare Expansion. A Comparative Analysis of 18 Advanced Democracies, 1960-71*, "Comparative Political Studies", 1984, 17(1), 81 a 119.

Hilpert, Dagmar, *Wohlfahrtsstaat der Mittelschichten? Sozialpolitik und gesellschaftlicher Wandel in der Bundesrepublik Deutschland (1949-1975)*, Göttingen, Vandenhoeck und Ruprecht, 2012.

Hintze, Otto, *Staat und Verfassung. Gesammelte Abhandlungen zur allgemeinen Verfassungsgeschichte*, editado por Gerhard Oestreich, 2ª ed., Göttingen, Vandenhoeck & Ruprecht, 1962.

Hippler, Thomas, *Soldats et citoyens. Naissance du service militaire en France et en Prusse*, Paris, PUF, 2006.

Hochedlinger, Michael, *Austria's Wars of Emergence. War, State and Society in the Habsburg Monarchy 1683-1797*, London, Pearson, 2003.

— "The Habsburg Monarchy: From 'Military-Fiscal State' to 'Militarization'", en Storrs, Christopher (ed.), *The Fiscal-Military State in Eighteenth-Century Europe. Essays in Honour of P. G. M. Dickson*, Farnham, Ashgate, 2009, p. 55 a 94.

Hockerts, Hans Günter, "Integration der Gesellschaft - Gründungskrise und Sozialpolitik in der frühen Bundesrepublik", en Funke, Manfred (ed.), *Entscheidung für den Westen. Vom Besatzungsstatut zur Souveränität der Bundesrepublik 1949-1955*, Bonn, Bouvier, 1988, 39 a 58.

Hoeres, Peter, "Das Militär der Gesellschaft: Zu Verhältnis von Militär und Politik im deutschen Kaiserreich", en Becker, Franz (ed.), *Geschichte und Systemtheorie. Exemplarische Fallstudien*, Frankfurt am Main, Campus, 2004, p. 330 a 354.

Hofbauer, Martin, *Vom Krieger zum Ritter. Die Professionalisierung der bewaffneten Kämpfer im Mittelalter*, Freiburg, Rombach, 2015.

Hogan, Michael J., *A Cross of Iron. Harry S. Truman and the Origins of the National Security State, 1945-1954*, Cambridge University Press, 1998.

Höhn, Reinhard, *Verfassungskampf und Heereseid. Der Kampf des Bürgertums um das Heer (1815-1850)*, Leipzig, Hirzel, 1938.

Holbach, Paul Henri Thiry, *Éthocratie ou le gouvernement fondé sur la morale*, Amsterdam, Marc-Michel Rey, 1776.

Holden, Robert H., *Armies without Nations. Public Violence and State Formation in Central America, 1821-1960*, Oxford University Press, 2004.

Holquist, Peter, *Making War, Forging Revolution. Russia's Continuum of Crisis, 1914-1922*, Cambridge (Massachusetts), Harvard University Press, 2002.

Holsti, K. J., *The State, War, and the State of War*, Cambridge University Press, 1996.

Hong, Young-Sun, *Welfare, Modernity, and the Weimar State, 1919-1933*, Princeton University Press, 1998.

Howard, Michael, *The Franco-Prussian War*, London, Routledge, 1961.

Huber, Ernst Rudolf, *Deutsche Wehrordnung und Verfassung bis zum Ende des Absolutismus*, "Zeitschrift für die gesamte Staatswissenschaft", 1937, 97(1), 29 a 70.

— *Volksheer und Verfassung: Ein Beitrag zu der Kernfrage der Scharnhorst-Boyenschen Reform*, "Zeitschrift für die gesamte Staatswissenschaft", 1937, 97(2), 213 a 257.

Huber, Evelyne - Stephens, John D., *Democracy and the Left. Social Policy and Inequality in Latin America*, Chicago University Press, 2012.

— *Development and Crisis of the Welfare State. Politics and Policies in Global Markets*, Chicago University Press, 2001.

Huber, Evelyne - Ragin, Charles Ragin - Stephens, John D., *Social Democracy, Christian Democracy, Constitutional Structure, and the Welfare State*, "American Journal of Sociology", 1993, 99(3), 711 a 749.

Huber, Robert A. - Schimpf, Christian H., *Friend or Foe? Testing the Influence of Populism on Democratic Quality in Latin America*, "Political Studies", 2016, 64(4), 872 a 889.

Huber, Ulrich, *De Jure Civitatis*, 3 volúmenes, Franeker, J. Gyselaar, 1684, vol. I.

Hülle, Werner, *Das Auditoriat in Brandenburg-Preußen. Ein rechtshistorischer Beitrag zur Geschichte seines Heerwesens mit einem Exkurs über Österreich*, Göttingen, Otto Schwartz, 1971.

Huntebrinker, Jan Willem, *"Fromme Knechte" und "Garteteufel". Söldner als soziale Gruppe im 16. und 17. Jahrhundert*, Konstanz, UVK, 2010.

Hunter, Wendy, *Making Citizens: Brazilian Social Policy from Getúlio to Lula*, "Journal of Politics in Latin America", 2014, 6(3), 15 a 37.

Ignazi, Piero, *Extreme Right Parties in Western Europe*, Oxford University Press, 2002.

Inama-Sternegg, Karl Theodor von, *Der Accisenstreit deutscher Finanztheoretiker im 17. und 18. Jahrhundert*, "Zeitschrift für die gesamte Staatswissenschaft", 1865, 21(4), 515 a 545.

Ingenlath, Markus, *Mentale Aufrüstung. Militarisierungstendenzen in Frankreich und Deutschland vor dem Ersten Weltkrieg*, Frankfurt, Campus, 1998.

Ingesson, Tony - Lindberg, Mårten- Lindvall, Johannes - Teorell, Jan, *The Military Origins of Democracy: A Global Study of Military Conscription and Suffrage Extensions sine the Napoleonic Wars*, "Democratization", 2018, 25(4), 633 a 651.

Inglot, Tomasz, *Welfare States in East Central Europe, 1919-2004*, Cambridge University Press, 2008.

Inikori, Joseph E., *Africans and the Industrial Revolution in England. A Study in International Trade and Economic Development*, Cambridge University Press, 2002.

Isaacsohn, Siegfried, *Geschichte des Preußischen Beamtenthums vom Anfang des 15. Jahrhunderts bis auf die Gegenwart, II: Das Beamtenthum im 17. Jahrhundert*, Berlin, Puttkammer & Mühlbrecht, 1878.

— *Geschichte des Preußischen Beamtenthums vom Anfang des 15. Jahrhunderts bis auf die Gegenwart, III: Das Beamtenthum unter Friedrich Wilhelm I und während der Anfänge Friedrichs des Großen*, Berlin, Puttkammer & Mühlbrecht, 1884.

Issacharoff, Samuel, "Populism versus Democratic Governance", en Graber, Mark A. - Levinson, Sanford - Tushnet, Mark (eds.), *Constitutional Democracy in Crisis?*, Oxford University Press, 2018, p. 445 a 458.

Izecksohn, Vitor, *Slavery and War in the Americas. Race, Citizenship and State Building in the United States and Brazil, 1861-1870*, Charlottesville, University of Virginia Press, 2014.

Jablonski, Johann Theodor, *Lexicon der Künste und Wissenschaften*, Königsberg, Hartung, 1748.

Janoski, Thomas, *Citizenship and Civil Society. A Framework of Rights and Obligations in Liberal, Traditional, and Social Democratic Regimes*, Cambridge University Press, 1998.

Jansen, Robert S., *Populist Mobilization: A New Theoretical Approach to Populism*, "Sociological Theory", 2011, 29(2), 75 a 96.

Janowitz, Morris, *The Last Half Century. Societal Change and Politics in America*, University of Chicago Press, 1978.

— *The Military in the Political Development of New Nations. An Essay in Comparative Analysis*, University of Chicago Press, 1964.

— *Observations on the Sociology of Citizenship: Obligations and Rights*, "Social Forces", 1980, 59(1), 1 a 24.

Jany, Curt, *Geschichte der königlich Preußischen Armee bis zum Jahre 1802, I: Von den Anfängen bis 1740*, Berlin, Karl Siegismund, 1928.

Jaurès, Jean, "L'Armée nouvelle", en Jaurès, Jean, *Oeuvres*, editado por Max Bonnafous, en 9 volúmenes, Paris, Rieder, 1932, vol. IV.

Jeismann, Michael, *Das Vaterland der Feinde. Studien zum nationalen Feindbegriff und Selbstverständnis in Deutschland und Frankreich 1792-1918*, Stuttgart, Klett-Cotta, 1992.

Jensen, Steven L. B., *The Making of International Human Rights. The 1960s, Decolonization and the Reconstruction of Global Values*, Cambridge University Press, 2016.

Johansen, Anja, *Soldiers as Police. The French and Prussian Armies and the Policy of Popular Protest, 1889-1914*, Aldershot, Ashgate, 2005.

Jones, Ellen, *Red Army and Society. A Sociology of the Soviet Military*, Boston, Allen & Unwin, 1985.

Justi, Johann Heinrich Gottlob von, *Gesammelte politische und Finanz- Schriften über wichtige Gegenstände der Staatskunst, der Kriegswissenschaften und des Kameral- und Finanzwesens*, 3 volúmenes, Copenhagen, Rothensche Buchhandlung, 1761, vol. I.

Kaak, Heinrich, *Die Gutsherrschaft. Theoriegeschichtliche Untersuchungen zum Agrarwesen im ostelbischen Raum*, Berlin, de Gruyter, 1991.

Kaeuper, Richard, *War, Justice, and Public Order. England and France in the later Middle Ages*, Oxford, Clarendon, 1988.

Kaim-Chaudle, Peter, "Moving on From Beveridge", en Zacher, Hans F. (ed.), *Bedingungen für die Entstehung und Entwicklung von Sozialversicherung*, Berlin, Duncker und Humblot, 1979, p. 223 a 248.

Kaltwasser Rovira, Cristóbal - Van Hauwaert, Steven M., *The Populist Citizen: Empirical Evidence from Europe and Latin America*, "European Political Science Review", 2020, 12(1), 1 a 18.

Kant, Immanuel, "Der Streit der Fakultäten", en Kant, Immanuel, *Werkausgabe*, editado por W. Weischedel, 12 volúmenes, Frankfurt am Main, Suhrkamp, 1977, (1798), vol. XI, p. 265 a 393.

— "Metaphysik der Sitten", en Kant, Immanuel, *Werkausgabe*, editado por W. Weischedel, 12 volúmenes, Frankfurt am Main, Suhrkamp, 1977 (1797), vol. VIII.

— "Zum Ewigen Frieden", en Kant, Immanuel, *Werkausgabe*, editado por W. Weischedel, 12 volúmenes, Frankfurt am Main, Suhrkamp, 1977 (1795), vol. XI, p. 195 a 251.

Katz, Michael B., *In the Shadow of the Poorhouse. A Social History of Welfare in America*, New York, Basic Books, 1986.

Kautsky, Karl, *Die soziale Revolution*, Berlin, Buchhandlung Vorwärts, 1907.

Keating, Michael, *State and Regional Nationalism. Territorial Politics and the European State*, New York, Harvester, 1988.

Keen, M. H., *The Laws of War in the Late Middle Ages*, London, Routledge, 1965.

Keitel, Christian, *Herrschaft über Land und Leute. Leibherrschaft und Territorialisierung in Würtemberg 1246-1593*, Leinfelden-Echterdingen, DRW Verlag, 2000.

Kelley, Joanathan - McAllister, Ian - Mughan, Anthony, *The Decline of Class Revisited: Class and Party in England, 1964-1979*, "The American Political Science Review", 1985, 79(3), 719 a 737.

Kennedy, Gavin, *The Military in the Third World*, London, Duckworth, 1974.

Kent, Susan Kingsley, *Aftershocks. Politics and Trauma in Britain, 1918-1931*, Basingstoke, Macmillan, 2009.

Kerschen, Nicole, *L'Influence du rapport Beveridge sur le plan français de sécurité sociale de 1945*, "Revue Française de Science Politique", 1995, 45(4), 570 a 595.

Kestnbaum, Meyer, *Citizenship and Compulsory Military Service: The Revolutionary Origins of Conscription in the United States*, "Armed Forces & Society", 2000, 27(1), 7 a 36.

Kettner, James H., *The Development of American Citizenship in the Revolutionary Era: The Idea of Volitional Allegiance*, "The American Journal of Legal History", 1974, 18(3), 208 a 242.

Kieniewicz, Stefan, *The Emancipation of the Polish Peasants*, Chicago University Press, 1969.

Kienitz, Sabine, *Beschädigte Helden. Kriegsinvalidität und Körperbilder 1914-1923*, Paderborn, Schöningh, 2008.

Kim, Heewon, *Understanding Modi and Minorities: The BJP-led Government in India and Religious Minorities*, "India Review", 2017, 14(6), 357 a 376.

Kirsch, Martin, *Monarch und Parlament im 19. Jahrhundert. Der monarchische Konstitutionalismus als europäischer Verfassungstyp - Frankreich im Vergleich*, Göttingen, Vandenhoeck und Ruprecht, 1999.

Kitschelt, Herbert, *The Transformation of European Social Democracy*, Cambridge University Press, 1994.

Klausen, Jytte, *War and Welfare. Europe and the United States, 1945 to the Present*, Basingstoke, Macmillan, 1998.

Knapp, Georg Friedrich, *Die Bauernbefreiung und der Ursprung der Landarbeiter in den ältern Theilen Preußens*, 2 volúmenes, 2ª ed, München, Duncker und Humblot, 1927, vol. II.

Kocka, Jürgen, *Arbeitsverhältnisse und Arbeiterexistenzen. Grundlagen der Klassenbildung im 19. Jahrhundert*, Bonn, Dietz, 1990.

— *Klassengesellschaft im Krieg. Deutsche Sozialgeschichte 1914-1918*, Göttingen, Vandenhoeck & Ruprecht, 1973.

Koenker, Diane - Rosenberg, William G., *Strikes and Revolution in Russia, 1917*, Princeton University Press, 1989.

Kolchin, Peter, *Unfree Labor. American Slavery and Russian Serfdom*, Cambridge (Massachusetts), Harvard University Press, 1987.

Köllner, Lutz, *Militär und Finanzen. Zur Finanzgeschichte und Finanzsoziologie von Militärausgaben in Deutschland*, München, Berhard & Graefe Verlag, 1982.

Korpi, Walter, *The Democratic Class Struggle*, London, Routledge, 1983.

Korpi, Walter - Palme, Joakim, *New Politics and Class Politics in the Context of Austerity and Globalization: Welfare State Regress in 18 Countries, 1975-95*, "American Political Science Review", 2003, 97(3), 425 a 446.

Koselleck, Reinhart, *Preußen zwischen Reform und Revolution. Allgemeines Landrecht, Verwaltung und soziale Bewegung von 1791 bis 1848*, 2ª ed., Stuttgart, Klett-Cotta, 1977.

— *Vergangene Zukunft. Zur Semantik geschichtlicher Zeiten*, Frankfurt, Suhrkamp, 1979.

Kosotieti, Pekka, *From Collectivity to Individualism in the Welfare State?*, "Acta Sociologica", 1987, 30(3/4), 281 a 293.

Kotsonis, Yanni, *States of Obligation. Taxes and Citizenship in the RussianEmpire and Early Soviet Republic*, University of Toronto Press, 2014.

Kraay, Hendrik, *Race, State, and Armed Forces in Independence-Era Brazil. Bahia, 1790s-1840s*, Stanford University Press, 2001.

Krebs, Ronald R., *Fighting for Rights. Military Service and the Politics of Citizenship*, Ithaca, Cornell University Press, 2006.

Kruse, Volker, *Mobilisierung und kriegsgesellschaftliches Dilemma. Beobachtungen zur kriegsgesellschaftlichen Moderne*, "Zeitschrift für Soziologie", 2009, 38(3), 198 a 214.

Kruse, Wolfgang, *Die Erfindung des modernen Militarismus. Krieg, Militär und bürgerliche Gesellschaft im politischen Diskurs der Französischen Revolution 1789-1799*, München, Oldenbourg, 2003.

Krüssmann, Walter, *Ernst von Mansfeld (1580-1626). Grafensohn, Söldnerführer, Kriegsunternehmer gegen Habsburg im Dreißigjährigen Krieg*, Berlin, Duncker und Humblot, 2010.

Kučera, Rudolf, *Exploiting Victory, Sinking into Defeat: Uniformed Violence in the Creation of the New Order in Czechoslovakia and Austria*, "The Journal of Modern History", 2016, 88, 827 a 855.

Kuchler, Barbara, *Krieg und gesellschaftliche Differenzierung*, "Zeitschrift für Soziologie", 2013, 42(6), 502 a 520.

Kühlich, Frank, *Die deutschen Soldaten im Krieg von 1870/71*, Frankfurt am Main, Lang, 1995.

Kunisch, Johannes, *Der kleine Krieg. Studien zum Heerwesen des Absolutismus*, Wiesbaden, Steiner, 1973.

Kwasny, Mark V., *Washington's Partisan War 1775-1783*, Kent (Ohio), Kent State University Press, 1996.

Kwass, Michael, *Privilege and the Politics of Taxation in Eighteenth-Century France: Liberté, Egalité, Fiscalité*, Cambridge University Press, 2000.

Laclau, Ernesto, *Politics and Ideology. Marxist Theory. Capitalism - Fascism - Populism*, London, NLB, 1977.

Laferrière, A. G. D., *Cours de droit public et administratif*, Paris, Joubert, 1841.

Laferrière, Édouard, *Traité de la jurisdiction administrative et des recours contentieux*, 2ª ed., Paris, Bergher-Levrault, 1896, vol. II.

Lampe, Albrecht, *Der Milizgedanke und seine Durchführung in Brandenburg Preussen vom Ausgang des 16. Jahrhunderts bis zur Heeresreform nach 1807*, Dissertation, FU Berlin, 1951.

Landau, David, *Populist Constitutions*, "University of Chicago Law Review", 2018, 85 (2016), 521 a 543.

Lasswell, Harold D., *The Garrison State*, "American Journal of Sociology", 1941, 46 (4), 455 a 468.

— *The Prospects of Cooperation in a Bipolar World*, "University of Chicago Law Review", 1948, 15, 877 a 901.

Lauren, Paul Gordon, *First Principles of Racial Equality: History and the Politics and Diplomacy of Human Rights Provisions in the United Nations Charter*, "Human Rights Quarterly", 1983, 5(1), 1 a 26.

Laurentius, Johann Gottlieb, *Abhandlung von den Kriegsgerichten zu unsern Zeiten*, Altenburg, Richterische Buchhandlung, 1757.

Law, David - Versteeg, Mila, *Sham Constitutions*, "California Law Review", 2013, 101(4), 863 a 952.

Lawrence, Jon, *The Transformation of British Political Life after the First World War*, "Past & Present", 2006, 190, 185 a 216.

Layton, Azza S., *International Politics and Civil Rights Policies in the United States, 1941-1960*, Cambridge, Cambridge University Press, 2000.

Le Roux, Nicolas, *Le créspucule de la chevalerie. Noblesse et guerre au siècle de la Renaissance*, Ceyzétieu, Champ Vallon, 2015.

Leal, Victor Nunes, *Coronelismo, enxada e voto. O município e o regime representativo no Brasil*, 7ª ed., São Paulo, Editor Schwartz, 2012.

Leed, Eric J., *No Man's Land. Combat and Identity in World War I*, Cambridge University Press, 1979.

Lefebvre, Georges, *Les paysans du nord pendant la révolution française*, Paris, Colin, 1972.

Leffler, Melvyn, *A Preponderance of Power. National Security, the Truman Administration and the Cold War*, Stanford University Press, 1992.

Lehning, James R., *Peasant and French. Cultural Contact in Rural France during the Nineteenth Century*, Cambridge, Cambridge University Press, 1995.

Leibniz, Gottfried Wilhelm, "De Justicia", en Mollat, Georg (ed.), *Rechtsphilosophisches aus Leibnizens ungedruckten Schriften*, Leipzig, Robolsky, 1885, p. 36 a 42.

Leisering, Lutz, "Individualisierung und 'sekundäre Institutionen' - Der Sozialstaat als Voraussetzung des modernen Individuums", en Beck, Ulrich - Sopp, Peter (eds.), *Individualisierung und Integration. Neue Konfliktlinien und neuer Integrationsmodus?*, Opladen, Leske and Budrich, 1997, p. 143 a 160.

Lemarchand, Guy, *La féodalité et la Révolution française: Seigneurie et communauté paysanne (1780-1799)*, "Annales Historiques de la Révolution Française", 1980, 52, 536 a 558.

— *Paysans et seigneurs en Europe. Une histoire comparée. XVI-XIX siècle*, Rennes, Presses Universitaires de Rennes, 2011.

Leonard, Carol S., *Agrarian Reform in Russia. The Road from Serfdom*, Oxford University Press, 2011.

Leonhard, Jörn, *Bellizismus und Nation. Kriegsdeutung und Nationsbestimmung in Europa und den Vereinigten Staaten 1750-1914*, München, Oldenbourg, 2008.

— "Die Nationalisierung des Krieges und der Bellizismus der Nation", en Jansen, Christian (ed.), *Der Bürger als Soldat. Die Militarisierung europäischer Gesellschaften im langen 19. Jahrhundert: Ein internationaler Vergleich*, Essen, Klartext, 2004, p. 83 a 105.

Lerner, Hanna, *Making Constitutions in Deeply Divided Societies*, Cambridge University Press, 2011.

Levi, Margaret, *The Institution of Conscription*, "Social Science History", 1996, 20(1), 133 a 167.

Levitan, Sar A. - Cleary, Karen A., *Old Wars Remain Unfinished. The Veteran Benefits System*, Baltimore, The Johns Hopkins University Press, 1973.

Lijphart, Arend, *Consociational Democracy*, "World Politics", 1969, 21(2), 207 a 225.

Limnaeus, Johannes, *Jus publicus imperii romano-germanici*, 3 volúmenes, Strasburg, Spoor, 1699, vol. I.

Lindert, Peter H., *Growing Public. Social Spending and Economic Growth since the Eighteenth Century, I: The Story*, Cambridge University Press, 2004.

Link, Edith Murr, *The Emancipation of the Austrian Peasant 1740-1798*, New York, Columbia University Press, 1949.

Lipset, Seymour Martin, *Political Man*, London, Heinemann, 1960.

— *The Changing Class Structure and Contemporary European Politics*, "Daedalus", 1964, 93(1), 271 a 303.

Llanque, Marcus, *Demokratisches Denken im Krieg. Die deutsche Debatte im Ersten Weltkrieg*, Berlin, Akademie Verlag, 2000.

Locke, John, *Two Treatises of Government*, Cambridge University Press, 1960 (1689/1690).

Lockwood, Bert B., *The United Nations Charter and United States Civil Rights Litigation: 1946-1955*, "Iowa Law Review", 1984, 69, 901 a 956.

Loening, Edgar, *Gerichte und Verwaltungsbehörden in Brnadenburg- Preußen. Ein Beitrag zur Preußischen Rechts- und Verfassungsgeschichte*, Halle, Verlag der Buchhandlung des Waisenhauses, 1914.

Logette, Aline, *Le comité contentieux des finances près le conseil du roi (1777 1791)*, Nancy, Société d'Impressions Typographiques, 1964.

Lohr, Eric, *Nationalizing the Russian Empire. The Campaign against Enemy Aliens during World War I*, Cambridge (Massachusetts), Harvard University Press, 2003.

— *The Ideal Citizen and the Real Subject in Late Imperial Russia*, "Kritika", 2006, 7(2), 173 a 194.

Lohse, Russell, *Reconciling Freedom with the Rights of Property: Slave Emancipation in Colombia, 1821-1852, with Special Reference to La Plata*, "Journal of Negro History", 2001, 86(3), 203 a 227.

Lomellini, Valentine, *Les liaisons dangereuses. French Socialists, Communists and the Human Rights Issues in the Soviet Bloc*, Brussels, Lang, 2012.

Lorenz, Maren, *Das Rad der Gewalt. Militär und Zivilbevölkerung in Norddeutschland nach dem Dreißjährigen Krieg (1650-1700)*, Cologne, Böhlau, 2007.

Loughlin, Martin, *The Concept of Constituent Power*, "European Journal of Political Theory", 2014, 13(2), 218 a 237.

Lovell, George I., *This Is Not Civil Rights. Discovering Rights Talk in 1939 America*, Chicago University Press, 2012.

Lüdtke, Alf, *'Gemeinwohl', Polizei und 'Festungspraxis': Staatliche Gewaltsamkeit und innere Verwaltung in Preußen, 1815-1850*, Göttingen, Vandenhoeck & Ruprecht, 1982.

Luhmann, Niklas, *Gesellschaftsstruktur und Semantik. Studien zur Wissenssoziologie der modernen Gesellschaft*, 4 volúmenes, Frankfurt am Main, Suhrkamp, 1980, vol. I.

— *Grundrechte als Institution. Ein Beitrag zur politischen Soziologie*, Berlin, Duncker und Humblot, 1965.

Lundberg, Urban - Åmark, Klas, *Social Rights and Social Security: The Swedish Welfare State, 1900-2000*, "Scandinavian Journal of History", 2001, 26(3), 157 a 176.

Lynn, John A., *Giant of the Grand Siècle. The French Army, 1610-1725*, Cambridge University Press, 1997.

Lyon, Bryce D., *From Fief to Indenture. The Transition from Feudal to Non-Feudal Contract in Western Europe*, Cambridge (Massachusetts), Harvard University Press, 1957.

— *The Feudal Antecedent of the Indenture System*, "Speculum", 1954, 29(3), 503 a 511.

Mably, Gabriel Bonot de, *Collection complète des Oeuvres de l'abbé de Mably*, 15 volúmenes, Paris, Desbriere, 1793, vol. VIII.

Madison, James - Hamilton, Alexander - Jay, John, *The Federalist Papers*, London, Penguin, 1987 (1787-88).

Maldoner, Johan Franz, *Synopsis militaris oder kurtzer Begriff über die Kayserliche Kriegs-Articul*, Nuremberg, Lochner, 1724.

Malloy, James M., *The Politics of Social Security in Brazil*, University of Pittsburgh Press, 1979.

Mamroth, Karl, *Geschichte der Preußischen Staats-Besteuerung 1808-1816*, Leipzig, Duncker und Humblot, 1890.

Mansfield, Edward D. - Snyder, Jack, *Democratization and War*, "Foreign Affairs", 1995, 74(3), 79 a 97.

Marchadier, André, *Les états généraux sous Charles VII*, Bordeaux, Cadoret, 1904.

Marchet, Gustav, *Versorgung der Kriegs-invaliden und ihrer Hinterbliebenen*, Warnsdorf, Strache, 1915.

Mariot, Nicolas, *Tous unis dans la tranchée? 1914-1918, les intellectuels recontrent le peuple*, Paris, Seuil, 2013.

Markowitz, Lawrence P., *State Erosion. Unlootable Resources and Unruly Elites in Central Asia*, Ithaca, Cornell University Press, 2013.

Marshall, T. H., *Citizenship and Social Class*, introducción por Tom Bottomore, London, Pluto, 1992 (1950).

Martin, Jean-Clément, *Violence et Révolution. Essai sur la naissance d'un mythe national*, Paris, Seuil, 2006.

Martin, Perry Alvin, *Slavery and Abolition in Brazil*, "The Hispanic American Historical Review", 1933, 13(2), 151 a 196.

Martins, Paulo Emílio Matos - Moura, Leandro Souza - Imasato, Takeyoshi, *Coronelismo: um referente anacrônico no espaço organizacional brasileiro contemporâneo?*, "Organizações & Sociedade", 2011, 18(58), 389 a 402.

Marwitz, Ulrich, *Staatsräson und Landesdefension. Untersuchungen zum Kriegswesen des Herzogtums Preußen 1640-1655*, Boppard am Rhein, Harald Boldt, 1984.

Marx, Karl - Engels, Friedrich, "Manifest der Kommunistischen Partei", en Marx, Karl - Engeles, Friedrich (eds.), *Werke*, Berlin, Dietz, 1962 (1848), vol. IV, p. 459 a 493.

Mathiez, Albert, *Le gouvernement révolutionnaire*, "Annales Historiques de la Révolution Française", 1937, 80, 97 a 126.

Mauclair, Fabrice, *La justice au village. Justice seigneuriale et société rurale dans le duché-pairie de la Vallière (1667-1790)*, Rennes, Presses Universitaires de Rennes, 2008.

Maya, Margarita López, *Venezuela: The Political Crisis of Post-Chavismo*, "Social Justice", 2014, 40(4), 68 a 87.

McCann, Frank D., *Soldiers of the Pátria. A History of the Brazilian Army, 1889-1937*, Stanford (California), Stanford University Press, 2004.

McCoy, Donald R. - Ruetten, Richard T., *Quest and Response. Minority Rights and the Truman Administration*, Lawrence, University Press of Kansas, 1973.

McEwen, Nicola, *State Welfare Nationalism: The Territorial Impact of Welfare State Development in Scotland*, "Regional & Federal Studies", 2002, 12(1), 66 a 90.

Mesa-Lago, Carmelo, *Social Security in Latin America. Pressure Groups, Stratification and Inequality*, University of Pittsburgh Press, 1978.

Messerschmidt, Manfred, *Preußens Militär in seinem gesellschaftlichen Umfeld*, "Geschichte und Gesellschaft", 1980, Sonderheft 6, 43 a 88.

Mestre, Jean-Louis, *Un droit administratif à la fin de l'ancien régime. Le contentieux des communautés de Provence*, Paris, Librairie Générale de Droit et de Jurisprudence, 1976.

Mestre, Jean-Louis, *Le traitement du contentieux administratif au XVIIIe siècle*, "La Revue Administratif", 1999, 52(3), 83 a 97.

Mettler, Suzanne, *The Creation of the G.I. Bill of Rights of 1944: Melding Social and Participatory Citizenship Ideas*, "The Journal of Policy History", 2005, 17(4), 345 a 374.

Meyer, Jean, *Le poids de l'État*, Paris, PUF, 1983.

Meyer, John W., *The Effects of Education as an Institution*, "American Journal of Sociology", 1977, 83(1), 55 a 77.

— "The World Polity and the Authority of the Nation-State", en Bergesen, Albert (ed.), *Studies of the Modern World-System*, New York, Academic Press, 1980, p. 109 a 137.

Meyer, John W. - Boli, John - Thomas, George M. - Ramirez, Francisco, *World Society and the Nation-State*, "American Journal of Sociology", 1997, 103(1), 144 a 181.

Meyer, John W. - Ramirez, Francisco O. - Rubinson, Richard - Boli-Bennett, John, *The World Educational Revolution*, "Sociology of Education", 1977, 50(4), 242 a 258.

Meyer, John W. - Rubinson, Richard, *Education and Political Development*, "Review of Research in Education", 1975, 3, 134 a 162.

Meznar, Joan E., *The Ranks of the Poor: Military Service and Social Differentiation in Northeast Brazil, 1830-1875*, "The Hispanic American Historical Review", 1992, 72(3), 335 a 351.

Michon, Georges, *La preparation à la guerre. La loi de trois ans (1910-1914)*, Paris, Marcel Rivière, 1935.

— *Robespierre et la Guerre*, "Annales Révolutionnaires", 1920, 12(4), 265 a 311.

Milot, Jean, *Evolution du corps des intendants militaires (des origines à 1882)*, "Revue du Nord", 1968, 50, 381 a 410.

Mitchell, Allan, *Victors and Vanquished. The German Influence on Army and Church in France after 1870*, Chapel Hill, The University of North Carolina Press, 1984.

Möller, Hans-Michael, *Das Regiment der Landesknechte. Untersuchungen zu Verfassung, Recht und Selbstverständnis in Deutschen Söldnerheeren des 16. Jahrhunderts*, Wiesbaden, Franz Steiner, 1976.

Möller, Kolja, *Invocatio Populi. Autoritärer und demokratischer Populismus*, "Leviathan", 2017, Sonderband 34, 246 a 267.

Monaghan, Henry P., *Marbury and the Administrative State*, "Columbia Law Review", 1983, 83(1), 1 a 34.

Monteilhet, Joseph, *Les institutions militaires de la France (1814-1924). De l'armée permanente à la nation armée*, Paris, Alcan, 1926.

Morley, Morris H., *Imperial State and Revolution. The United States and Cuba, 1952-1986*, Cambridge University Press, 1987.

Mooser, Josef, *Auflösung der proletarischen Milieus: Klassenbindung und Individualisierung in der Arbeiterschaft vom Kaiserreich bis in die Bundesrepublik Deutschland*, "Soziale Welt", 1983, 34(3), 270 a 306.

Moskos, Charles C., *Racial Integration in the Armed Forces*, "American Journal of Sociology", 1966, 72(2), 132 a 148.

Moskos, Charles C. - Butler, John Sibley, *All that We Can Be. Black Leadership and Racial Integration in the Army*, New York, Basic Books, 1996.

Mousnier, Roland, *La fonction publique en France du début du siezième siècle à la fin du dix-huitième siècle*, "Revue Historique", 1979, 261(2), 321 a 335.

Mudde, Cas, *The Ideology of The Extreme Right*, Manchester University Press, 2002.

Muis, Jasper - Immerzeel, Tim, *Causes and Consequences of the Rise of Populist Radical Right Parties and Movements in Europe*, "Current Sociology Review", 2017, 65(6), 909 a 930.

Müller, George Friedrich, *Koniglich-Preußisches Krieges-Recht*, Berlin, Verlag der Haude- und Spenerschen Buchhandlung, 1760.

Müller, Jan-Werner, *What is Populism?*, London, Penguin, 2017.

Müller, Sabrina, *Soldaten in der deutschen Revolution von 1848/49*, Paderborn, Schöningh, 1999.

Murphy, Paul L., *World War I and the Origin of Civil Liberties in the United States*, New York, Norton, 1979.

Myrdal, Gunnar, *Beyond the Welfare State. Economic Planning in the Welfare States and its International Implications*, London, Duckworth, 1960.

Neugebauer, Wolfgang, *Staat-Krieg-Korporation. Zur Genese politischer Strukturen im 17. und 18. Jahrhundert*, "Historisches Jahrbuch", 2003, 123, 197 a 233.

Newman, John Paul, *Yugoslavia in the Shadow of War. Veterans and the Limits of State-Building, 1903-1945*, Cambridge University Press, 2015.

Newton, Scott, *Law and the Making of the Soviet World*, Abingdon, Routledge, 2015.

Nieuwbeerta, Paul, *The Democratic Class Struggle in Postwar Societies: Class Voting in Twenty Countries, 1945-1990*, "Acta Sociologica", 1996, 39, 345 a 383.

Norberg, Kathryn, "The French Fiscal Crisis of 1788 and the Financial Origins of the French Revolution of 1789", en Hoffmann, Philip T. - Norberg, Kathryn (eds.), *Fiscal Crises, Liberty and Representative Government*, Stanford University Press, 1994, p. 252 a 298.

Norris, Pippa - Inglehart, Ronald, *Cultural Backlash. Trump, Brexit and Authoritarian Populism*, Cambridge University Press, 2019.

Northrop, Douglas, *Veiled Empire. Gender and Power in Stalinist Central Asia*, Ithaca, Cornell University Press, 2004.

Nowosadtko, Jutta, *Stehendes Heer im Ständestaat. Das Zusammenleben von Militär- und Zivilbevölkerung im Fürstentum Münster 1650-1803*, Paderborn: Schöningh, 2011.

Obinger, Herbert - Schmitt, Carina, *Guns and Butter? Regime Competition and the Welfare State during the Cold War*, "World Politics", 2011, 63(2), 246 a 270.

— *The Impact of the Second World War on Postwar Social Spending*, "European Journal of Political Research", 2018, 57, 496 a 517.

O'Callaghan, Joseph F., *The Cortes of Castile Leon 1188-1350*, Philadelphia, University of Pennsylvania Press, 1989.

Offe, Claus, *Strukturprobleme des kapitalistischen Staates*, Frankfurt am Main, Suhrkamp, 1972.

Orloff, Ana Shola, *The Politics of Pensions. A Comparative Analysis of Britain, Canada and the United States 1880-1940*, Madison, University of Wisconsin Press, 1993.

Panizza, Francisco, "Introduction: Populism and the Mirror of Democracy", en Panizza, Francisco (ed.), *Populism and the Mirror of Democracy*, London, Verso, 2005, p. 1 a 31.

Papke, Gerhard, *Von der Miliz zum stehenden Heer. Wehrwesen im Absolutismus*, München, Bernard & Graefe, 1979.

Pappas, Takis, *Populists in Power*, "Journal of Democracy", 2019, 30(2), 70 a 84.

Pappus, Petrus, *Corpus juris militaris*, Frankfurt, Hermsdorff, 1674.

Paret, Peter, *The Cognitive Challenge of War. Prussia 1806*, Princeton University Press, 2009.

Parker, Christopher S., *Fighting for Democracy. Black Veterans and the Struggle against White Supremacy in the Postwar South*, Princeton University Press, 2009.

Parrott, David, *Richelieu's Army. War, Government and Society in France, 1624-1642*, Cambridge University Press, 2001.

— *The Business of War. Military Enterprise and Military Revolution in Early Modern Europe*, Cambridge University Press, 2012.

Parsons, Talcott, *Full Citizenship for the Negro American? A Sociological Problem*, "Daedalus", 1965, 94(4), 1009 a 1054.

Patterson, James T., *America's Struggle against Poverty 1900-1985*, Cambridge (Massachusetts), Harvard University Press, 1986.

Pawlowsky, Verena - Wendelin, Harald, *Die Wunden des Staates: Kriegsopfer und Sozialstaat in Österreich 1914-1938*, Cologne, Böhlau, 2015.

Perrin, Guy, *Reflections on Fifty Years of Social Security*, "International Labour Review", 1969, 99(3), 249 a 292.

Peters, Anne, *Jenseits der Menschenrechte. Die Rechtsstellung des Individuums im Völkerrecht*, Tübingen, Mohr, 2014.

Peterson, Klaus, *The Early Cold War and the Western Welfare State*, "Journal of International and Comparative Social Policy", 2013, 29(3), 226 a 240.

Pierson, Thomas, *Das Gesinde und die Herausbildung moderner Privatrechtsprinzipien*, Frankfurt am Main, Klostermann, 2016.

Pietri, François, *Napoléon et le parlement, ou la dictature enchainée*, Paris, Fayard, 1955.

Pigeon, Jérôme, *L'intendant de Rouen juge du contentieux au XVIII siècle*, Rouen, Publications des Universités de Rouen, 2011.

Pinelli, Cesare, *The Populist Challenge to Constitutional Democracy*, "European Constitutional Law Review", 2011, 7(1), 5 a 16.

Pironti, Pierluigi, *Kriegsopfer und Staat. Sozialpolitik für Invaliden, Witwen und Waisen des Ersten Weltkriegs in Deutschland und Italien (1914-1924)*, Cologne, Böhlau, 2015.

Piven, Francis Fox - Cloward, Richard, *Regulating the Poor. The Functions of Public Welfare*, edición revisada, New York, Vintage, 1993.

Plaggenborg, Stefan, *Gewalt und Militanz in Sowjetrußland 1917-1930*, "Jahrbücher für Geschichte Osteuropas", 1996, 44(3), 409 a 430.

Planert, Ute, *Der Mythos vom Befreiungskrieg. Frankreichs Kriege und der deutsche Süden. Alltag - Wahrnehmung - Deutung. 1792-1841*, Paderborn, Schöningh, 2007.

Planert, Ute - Frie, Ewald, "Revolution, Krieg, Nation - ein universelles Muster der Staatsbildung in der Moderne?", en Frie, Ewald - Planert, Ute (eds.), *Revolution, Krieg und die Geburt von Staat und Nation*, Tübingen, Mohr Siebeck, 2016, p. 1 a 20.

Poppitz, Johannes, *Die Anfänge der Verwaltungsgerichtsbarkeit*, "Archiv des öffentlichen Rechts", 1943, 72(2/3), 158 a 221.

Poßelt, Stephanie, *Die Grande Armée in Deutschland 1805 bis 1814. Wahrnehmungen und Erfahrungen von Militärpersonen nd Zivilbevölkerung*, Frankfurt am Main, Lang, 2013.

Powicke, Michael, *Military Obligation in Medieval England. A Study in Liberty and Duty*, Oxford, Clarendon, 1962.

Pravilova, Ekaterina, *A Public Empire. Property and the Quest for the Common Good in Imperial Russia*, Princeton University Press, 2014.

Preller, Ludwig, *Sozialpolitik in der Weimarer Republik*, Kronberg, Athenäum, 1949.

Pribble, Jennifer, *Welfare and Party Politics in Latin America*, Cambridge University Press, 2013.

Pröve, Ralf, *Stadtgemeindlicher Republikanismus und die 'Macht des Volkes'. Civile Ordnungsformationen und kommunale Leitbilder politischer Partizipation in den deutschen Staaten vom Ende des 18. bis zur Mitte des 19. Jahrhunderts*, Göttingen, Vandenhoeck & Ruprecht, 2000.

— *Stehendes Heer und städtische Gesellschaft im 18. Jahrhundert. Göttingen und seine Militärbevölkerung 1713-1756*, München, Oldenbourg, 1995.

— "Systematische Herrschaftskonkurrenz durch Instanzenzüge und Patronatsbeziehungen. Probleme im Verwaltungshandeln des 18. Jahrhunderts", en Nowosadtko, Jutta - Klippel, Diethelm - Lohstäter, Kai (eds.), *Militär und Recht vom 16. bis 19. Jahrhundert. Gelehrter Diskurs - Praxis - Transformation*, Göttingen, V & R unipress, 2016, 251 a 268.

— *Zum Verhältnis von Militär und Gesellschaft im Spiegel gewaltsamer Rekrutierungen (1648-1789)*, "Zeitschrift für Historische Forschung", 1995, 22(2), 191 a 223.

Quarles, Benjamin, *The Negro in the American Revolution*, Chapel Hill, University of North Carolina Press, 1961.

Rabinowitch, Alexander, *The Bolsheviks in Power. The First Year of Soviet Rule in Petrograd*, Bloomington, Indiana University Press, 2007.

Ralston, David B., *The Army of the Republic. The Place of the Military in the Political Evolution of France, 1871-1914*, Cambridge (Massachusetts), MIT Press, 1967.

Ramirez, Francisco O. - Ventresca, Marc J., "Building the Institution of Mass Education: Isomorphism in the Modern World", en Fuller, Bruce - Rubinson, Richard (eds.), *The Political Construction of Education. The State, School Expansion and Economic Change*, New York, Praeger, 1992, p. 47 a 59.

Rassow, Peter, *Die Wirkung der Erhebung Spaniens auf die deutsche Erhebung gegen Napoleon I*, "Historische Zeitschrift", 1943, 167(2), 310 a 335.

Reber, Vera Blinn, *A Case of Total War: Paraguay, 1864-1870*, "Journal of Iberian and Latin American Research", 1999, 5(1), 15 a 40.

Redlich, Fritz, *De Praeda Militari. Looting and Booty 1500-1815*, Wiesbaden, Steiner, 1956.

— *The German Military Enterpriser and his Work Force. A Study in European Economic and Social Policy*, Wiesbaden, Franz Steiner, 1964, vol. I.

— *The German Military Enterpriser and his Work Force. A Study in European Economic and Social Policy*, Wiesbaden, Franz Steiner, 1964, vol. II.

Reed, Merl E., *Seedtime for the Modern Civil Rights Movement. The President's Committee on Fair Employment Practice 1941-1946*, Baton Rouge, Louisiana State University Press, 1991.

Reichardt, Sven, *Faschistische Kampfbünde. Gewalt und Gemeinschaft im italienischen Squadrismus und in der deutschen SA*, Cologne, Böhlau, 2002.

Reidegeld, Eckart, *Krieg und staatliche Sozialpolitik*, "Leviathan", 1989, 17(4), 479 a 526.

Reinhard, Wolfgang, "Kriegsstaat - Steuerstaat - Machtstaat", en Asch, Roland G. - Duchhardt, Heinz (eds.), *Der Absolutismus - ein Mythos? Strukturwandel monarchischer Herrschaft in West- und Mitteleuropa (ca.1550-1700)*, Cologne, Böhlau, 1996, p. 277 a 310.

Renouvin, Pierre, *Les formes du gouvernment de guerre*, Paris, PUF, 1925.

Retish, Aaron B., *Russia's Peasants in Revolution and Civil War. Citizenship, Identity, and the Creation of the Soviet State, 1914-1922*, Cambridge University Press, 2008.

Rimlinger, Gaston, *Welfare Policy and Industrialization in Europe, America and Russia*, New York, Wiley, 1971.

Rink, Martin, *Partisanen und Landvolk 1730 bis 1830. Eine militär- und sozialgeschichtliche Beziehung zwischen Schrecken und Schutz, zwischen Kampf und Kollaboration*, "Militärgeschichtliche Zeitschrift", 2000, 59, 23 a 59.

— "Preußisch-deutsche Konzeptionen zum 'Volkskrieg' im Zeitalter Napoleons", en Lutz, Karl-Heinz - Rink, Martin - von Salisch, Marcus (eds.), *Reform-Reorganisation-Transformation. Zum Wandel in deutschen Streitkräften von der preußischen Heeresreform bis zur Transformation der Bundeswehr*, München, Oldenbourg, 2010, p. 65 a 87.

— *Vom 'Partheygänger' zum Partisanen. Die Konzeption des kleinen Krieges in Preußen 1740-1813*, Frankfurt am Main, Lang, 1999.

Ritter, Gerhard A., *Der Sozialstaat. Entstehung und Entwicklung im internationalen Vergleich*, 2ª ed., München, Oldenbourg, 1991.

— *Staatskunst und Kriegshandwerk. Das Problem des Militarismus in Deutschland, I: Die altpreußische Tradition (1740-1890)*, 3ª ed., München, Oldenbourg, 1965.

Roberts, Robert, *The Classic Slum. Salford Life in the First Quarter of the Century*, London, Penguin, 1971.

Robespierre, Maximilien, *Discours sur la guerre*, Paris, 1792.

— *Le Défenseur de la Constitution*, Paris, 1792.

— *Oeuvres complètes*, 11 volúmenes, Paris, PUF, 1954, vol. VIII.

Root, Hilton L., *Peasants and King in Burgundy. Agrarian Foundations of French Absolutism*, Berkeley, University of California Press, 1987.

Rose, Jonathan, *The Intellectual Life of the British Working Classes*, New Haven, Yale University Press, 2001.

Rosenberg, Jonathan, *How Far the Promised Land? World Affairs and the American Civil Rights Movement from the First World War to Vietnam*, Princeton University Press, 2006.

Rosenfeld, Michel, *The Identity of the Constitutional Subject*, "Cardozo Law Review", 1995, 16(3-4), 1049 a 1110.

Ross, George, *Workers and Communists in France. From Popular Front to Eurocommunism*, Berkeley, University of California Press, 1982.

Ross, William G., *World War I and the American Constitution*, Cambridge University Press, 2017.

Rothstein, Bo, *Just Institutions Matter. The Moral and Political Logic of the Universal Welfare State*, Cambridge University Press, 1998.

Rotteck, Carl von, *Ueber stehende Heere und Nationalmiliz*, Freyburg, Herdersche Universitäts-Buchhandlung, 1816.

Rousseau, Jean-Jacques, *Considérations sur le gouvernement de Pologne*, Paris, Cazin, 1782.

Rovinello, Marco, "The Draft and Draftees in Italy, 1861-1914", en Zürcher, Erik-Jan (ed.), *Fighting for a Living. A Comparative Study of Military Labour 1500-2000*, Amsterdam University Press, 2013, p. 479 a 517.

Rowlands, Guy, *The Dynastic State and the Army under Louis XIV. Royal Service and Private Interests, 1671-1701*, Cambridge University Press, 2002.

Ruparelia, Sanjay, *India's New Rights Agenda: Genesis, Promises*, Risks, "Pacific Affairs", 2013, 86(3), 569 a 590.

— *Minimum Government, Maximum Governance: The Restructuring of Power in Modi's India*, "South Asia: Journal of South Asian Studies", 2015, 38(4), 755 a 775.

Russett, Bruce M., *What Price Vigilance? The Burdens of National Defense*, New Haven, Yale University Press, 1970.

Sachße, Christoph - Tennstedt, Florian, *Geschichte der Armenfürsorge in Deutschland, 2: Fürsorge und Wohlfahrtspflege 1871-1929*, Stuttgart, Kohlhammer, 1988.

Sadurski, Wojciech, *Polish Constitutional Tribunal under PiS: From an Activist Court, to a Paralysed Tribunal, to a Governmental Enabler*, "Hague Journal on the Rule of Law", 2019, 11, 63 a 84.

Sahm, Rainer, *Theorie und Ideengeschichte der Steuergerechtigkeit*, Berlin, Springer, 2019.

Saint Jacob, Pierre de, *Les paysans de la Bourgogne du Nord au dernier siècle de l'Ancien Régime*, Paris, Société les Belles Lettres, 1960.

Sakwa, Richard, *Soviet Communists in Power. A Study of Moscow during the Civil War, 1918-21*, Basingstoke, Macmillan, 1988.

Sales de Bohigas, Nuria, *Esclavos y Reclutas en Sudamerica, 1816-1826*, "Revista de Historia de América", 1970, 70, 279 a 337.

Salles, Ricardo, *Guerra do Paraguai: escravidão e cidadania na formação do exército*, Rio de Janeiro, Paz e Terra, 1990.

Sanborn, Joshua A., *Drafting the Russian Nation. Military Conscription, Total War, 1905-1925*, Dekalb, Northern Illinois University Press, 2003.

— *Imperial Apocalypse. The Great War and the Destruction of the Russian Empire*, Oxford University Press, 2014.

— *Unsettling the Empire: Violent Migrations and Social Disaster in Russia During World War I*, "The Journal of Modern History", 2005, 77(2), 290 a 324.

Sanders, Sara Katherine, "The Mexican Student Movement of 1968", en Stiles Mor, Jessica (ed.), *Human Rights and Transnational Solidarity in Cold War Latin America*, Madison, University of Wisconsin Press, 2013, p. 73 a 98.

Saull, Richard, *Rethinking Theory and History in the Cold War. The State, Military Power and Social Revolution*, London, Cass, 2001.

Schaffer, Ronald, *America in the Great War. The Rise of the War Welfare State*, New York, Oxford University Press, 1991.

Schissler, Hanna, *Preußische Finanzpolitik nach 1807. Die Bedeutung der Staatsverschuldung als Faktor der Modernisierung des preußischen Finanzsystems*, "Geschichte und Gesellschaft", 1982, 8(3), 367 a 385.

Schmidt, Christoph, *Leibeigenschaft im Ostseeraum. Versuch einer Typologie*, Cologne, Böhlau, 1997.

Schmidt, Eberhard, *Beiträge zur Geschichte des preußischen Rechtstaates*, Berlin, Duncker und Humblot, 1980.

Schmidt, Hans, "Militärverwaltung in Deutschland und Frankreich im 17. und 18. Jahrhundert", en Kroener, Bernhard R. - Pröve, Ralf (eds.), *Krieg und Frieden. Militär und Gesellschaft in der Frühen Neuzeit*, Paderborn, Schöningh, 1996, p. 25 a 46.

Schmidt, Peer, *Der Guerrillero. Die Entstehung des Partisanen in der Sattelzeit: Eine atlantische Perspektive 1776-1848*, "Geschichte und Gesellschaft", 2003, 29(2), 161 a 190.

Schmitt, Bernhard, *Armee und staatliche Integration. Preußen und die Habsburgermonarchie 1815-1866. Rekrutierungspolitik in den neuen Provinzen: Staatliches Handeln und Bevölkerung*, Paderborn, Schöningh, 2007.

Schmitt, Carl, *Der Begriff des Politischen*, Berlin, Duncker und Humblot, 1932.

— *Der Nomos der Erde im Völkerrecht des Jus Publicum Europaeum*, Berlin, Duncker und Humblot, 1950.

— *Theorie des Partisanen. Zwischenbemerkung zum Begriff des Politischen*, Berlin, Duncker und Humblot, 2017.

— *Verfassungslehre*, Berlin, Duncker und Humblot, 1928.

Schmoller, Gustav, *Preußische Verfassungs-, Verwaltungs- und Finanzgeschichte*, Berlin, Verlag der Täglichen Rundschau, 1921.

Schotte, Walther, *Fürstentum und Stände in der Mark Brandenburg unter der Regierung Joachims I*, Leipzig, Duncker und Humlot, 1911.

Schrimpf, Heinrich, *Die Auseinandersetzung um die Neuordnung des individuellen Rechtsschutzes gegenüber der staatlichen Verwaltung nach 1807*, "Der Staat", 1979, 18(1), p. 59 a 80.

Schumacher, Gijs - van Kersbergen, Kees, *Do Mainstream Parties Adapt to the Welfare Chauvinism of Populist Parties?*, "Party Politics", 2014, 22(3), 300 a 312.

Schumann, Dirk, *Politische Gewalt in der Weimarer Republik 1918-1933. Kampf um die Straße und Furcht vor dem Bürgerkrieg*, Essen, Klartext, 2001.

Schwartz, Stuart B., *Sugar Plantations in the Formation of Brazilian Society. Bahia, 1550-1835*, Cambridge University Press, 1985.

Schwennicke, Andreas, *"Ohne Steuer kein Staat". Zur Entwicklung und politischen Funktion des Steuerrechts in den Territorien des Heiligen Römischen Reichs (1500-1800)*, Frankfurt am Main, Klostermann, 1996.

Sczaniecki, Michel, *Essai sur les fiefs-rentes*, Paris, Sirey, 1946.

Segal, David R., *Recruiting for Uncle Sam. Citizenship and Military Manpower Policy*, Kansas, University of Kansas Press, 1989.

Segura-Ubiergo, Alex, *The Political Economy of the Welfare State in Latin America*, Cambridge University Press, 2007.

Sellin, J. Thorsten, *Slavery and the Penal System*, New York, Elsevier, 1976.

Sellin, Volker, *Gewalt und Legitimität. Die europäische Monarchie im Zeitalter der Revolutionen*, München, Oldenbourg, 2010.

Seymour, Michel, "Présentation", en Seymour, Michel (ed.), *Nationalité, Citoyenneté et solidarité*, Montréal, Liber, 1999.

Seyssel, Claude de, *La monarchie de France*, Paris, D'Argences, 1961.

Shehaj, Albana - Shin, Adrian J. - Inglehart, Ronald, *Immigration and Right-Wing Populism: An Origin Story*, "Party Politics", 2019, Online First, 1 a 12.

Sheffield, G. D., *Leadership in the Trenches. Officer-Men Relations, Morale and Discipline in the British Army in the Era of the First World War*, Basingstoke, Macmillan, 2000.

Sherry, Michael S., *In the Shadow of War. The United States since the 1930s*, New Haven, Yale University Press. 1995.

Shklar, Judith N., *American Citizenship. The Quest for Inclusion*, Cambridge (Massachusetts), Harvard University Press, 1991.

Sieyès, Emmanuel-Joseph, *Qu'est-ce que le Tiers-État?*, 2ème ed., Paris, 1789.

Sikora, Michael, *Disziplin und Desertion. Strukturprobleme militärischer Organisation im 18. Jahrhundert*, Berlin, Duncker und Humblot, 1996.

— *Söldner: historische Annäherung an einen Kriegertypus*, "Geschichte und Gesellschaft", 2003, 29(2), 210 a 238.

Silver, Beverly J., *Forces of Labor. Workers' Movements and Globalization since 1870*, Cambridge University Press, 2003.

Simkins, Peter, *Kitchener's Army. The Raising of the New Armies, 1914-16*, Manchester University Press, 1988.

Sinclair, Alexandra - Tomlinson, Joe, *Deleting the Administrative State?*, "UK Constitutional Law Blog", 2019, en https://ukconstitutionallaw.org/.

Sitkoff, Harvard, *Racial Militancy and Interracial Violence in the Second World War*, "The Journal of American History", 1971, 58(3), 661 a 681.

Skidmore, Thomas E., *The Politics of Military Rule in Brazil 1964-85*, Oxford University Press, 1988.

Skocpol, Theda, *America's First Social Security System: The Expansion of Benefits for Civil War Veterans*, "Political Science Quarterly", 1993, 108(1), 85 a 116.

— *Protecting Soldiers and Mothers. The Political Origins of Social Policy in the United States*, Cambridge (Massachusetts), Harvard University Press, 1992.

— *Social Revolutions and Mass Military Mobilization*, "World Politics", 1988, 40(2), 147 a 168.

Skocpol, Theda - Amenta, Edwin, *States and Social Policies*, "Annual Review of Sociology", 1986, 12, 131 a 157.

Skrentny, John D., *The Minority Rights Revolution*, Cambridge (Massachusetts), Harvard University Press, 2002.

Slotkin, Richard, *Lost Battalions. The Great War and the Crisis of American Nationality*, New York, Henry Holt, 2005.

Smele, Jonathan D., *The "Russian" Civil Wars 1916-1926. Ten Years that Shook the World*, London, Hurst, 2015.

Smith, Timothy B., *Creating the Welfare State in France, 1880-1940*, Montreal, McGill - Queen's University Press, 2003.

Soboul, Albert, *Les Soldats de l'an II*, Paris, Le Club Français du Livre, 1959.

— *Survivances "féodales" dans la société rurale française au XIXe siècle*, "Annales. Histoire, Sciences Sociales", 1968, 5, 965 a 986.

Soifer, Hillel David, *State Building in Latin America*, Cambridge University Press, 2015.

Sonenscher, Michael, *The Nation's Debt and the Birth of the Modern Republic: The French Fiscal Deficit and the Politics of the Revolution: Part 1*, "History of Political Thought", 1997, 18(1), 64 a 103.

Sparrow, James T., *Warfare State. World War II, Americans and the Age of Big Government*, Oxford University Press, 2011.

Speitkamp, Winfried, "Gewaltgemeinschaften in der Geschichte. Eine Einleitung", en Speitkamp, Winfried (ed.), *Gewaltgemeinchaften in der Geschichte. Entstehung, Kohäsionskraft und Zerfall*, Göttingen, Vandenhoeck & Ruprecht, 2015, p. 11 a 40.

Spreen, Dierk, *Krieg und Gesellschaft. Die Konstitutionsfunktion des Krieges für moderne Gesellschaften*, Berlin, Duncker und Humblot, 2008.

Spruyt, Bram - Keppens, Gil - Van Droogenbroeck, Filip, *Who Supports Populism and What Attracts People to It?*, "Political Research Quarterly", 2016, 69(2), 335 a 346.

Starr, Paul, *The Social Transformation of American Medicine. The Rise of a Sovereign Profession and the Making of a Vast Industry*, New York, Basic Books, 1982.

Steinfeld, Robert J., "Changing Legal Conceptions of Free Labor", en Engerman, Stanley L. (ed.), *Terms of Labor. Slavery, Serfdom and Free Labor*, Stanford University Press, 1999, p. 137 a 167.

— *Coercion, Contract and Free Labor in the Nineteenth Century*, Cambridge University Press, 2001.

Stepan, Alfred, *The Military in Politics. Changing Patterns in Brazil*, Princeton University Press, 1971.

Stichweh, Rudolf, *Die Weltgesellschaft. Soziologische Analysen*, Frankfurt am Main, Suhrkamp, 2000.

Streeck, Wolfgang, "The Sociology of Labor Markets and Trade Unions", en Smelser, Neil J. - Swedberg, Richard (eds.), *The Handbook of Economic Sociology*, Princeton University Press, 2005, p. 254 a 283.

Streeck, Wolfgang - Hassel, Anke, "Trade Unions as Political Actors", en Addison, John T. - Schnabel, Claus (eds.), *Handbook of Trade Unions*, Cheltenham, Edward Elgar, 2003, p. 335 a 365.

Stübig, Heinz, *Armee und Nation. Die pädagogisch-politischen Motive der preußischen Heeresreform 1807-1814*, Frankfurt am Main, Peter Lang, 1971.

Suri, Jeremi, *Power and Protest. Global Revolution and the Rise of Détente*, Cambridge (Massachusetts), Harvard University Press, 2005.

Svarez, Carl Gottlieb, *Gesammelte Schriften*, editado por Peter Krause, 6 volúmenes, Stuttgart, Frommann-Holzboog, 2000, vol. IV/I.

Swank, Duane, *Between Incrementalism and Revolution: Group Protest andhe Growth of the Welfare State*, "American Behavioral Scientist", 1983, (26), 291 a 310.

Swank, Duane - Betz, Hans-Georg, *Globalization, the Welfare State and Right-Wing Populism in Western Europe*, "Socio-Economic Review", 2003, 1, 215 a 245.

Szlanta, Piotr, "Der Erste Weltkrieg von 1914 bis 1915 als identitätsstiftender Faktor für die moderne polnische Nation", en Groß, Gerhard P. (ed.), *Die vergessene Front. Der Osten 1914/15. Ereignis, Wirkung, Nachwirkung*, Paderborn, Schöningh, 2016, p. 153 a 164.

Taithe, Bertrand, *Citizenship and Wars. France in Turmoil*, London, Routledge, 2001.

Tani, Karen M., *States of Dependency. Welfare, Rights, and American Governance, 1935-1972*, Cambridge University Press, 2016.

Tännsjö, Torbjörn, *Populist Democracy. A Defence*, London, Routledge, 1992.

Tarrow, Sidney, *War, States, and Contention. A Comparative Historical Study*, Ithaca, Cornell University Press, 2015.

Teubner, Gunther, "Global Bukowina: Legal Pluralism in the World Society", en Teubner, Gunther (ed.), *Global Law without a State*, Dartmouth, Aldershot, 1997, p. 3 a 28.

Therborn, Göran, *Classes and States. Welfare State Developments 1881-1981*, "Studies in Political Economy", 1984, 14(1), 7 a 41.

Thiele, Andrea, "The Prince as Military Entrepreneur? Why Smaller Saxon Territories sent 'Holländische Regimenter' (Dutch Regiments) to the Dutch Republic", en Fynn-Paul, Jeff (ed.), *War, Entrepreneurs, and the State in Europe and the Mediterranean 1310-1800*, Leiden, Brill, 2014, p. 170 a 192.

Thomas, Daniel C., *The Helsinki Effect. International Norms, Human Rights, and the Demise of Communism*, Princeton University Press, 2001.

Thomas, George M. - Meyer, Jon W., *The Expansion of the State*, "Annual Review of Sociology", 1984, 10, 461 a 482.

Thomasius, Christian, *Entwurf der Grundlehren, die einem studioso iuris zu wissen und auf Universitäten zu lernen nötig sind*, Halle, Renger, 1699.

Thornhill, Chris, *The Sociology of Law and the Global Transformation of Democracy*, Cambridge University Press, 2018.

Thorpe, Rebecca U., *The American Warfare State. The Domestic Politics of Military Spending*, Chicago University Press, 2014.

Tilly, Charles, *The Vendée*, London, Arnold, 1964.

— "Where Do Rights Come From?", en Skocpol, Theda (ed.), *Democracy, Revolution, and History*, Ithaca, Cornell University Press, 1999, p. 55 a 72.

Tombs, Robert, *The War against Paris, 1871*, Cambridge, Cambridge University Press, 1981.

Toplin, Robert Brent, *Upheaval, Violence, and the Abolition of Slavery in Brazil: The Case of São Paulo*, "The Hispanic American Historical Review", 1969, 49(4), 639 a 655.

Torres, João Camilo de Oliveira, *O positivismo no Brasil*, Brasilia, Edições Câmara, 2018 (1943).

Trägårdh, Lars, *Swedish Model or Swedish Culture*, "Critical Review", 1990, 4(4), 569 a 590.

Trox, Eckhard, *Militärischer Konservatismus. Kriegervereine und 'Militärpartei' in Preußen zwischen 1815 und 1848/49*, Stuttgart, Franz Steiner, 1990.

Tsutsui, Kiyoteru - Wotipka, Christine Min, *Global Civil Society and the International Human Rights Movement: Citizen Participation in Human Rights International Nongovernmental Organizations*, "Social Forces", 2004, 83(2), 587 a 620.

Tushnet, Mark, *Authoritarian Constitutionalism*, "Cornell Law Review", 2015, 100, 391 a 462.

— *Taking the Constitution Away from the Courts*, Princeton University Press, 1999.

Urbinati, Nadia, *Me the People. How Populism Transforms Democracy*, Cambridge (Massachusetts), Harvard University Press, 2019.

Van den Heuvel, Gerd, *Grundprobleme der französischen Bauernschaft 1730-1794*, München, Oldenbourg, 1982.

Vattel, Emer de, *Le droit des gens ou principes de la loi naturelle*, vol. I, Leiden, Aux depans de la compagnie, 1758.

Vidra, Zsuzsanna, *Hungary's Punitive Turn*, "Communist and Post-Communist Studies", 2018, 51(1), 73 a 80.

Vocke, Wilhelm, *Indirekte Steuern*, "FinanzArchiv", 1903, 20(2), 1 a 25.

Voelz, Peter M., *Slave and Soldier. The Military Impact of Blacks in the Colonial Americas*, New York, Garland, 1993.

Vogel, Barbara, "Staatsfinanzen und Gesellschaftsreform in Preußen", en Berding, Helmut (ed.), *Privatkapital, Staatsfinanzen und Reformpolitik in Deutschland der napoleonischen Zeit*, Ostfildern, Scripta Mercaturae Verlag, 1981, p. 35 a 57.

Voigt, Carsten, *Kampfbünde der Arbeiterbewegung. Das Reichsbanner Schwarz Rot-Gold und der Rote Frontkämpferbund in Sachsen 1924-1933*, Cologne, Böhlau, 2009.

Volkmann, Heinrich, "Modernisiering des Arbeitskampfes? Zum Formwandel von Streik und Aussperrung in Deutschland 1864-1975", en Kaelble, Hartmut (ed.), *Probleme der Modernisierung in Deutschland. Sozialhistorische Studien zum 19. und 20. Jahrhundertm*, Wiesbaden, Westdeutscher Verlag, 1978, p. 110 a 170.

Vollert, Michael P., *Für Ruhe und Ordnung. Einsätze des Militärs im Innern (1820 -1918). Preußen-Westfalen-Rheinprovinz*, Bonn, Dietz, 2014.

Voltelini, Hans von, *Die naturrechtlichen Lehren und die Reformen des 18. Jahrhunderts*, "Historische Zeitschrift", 1910, 105(1), 65 a 104.

Von Mises, Ludwig, *Die Entwicklung des gutsherrlich-bäuerlichen Verhältnisses in Galizien (1772-1848)*, Vienne, Deuticke, 1902.

Vormbaum, Thomas, *Politik und Gesinderecht im 19. Jahrhundert (vornehmlich in Preußen 1810-1918)*, Berlin, Duncker und Humblot, 1980.

Wallerstein, Immanuel - Zukin, Sharon, *1968, Revolution in the World-System: Theses and Queries*, "Theory and Society", 1989, 18(4), 431 a 449.

Walter, Dierk, *Preußische Heeresreformen 1807-1870. Militärische Innovationen und der Mythos der "Roonschen Reform"*, Paderborn, Schöningh, 2003.

Warburg, Jens, *Das Militär und seine Subjekte. Zur Soziologie des Krieges*, Bielefeld, transcript, 2008.

Watson, Alexander, *Enduring the Great War. Combat, Morale and Collapse in the German and British Armies, 1914-1918*, Cambridge University Press, 2008.

Wawro, Geoffrey, *The Franco-Prussian War. The German Conquest of France in 1870-1871*, Cambridge University Press, 2003.

Weakliem, David L. - Heath, Anthony F., "The Secret Life of Class Voting: Britain, France, and the United States", en Evans, Geoffrey (ed.), *The End of Class Politics? Class Voting in Twenty Postwar Societes*, Oxford University Press, 1999, p. 97 a 136.

Webber, Grégoire, *The Negotiable Constitution. On the Limitation of Rights*, Cambridge University Press, 2009.

Weber, Eugene, *Peasants into Frenchmen. The Modernization of Rural France, 1870-1914*, Stanford University Press, 1976.

Weber, Max, *Wirtschaft und Gesellschaft. Grundriß der verstehenden Soziologie*, Tübingen, Mohr, 1921/1922.

Weber, Petra, *Gescheiterte Sozialpartnerschaft - Gefährdete Republik? Industrielle Beziehungen, Arbeitskämpfe und der Sozialstaat. Deutschland und Frankreich im Vergleich (1918-1933/39)*, München, Oldenbourg, 2010.

Weeks, Theodore R., *Nation and State in Late Imperial Russia. Nationalism and Russification on the Western Frontier 1863-1914*, DeKalb, Northern Illinois University Press, 1996.

Weiler, Peter, *British Labour and the Cold War*, Stanford University Press, 1988.

Westad, Odd Arne, *The Global Cold War*, Cambridge University Press, 2007.

Westerhoff, Christian, *Zwangsarbeit im Ersten Weltkrieg. Deutsche Arbeitskräftepolitik im besetzten Polen und Litauen 1914-1918*, Paderborn, Schöningh, 2012.

Western, J. R., *The English Militia in the Eighteenth Century. The Story of a Political Issue 1660-1802*, London, Routledge, 1965.

Wienfort, Monika, *Patrimonialgerichte in Preussen. Ländliche Gesellschaft und bürgerliches Recht 1770-1848/49*, Göttingen, Vandenhoeck und Ruprecht, 2001.

Wilensky, Harold L., *The Welfare State and Equality. Structural and Ideological Roots of Public Expenditure*, Berkeley, University of California Press, 1975.

Willems, Emilio, *Der preußisch-deutsche Militarismus. Ein Kulturkomplex im sozialen Wandel*, Cologne, Verlag Wissenschaft und Politik, 1984.

Williams, Chad L., *Torchbearers of Democracy. African American Soldiers in the World War I Era*, Chapel Hill, University of North Carolina Press, 2010.

Winnige, Norbert, "Von der Kontribution zur Akzise. Militärfinanzierung als Movens staatlicher Steuerpolitik", en Kroener, Bernhard R. - Pröve, Ralf (eds.), *Krieg und Frieden. Militär und Gesellschaft in der Frühen Neuzeit*, Paderborn, Schöningh, 1996, p. 59 a 83.

Winter, Martin, *Untertanengeist durch Militärpflicht? Das preußische Kantonsystem in brandenburgischen Städten im 18. Jahrhundert*, Bielefeld, Verlag für Regionalgeschichte, 2005.

Wirsching, Andreas, *Vom Weltkrieg zum Bürgerkrieg?: Politischer Extremismus in Deutschland und Frankreich 1918-1933/39*, Berlin und Paris Im Vergleich - München, Oldenbourg, 1999.

Wirtschafter, Elise Kimerling, *From Serf to Russian Soldier*, Princeton University Press, 1990.

Wohlfeil, Rainer, *Spanien und die deutsche Erhebung 1808-1814*, Wiesbaden, Steiner, 1965.

— *Vom Stehenden Heer des Absolutismus zur Allgemeinen Wehrpflicht*, München, Bernard & Graefe, 1983.

Wold, Atle L., *Scotland and the French Revolutionary War, 1792-1802*, Edinburgh University Press, 2015.

Wolff, Christian, *Grundsätze des Natur- und Völckerrechts*, Halle, Renger, 1754.

— *Jus Gentium methodo scientifica petractatum*, reimpresión de la edición de 1764, Oxford, Clarendon Press, 1764.

Wolfe, Martin, *The Fiscal System of Renaissance France*, New Haven, Yale University Press, 1972.

Wright, Gavin, *Sharing the Prize. The Economics of the Civil Rights Revolution in the American South*, Cambridge (Massachusetts), Harvard University Press, 2013.

Wright, William E., *Serf, Seigneur and Sovereign. Agrarian Reform in Eighteenth-Century Bohemia*, University of Minnesota Press, 1966.

Xenakis, Stefan, *Gewalt und Gemeinschaft. Kriegsknechte um 1500*, Paderborn, Schöningh, 2015.

Yarbrough, Tinsley E., *Justice Black, The Fourteenth Amendment, and Incorporation*, "University of Miami Law Review", 1976, 30(2), 231 a 275.

Zaccaria, Giuseppe, *The People and Populism*, "Ratio Juris", 2018, 31(1), 33 a 48.

Zarate Tenorio, Barbara, *Social Spending Responses to Organized Labor and Mass Protests in Latin America, 1970-2007*, "Comparative Political Studies", 2014, 47(14), 1945 a 1972.

Ziemann, Benjamin, *Front und Heimat. Ländliche Kriegserfahrungen im südlichen Bayern 1914-1923*, Essen, Klartext, 1997.